梵汉佛经对勘丛书

梵汉对勘
维摩诘所说经

黄宝生 译注

中国社会科学出版社

研究中的薄弱环节。

二十世纪五十至七十年代，中国台湾地区编辑的《中华大藏经》是迄今为止汇集经文数量最多的一部汉文大藏经。其后，八九十年代，中国大陆地区也着手编辑《中华大藏经》，已经出版了“正编”。这部大陆版《中华大藏经》（正编）以《赵城金藏》为基础，以另外八种汉文大藏经为校本，在每卷经文后面列出“校勘记”。可惜，这部《大藏经》的编辑只完成了一半，也就是它的“续编”还有待时日。这种收集经文完备又附有“校勘记”的新编汉文大藏经是为汉传佛教文献的整理和研究奠定坚实的基础。在此基础上，可以进一步开展标点和注释工作。

与汉文大藏经的总量相比，出自现代中国学者之手的汉文佛经的标点本和注释本数量十分有限。为何这两种《中华大藏经》都采取影印本，而不同时进行标点工作？就是因为标点工作的前期积累太少，目前还没有条件全面进行。而对于中国现代学术来说，古籍整理中的标点和注释工作也是不可或缺的。因此，有计划地对汉文佛经进行标点和注释的工作应该提到日程上来。唯有这项工作有了相当的成果，并在工作实践中造就了一批人才，《中华大藏经》的标点工作才有希望全面展开。

对于佛经标点和注释的人才，素质要求其实是很高的：既要熟谙古代汉语，又要通晓佛学。同时，我们还应该注意到，在汉文大藏经中，汉译佛经的数量占据一多半。而汉译佛经大多译自梵文，因此，从事佛经标点和注释，具备一些梵文知识也是必要的。此外，有一些佛经还保存有梵文原典，那么，采用梵汉对勘的方法必然对这些汉译佛经的标点和注释大有裨益。这就需要通晓梵文的人才参与其中了。

过去国内有些佛教学者认为留存于世的梵文佛经数量很少，对汉文大藏经的校勘能起到的作用有限。而实际情况并非这么简单。自十九世纪以来，西方和印度学者发掘和整理梵文佛经抄本的工作持续至今。当代中国学者也开始重视西藏地区的梵文佛经抄本的发掘和整理。由于这些抄本分散收藏在各个国家和地区，目前没有确切的统计数字。虽然不能说所有的汉译佛经都能找到相应的梵文原典，实际上也不可能做到这样，但其数量仍然十分可观，超乎人们以往的想象。例如，在汉译佛经中占据庞大篇幅的《般若经》，其梵文原典《十万颂般若经》、《二万五千颂般若经》和《八千颂般若经》等均有完整的抄本。又如，印度出版的《梵文佛经丛刊》（*Buddhist Sanskrit Texts*）收有三十多种梵文佛经校刊本。其中与汉译佛经对应的梵文原典有《神通游戏》（《方广大庄严经》）、《三昧王经》（《月灯三昧经》）、《入楞伽经》、《华严经》、《妙法莲华经》、《十地经》、《金光明经》、《菩萨学集》（《大乘集菩萨学论》）、《入菩提行论》、《中论》、《经庄严论》（《大乘庄严经论》）、《根本说一切有部毗奈耶》、《阿弥陀经》、《庄严宝王经》、《护国菩萨经》、《稻秆经》、《悲华经》、《撰集百缘经》、《佛所行赞》、《如来秘密经》（《一切如来金刚三业最上秘密大教王经》）和《文殊师利根本仪轨经》等。此外，诸如《金刚经》、《维摩诘经》、《阿毗达磨俱舍论》、《因明入正理论》和《辨中边论》等这样一些重要的汉译佛经也都已经有梵文校刊本。因此，对于梵汉佛经对勘在汉文佛教文献整理和研究中的学术价值不能低估，相反，应该予以高度重视。

其实，梵汉佛经对勘不仅有助于汉文佛教文献的整理，也有助于梵文佛经抄本的整理。梵文佛经抄本整理的主要成果是编订校刊本。因为梵文佛经抄本在传抄过程中，必定会产生或多或少的文字脱误或变异。这需要依据多种抄本进行校勘，确定正确的或可取的读法，加以订正。除了利用同一佛经的多种梵文抄本进行校勘外，还可以利用同一佛经的平行译本进行对勘。尤其是在有的梵文佛经只有一个抄本的情况下，利用平行译本进行对勘就显得更为重要。正是这个原因，长期以来，西方、印度和日本学者在编订梵文佛经校刊本时，都十分重视利用梵文佛经的汉译本和藏译本。但对于西方学者来说，掌握古代汉语比较困难，因此，从发展趋势看，他们越来越倚重藏译本。相比之下，日本学者在利用汉译本方面做得更好。

近一百多年来，国际佛教学术界已经出版了不少梵文佛经校刊本，同时也出版了完整的巴利文三藏校刊本。这些校刊本为佛教研究提供了方便。学者们依据这些校刊本从事翻译和各种专题研究。在此基础上，撰写了大量的印度佛教论著和多种印度佛教史。如果没有这些校刊本，这些学术成果的产生是不可设想的。这从这些著作中引用的梵文佛经校刊本及其现代语言（英语、法语或日语）译本资料便可见出。同时，我们也应该注意到，有些重要佛经缺乏梵文原典，西方学者还依据汉译佛经转译成西方文字，如英译《佛所行赞》（梵文原典缺失后半）、德译《维摩诘经》（译于梵文原典发现前）、法译《成唯识论》、法译《大智度论》、法译《摄大乘论》、法译《那先比丘经》和英译《胜鬘师子吼一乘大方便方广经》等。又鉴于印度古代缺少历史文献，他们也先后将法显的《佛国记》、玄奘的《大唐西域记》、慧立和彦悰的《大慈恩寺三藏法师传》、义净的《大唐西域求法高僧传》和《南海寄归内法传》译成英文或法文。这些都说明国际佛教学术界对汉文佛教文献的高度重视。只是限于通晓古代汉语的佛教学者终究不多，他们对汉文佛教文献的利用还远不充分。

而中国学术界直至二十世纪上半叶，才注意到国际上利用梵文佛经原典研究佛教的“新潮流”。引进这种“新潮流”，利用梵文佛经原典研究与佛教相关的中国古代文献的先驱者是陈寅恪、汤用彤、季羡林和吕澂等先生。然而，当时国内缺少梵文人才，后继乏人。时光荏苒，到了近二三十年，才渐渐出现转机。因为国内已有一批青年学子在学习梵文后，有志于利用梵文从事佛教研究。这条研究道路在中国具有开拓性，研究者必定会备尝艰辛，但只要有锲而不舍的精神，前景是充满希望的。

利用梵文从事佛教研究的方法和途径多种多样，研究者完全可以依据自己的学术兴趣和专长选择研究领域。而梵汉佛经对勘研究应该是其中的一个重要选项。这项研究的学术价值至少体现在以下几个方面：

一、有助于读解汉译佛经。现代读者读解汉译佛经的难度既表现在义理上，也表现在语言上。佛教义理体现印度古代思维方式。尤其是大乘佛教的中观和唯识，更是体现印度古代哲学思辨方式。它们有别于中国传统的理论思维形态。而汉译佛经的语言对于现代读者，不仅有古今汉语的隔阂，还有佛经汉译受梵文影响而产生不同程度的变异，更增添一层读解难度。然而，通过梵汉佛经对勘，则可以针对汉译佛经中义理和语言两方面的读解难点，用现代汉语予以疏通和阐释。

二、有助于读解梵文佛经。佛教于十二世纪在印度本土消亡，佛经抄本大量散失，佛教学术也随之中断。近代以来，随着国际印度学的兴起，学者们重视发掘佛经原典，先后在尼泊尔和克什米尔等地，尤其是在中国西藏地区发现了数量可观的梵文佛经抄本。这样，印度佛教文献研究成了一个“新兴学科”。由于佛教学术在印度本土已经中断数百年之久，对于印度或西方学者来说，梵文佛经的读解也是印度古代文献研究中的一个难点。这与汉文佛教文献在现代中国古代文献研究中的情况类似。仅以梵文词典为例，著名的M.威廉斯的《梵英词典》和V. S.阿伯代的《实用梵英词典》基本上都没有收入佛教词汇。因此，才会有后来出现的F.埃杰顿的《佛教混合梵语语法和词典》和荻原云来的《梵和大辞典》。尤其是《梵和大辞典》，充分利用了梵汉佛经对勘的成果。

现存的所有梵文佛经抄本都会存在或多或少的文字错乱或讹误，已经编订出版的校刊本也未必都能彻底予以纠正。校刊本质量的高低既取决于校刊者本人的学术造诣，也取决于所掌握抄本的数量和质量。同时，佛教梵语受方言俗语影响，在词汇、惯用语和句法上与古典梵语存在一些差异，以及经文中对一些义理的深邃思辨，都会形成梵文佛经读解中的难点。而梵汉佛经对勘能为扫除梵文佛经中的种种文字障碍，提供另一条有效途径。毫无疑问，在利用汉译佛经资料方面，中国学者具有得天独厚的优势。如果我们能在梵汉佛经对勘研究方面多做一些工作，也是对国际佛教学术作出应有的贡献。

三、有助于佛教汉语研究。现在国内汉语学界已经基本达成一个共识，即认为佛经汉语是中国古代汉语中的一个特殊类型。有的学者仿照“佛教混合梵语”（Buddhist Hybrid Sanskrit）的称谓，将它命名为“佛教混合汉语”。而时下比较简便的称谓则是“佛教汉语”。梵文佛经使用的语言在总体上属于通俗梵语，这是由佛教的口头传承方式决定的。而这种通俗梵语中含有佛教的种种特定词语，也夹杂有俗语语法成分，尤其是在经文的偈颂部分，因此，明显有别于传统的梵语。

同样，汉译佛经受梵文佛经影响，主要采用白话文体，较多采用口语用词。同时，在构词、词义、语法和句式上也受梵文影响，语言形态发生一些变异，有别于传统的汉语。这些特殊的语言现象需要汉语学者认真研究和诠释。近二三十年中，佛教汉语研究已成为一门“显学”。日本学者辛嶋静志和中国学者朱庆之是这个领域中的代表人物。

尽管国内佛教汉语研究已经取得了不少成绩，但研究队伍中存在一个明显的缺陷，也就是通晓梵语的学者很少。如果通晓梵语，直接运用梵汉佛经对勘研究的方法，就会方便得多，避免一些不必要的暗中摸索和无端臆测。辛嶋静志能在这个领域中取得大家公认的学术成就，是与他具备多方面的语言和知识学养分不开的，尤其是直接运用梵汉佛经对勘研究的方法。这是值得国内从事佛教汉语研究的年轻一代学者效仿的。希望在不久的将来，中国学者能在大量的梵汉佛经对勘研究的基础上，编出佛教汉语语法和词典。这样，不仅拓展和充实了中国汉语史，也能为现代学者阅读和研究汉文佛经提供方便实用的语言工具书。

四、有助于中国佛经翻译史研究。中国无论在古代或现代，都无愧为世界上的“翻译大国”。在浩瀚的汉文大藏经中，不仅保存有大量的汉译佛经，也保存有许多佛经翻译史料。现代学者经常依据这些史料撰写佛经翻译史论。但是，佛经翻译史研究若要进一步深入的话，也有赖于梵汉佛经对勘研究的展开。因为佛经翻译史中的一些重要论题，诸如佛经原文的文体和风格，翻译的方法和技巧，译文的质量，只有通过具体的梵汉佛经对勘研究，才会有比较切实的体认。在这样的基础上撰写佛经翻译史论，就能更加准确地把握和运用古代史料，并提供更多的实例，增添更多的新意。

鉴于上述学术理念，我们决定编辑出版《梵汉佛经对勘丛书》，由国内有志于从事梵汉佛经对勘的学者分工协作完成。这是一个长期计划，完成一部，出版一部，不追求一时的速度和数量。每部对勘著作的内容主要是提供梵文佛经的现代汉语今译，对梵文佛经和古代汉译进行对勘，作出注释。

其中，梵文佛经原文选用现已出版的校刊本。若有两个或两个以上校刊本，则选定一个校刊本作为底本，其他的校刊本用作参考。若有其他未经校勘的抄本，也可用作参考。而如果对勘者通晓藏文，也可将藏译本用作参考。当然，我们的主要任务是进行梵汉佛经对勘，而不是编订校刊本。因为编订校刊本是一项专门的工作，需要独立进行。编订校刊本的本意是为研究提供方便。前人已经编订出版的校刊本我们不应该“束之高阁”，而应该充分加以利用。在学术研究中，凡事不可能，也无必要从头做起，否则，就可能永远在原地踏步。正因为前人已经编订出版了不少梵文佛经校刊本，我们今天才有可能编辑出版《梵汉佛经对勘丛书》。而且，我们的梵汉佛经对勘研究也能在一定程度上起到改善前人校勘成果的作用。这也是我们对勘成果的一个组成部分。

梵汉佛经对勘的版面格式是将梵文佛经原文按照自然段落排列，依次附上相应段落的现代汉语今译和古代汉译。古代汉译若有多种译本，则选取其中在古代最通行和最接近现存梵本的译本一至两种，其他译本可以依据对勘需要用作参考。现代汉语今译指依据梵文佛经原文提供的新译。为何要提供现代汉语今译呢？因为这样便于同行们检验或核实对勘者对原文的读解是否正确。如果读解本身有误或出现偏差，势必会影响对勘的学术价值。另一方面，国内利用汉译佛经从事相关研究的学者大多不通晓梵文，或者只是掌握一些梵文基础知识，尚未达到读解原典的程度。那么，我们提供的现代汉语今译可以供他们参考，为他们的研究助一臂之力。

实际上，现代汉语今译本身也是对勘成果的重要体现。因为梵文佛经原文中的一些疑点或难点往往可以通过对勘加以解决。如果有的疑点或难点一时解决不了，我们可以暂不译出，或者提供参考译文，并在注释中注明。确实，如果我们能正确读解梵文佛经原文，并提供比较准确的现代汉语今译，便会对古代汉译佛经中一些文字晦涩或意义难解之处产生豁然开朗的感觉。通过梵汉佛经对勘，帮助读解梵文佛经和汉译佛经，这正是我们的工作目的。

对勘注释主要包括这几个方面：一、订正梵文佛经校刊本和汉译佛经中的文字讹误或提供可能的合理读法。二、指出梵文佛经与汉译佛经的文字差异之处。三、指出汉译佛经中的误译之处。四、疏通汉译佛经中的文字晦涩之处。五、诠释梵文佛经和汉译佛经中的一些特殊词语。由于我们已经提供了现代汉语今译，也就不需要逐句作出对勘说明，而可以依据实际需要，有重点和有选择地进行对勘注释。

同时，利用这次梵汉佛经对勘的机会，我们也对古代汉译佛经进行标点。梵文和古代汉语一样，没有现代形式的标点。但梵文在散文文体中，用符号 । 表示一句结束，॥ 表示一个段落结束；在诗体中，用符号 । 表示半颂结束，॥ 表示一颂结束。这样，参考梵文佛经，尤其是依靠读通句义，便有助于汉译佛经的标点。但古代汉语的行文毕竟具有自身的特点，不可能完全依据梵文原文进行标点。我们的标点也只是提供一个初步的样本，留待以后听取批评意见，加以完善。

以上是对《梵汉佛经对勘丛书》的基本学术设想。在实际工作中，对勘者可以根据自己的学术专长，在某些方面有所侧重。我们的共同宗旨是对中国古代佛教文献的整理和研究作出各自的创造性贡献。

千里之行，始于足下。不管前面的道路怎样艰难曲折，让我们现在就起步，登上征途吧！

黄宝生

2010 年 5 月 12 日

目　录

导　言

一

《维摩诘所说经》是一部重要的大乘佛经。它富有思想创造性和艺术想象力，思辨恢宏深邃，议论机智诙谐，叙事生动活泼，堪称佛经中的一部佳构杰作。早在二世纪，它就传入中国。据唐智昇《开元释教录》记载，前后共有七译：

一、后汉严佛调《古维摩诘经》二卷。

二、吴支谦《维摩诘经》二卷。

三、西晋竺法护《维摩诘所说法门经》一卷。

四、西晋竺叔兰《异毗摩罗诘经》三卷。

五、东晋祇多蜜《维摩诘经》四卷。

六、后秦鸠摩罗什《维摩诘所说经》三卷。

七、唐玄奘《说无垢称经》六卷。

唐窥基的《说无垢称经疏》中也提到："此经前后虽复七译，严佛调汉译于白马，支恭明吴译于武康，法护、林兰、蜜多三士，东西两晋，各传本教，罗什翻于秦朝，和上畅于唐。"其中的"林兰"应为"叔兰"，"和上"（即"和尚"）指玄奘。这七种译本现存三种：支谦的《维摩诘经》、鸠摩罗什的《维摩诘所说经》和玄奘的《说无垢称经》。

鸠摩罗什译出《维摩诘所说经》后，曾亲自为此经作注。参与鸠摩罗什译事的僧叡、僧肇和道生也曾分别为此经作注。梁僧祐《出三藏记集》中，收有僧叡的《毗摩罗诘提经义疏序》，而义疏本身已失传。又据隋法经等撰《众经目录》，记载有鸠摩罗什《维摩经注解》三卷、道生《维摩经注解》三卷和僧肇《维摩经注解》五卷。但这三种注解的单行本也已失传。现存《注维摩诘经》为十卷，署名僧肇述，而实际是糅合这三家的注解。尽管如此，这部《注维摩诘经》仍是十分宝贵的。因为在汉译佛经的注本中，这种汇集译者和参与译事者见解的注本实在是罕见的。

此后，历代均有《维摩诘经》的注疏本，如隋智𫖮《维摩诘经疏》隋吉藏《维摩经略疏》、隋慧远《维摩诘义记》、唐湛然《维摩经疏记》、唐窥基《说无垢称经疏》、宋智圆《维摩经略疏》、明通闰《维摩诘所说经直疏》、明传灯《维摩经无我疏》和明杨起元《维摩经评注》等。这些注疏本大多依据鸠摩罗什的译本，而其中窥基的《说无垢称经疏》则是依据玄奘译本。窥基是玄奘的弟子，并参与玄奘的译事，因此，他的这部注疏也具有独特的重要价值。

在现代国际佛教研究中，十九世纪和二十世纪发掘和整理出许多梵文佛经原典。而《维摩诘经》只在其他的梵文佛经原典中发现一些引文，如月称（Candrakīrti）的《明句论》（*Prasannapadā*）、寂天（Śāntideva）的《大乘集菩萨学论》（*Śikṣāsamuccaya*）和莲花戒（Kamalaśīla）的《修习次第》（*Bhāvanākrama*）。其中，以《大乘集菩萨学论》中的引文为最多。令学者们颇感遗憾的是，《维摩诘经》的梵文原本久觅不得。于是，鉴于这部佛经的重要性，学者们着手从汉译本和藏译本转译。先后有菲舍尔（J. Fischer）和横田武三（Yokota Takezo）据汉译本转译的德译本（1944）、拉莫特（E. Lamotte）据藏译本和汉译本转译的法译本（1962）、卢克（C. Luk）据汉译本转译的英译本（1972）、波恩（S. Boin）据拉莫特法译本转译的英译本（1976）、瑟曼（R.

Thurman）据藏译本转译的英译本（1976）和沃森（B. Watson）据汉译本转译的英译本（1999）。其中，所据的汉译本大多是鸠摩罗什译本。

而在学术界普遍认为《维摩诘经》已经失传时，它却于 1999 年突然显身问世。那是日本大正大学综合研究所的学者在中国西藏的布达拉宫发现的。这个研究所自二十世纪八九十年代起，一直注意收集西藏地区的梵文佛经抄本，曾先后出版《瑜伽师地论声闻地》、《不空羂索神变真言经》、《大众部说出世部律·比丘威仪法》和《回诤论》等抄本影印本。1999 年夏季，这个研究所的考察组获准考察拉萨布达拉宫的梵文佛经抄本。在 7 月 30 日这一天，考察组中的一位教授意外地发现在标为《智光明庄严经》的一包梵文抄本中，还含有另一部完整的《维摩诘经》梵文抄本。考察组得知这个消息，大喜过望。他们立即决定将这个发现作为绝对机密，不向外界（包括他们自己所在的大学）透露。直至 2001 年 11 月，他们终于获得《维摩诘经》和《智光明庄严经》这两部梵文抄本的影印件，随即向新闻界公布了这个重大发现。[①]

然后，在 2004 年，这个研究所出版了《梵藏汉对照〈维摩经〉》，内容包括梵文《维摩诘经》的拉丁字体转写本、藏译本以及支谦、鸠摩罗什和玄奘的汉译本，以对照的形式排列。其中梵文《维摩诘经》的拉丁字体转写完全按照抄本的原貌，不作任何文字改动。2006 年，又出版了《梵文维摩经》校订本。由于《维摩诘经》只有这一种梵文抄本，校订工作便主要利用三种汉译本和一种藏译本。这些译本的内容文字与现存梵文抄本基本一致，说明至少在支谦译本产生年代，这部《维摩诘经》已经定型。这样，这些译本对校订工作也就有很高的

① 参阅大正大学综合佛教研究所梵语佛典研究会编《〈维摩经〉〈智光明庄严经〉解说》，2004 年，第 69—72 页。

参考价值。校订本订正了抄本中一些在传抄中出现的文字讹误或脱漏，并在脚注中对这些订正作出提示或说明。无疑，这个校订本能为后来的研究者提供方便。我这次从事《维摩诘经》梵汉对勘研究，就直接利用这个校订本。在此，应该向这个校订本的作者们表示感谢。

二

现存梵文《维摩诘经》分为十二品，而三种汉译本都分为十四品。但通过文本对照，便可知道，梵文本的第三品和第十二品分别相当于汉译本的第三、第四品和第十三、十四品。因此，两者并无实质差别。

关于这部经的名称，梵文是 Vimalakīrtinirdeśa（《维摩诘所说》），支谦译《佛说维摩诘经》（或《维摩诘经》），鸠摩罗什译《维摩诘所说经》，玄奘译《说无垢称经》。其中，Vimalakīrti 一词，“维摩诘”是音译，“无垢称”是意译。nirdeśa（“说”）一词，按支谦的译法，指“佛说”。按鸠摩罗什的译法，指“维摩诘说”。按玄奘的译法，则暗指“佛说”。其实，就梵文本身而言，鸠摩罗什的译法是确切的。此外，支谦译本的经名下附有《维摩诘所说不思议法门之称》和《佛法普入道门三昧经》，鸠摩罗什译本的经名下附有《不可思议解脱》。其中，“不思议法门”或“不可思议解脱”也是依据这部经中自己提到的别称。实际上，这个经名别称具有重要的点题作用。

在《维摩诘经》的结尾，阿难询问世尊这部经的名称。世尊告诉他说这部经名为《维摩诘所说》，又名《不可思议解脱》。[①]僧肇《注维摩诘经》的开头部分对经名作了解释。他指出这两个名称，一是“以人名经”，一是“以法名经”。“以法名经，所以标榜指归。以人名经，

① 在梵本原文中，还提到这部经名为《消除种种两重对立》，但支译、什译和奘译均未提及。

所以因人弘道者也。”而对于“不可思议解脱”，僧肇解释说：“微远幽深，二乘不能测，不思议也。纵任无碍，尘累不能拘，解脱也。”他也引述了鸠摩罗什和道生的解释。鸠摩罗什解释说：“亦名三昧，亦名神足。或令修短改度，或巨细相容，变化随意，于法自在解脱无碍，故名解脱。能者能然，物不知所以，故曰不思议。”鸠摩罗什还指出：“若直明法空，则乖于常习，无以取信，故现物随心变，明物无定性。物无定性，则其性虚矣。菩萨得其无定，故令物随心转。则不思议乃空之明证，将显理宗，故以为经之标也。”道生也指出：“不可思议者，凡有两种。一曰理空，非惑情所图。二曰神奇，非浅识所量。”综观这些解释，可以知道，本经所说的“解脱”是以中观空论为理据的。而这种空论幽深难测，不可思议。故而，菩萨运用神通变化，呈现物无定性，随心转变，借以说明法性本空。当然，这种神通变化本身也是无比神奇，不可思议。因此，“不可思议”成为本经的一大特色。本经十二品中，第二品《不可思议方便善巧品》和第五品《示现不可思议解脱品》都直接标明“不可思议”。玄奘还将这个经名别称《不可思议法解脱》译为《不可思议自在神变解脱》[①]，也是有意彰显这个特色。

在本经中，世尊和维摩诘施展神通变化，几乎贯穿始终。因此，我们对于佛教的神通观应该有所了解。佛教确定“神通”（abhijñā）有六种：天眼通、天耳通、他心通、宿命通、神变通和漏尽通。“天眼通”是能看到天上和人间一切事物。“天耳通”是能听到天上和人间一切声音。“他心通”是能洞察他人心中所想。“宿命通”是记得自己和他人的前生事迹。“神变通”是能随意变化自身和自身外的一切事物。“漏尽通”是摆脱一切烦恼，获得最高智慧。这些神通都是通过

① 在第十二品的开头，提到“入不可思议解脱神通变化法门”。因此，玄奘的这个译法也是有依据的。

禅定获得的。因此，鸠摩罗什在解释“不思议解脱”时，说“亦名三昧，亦名神足”。[1]

在这六种神通中，“神变通”（ṛddhi）又称“神足通”或“如意通”。汉译佛经中的“神通”一词既泛指这六种神通，也特指“神变通”。龙树《大智度论》（鸠摩罗什译）卷五中，将“神变通”分为三种：“能到”、“转变”和“圣如意”。其中，“能到有四种：一者能飞行，如鸟无碍；二者移远令近，不往而到；三者此没彼出；四者一念能至。转变者，大能作小，小能作大；一能作多，多能作一；种种诸物皆能转变”。“圣如意者，外六尘中不可爱不净物，能令净；可爱净物，能观令不净。”

由此，我们可以明白，本经第一品中，世尊将五百童子各人手持的华盖合成一顶大华盖，并在这顶大华盖下呈现三千大千世界，以及世尊用脚趾按动三千大千世界，展现无量功德宝庄严，是神变通。世尊知道舍利弗心中的想法，是他心通。第三品中，世尊知道维摩诘心中的想法，吩咐弟子去探望问候维摩诘，是他心通。第四品中，维摩诘知道文殊师利带着大批随从前来，是天眼通。他施展神力，撤空自己的居室，是神变通。第五品中，维摩诘知道舍利弗心中的疑惑，是他心通。他施展神力，让须弥灯王如来送来须弥幢世界的三百二十万狮子座，是神变通。第六品中，天女散花，变幻男女身，是神变通。第九品中，维摩诘知道舍利弗的心思，是他心通。他展现香积如来的一切妙香世界，并派遣自己的化身前往那个世界取回食物，是神变通。第十品中，世尊知道维摩诘和文殊师利即将来到，是他心通。维摩诘将所有会众置于右掌中，来到世尊那里，是神变通。第十一品中，世

① 此外，在僧肇《注维摩诘经·不思议品》的注释中也提到：“别本曰神足三昧，什曰同体异名也。”

尊知道所有会众的心愿，是他心通。维摩诘截取妙喜世界，置于右掌中，带到这个世界，是神变通。第十二品中，世尊记得宝焰如来前生是宝盖王，自己前生是月盖王子，是宿命通。僧肇在《注维摩诘经序》中，将本经中这些神通变化简括为“借座灯王，请饭香土，手接大千，室包乾象，不思议之迹也”。

在佛经中，“神通”一词也常与“游戏”一词组合，合称“游戏神通”（abhijñāvikrīḍita 或 abhijñāvikurvaṇa）。本经也称赞维摩诘善于“游戏神通”。据僧肇《注维摩诘经》，鸠摩罗什对第二品中出现的此词解释为“因神通广其化功，亦以神通力证其辩才”。对第六品中出现的此词解释为“神通变化，为迹引物，于我非真，故名戏也。复次，神通虽大，能者易之，于我无难，犹如戏也。亦云于神通中善能入住出，自在无碍”。这里值得我们注意的是“于我非真”这个说法，显然体现中观的空论。

与此相关，在佛经中，“三昧”一词也常与“游戏”一词组合，合称“游戏三昧”（samādhivikrīḍita）。《大智度论》在卷六中论及通过禅定获得的种种神通变化，指出“化生无定物，但以心生便有所作”，故而“诸法如化”，“皆无有实”。又在卷七中提到“菩萨心生诸三昧，欣乐出入自在，名之为戏”。因此，鸠摩罗什对“游戏神通”的阐释与《大智度论》中的论述是一致的。

这样，本经中充分展现佛和菩萨的神通变化，无疑有助于渲染佛和菩萨的神奇威力，而增强对听众的吸引力。按照印度传统诗学的说法，能让听众品尝到“奇异味”。这也可以说是佛和菩萨在说法中采取的一种“善巧方便”。同时，展现佛和菩萨的神通变化本身也是阐明“诸法皆空”的大乘义理。

三

下面依次介绍本经各品的主要内容和论旨。

第一《佛土清净缘起品》。世尊在维舍离城庵罗卫园林为八千比丘和三万二千菩萨说法。离车族以宝积为首的五百童子前来听法，询问“何为菩萨的清净佛土？”世尊首先说明“众生土便是佛土”，因为“菩萨的佛土是为众生产生的。”而要达到“清净佛土”，就应该“清净自心”，因为有“清净心”，便有“清净佛土”。也就是菩萨修行，自心清净，同时教化众生，也让众生获得清净心，因为“唯有那些具有清净心的众生看到众佛的佛土功德庄严”。

第二《不可思议方便善巧品》。离车族维摩诘是一位白衣居士，住在维舍离城中。他虽然身为居士，却具备菩萨的一切品行，在世俗生活中，采取方便善巧，教化众生。他无论出现在哪种社会生活场合，都遵奉佛道，弘扬佛法。这时，维摩诘“示现”生病，向前来探望问候的国王、臣相、王子、婆罗门和市民等“现身说法”。他说明人的身体“由蕴、界和处聚合而成”，空虚，脆弱，滋生百病，注定朽坏毁灭。因此，不应该依靠和执著这个身体，而应该向往如来法身。获得如来法身，便能摆脱一切疾病和烦恼。而要获得如来法身，就应该发起无上正等菩提心，修习菩萨行。

第三《声闻和菩萨推辞问疾品》。世尊遥知维摩诘生病，便派遣弟子前去探望问候。而十位大弟子依次推辞，讲述他们以前都领教过维摩诘的辩才，觉得难以应对。

舍利弗以前在坐禅时，维摩诘向他指明“不舍弃所得法相而展现种种凡夫相是坐禅”。

目犍连以前在向家主们说法时，维摩诘向他指明要“像法这样说法”，也就是要明了法“无众生”、“无我”和“无所攀缘”，从而“依随真如”和“安住空性”。

迦叶以前在乞食时，维摩诘向他指明“乞食应该想到一切众生”，不择贫富，“坚持诸法平等”，“为教化众生而进城乞食”。

须菩提以前来到维摩诘家中乞食时，维摩诘向他指明应该“随食物平等性进入诸法平等性”。也就是超越无知和知、生死和解脱、凡夫和圣者、清净和烦恼、外道和佛法，即超越一切分别和对立，明了一切法和一切言说“具有幻化性”。

富楼那以前在向比丘说法时，维摩诘向他指明说法先要“观察比丘的心”，不应该向具有“大乘”根器的比丘宣示“声闻乘”。

迦旃延以前在向比丘宣说声闻乘的“无常义、苦义、无我义和寂灭义”时，维摩诘向他指明应该宣说大乘的“无常义、苦义、无我义和寂灭义”。

阿那律以前在向梵天说明自己有“天眼”时，维摩诘向他指明诸佛的“天眼”超越“有作为相”和“无作为相”，也就是超越一切分别和对立，“不显示二相”。

优波离以前在劝导两个犯戒比丘时，维摩诘向他指明“心清净而众生清净”。因此，无妄想分别，便无烦恼。

罗睺罗以前在向离车族童子宣说“出家的功德和利益”时，维摩诘向他指明“出家是实行无为法，无功德，无利益”。同时，只要“发起无上正等菩提心，修习正行”，即使在家，也是出家，也是受戒。

阿难以前因世尊有病而外出乞求牛奶时，维摩诘向他指明诸佛的身体是“法身”，“超越一切世间法”，没有“病痛”和“烦恼”。同时，空中传来话音，告知阿难：世尊出现在“五浊世”，故而示现有病，便于“教化众生”。

就这样，世尊的五百个弟子都表示自己不适宜前去探望问候维摩诘。于是，世尊派遣弥勒菩萨、光严菩萨、持世菩萨和长者子苏达多前去探望问候，他们也都有与上述十位佛弟子类似的经历，而表示不适宜前往。

弥勒是世尊授记的“未来佛”。而他以前在向兜率天众天子说法时，维摩诘向他指明没有“过去生”、“未来生”和“现在生”。这样，“无生不能受记”，“也不能证得正等菩提”。实际上，“无人住于菩提，也无人从菩提退转”。因此，应该“摒弃菩提分别见”，明了所谓“菩提”也就是“一切相寂灭”，“不攀缘一切所缘”，“依随真如”，“远离心和法而不二”，“平等如同虚空”。

光严以前在出城时遇见入城的维摩诘，询问他“何为菩提道场？”维摩诘向他指明“只要菩萨们运用波罗蜜，教化众生，掌握妙法，具有善根，无论抬步或踩步，他们都来自菩提道场，来自佛法，住于佛法”。也就是说，所谓“菩提道场”并非只是指坐禅修行的场所。

持世以前在家中，摩罗乔装帝释天，要送给他一万二千天女。持世告诫“帝释天”：“不要施予沙门释子不相宜之物”。而这时维摩诘来到他家，揭穿摩罗诡计，并表示自己愿意接受那些天女。维摩诘为那些天女说法，让她们发起菩提心，抛弃欲乐，热爱法乐。然后，他又将那些天女交还摩罗，并嘱咐她们在摩罗宫中修习名为“无尽灯”的法门。显然，维摩诘以此事向持世说明菩萨不应该独善其身，而应该入世间度化众生。

苏达多以前在家中举行大祭、慷慨布施时，维摩诘向他指明不应该举行这样的“财祭”，而应该举行“法祭”。也就是应该遵奉菩萨行，弘扬佛法，度化一切众生。而在布施财物时，也要布施穷人如同供养如来，“平等无分别，怀有大悲心，不期望回报”，让“法祭达到圆满”。

第四问疾品。然后，文殊师利奉世尊之命，前去探望问候维摩诘。维摩诘与文殊师利交谈，应机说法。他以“生病”说明“菩萨的生死依随众生。依随众生便生病”。而菩萨的使命是解除众生病痛，故而“一旦众生病愈，菩萨也就无病”。他以自己“室内空空荡荡”说明“一切佛土皆空”，并解释何为空性和怎样寻求空性。维摩诘所谓的“病”，实际是人生痛苦和烦恼的象征。他指出病因是“执著我”，“有攀缘”。然而，身体无我，诸法皆空，攀缘并无所得。因此，菩萨应该成为“医王”，消除众生的病根，即“消除我慢和我执”。

第五《示现不可思议解脱品》。维摩诘借舍利弗希望得到坐席的话头，首先说明真正的求法者“应该于一切法无所求”。然后，他施展神通，让遥远的东方须弥幢世界的须弥灯王送来三百二十万高大宽广的狮子座，布满室内，却毫不拥挤。让所有的佛弟子和菩萨坐上狮子座后，他宣说菩萨具有的“不可思议解脱”：能将须弥山纳入芥子，四大海注入毛孔，三千大千世界握在掌中，也能让众生度过七天等于一劫，或度过一劫等于七天，如此等等。维摩诘的说法让迦叶等佛弟子深感奇妙而自愧弗如。①

第六《天女品》。维摩诘讲述应该观察众生如同幻人、水中月、镜中像、阳焰水、回音、浮云、泡沫、闪电和芭蕉心等。进而，应该对众生产生四无量心：慈、悲、喜和舍。他还指出要让众生获得解脱，应该解除他们的烦恼，断除他们的欲望和贪求，消除种种不实颠倒妄想，因为“一切法住于无住之根”②，即一切法性空而无所住。

这时，住在维摩诘屋内的一位天女现身，撒下天花。这些花不沾在菩萨身上，而沾着声闻身上。天女借此向舍利弗说明菩萨没有妄想

① 僧肇《注维摩诘经》这品的注释中，提到“什曰维摩神力所制，欲令众知大小乘优劣若此之悬也”。也提到什曰“巨细相容，物无定体，明不常也。此皆反其所封，拔其幽滞，以去其常习，令归宗有涂焉”。还有，“什曰惑者亦云时为常法。令修短改度，示不常也”。这说明菩萨不可思议解脱突破空间宽窄和时间长短的常规，同时也是利用时空量度的相对性示现“诸法如化”，变幻无常。

② 这句什译“从无住本立一切法”，奘译“由无其本、无所住故，即能建立一切诸法”。僧肇《注维摩诘经》此处解释说：“一切法从众缘会而成体。缘未会则法无寄。无所寄则无住。无住则无法。以无法为本，故能立一切法也。”

分别，而声闻有妄想分别。她针对舍利弗说“解脱不可言说”，指出“一切文字都是解脱相”，因此，“不必舍弃文字说解脱”。她针对舍利弗询问她“为何不转变女性？”指出“一切法原本幻化不实”。为此，她施展神通，让自己呈现舍利弗模样，而让舍利弗呈现她的模样，借以说明“一切法非男非女”。然后，她收回神通，让舍利弗恢复原形，借以说明“一切法既无造作，也无改变”，也就是“一切法原本幻化而不实”。

第七《如来种性品》。 维摩诘讲述“菩萨入非道，也就是依据种种佛法入道”。他说明菩萨不舍弃生死，进入六道轮回（即“入非道”），无论处在哪种情况下，都奉行佛道，教化众生。然后，文殊师利说明诸如“无知而贪爱生存”、“贪、瞋和痴”、各种“颠倒”、“障碍”、“邪性”、“不善业”乃至“六十二见”是“如来种性”。如同莲花出于淤泥，佛法在陷入烦恼淤泥的众生中生长。因此，“有一切烦恼，才有如来种性”。如同不入大海，不能采集到珍宝。同样，“不入烦恼大海，不能获得一切智心宝”。最后，维摩诘说明菩萨本已摆脱生死，而“自愿受生”，以智慧波罗蜜为“母亲”，以方便善巧为“父亲”，成为“众生导师”，度化一切众生。

第八《入不二法门品》。 维摩诘请众菩萨说明“何为菩萨入不二法门？”共有三十一位菩萨依次说明自己对“菩萨入不二法门”的认识，即超越“生和灭”、“我和我所”、“污染和清净”等等一切互相对立或互相依存的两者。然后，文殊师利总结说：“你们说得都很妙。但你们所说的一切都是二。一言以蔽之，一切法无言，无说，无表达，无称赞，无陈述，无识别。这就是入不二法门。”最后，文殊师利请教维摩诘。而维摩诘“保持沉默”。于是，文殊师利称赞道：“这就是菩萨的入不二法门。这里不运用文字、声音和假名。”[①]

第九《化身取食品》。 维摩诘施展神通，展现上方遥远的香积如来的一切妙香世界，并幻化出一个菩萨，派遣他前往那里求取食物。这个幻化的菩萨取到食物，与那里的九万菩萨一起返回维摩诘屋中。所有的会众享用这些食物后，维摩诘向来自一切妙香世界的菩萨解释，在这里的世界，众生难以调伏，故而释迦牟尼佛“采用调伏冥顽而难以调伏者的谈话方式”说法。同时，出生在这里的众菩萨也“具有坚定的大悲心”，“执行其他佛土没有的十种善法”。因此，他们“在这个世界一生为众生谋福，比在一切妙香世界一千劫为众生谋福还要多”。

第十《有尽无尽法施品》。 维摩诘施展神通，将所有会众连同狮子座置于右掌中，前往世尊所在的庵罗卫园林。在世尊那里，维摩诘向阿难讲述一切妙香世界食物的神奇功能，并借阿难说“这食物能做佛事”的话头，说明在一切佛土，菩萨运用各种方便善巧做佛事，这也就是名为“入一切佛法”的法门。虽然各种佛土的品质高低不同，而诸如来的“无碍智慧”并无不同，因此，都称为“正等觉”、“如来”和“佛”。那些来自一切妙香世界的菩萨通过这次访问，改变了原本以为“这里佛土低劣”的想法，请求世尊施法。世尊为他们讲述“名为有尽无尽的菩萨解脱”。所谓“有尽无尽”，指“有为”和“无为”。菩萨不应该“除尽有为”，也不应该“住于无为”。换言之，菩萨不应

① 僧肇《注维摩诘经》此处解释说：什曰“默语虽殊，明宗一也。所会虽一，而迹有精粗。有言于无言，未若无言于无言。故默然之论，论之妙也”。意谓上述诸菩萨用言语表达“入不二法门”，而文殊师利“有言于无言”，维摩诘则是“无言于无言”。三者同样表达佛理，但有粗浅和精妙的区别。这也说明虽然诸法性空，“真如”不可分别和言说，但为了教化众生，也可以运用文字言说，作为一种“方便善巧”。正如《天女品》中，天女对舍利弗说“一切文字都是解脱相”，“不必舍弃文字说解脱”。因此，也可以说，超越可说和不可说，也就是入不二法门。

该脱离“有为”，安住“无为”，而应该在“有为”中实行“无为”。

第十一《取妙喜世界见阿閦如来品》。 世尊询问维摩诘“怎样见如来？”维摩诘回答说：“我不见而见如来。”并以一系列否定（“非”、“无”或“不”）的表述方式说明如来的身体“性空”[①]。他也以如来所说“一切法本性如幻”，向舍利弗说明生死问题。世尊告知舍利弗说维摩诘“来自阿閦如来的妙喜世界”。舍利弗对维摩诘从清净世界来到这里，感到惊讶。维摩诘向他说明“为了净化众生，菩萨们自愿出生在不清净的佛土。他们不与烦恼共住，而驱除一切众生的烦恼黑暗”。然后，维摩诘奉世尊之命，满足所有会众心愿，施展神通，截取整个妙喜世界，置于右掌中，展现在所有会众面前。

第十二《托付品》。 帝释天王向世尊保证今后他会保护那些奉行、宣示和解说这个法门者。世尊向帝释天王说明，凡有善男子或善女人掌握、受持、诵读和精通这个法门，会比敬拜和供养如来获得更多的功德。世尊讲述自己前生曾是月盖王子，奉行“法供养”，即“宣示和解说如所说来的经典”。世尊托付弥勒菩萨未来在赡部洲继续传布无上正等菩提和这个法门。弥勒菩萨向世尊保证会这样做。最后，世尊告诉阿难，这个法门名为《维摩诘所说》，又名《消除种种二重对立》和《不可思议解脱》。

由以上所述可知，《维摩诘所说经》是一部成熟的大乘佛经。它运用诸法性空的般若智慧，全面阐述大乘义理，纵横驰骋，挥洒自如。它指出众生土便是佛土，说明佛法不离世间众生，如来种性不离尘世烦恼，也就是世间和出世间不二，有为和无为不二，生死和涅槃不

① 这里的“性空”一词引用鸠摩罗什的阐释。僧肇《注维摩诘经》此处解释说：“什曰观佛有三种：一观形，二观法身，三观性空。问言：汝三观中作何等观耶？下尽以性空作答。此章悉用中百观破相义，明如来性空。”其中的“中百”指《中论》和《百论》。

二。[①]它强调自心清净，则佛土清净[②]。菩萨唯有“入非道”，奉行“六波罗蜜”，施展“方便善巧”，教化众生，令众生获得清净心，这样才能造就清净佛土。

大乘佛教将佛陀时代的早期佛教概括为“声闻乘”和“缘觉乘”，或统称为“小乘”。从《维摩诘所说经》中可以看出，大乘佛教对小乘佛教思想作了全面的创造性转化。对早期佛教以四圣谛为核心的一些基本义理，都作出全新的解释。第二品中描写佛陀的十大弟子畏惧维摩诘的无碍辩才，不敢前去探病，便是象征性的表现。例如，维摩诘否定迦旃延的说法，为他讲解大乘的“无常义、苦义、无我义和寂灭义”。同样，维摩诘也按照大乘义理向其他九位佛陀大弟子讲解“坐禅”、“法”、“乞食”、“说法”、“天眼”、“污染”、“出家”和“佛身”等。还有，维摩诘依据“无生”和“真如”，质疑弥勒菩萨的“受记”；向光严宣示菩萨运用波罗蜜教化众生的一切作为皆是“菩提道场”；向持世宣示应该入世间度化一切众生；向苏达多宣示“法施”高于“财施”。这些都体现大乘的“菩萨行”。

此外，第五品中，维摩诘描述菩萨的“不可思议解脱”，迦叶听后感叹道：“一切声闻和缘觉如同天生的盲人无眼力，甚至不能现证一种不可思议事。”原因是“我们的根器已灭绝，犹如烧焦的种子，不堪承受大乘”。第七品中，维摩诘讲述“菩萨入非道，也就是依据种种佛法入道”。继而，文殊师利说明“有一切烦恼，才有如来种性”。迦叶听后说道：“我们这些人如今哪能发起菩提心？”因为众声闻已

① 《维摩诘所说经》中的“不二”思想与龙树中观论相通。龙树在《中论》（鸠摩罗什译）中提出“不生亦不灭，不常亦不断，不一亦不异，不来亦不出”。又提出“涅槃与世间，无有少分别，世间与涅槃，亦无少分别。涅槃之实际，及与世间际，如是二际者，无毫厘差别”。

② 这一点也与唯识论有相通之处。《入楞伽经》中提出“三界唯心”，并指出“如来藏（即‘阿赖耶识’）是善和不善的原因”，同时强调“如来藏本性光明纯洁”。

经断除一切束缚和烦恼。第十品中，维摩诘讲述名为“入一切佛法”的法门。阿难听后，对世尊说道：“从今往后，我不再自以为‘多闻第一’。”而世尊告诉他说：“我是针对众声闻，而不是针对众菩萨，称你为‘多闻第一’。”《维摩诘所说经》中这些论述直率地宣扬大乘优于小乘，说明佛教已完成从早期佛教到大乘佛教的转化，大乘义理已完全确立。

《维摩诘所说经》中讲经说法的主角维摩诘是一位居士。这是这部佛经的又一个重要特征。这位居士神通广大，辩才无碍，气势磅礴，令佛陀众弟子乃至弥勒、光严和持世等菩萨相形见绌。在第十一品中，世尊说明维摩诘来自阿閦如来的妙喜世界。那是一个清净佛土，而维摩诘自愿转生在这个不清净佛土，旨在遵奉菩萨行，净化众生。在第九品中，上方一切妙香世界的香积如来称维摩诘为“菩萨”。[①]尽管如此，维摩诘在这部经中始终是以居士的身份和面目出现的。

按照第二品中的描写，维摩诘住在维舍离城中，“财富无穷”。在此处鸠摩罗什的译文中，称维摩诘为“长者”。在第三品中出现的长者子苏达多，也就是著名的“给孤独长者”，舍卫城的一位富商。与“长者”对应的梵文是 śreṣṭhin，通常指“商主”。在这部经中，文殊师利经常称呼维摩诘为“家主”（gṛhapati，什译和奘译均为“居士”）或“善男子”（kulaputra）。世尊也称呼维摩诘为“善男子”。“善男子”或“善女人”也是佛经中对在家男女信众的通称。从词义上说，“善男子”和“善女人”是指出身富贵家族者。

同时，我们应该注意到，在大乘佛经中，由居士担任说法主角的还有《胜鬘师子吼一乘大方便方广经》（求那跋陀罗译）、《离垢施女经》（竺法护译）和《阿阇世王女阿术达菩萨经》（竺法护译）等。胜

① 在中国佛教文献中，也有称说维摩诘的前生是“金粟如来”。但这应该是后出的传说。

鬘夫人、离垢和阿术达都是出身王族的女居士。在早期佛教中，妇女处于受歧视的地位。佛陀的养母乔答弥好不容易才争取到出家的资格。而如今在大乘佛教中，不仅妇女出家已不成为问题，连在家的女居士也能成为讲经说法者。

维摩诘和胜鬘夫人可以说是大乘佛教时期在家男女信众的杰出代表。从种姓上说，维摩诘是商主，属于吠舍种姓；胜鬘夫人是公主，属于刹帝利种姓。这两种种姓是佛教获得发展的重要社会基础。佛教是与婆罗门教相抗衡的宗教。婆罗门教对种姓的排位次序是婆罗门、刹帝利、吠舍和首陀罗。而佛教将其中的刹帝利排在首位。在早期佛教经典（即传承至今的巴利文三藏）中，也有佛陀针对国王和在家人的说法，如《转轮圣王狮子吼经》和《尸迦罗经》等。因此，早期佛教获得许多国王和商人的支持。早期佛教虽然是一种追求出世的宗教，但要在现实社会中生存和发展，也必须取得政治和经济的支持。

而佛教在发展过程中，也能不断适应社会需要，进行自我调整，注意出世和入世、为自和为他以及出家和在家的结合。维摩诘在谈及出家时，指出只要“发起菩提心，修习正行”，“便是出家”。这就为佛教在社会上争取更多信众打开了方便之门。而且，在刹帝利和吠舍种姓中，许多王子公主和商人子弟具有良好的文化素质，对于弘扬和拓展佛法也能发挥重要作用。因此，在大乘佛教中，出现像《维摩诘所说经》和《胜鬘经》这样的佛经，也就不是偶然现象，而是顺理成章的事。

四

在中国佛经翻译史上，鸠摩罗什和玄奘双峰并峙，是两位具有里程碑意义的翻译家。

鸠摩罗什（Kumārajīva，也译“童寿”）祖籍印度，出生在龟兹。他七岁出家，九岁随母前往印度拜师求法，十二岁返回龟兹。他成为西域地区的高僧，“咸共崇仰”。他于姚秦弘始三年（401 年）来到长安，姚兴“待以国师之礼”，“请入西明阁、逍遥园，译出众经”。鸠摩罗什先后译出《般若经》、《金刚经》、《法华经》、《大智度论》、《维摩诘经》、《中论》、《百论》和《十二门论》等数十部大乘佛经。其中一些是旧经新译，而鸠摩罗什所译“新文异旧者，义皆圆通，众心惬服，莫不欣赞焉”。（《出三藏记集》卷第十四）

关于《维摩诘经》的翻译，僧肇在《注维摩诘经序》中记载说：姚兴“每寻玩兹典，以为栖神之宅，而恨支竺所出，理滞于文，常惧玄宗坠于译人”。于是，在弘始八年（406 年），“于长安大寺请罗什法师重译正本”。当时，参与译事者，包括僧肇在内，有“义学沙门千二百人”。这里提到的“支竺”，应该是指支谦、竺法护和竺叔兰。他们是《维摩诘经》的早期译者。据支敏度《合维摩诘经序》中记叙，支谦、法护和叔兰“先后译传，别为三经，同本，人殊，出异。或词句出入，先后不同；或有无离合，多少各异；或方言训诂，字乖趣同；或其文胡越，其趣亦乖；或文义混杂，在疑似之间。若此之比，其涂非一”。故而，他以支谦译本“为本”，叔兰译本“为子”，合并排列，“分章断句，使事类相从”，互相参照，帮助理解。这说明当时普遍认为早期的各种《维摩诘经》译本颇多文字滞涩难解之处。

参与鸠摩罗什译事者，除了僧肇外，还有僧叡、道生和道融等佛学高僧。僧叡曾在《毗摩罗诘经义疏序》中指出，这部经“其指微而婉，其辞博而晦，自非笔受，胡可胜哉”。这说明他本人是鸠摩罗什译经中的“笔受”之一。他在序中还指出，这部经“既蒙鸠摩罗什法师正玄文，擿幽指，始悟前译之伤本，译文之乖趣也。至如以不来相为辱来，不见相为相见，未缘法为始神，缘合法为止心。诸如此比，无品不有，无章不尔”。由于早期译本大多失传，这里所举“伤本”、“乖趣”的例子无法一一确证出自哪种译本。但从仅存的支谦译本的相关之处，也能得到说明。

支译《诸法言品》（即什译《文殊师利问疾品》和奘译《问疾品》）中，有一段文字（梵本 4.4），支译：“劳乎，文殊师利！不面在昔，辱来相见。”什译：“善来，文殊师利！不来相而来，不见相而见。”参照现存梵本，支译“劳乎”和什译“善来”是对译原文中的 svāgatam（“欢迎”）一词。而后面一句是对译原文中的 anāgatasya adṛṣṭaśruta-pūrvasya darśanam（“见到前所未见未闻的不来者”）。对照梵本原文，可以看出这句话原本是含有玄妙意义的表达方式，而支谦译成普通对客人表示欢迎的表达方式。他的译文中的“辱来”一词是承接前面的“劳乎”，意谓“劳驾您来”。后来，这句玄奘译为“善来，不来而来，不见而见，不闻而闻”。显然，奘译更切合原文，也补足了什译略去的“不闻”一词。此外，在这句之后，还有文殊师利以同样玄妙的表达方式回答维摩诘的话，什译和奘译均译出，而支译完全略去了。

在这一品中，还有一段文字（梵本 4.14），支译：“知其根本而为说法。何谓为本？谓始未然。未炽然者则病之本。何谓不然？于三界而不然。其不然何用知？谓止心。止心者以不得也，非不然也。”什译：“为断病本而教导之。何谓病本？谓有攀缘。从有攀缘则为病本。何所攀缘？谓之三界。云何断攀缘？以无所得。若无所得，则无攀缘。”对照梵本原文，可以看出支译乖谬难解，而什译与原文一致，文理通顺。什译中，“攀缘”（相当于僧叡提到的“缘合法”）的原文是 adhyālambana，“无所得”的原文是 nopalabhyate，而不知支谦怎么会将这两个词译成“未然”（或“不然”）和“止心”。这一段奘译与什译一致，只是将“攀缘”一词改换成“缘虑”。

而进一步考察，可以发现支译这段中“未然”或“未炽然”的用语也出现在《弟子品》(即什译《弟子品》和奘译《声闻品》)。其中的这一句(梵本 3.26),支译:“不然不灭为都灭,终始灭,是为空义。”什译:“法本不然,今则无灭,是寂灭义。”奘译:“本无炽然,今无息灭,无有寂静,毕竟寂静,终究寂静,是寂灭义。”对照梵本原文,前面的“不燃烧,则不熄灭”,三者的译文意义一致。而后面的 śāntārtha(“寂静义”或“寂灭义”)一词,什译和奘译准确,而支译“空义”欠妥。同时,类似的表述也出现在这一品的另一处(梵本 3.12),什译和奘译均译出,而支译略去。

据此,可以理解僧叡对“前译”的批评不无道理。今天,我们对照什译、奘译和梵本,确实能发现支译中存在不少滞涩费解之处。因此,在鸠摩罗什的译本出现后,以前的译本也就渐渐失传。即使支译本有幸保存下来,但通行本始终是什译本。此后所有的注疏本也主要依据什译本。

僧肇在《注维摩诘经序》中记叙了鸠摩罗什翻译《维摩诘经》的情景:“什以高世之量,冥心真境,既尽环中,又善方言。时手执胡文,口自宣译。道俗虔虔,一言三复,陶冶精求,务存圣意。其文约而诣,其旨婉而彰,微远之言,于兹显然。”这段话准确地说明鸠摩罗什译经的特点及其取得杰出成就的原因。

首先,鸠摩罗什本人是一位佛教高僧,“道震西域,声被东国”。他精通佛理,曾自我期许道:“吾若著笔作大乘阿毗昙,非迦旃延子比也。”[①]对于所译佛经,“率多谙诵,无不究达”。(《出三藏记集》卷第十四)同时,他有众多的译经助手,如僧肇、僧叡、道生和道融等。这些助手都是汉地博览经史而兼通三藏的佛学高僧。他们怀着虔诚之心,与鸠摩罗什一起反复探讨经义和译文,“陶冶精求,务存圣意”。

① 迦旃延子著有《阿毗达摩发智论》。这部论著是说一切有部的代表作。故而,鸠摩罗什说他如果撰写一部“大乘阿毗昙”,决计会超越迦旃延子。

而鸠摩罗什也会说汉语，能与他们直接交流。他曾赞赏僧叡说：“吾传译经纶，得与子相值，真无所恨也。”又赞赏道融说：“佛法之兴，融其人也。”他也对僧肇“嗟赏无极”。(《高僧传》卷第六)

僧叡在《大品经序》中记叙自己参与翻译《摩诃般若波罗蜜经》的情形：“予既知命，遇此真化，敢竭微诚，属当译任。执笔之际，三惟亡师[①]‘五失’及‘三不易’之诲，则忧惧交怀，惕焉若厉。虽复履薄临深，未足喻也。”罗什“法师手执胡本，口宣秦言，两释异音，交辩文旨。秦王躬览旧经，验其得失，谘其通途，坦其宗致。”“与诸宿旧业沙门”“五百余人，详其义旨，审其文中，然后书之”。

同时，从僧叡的一些经序中，也可以知道鸠摩罗什虽然会说汉语，但汉文造诣毕竟有限。如在《大智释论序》中，他提到“法师于秦语大格，唯译一往，方言殊好，犹隔未通”。僧肇也在《百论序》中提到，此论鸠摩罗什“先虽亲译，而方言未融，致令思寻者踌躇于谬文，标位者乖迕于归致”。于是，姚嵩“集理味沙门，与什考校正本，陶练覆疏，务存论旨。使质而不野，简而必诣，宗致划尔，无间然矣”。

中国佛经翻译始于汉代，至鸠摩罗什，已历经二百多年。经过长期的探索和实践，此时汉地高僧已对佛教义理和佛经文体了然于胸。前面提到道安的“五失本”和“三不易”便是明证。[②]故而，高僧们对佛经译文的理想标准，也就是僧肇所说的“质而不野，简而必诣”。“质而不野”是考虑到佛经文体原本质朴，因此，译文不必忌讳质朴。但文字质朴，又不能流于粗俗。“简而必诣”是考虑到佛经文体不惮繁复，而汉文传统崇尚简约，因此，译文应该适应汉地阅读习惯，可以适当简化。但文字适当简化，又必须保证义理的准确表达。应该说，

① “亡师”指道安法师。他提出的佛经翻译“五失本”和“三不易”，见《摩诃钵若波罗蜜经抄序》(《出三藏记集》卷第八)。

② 关于中国古代高僧对佛经翻译的理论探索和总结，笔者曾撰有《佛经翻译文质论》一文（载《文学遗产》1994年第6期），这里不再复述。

鸠摩罗什所译《维摩诘经》是符合这种翻译理念的。就《维摩诘经》这部佛经而言，其中文字的繁复不算突出，因此，译文中的简化也是有限度的。但这种文字简化的倾向是贯穿始终的。这只要对照梵本原文或玄奘译本便可见出。

总之，鸠摩罗什的译经活动在促进佛经汉化方面取得非凡的成就，使中国的佛经翻译出现一个质的飞跃。而我们也应该看到，鸠摩罗什的译经成就有一半应该归功于他的那些参与讨论和担任笔受的译经助手。鸠摩罗什与这些译经助手可谓珠联璧合。在某种程度上，也可以说，正是这些优秀的译经助手造就了中国佛经翻译史上鸠摩罗什这样一位译经大师。

唐玄奘的生平和译经成就众所周知，这里不必赘述。玄奘和鸠摩罗什同样都是佛学高僧，而不同之处在于玄奘既精通梵文，又熟谙汉文，两种语言的运用都得心应手。唐道宣在《续高僧传》（卷第四）中指出："自前代已来，所译经教，初从梵语倒写本文，次乃回之，顺同此俗，然后笔人观理文句，中间增损，多坠全言。今所翻传，都由奘旨，意思独断，出语成章，词人随写，即可披玩。"这段话准确地概括了玄奘的译经特点。据唐智昇《开元释教录》（卷第八）中记载，玄奘也有许多译经助手，担任证义、缀文和证梵语等工作。其中有辩机、道宣、慧立和玄应等这样一些高僧。但在整个译经过程中，玄奘显然起到决定性的主导作用。

《大唐西域记》结尾辩机撰写的《记赞》中，指出"传经深旨，务从易晓。苟不违本，斯则为善。文过则艳，质甚则野。谠而不文，辩而不质，则可无大过矣，始可与言译也"。这可以说大体上反映玄奘的翻译原则，与鸠摩罗什译经中体现的"质而不野"的理念基本一致。而辩机又指出，玄奘译经"非如童寿逍遥之集文，任生、肇、融、叡之笔削。况乎圆方为圆之世，斲雕从朴之时，其可增损圣旨，绮藻经文者欤？”也就是批评鸠摩罗什译经中有删削经文和藻饰文字的弊端。

如今我们依据《维摩诘经》梵本原文，对照阅读什译和奘译，可以发现什译文字倾向于适当简化，而奘译忠实于原文，基本上做到逐字逐句全部译出，不予删削或简化，必要时，文字还略有增饰。在将梵语转化为通顺的汉语方面，奘译和什译是一致的。什译文字也无刻意雕琢或注重藻饰的迹象。而奘译有时会受原文约束，译文显得不如什译简约流畅。

造成鸠摩罗什和玄奘翻译风格的差异，其中重要的原因就是鸠摩罗什的翻译，在转换成汉语这个关节上，倚重笔受。那些笔受并不通晓梵语，而是经过与鸠摩罗什讨论，领会意义后，直接用汉语表达，不怎么受梵语原文的束缚。而玄奘的脑子里始终装着梵语原文，也就会力求完整无缺地译出。

实际上，玄奘也是十分尊重鸠摩罗什的翻译的。在他译的《说无垢称经》中，常常直接沿用什译中的一些语句。鸠摩罗什也是尊重前译的，在他译的《维摩诘所说经》中，有时也直接沿用支译中的语句。沿用前人译文中的一些成熟的语句，在中国古代佛经翻译中，已成为一种翻译惯例。这说明古代高僧们襟怀坦荡，即使批评旧译，也不抹煞旧译中的可取之处。他们将译经视为共同的事业，唯一的目标是努力向社会提供最完善、最准确的译文。这与现代翻译界重视所谓的“个人著作权”，忌讳沿用他人的译文语句，不可同日而语。

五

前面提到，历代的《维摩诘经》注疏本大多依据什译本。这样，窥基依据奘译本的《说无垢称经疏》反倒显得具有特殊的意义。据《宋高僧传》（卷第四）中记载，窥基是玄奘弟子，曾在大慈恩寺“躬事奘师，学五竺语”。后来，他成为玄奘的译经助手，曾任《成唯识论》的笔受。

窥基在《说无垢称经疏》后记中，提到他曾应邀在一些寺院中讲解《维摩诘经》，被指定使用什译本。这样，他在讲经的同时，“制作此文，以赞玄旨”。他在注疏的开头，强调以前的译本“仿佛于遵文，而糟粕于玄旨”。而玄奘“陶甄得失，商搉词义，载译此经，或遵真轨”。这部注疏虽然完全依据奘译本，但自始至终对照什译本，对什译提出批评。因此，我们也可以将这部注疏视为中国佛经翻译史上一个难得的翻译批评个案。

在这部注疏中，窥基首先对鸠摩罗什将经名译为《维摩诘所说经》提出批评。他说“准依梵本”，经名是“阿费摩罗枳里底”。接着，他解释说“阿之言无，摩罗言垢”，“今既加费字，故是称也。即云无垢称。枳里底者说也”。因此，经名是《说无垢称经》。而实际上，经名的梵文是 Vimalakīrtinirdeśa。其中的 Vimalakīrti（什译“维摩诘”，奘译“无垢称”），若按照窥基的音译，应为“费摩罗枳里底”。窥基却在前面添加了一个“阿”字。显然，他是按照玄奘的译名《说无垢称经》妄加推测原文的。在梵文中，“阿”（a）字常用于词头表示“无”。故而，他误以为“无垢”原文应为 amala（“阿摩罗”），殊不知此处“无垢”的原文是 vimala（“费摩罗”）。其中的 vi 也是常用于词头表示“无”。而他毫无根据地将 vi（“费”）说成表示“称”。这样，凑合成“无垢称”。然后，他说“枳里底”（kīrti）表示“说”，而“梵音多倒，顺唐音正云《说无垢称经》”。

看来，窥基完全不知道经名原文中还有 nirdeśa（“说”或“所说”）一词，而是在 Vimalakīrti（“费摩罗枳里底”）前妄自添加一个 a（“阿”）字，作为经名，予以牵强附会的解释。进而，他批评鸠摩罗什的《维摩诘所说经》这个译名，说是其中的“维摩”只能表示“垢称”，漏译“阿、罗二字”，而“诘”（“枳里底”）已表示“说”，何必再添加“所说”一词，“重言何用？”同时，窥基认为，“经”只能由佛说，“弟子唯得说论议经”，即“三藏之中，唯得说阿毗达磨”。因此，不能将经名译为《维摩诘所说经》，而应该像玄奘那样译为《说无垢称经》。其实，这部经中讲经说法的主角是维摩诘，鸠摩罗什按照经名原文译为《维摩诘所说经》是合理的。当然，玄奘遵循经、律和论的传统分类，按照自己的理解译为《说无垢称经》也无不可。

总之，窥基在经名翻译问题上对鸠摩罗什的批评不能成立。可是，他却十分自信，甚至指称“什公出自龟兹，不解中国梵语”。这里的“中国”一词指北印度中部（madhyadeśa），也就是说鸠摩罗什的梵语不纯正。这可能会给人造成错觉，仿佛窥基本人通晓纯正的梵语。上引《宋高僧传》中也记载他曾“躬事奘师，学五竺语”。现在看来，他至多学得一些梵语基础知识，并不真正通晓梵语。

在什译《维摩诘所说经》的经名标题下，还标有“一名不可思议解脱”。因为在这部经的结尾部分提到本经的经名，什译“是经名为《维摩诘所说》，亦名《不可思议解脱法门》”，奘译“如是名为《说无垢称不可思议自在神变解脱法门》”。而窥基依据奘译，认定此经只有一个经名，并非如什译有两个经名。其实，按照梵本，这两个名称的原文是断开并列的。因此，什译视为两个经名是合理的，也与支译一致。而奘译将这两个名称合在一起，也是可以的。至于鸠摩罗什将《不可思议解脱》用作经名副标题，显然是考虑到这个名称具有点题作用，本也无可厚非。而窥基认为即使有两个名称，也不应该在标题中一并列出。否则，“《胜鬘》有十五名，《无量义经》有十七名，并应具载”。显得有点强词夺理。

关于此经各品的品名，凡什译与奘译有差异者，窥基一概提出批评。

第一品，什译《佛国品》，奘译《序品》。梵本原名是《佛土清净缘起品》。其中，“佛土”（buddhakṣetra）一词也译“佛国”。“缘起”（nidāna）一词也可译为“序”。这样，什译和奘译都采取简化的译法，只是取舍有所不同。而窥基认定应该译为《序品》，理由是若按这品的内容译为《佛国品》，那么，《法华经》的《序品》“说无量义等七种成熟事，应名《成就品》，何故名《序品》？”

第二品，什译《方便品》，奘译《显不思议方便善巧品》。梵本原名是《不可思议方便善巧品》。什译显然是简化的译法。而窥基强调这品中的“方便之义”非同一般，因此，品名中的“显不思议”必须译出。

第三品，什译《弟子品》，奘译《声闻品》。第四品，什译和奘译均为《菩萨品》。按照梵本，这两品本是一品，名为《声闻和菩萨推辞问疾品》。窥基认为“弟子”一词包含“声闻”和“菩萨”两者，因此，不应该译为《弟子品》，而应该译为《声闻品》。其实，这第三品中的内容只涉及佛陀的十大弟子，译成《弟子品》未尝不可。

第五品，什译《文殊师利问疾品》，奘译《问疾品》。梵本原名《问疾品》。窥基认为前去问疾者以文殊师利为首，但并非他一人，品名中不应该特别标出文殊师利。其实，这品内容主要是文殊师利和维摩诘的对话，故而在品名中标出文殊师利，突出这位菩萨的地位和作用，也是符合此经本意的。

第七品，什译《观众生品》，奘译《观有情品》。梵本原名是《天女品》。什译和奘译都改译品名。奘译显然沿用什译品名，而将“众生”一词改为“有情”。而窥基强调“萨埵”（sattva）一词应该译为“有情”。其实，此词译为“众生”本是佛经汉译中通行的译法，未必一定要照玄奘那样译为“有情”。

第八品，什译《佛道品》，奘译《菩提分品》。梵本原名是《如来种性品》。什译和奘译都改译品名。而窥基认为“佛道”一词有以“老子之道”混同“佛道”之嫌，因此，品名应该译为《菩提分品》。

第九品，什译《入不二法门品》，奘译《不二法门品》。梵本原名是《入不二法门品》。而窥基依据奘译品名，认定“梵本经无‘入’字”。其实，这个品名支译《不二入品》，也有“入”字。

第十品，什译《香积佛品》，奘译《香台佛品》。梵本原名是《化身取食品》。什译和奘译都改译品名。奘译显然沿用什译品名，而将“香积”一词改为“香台”。而窥基认为“佛身香体高妙类于香台”，“应名香台”。其实，什译中的“积”字对应原文中的 kūṭa 一词。kūṭa 的词义是“顶峰”或“堆积”，故而什译“香积”。

第十二品，什译《见阿閦佛品》，奘译《观如来品》。梵本原名是《取妙善世界见阿閦佛品》。什译和奘译均采取简化的译法，译名也完全一致。而按窥基的记载，什译这品品名为《阿閦佛品》，其中少了一个“见”字。窥基据此认为这品“说观法身如来等”，“不唯明阿閦佛”。而什译品名“唯言阿閦佛，失彼品经宗之意。何但违于梵音，但以方言隔正理亏，义既乖其本宗，名亦如何不谬也”。即使窥基依据的什译这品品名不同于现存的什译本，品名为《阿閦佛品》，也不至于应该受到这么严酷的批评。

从这些品名的翻译可以看出，什译和奘译原本都具有相当的灵活性。而且，奘译的一些品名也借鉴什译。而窥基僵硬地以奘译品名为绝对标准，一味挑剔什译，缺乏批评的说服力。

窥基在各品中，对什译的批评大多是依据奘译，指出什译中的文字缺漏。由于什译本身具有文字简化的倾向，只要对照奘译，这类文字省略之处也就不难发现。而对于什译和奘译中一些表述不同的语句，窥基也能指出其中有些奘译比什译更准确；有些只是表述方式不同，而意义一致。但也有一些批评不当之处。例如：

第一品第 8 首偈颂中有一句，什译“毁誉不动如须弥”，奘译“八法不动如山王”。窥基指出“旧无八法，但有毁誉，译家脱也”。其实，梵本原文中此词是 satkārasatkṛta，词义为“受到优待”。支译“供养事者”，什译“毁誉”。僧肇在《注维摩诘经》中解释这句说：“利衰毁誉称讥苦乐八法之风不动如来，犹四风之吹须弥也。”因此，很可能是玄奘据此采用“八法”这个译名，并非原文中有此词，而什译脱漏。

第一品中还有一句（梵本 1.12），什译“众生之类是菩萨佛土”，奘译“诸有情土是为菩萨严净佛土”。窥基指出两者“文义不同”。其实，按照梵本原文，上一段中提到“清净佛土”（什译“净土”，奘译“严净佛土”），此后各段中简称“佛土”。因此，此处支译和什译依照原文译为“佛国”或“佛土”，而奘译维持“严净佛土”的译法，无所谓“文义不同”。

第三品中有一句（梵本 3.2），什译“时维摩诘来，问我言”，奘译“时无垢称来到彼所，稽首我足，而作是言”。窥基依据奘译，指出什译这句中无“稽首我足”一语，批评道：“罗什词屈姚主，景染欲尘，入俗为长者之客，预僧作沙弥之服，不能屈折高德，下礼僧流。遂删来者之仪，略无稽首之说。”其实，这一句不仅出现在此处舍利弗的话中，相同的句式也出现在其他佛弟子的话中。按照梵本原文，只有在阿那律、罗睺罗和阿难的话中有“稽首我足”一语，在包括舍利弗在内的其他弟子的话中均无此语。什译与支译一致，只在罗睺罗的话中出现此语。而奘译在所有弟子的话中均有此语。按照原文的情况，说明此语并非必不可少。况且什译在罗睺罗的话中也有此语。同时，什译与支译一致。那么，窥基对什译的这种节外生枝的道德批评，是否也包括支译在内？

综上所述，窥基对什译的批评大多不能成立。窥基这种翻译批评的致命弱点在于他不通晓梵文，不能依据梵本原文，比照什译和奘译，对什译作出实事求是的评论。而且，他怀有“门户之见”，言词之间明显透露出对鸠摩罗什抱有偏见，缺乏公允之心。隋彦琮曾提出佛经翻译“八备”说，即佛经翻译家应该具备的八个条件，其中包括“襟抱平恕，器量虚融，不好专执”，“不欲高炫”，“要识梵言，乃闲正译”。（《续高僧传》卷第二）其实，这些条件不仅适用于佛经翻译，也适用于佛经翻译批评。这也许可以视为窥基对什译批评这个个案从反面给予我们现代翻译批评的重要启示。

六

《维摩诘所说经》的梵本原文基本上是规范的梵语，只是第一和第七品中的偈颂部分含有较多的混合梵语。这符合早期大乘佛经的文体特点。在原始佛教时期，遵循佛陀释迦牟尼的教导，佛教使用方言俗语传教。而随着原始佛教发展演变为大乘佛教，传教语言也逐渐采用梵语。一般认为，佛经从方言俗语转换成梵语时，其中的散文部分容易转换，而偈颂部分受制于诗律，常常保持原状，或者保留较多的方言俗语语法形态。因为处在当时的语境，听者或读者都能理解这些偈颂。这好比我们现在使用普通话，也能听懂一些接近普通话的方言。

对于这两品中偈颂部分出现的混合梵语，我都在注释中一一指明它们的语法形态。对这些语法形态的确认，主要依据埃杰顿（F. Edgerton）的《佛教混合梵语语法》（*Buddhist Hybrid Sanskrit Grammar*），或者直接指明属于什么语法形态，或者说明规范的语法形态应该是什么。混合梵语是佛经语言研究中的一大难点，研究还有待于深化。在梵汉佛经对勘研究中，也应该重视这个问题。

本书进行《维摩诘所说经》梵汉对勘，梵本采用日本大正大学综合佛教研究所梵语佛典研究会的校订本《梵文维摩经》（大正大学出版会 2006 年版），只是将梵文拉丁转写体改换成天城体。三种古代汉译本中，选择什译和奘译，因为考虑到鸠摩罗什和玄奘的翻译代表中国古代佛经翻译的最高成就。在对勘中，有时也会涉及支译，但不纳入对勘工作范围。对于一些需要阅读和研究支译《维摩诘经》的学者，相信本书的对勘工作对他们也会有参考价值。什译《维摩诘所说经》和奘译《说无垢称经》采用《中华大藏经》（第十五册）提供的文本。为保持文本原貌，没有将其中的繁体字改为简体字。

关于对勘工作的宗旨和方法已在丛书《总序》中说明，这里不再复述。

本书全部文稿主要由常蕾帮我输入电脑。在工作过程中，她也会与我商讨一些词语注释问题，对我完善或增订一些注释也有帮助。在此，一并志谢。

黄宝生

2011 年 5 月 28 日

विमलकीर्तिनिर्देश

今译：维摩诘所说经[①]

什译：維摩詰所說經

奘译：說無垢稱經

① “维摩诘”是 vimalakīrti 的音译。奘译“无垢称”是意译。其中，vimala 词义为“无垢”，kīrti 词义为“称誉”或“名誉”。故而，vimalakīrti 的另一种意译是“净名”。这部经名什译《维摩诘所说经》。而奘译《说无垢称经》，可能是将经名中的“所说”（nirdeśa）一词理解为“佛说”。此经支谦译本有多种题名，其中之一是《佛说维摩诘经》。

१ बुद्धक्षेत्रपरिशुद्धिनिदानपरिवर्तः प्रथमः

今译：第一 佛土清净缘起品[①]

什译：佛國品第一

奘译：序品第一

नमः सर्वबुद्धबोधिसत्वेभ्यः ॥

今译：向一切佛和菩萨致敬！

१।१ एवं मया श्रुतम्। एकस्मिन् समये भगवान् वैशाल्यां विहरति स्म आम्रपालीवने महता भिक्षुसंघेन सार्धम् अष्टाभिर् भिक्षुसहस्रैः,

今译：我这样听说。世尊[②]曾经住在维舍离城[③]菴罗卫园林[④]。与他同住的有大比丘僧团八千比丘[⑤]，

什译：如是我聞。一時，佛在毗耶離菴羅樹園，與大比丘眾八千

---

① “缘起”的原词（这里所谓“原词”指现存梵本中的“原词”。下同）是nidāna，词义为“原因”、“起因”或“缘由”。作为品名，也可译为“序”。

② “世尊”（Bhagavat）是对佛的尊称。

③ “维舍离城”（Vaiśālī）是印度古代离车（Licchavi）国的都城。“维舍离”又译“毗舍离”、“维耶离”、“毗耶离”和“吠舍离”等。奘译“广严城”是意译。

④ “菴罗卫”（Āmrapālī）是一位妇女的名字。“菴罗”是āmra（“芒果”）的音译，“卫”是pālī（“护卫”）的意译。她原是一位妓女，后来皈依佛，将自己的园林赠给佛陀。据巴利文佛典记载，她前生也是一位比丘尼，因出言不慎，责骂另一位比丘尼为“娼妓”，结果自己转生为妓女。《长老尼偈》（Therīgāthā）中收有她的十九首偈颂。

⑤ “比丘”（或译“苾刍”）是bhikṣu一词的音译，指出家修行者。

人俱。

奘译：如是我聞。一時，薄伽梵①住廣嚴城菴羅衛林，與大苾芻眾八千人俱。

१।२ सर्वैर् अर्हद्भिः क्षीणास्रवैर् निःक्लेशैर् वशीभूतैः सुविमुक्तचित्तैः सुविमुक्तप्रज्ञैर् आजानेयैर् महानागैः कृतकृत्यैः कृतकरणीयैर् अपहृतभारैर् अनुप्राप्तस्वकार्थैः परिक्षीणभवसंयोजनैः सम्यगाज्ञासुविमुक्तचित्तैः सर्वचेतोवशिपरमपारमिप्राप्तैः,

今译：全都是阿罗汉②，灭尽烦恼，清除污染，获得自在，心解脱，智慧解脱，犹如驯良的大象，完成职责，完成应做的事，卸下重负，实现自己目的，断除生死束缚，心凭正智获得解脱，彻底控制一切思想。③

१।३ द्वात्रिंशता च बोधिसत्वसहस्रैर् अभिज्ञानाभिज्ञातैः सर्वैर् महाभिज्ञापरिकर्मनिर्यातैः, बुद्धाधिष्ठानाधिष्ठितैः, सद्धर्मनगरपालैः, सद्धर्मपरिग्राहकैः, महासिंहनादनादिभिः, दशदिग्विघुष्टशब्दैः, सर्वसत्वानध्येषितकल्याणमित्रैः, त्रिरत्नवंशानुपच्छेतृभिः, निहतमारप्रत्यर्थिकैः, सर्वपरप्रवाद्यनभिभूतैः, स्मृतिसमाधिधारणीसंपन्नैः, सर्वनिवरणपर्युत्थानविगतैः, अनावरणविमोक्षप्रतिष्ठितैः, अनाच्छेद्यप्रतिभानैः, दानदमनियमसंयमशीलक्षान्तिवीर्यध्यानप्रज्ञोपायनिर्यातैः, अनुपलम्भानुत्पत्तिकधर्मक्षान्तिसमन्वागतैः, अवैवर्तिकधर्मचक्रप्रवर्तकैः, अलक्षणमुद्रामुद्रितैः, सर्वसत्वेन्द्रियज्ञानकुशलैः, सर्वपर्षदनभिभूतवैशारद्यविक्रामिभिः,

---

① “薄伽梵”是 bhagavat（“世尊”）一词的音译。在本经中，玄奘只是在开头和结尾将此词译为“薄伽梵”，而在其他各处均译为“世尊”。

② “阿罗汉”是 arhat 一词的音译。arhat 的本义是“值得尊敬者”，故而也意译为“应供”，略称“应”。在早期佛教中，此词用于指称修行达到最高阶位者，也略称“罗汉”，即断除一切烦恼而入涅槃者。

③ 这段对八千比丘的描述，支译、什译和奘译均无。

महापुण्यज्ञानसंभारोपचितैः, लक्षणानुव्यञ्जनसमलंकृतकायैः, परमरूपधारिभिः, अपगतभूषणैः, मेरुशिखराभ्युद्गतयशःकीर्तिसमुद्गतैः, दृढवज्राध्याशयाभेद्यबुद्धधर्मप्रसादप्रतिलब्धैः, धर्मरत्नविकरणामृतजलसंप्रवर्षकैः, सर्वसत्वरुतरवितस्वराङ्गघोषविशुद्धस्वरैः, गम्भीरधर्मप्रतीत्यावतारान्तानन्तदृष्टिवासनानुसंधिसमुच्छिन्नैः, विगतभयसिंहोपमनादिभिः, तुल्यातुल्यसमतिक्रान्तैः, धर्मरत्नप्रज्ञासमुदानीतमहासार्थवाहैः, ऋजुसूक्ष्ममृदुदुर्दृशदुरनुबोधसर्वधर्मकुशलैः, आगतिसत्वाशयमतिमनुप्रविष्टज्ञानविषयिभिः, असमसमबुद्धज्ञानाभिषेकाभिषिक्तैः, दशबलवैशारद्यावेणिकबुद्धधर्माध्याशयगतैः, सर्वापायदुर्गतिविनिपातोत्क्षिप्तपरिखैः, संचिन्त्यभवगत्युपपत्तिसंदर्शयितृभिः, महावैद्यराजैः, सर्वसत्वविनयविधिज्ञैः, यथार्हधर्मभैषज्यप्रयोगप्रयुक्तैः, अनन्तगुणाकरसमन्वागतैः, अनन्तबुद्धक्षेत्रगुणव्यूहसमलंकृतैः, अमोघश्रवणदर्शनैः, अमोघपदविक्रमैः, अपरिमितकल्पकोटीनियुतशतसहस्रगुणपरिकीर्तनापर्यन्तगुणौघैः।

今译：还有三万二千菩萨，个个名声卓著，大神通业已经修成，受佛护持，守护正法城。掌握正法，发出大狮子吼，吼声响彻十方，成为一切众生不请自来的善友①，保持三宝②绵延不绝，降伏摩罗③怨敌，制伏一切外道邪说④，正念⑤、入定和陀罗尼⑥圆满，摆脱一切障碍和缠缚⑦，安住无障碍解脱，辩才源源不断，布施、调伏、禁戒、自制、持戒、忍辱、精进、禅定、智慧和方便⑧已经修成，能够忍受

① “善友”（kalyāṇamitra）在佛经中常译作“善知识”，指能引人走上正道的朋友。

② “三宝”（triratna）指佛、法和僧。

③ “摩罗”（māra）也译“魔罗”或“魔”，指与佛作对、破坏佛道的恶魔。

④ 这句按原文（这里所谓“原文”指现存梵本的“原文”。下同）直译是“不为一切外道邪说制伏”。

⑤ “正念”（smṛti）或译“念”。smṛti 的本义是“记忆”。而在佛经中，既指忆念或记忆力，也指观想或禅观。

⑥ “陀罗尼”（dhāraṇī）又译“总持”，词义一是指记诵佛经的超常能力，二是指咒语（相当于 mantra）。

⑦ “缠缚”（paryutthāna 或 paryavasthāna）指烦恼。

⑧ “方便”（upāya）的词义是“方法”，在这里是指菩萨为教化众生而随机应变，采用各种适合对象的方法。

无所得和无生法，转动不退法轮，印有无相印[①]，通晓一切众生根器[②]，征服一切大众集会[③]，英勇无畏，积累大量功德和智慧资粮，身体具有种种妙相，形貌绝伦，无须其他装饰，名誉高远，越过须弥山顶，信心坚如金刚，牢不可破，深信佛法，闪耀法宝光芒[④]，降下甘露雨，话音于一切众生种种音声中最为清净，深知深邃诸法缘起[⑤]，断除有边无边邪见[⑥]熏习[⑦]的延续，说法无畏如同狮子吼，超越称量和不可称量，积聚法宝智慧如同大商主，通晓正直、微妙、柔和、难见和难知的一切法，智慧境界深入来去众生的心愿，获得无比佛智灌顶[⑧]，深信十力、无畏和不共佛法[⑨]，筑起壕沟而避免堕入一切恶道，又自愿受生[⑩]，示现生死轮回道，成为大医王，通晓调伏一切众生的方法，对症使用法药，拥有无尽功德宝藏，用功德庄严[⑪]装饰无量佛土，听者和见者无不受益，履行者[⑫]也无不受益。若要称赞他们的功德流，

---

① “无相”（alakṣaṇa）指没有形相或表相。“印”（mudrā）指印章、印记、标识或标志。“印有无相印”是表明他们不执取形相或表相。

② “根器”（indriya）或译“根”，指感觉器官。

③ 这句按原文直译“不为一切大众集会征服”。

④ 此处译为“闪耀光芒”的原词是 vikaraṇa，词义通常为“变化”，疑有误。此处什译“普照”，奘译“流光”，故而原词可能是 kiraṇa（“光线”或“光芒”）。

⑤ “诸法缘起”（dharmapratītya）指一切事物因缘和合而成，没有实质。

⑥ “有边无边邪见”也可译为“二边见”，指对于诸如有和无、常和无常这样对立的两端，偏执一端。

⑦ “熏习”（vāsanā，或译“习气”），指业行留在意识中的潜印象，继续对未来的业行产生作用。

⑧ “灌顶”（abhiṣeka）原指印度古代国王登基时，举行以水灌注头顶的仪式。这里喻指菩萨修行达到第十地时，佛以智水灌注其头顶，表示授予法王之职。

⑨ “十力”（daśabala）指佛的十种智力。“无畏”（vaiśārdya）指佛的四种无畏。“不共佛法”（āveṇikabuddhadharma）指佛具有的十八种特征或特质。对于这十八种“不共法”的具体所指，小乘和大乘的说法不一。

⑩ “自愿受生”指自愿不入涅槃，继续出生在生死轮回道中，以救度一切众生。其中，“自愿”的原词是 saṃcintya，词义为“思考”、“有意”或“故意”。此词奘译“常思”。什译未涉及此词。

⑪ 此处“庄严”的用词是 vyūha，本义指军队阵容或战斗方阵，这里指大量的功德或由功德造就的种种美妙景象。

⑫ “履行者”的原词是 padavikrama，词义为“跨步行走”。此词支译“履行”，什译和奘译均为“诸有所作”。

无量百千万亿劫也诉说不尽。

什译：菩薩三万二千，眾所知識[①]，大智本行[②]皆悉成就；諸佛威神之所建立，為護法城；受持正法，能師子吼，名聞十方；眾人不請，友而安之；紹隆三寶，能使不絕；降伏魔怨，制諸外道；悉已清淨，永離蓋纏；心常安住，無礙解脫；念、定、總持，辯才不斷；布施、持戒、忍辱、精進、禪定、智慧及方便力無不具足；逮[③]無所得，不起法忍[④]；已能隨順，轉不退輪；善解法相[⑤]，知眾生根；蓋諸大眾[⑥]，得無所畏；功德智慧，以修其心；相好嚴身，色像第一，捨諸世間所有飾好；名稱高遠，踰於須弥；深信堅固，猶若金剛；法寶普照，而雨甘露；於眾言音，微妙第一；深入缘起，斷諸邪見有無二邊，無復餘習；演法無畏，猶師子吼，其所講說，乃如雷震[⑦]；無有量，已過量[⑧]；集眾法寶，如海導師[⑨]；了達諸法深妙之義，善知眾生往來所趣

① “众所知识”的原文是abhijñānābhijñāta，其中abhijñāna的词义为“知识”、“记忆”或“表征”；abhijñāta的词义为“认知”。故而，这个复合词的词义为“(他们的)表征（或特征）人人皆知”。也就是“名声卓著”。奘译“众望所识”。此处僧肇《注维摩诘经》解释说：“什曰梵本云多知多识。显德应时，故物咸知识。物咸知识，故敬之者众”。

② 这句中，“大智”的原词是mahābhijñā，指“大神通”。“本行”的原词是parikarma，指“作业”或“修行”。奘译“业修”。僧肇《注维摩诘经》中，在关于“菩萨三万二千”的注文中提及什曰“梵本云神通智慧，本事已作”，说的就是这一句。

③ “逮”的原词是samanvāgata，词义是“具有”、“完成”或“达到”。奘译“成”。

④ “不起法忍”的原文是anutpattikadharmakṣānti，通常译为“无生法忍”，即忍受无生法。其中的“不起”，原词是anupattika，词义为“不产生”。因此，“不起”即“无生”。

⑤ “善解法相”按原文是“印有无相印”。奘译“咸得无相妙印所印”。

⑥ “盖诸大众”的原文是sarvaparṣadanabhibhūta，意谓“不被集会大众压倒”。此处僧肇《注维摩诘经》中解释说：“什曰梵本云众不能盖。众不能盖，明其超出。今言盖众，其言亦同也。”这是因为“盖”的原词abhibhūta是过去分词，具有被动意义，意谓“被压倒”或“被征服”。奘译“一切大众所不能伏”，即译出此词的被动意义。

⑦ “乃如雷震”不见于原文。奘译与什译一致。有可能是对表示狮子吼声的nādin（“发声”）一词的引申发挥。

⑧ “无有量，已过量”按原文是“超越称量和不可称量”。奘译“不可称量，过称量境”。其中“量”或“称量”的原词是tulya，词义为“称量”、“等量”或“等同”。故而，这句的实际意思就是“不可称量”或“无可等同”。

⑨ “海导师”的原词是sārthavāha，词义为“商队队长”或“商主”。佛经中常译作“导师”，用作菩萨的称号。

及心所行；近無等等[①]佛自在慧、十力、無畏、十八不共；關閉一切諸惡趣門，而生五道以現其身；為大醫王，善療眾病，應病與藥，令得服行；無量功德皆成就，無量佛土皆嚴淨；其見聞者，無不蒙益；諸有所作，亦不唐捐。[②]如是一切功德皆悉具足。[③]

奘译：菩薩摩訶薩三万二千，皆為一切眾望所識；大神通業修已成辦；諸佛威德常所加持，善護法城，能攝正法；為大師子吼聲敷演，美音遐振，周遍十方；為諸眾生不請善友；紹三寶種，能使不絕；降伏魔怨，制諸外道；永離一切障及蓋纏；念、定、總持無不圓滿；建立無障解脫智門；逮得一切無斷殊勝念、慧、等持、陀羅尼辯，[④]皆獲第一；布施、調伏、寂靜、尸羅[⑤]、安忍、正勤、靜慮、般若[⑥]、方便善巧、妙願、力、智波羅蜜多[⑦]，成無所得，不起法忍；已能隨轉不退法輪；咸得無相妙印所印；善知有情諸根勝劣；一切大眾所不能伏，而能調御，得無所畏；已積無盡福智資糧；相好嚴身，色像第一，捨諸世間所有飾好；名稱高遠，踰於帝釋[⑧]；意樂堅固，猶若金剛，於諸佛法得不壞信；流法寶光，澍甘露雨；於眾言音微妙第一；於深

---

① “无等等”的原词是 asamasama，即 a（无）-sama（等同）-sama（等同），词义为“无可等同的”或“无与伦比的”。

② “亦不唐捐”和“无不蒙益”的原文均为 amogha，词义为“不落空”。

③ 这句与支译一致，与奘译有差异。奘译与原文一致。

④ 这句按原文是“辩才不断”。这里增添的一些词语基本上与前面一句“念、定、总持无不圆满”重复。其中的“等持”（samāpatti 或 samādhi）也就是“定”。

⑤ “尸罗”是 śīla（“持戒”）一词的音译。

⑥ “般若”是 prajñā（“智慧”）一词的音译。

⑦ “波罗蜜多”（pāramita）又译“波罗蜜”，词义为“到达彼岸”，通常指菩萨的修行方式。其中，布施、持戒、忍辱（或译“安忍”）、精进（或译“正勤”）、禅定（或译“静虑”）和智慧构成“六波罗蜜”。加上方便、愿（praṇidhāna）、力（bala）和智（jñāna），构成“十波罗蜜”。这句中的“愿”、“力”和“智”这三项以及“波罗蜜多”这个词不见于原文。什译与原文一致。

⑧ “帝释”（Śakra）即天王因陀罗。而此处原文和什译的用词是“须弥”（Meru）。Meru 又称 Sumeru，故而此山的译名不一，如弥卢、弥楼、须弥卢、苏迷卢和须弥等，也有意译“妙高山”。

法義廣大缘起，已斷二邊見習相續；演法無畏，猶師子吼；其所講說，乃如雷震；不可稱量，過稱量境；集法寶慧，為大導師；正直審諦，柔和微密，妙達諸法難見難知甚深實義；隨入一切有趣無趣意樂所歸；獲無等等佛智灌頂；近[1]力、無畏、不共佛法；已除所有怖畏惡趣，復超一切險穢深坑，永棄缘起金剛刀仗[2]，常思示現諸有趣生；為大醫王，善知方術，應病與藥，愈疾施安；無量功德皆成就，無量佛土皆嚴淨；其見聞者無不蒙益，諸有所作，亦不唐捐。設經無量百千俱胝那庾多劫[3]，讚其功德亦不能盡。

१।४ तद्यथा समदर्शिना च नाम बोधिसत्वेन महासत्वेन, समविषमदर्शिना
च, समाधिविकुर्वणराजेन च, धर्मेश्वरेण च, धर्मकेतुना च, प्रभाकेतुना च, प्रभाव्यूहे-
न च, महाव्यूहेन च, रत्नकूटेन च, प्रतिभानकूटेन च, रत्नमुद्राहस्तेन च, नित्योत्क्षि-
प्तहस्तेन च, नित्योत्पलकृतहस्तेन च, नित्योत्कण्ठितेन च, नित्यप्रहसितप्रमुदिते-
न्द्रियेण च, प्रामोद्यराजेन च, देवराजेन च, प्रणिधिप्रयातप्राप्तेन च, प्रतिसंवित्प्रणा-
दप्राप्तेन च, गगनगञ्जेन च, रत्नोल्काधारिणा च, रत्नवीरेण च, रत्नश्रिया च, रत्न-
न्दिना च, इन्द्रजालिना च, जालिनीप्रभेण च, अनारम्बणध्यायिना च, प्रज्ञाकूटेन
च, रत्नजहेन च, मारप्रमर्दिना च, विद्युद्देवेन च, विकुर्वणराजेन च, लक्षणकूटेन च,
लक्षणकूतसमतिक्रान्तेन च, सिंहघोषाभिगर्जितस्वरेण च, शैलशिखरसंघट्टनराजेन
च, गन्धहस्तिना च, गजगन्धहस्तिना च, सततोद्युक्तेन च, अनिक्षिप्तधुरेण च, सु-
मतिना च, सुजातेन च, पद्मश्रीगर्भेण च, पद्मव्यूहेन च, अवलोकितेश्वरेण च, महा-
स्थामप्राप्तेन च, ब्रह्मजालिना च, रत्नयष्टिना च, मारजितेन च, क्षेत्रालंकृतेन च,
मणिरत्नच्छत्रेण च, सुवर्णचूडेन च, मणिचूडेन च, मैत्रेयेण च, मञ्जुश्रिया च

① “近”的原词是gata，词义为“走向”和“到达”。

② 这句“永弃缘起金刚刀仗”不见于原文和什译。这句中，将“缘起（法）”比喻为“金刚刀杖”。

③ “设经”意谓“假设经历”。“俱胝”（koṭī或koṭi）和“那庾多”（niyuta）都是大数字，一般译为“千万”或“亿”。

कुमारभूतेन बोधिसत्वेन महासत्वेन, एवंप्रमुखैर् द्वात्रिंशता बोधिसत्वसहस्रैः।

今译：这些菩萨大士[①]名为等观菩萨，等不等观菩萨，定神变王菩萨，法自在菩萨，法幢菩萨，光幢菩萨，光严菩萨，大严菩萨，宝峰菩萨，辩峰菩萨，宝印手菩萨，常举手菩萨，常作莲花手菩萨，常延颈菩萨，常喜根菩萨，喜王菩萨，天王菩萨，发誓愿菩萨，辩才无碍菩萨，虚空藏菩萨，执宝炬菩萨，宝勇菩萨，宝吉祥菩萨，宝喜菩萨，帝网菩萨，光网菩萨，无所缘禅定菩萨，慧峰菩萨，宝施菩萨，伏魔菩萨，电天菩萨，神变王菩萨，相峰菩萨，超相峰菩萨[②]，狮子吼声菩萨，击打山峰王菩萨，香象菩萨，大香象菩萨，常精进菩萨，不卸轭菩萨，妙慧菩萨，妙生菩萨，莲花吉祥藏菩萨，莲花庄严菩萨，观自在菩萨，得大势菩萨，梵网菩萨，宝杖菩萨，胜魔菩萨，严土菩萨，珠宝盖菩萨，金髻菩萨，珠髻菩萨，弥勒菩萨，文殊师利真童子菩萨。如此等等，以这些大士为首的三万二千菩萨。[③]

什译：其名曰等觀菩薩，不等觀菩薩，等不等觀菩薩，定自在王菩薩，法自在王菩薩，法相菩薩，光相菩薩，光嚴菩薩，大嚴菩薩，寶積菩薩，辯積菩薩，寶手菩薩，寶印手菩薩，常舉手菩薩，常下手菩薩，常慘菩薩，喜根菩薩，喜王菩薩，辯音菩薩，虛空藏菩薩，執寶炬菩薩，寶勇菩薩，寶見菩薩，帝網菩薩，明網菩薩，無缘觀菩薩，慧積菩薩，寶勝菩薩，天王菩薩，壞魔菩薩，電德菩薩，自在王菩薩，功德相嚴菩薩，師子吼菩薩，雷音菩薩，山相擊音菩薩，香象菩薩，白香象菩薩，常精進菩薩，不休息菩薩，妙生菩薩，華嚴菩薩，觀世音菩薩，得大勢菩薩，梵網菩薩，寶杖菩薩，無勝菩薩，嚴土菩薩，

① “大士”（mahāsatva）是菩萨的称号。

② 此处“超相峰”中“峰”的原词是 kūta，按原抄本应为 kūṭa。

③ 以上共有 55 位菩萨，而什译共有 52 位，奘译共有 56 位，互相略有差异。一些菩萨的译名，奘译与什译也不尽一致。

金髻菩薩，珠髻菩薩，弥勒菩薩，文殊師利法王子菩薩，如是等三万二千人。

奘译：其名曰等觀菩薩，不等觀菩薩，等不等觀菩薩，定神變王菩薩，法自在菩薩，法幢菩薩，光幢菩薩，光嚴菩薩，大嚴菩薩，寶峯菩薩，辯峯菩薩，寶手菩薩，寶印手菩薩，常舉手菩薩，常下手菩薩，常延頸菩薩，常喜根菩薩，常喜王菩薩，無屈辯菩薩，虛空藏菩薩，執寶炬菩薩，寶吉祥菩薩，寶施菩薩，帝網菩薩，光網菩薩，無障靜慮菩薩，慧峯菩薩，天王菩薩，壞魔菩薩，電天菩薩，現神變王菩薩，峯相等嚴菩薩，師子吼菩薩，雲雷音菩薩，山相擊王菩薩，香象菩薩，大香象菩薩，常精進菩薩，不捨善軛菩薩，妙慧菩薩，妙生菩薩，蓮花勝藏菩薩，三摩地王菩薩，蓮花嚴菩薩，觀自在菩薩，得大勢菩薩，梵網菩薩，寶杖菩薩，無勝菩薩，勝魔菩薩，嚴土菩薩，金髻菩薩，珠髻菩薩，慈氏菩薩，妙吉祥菩薩，珠寶蓋菩薩，如是等上首[①]菩薩摩訶薩[②]三万二千。

१।५ दशभिश् च ब्रह्मसहस्त्रैर् जटिब्रह्मप्रमुखैः, अनेकाच् चतुर्महाद्वीपकाल् लोकधातोर् अभ्यागतैर् भगवतो दर्शनायै वन्दनायै पर्युपासनायै धर्मश्रवणाय च। ते तत्रैव पर्षदि संनिपतिताः। द्वादश च शक्रसहस्त्राण्य् अन्यान्येभ्यश् चतुर्महाद्वीपकेभ्यो ऽभ्यागतानि तत्रैव पर्षदि संनिपतितान्य् अभूवन्। तथान्ये ऽपि महेशाख्यमहेशाख्याः शक्रब्रह्मलोकपालदेवनागयक्षगन्धर्वासुरगरुडकिन्नरमहोरगास् तत्रैव पर्षदि संनिपतिता अभूवन् संनिषण्णाः। तथा चतस्त्रः पर्षदो भिक्षुभिक्षुण्युपासकोपासिकाश् चोपसंक्रान्ता अभूवन्।

今译：还有以持髻梵天为首的一万梵天，从各自四大洲世界[③]前

① “上首”的原词是pramukha，词义为“主要的”或“为首的”。

② “摩诃萨”是mahāsatva（“大士”）一词的音译。

③ 按照佛教的宇宙观念，宇宙中有三千大千世界，每个世界中都有四大洲。

来与会，为了看望、敬拜和侍奉世尊，聆听正法，聚集在那里。还有一万两千帝释天从各自四大洲前来与会，聚集在那里。还有其他堪称大自在的帝释天、梵天、护世天王、蛇、药叉、乾达婆、阿修罗、金翅鸟、紧那罗和大蛇[①]前来与会，聚集在那里。同样，还有比丘、比丘尼、优婆塞和优婆夷四众前来与会，坐在那里。

什译：復有万梵天王尸棄[②]等，從餘四天下，來詣佛所而聽法。復有万二千天帝[③]，亦從餘四天下，來在會坐。并餘大威力諸天、龍神[④]、夜叉、乾闥婆、阿脩羅、迦樓羅[⑤]、緊那羅、摩睺羅伽[⑥]等，悉來會坐。諸比丘、比丘尼、優婆塞、優婆夷[⑦]，俱來會坐。

奘译：復有万梵，持髻梵王而為上首，從本無憂[⑧]四大洲界，為欲瞻礼供養世尊及聽法故，來在會坐。復有万二千天帝，各從餘方四大洲界，亦為瞻礼供養世尊及聽法故，來在會坐。并餘大威力諸天、龍、藥叉、健達縛[⑨]、阿素洛[⑩]、揭路荼、緊捺洛[⑪]、莫呼洛伽、釋、梵、護世等，悉來會坐。及諸四眾苾芻、苾芻尼、鄔波索迦、鄔波斯迦，俱來會坐。

① 这些原本是婆罗门教中的天神、小神、神灵或魔（“阿修罗”），而在佛教中，他们都是佛陀的信众，热衷听法和护法。

② “尸弃”是 śikhin（“持髻”）一词的音译。而此处原文是 jaṭin，词义也是“持髻”。什译和奘译都将其称为“梵王”。“持髻”又译“螺髻”。

③ “天帝”即帝释（Śakra），也译“帝释天”或“释”。

④ “龙神”的原词是 nāga（“蛇”）。佛经中通常将此词译为“龙”。

⑤ “迦楼罗”（奘译“揭路荼”）是 garuḍa（“金翅鸟”）一词的音译。

⑥ “魔睺罗伽”（奘译“莫呼洛伽”）是 mahoraga（“大蛇”）一词的音译。

⑦ “优婆塞”（奘译“邬波索迦”）和“优婆夷”（奘译“邬波斯迦”）是 upāsaka（“居士”）和 upāsikā（“女居士”）两词的音译。

⑧ “无忧”一词不见于原文。此处原文的用词是 aneka（“多个”或“各个”）。可能奘译所据原文中的用词是 aśoka（“无忧”）。

⑨ “健达缚”是 gandharva（“乾达婆”）一词的又一种音译。

⑩ “阿素洛”是 asura（“阿修罗”）一词的又一种音译。

⑪ “紧捺洛”是 kinnara（“紧那罗”）一词的又一种音译。

१।६ तत्र भगवान् अनेकशतसहस्रया पर्षदा परिवृतः पुरस्कृतो धर्मं देशयति स्म। सुमेरुर् इव पर्वतराजः सागरमध्याद् अभ्युद्गतः सर्वपर्षदम् अभिभूय भासते तपति विरोचते श्रीगर्भे सिंहासने निषण्णः।

今译：这里，在无数百千会众恭敬围绕下，世尊说法，犹如须弥山王耸立在大海中。世尊坐在吉祥藏狮子座上，光辉闪耀，盖住一切会众。

什译：彼時佛與無量百千之眾，恭敬圍繞，而為說法，譬如須弥山王顯于大海，安處眾寶師子之座，蔽於一切諸來大眾。

奘译：爾時世尊，無量百千諸來大眾恭敬圍繞，而為說法，譬如大寶妙高山王處于大海，巍然迥出。踞大師子勝藏之座，顯耀威光，蔽諸大眾。

१।७ अथ रत्नाकरो बोधिसत्वो लिच्छविकुमारः सार्धं पञ्चमात्रैर् लिच्छविकुमारशतैः सप्तरत्नमयानि च्छत्राणि गृहीत्वा वैशाल्यां महानगर्यां निष्क्रम्य येनाम्रपालीवनं येन च भगवांस् तेनोपसंक्रामत्। उपसंक्रम्य भगवतः पादौ शिरसा वन्दित्वा भगवन्तं सप्तकृत्वः प्रदक्षिणीकृत्य यथा परिगृहीतैस् तैश् छत्रैर् भगवन्तम् अभिच्छादयति स्म। अभिच्छाद्यैकान्ते स्थितो ऽभूत्।

今译：然后，维舍离大城中，离车族童子宝积[①]菩萨偕同五百离车族童子，人人手持七宝华盖，出城来到菴罗卫园林世尊那里。来到后，俯首向世尊行触足礼，右绕七匝，献上各人手持的华盖。然后，侍立一旁。

---

① “宝积”的原词 Ratnākara 由 ratna 和 ākāra 组成。其中的 ākāra，词义为“矿藏”、“积聚”、“状态”和“形相”等，故而什译“宝积”，奘译“宝性”。

什译：爾時毗耶離城有長者子[①]，名曰寶積，與五百長者子俱，持七寶蓋，來詣佛所，頭面礼足，各以其蓋共供養佛。

奘译：時廣嚴城有一菩薩離呫毗[②]種，名曰寶性，與離呫毗五百童子，各持一蓋，七寶莊嚴，往菴羅林，詣如來所。各以其蓋奉上世尊。奉已，頂礼世尊雙足，右繞七匝，却住一面。

१।८ समन्तरनिःसृष्टानि च तानि रत्नच्छत्राण्य् अथ तावद् एव बुद्धानुभावेनैकं महारत्नच्छत्रं संस्थितम्। तेन च महारत्नच्छत्रेणायं त्रिसाहस्रमहासाहस्रो लोकधातुः सर्वः संछादितः संदृश्यते स्म। यश् चास्मिंस् त्रिसाहस्रमहासाहस्रे लोकधाताव् आयामविस्तारः, स तस्मिन् महारत्नच्छत्रे संदृश्यते स्म। ये चेह त्रिसाहस्रमहासाहस्रे लोकधातौ सुमेरवो महापर्वतराजा हिमवन्मुचिलिन्दमहामुचिलिन्दगन्धमादनरत्नपर्वता वा चक्रवाडमहाचक्रवाडाः, ते ऽपि सर्वे तस्मिन्न् एवैकमहारत्नच्छत्रे संदृश्यन्ते स्म। ये ऽपीह त्रिसाहस्रमहासाहस्रे लोकधातौ महासमुद्रा वा सरस्तडागानि वा नदीकुनद्यः स्रवन्त्यो वा प्रवहन्ति, ता अपि सर्वास् तस्मिन्न् एवैकमहारत्नच्छत्रे संदृश्यन्ते स्म। यान्य् अपीह त्रिसाहस्रमहासाहस्रे लोकधातौ सूर्याचन्द्रमसां विमानानि तारारूपाणि वा देवभवनानि वा नागभवनानि वा यक्षभवनानि वा गन्धर्वासुरगरुडकिन्नरमहोरगभवनानि वा चातुर्महाराजभवनानि वा ग्रामनगरनिगमराष्ट्रराजधान्यो वा, तान्य् अपि सर्वाणि तस्मिन्न् एवैकमहारत्नच्छत्रे संदृश्यन्ते स्म। यापि च दशदिशि लोके बुद्धानां भगवतां धर्मदेशना प्रवर्तते, सापि तस्माद् एवैकमहारत्नच्छत्रान् निश्चरन्ती श्रूयते स्म।

今译：凭借佛的威力，这些依次放下的七宝华盖合成一顶七宝大华盖。可以看到这顶七宝大华盖笼罩所有三千大千世界。可以看到这

① “长者子”在佛经中大多指商人或商主的儿子，对应的梵文一般是 śreṣṭhiputra 或 gṛhapatiputra。此处的原文是 kumāra（“童子”）。奘译“童子”。

② “离呫毗”是 Licchavi（“离车”）一词的又一种音译。

三千大千世界的长宽也就是这顶七宝大华盖的长宽。可以看到在这三千大千世界中，有须弥山王、雪山、目真邻陀山、大目真邻陀山、香山、宝山、轮围山和大轮围山，全都在这顶七宝大华盖下。还可以看到，在这三千大千世界中，有大海、湖泊、江河和溪流，全都在这顶七宝大华盖下。还可以看到，在这三千大千世界中，有日宫、月宫、星宿、天宫、蛇宫、药叉宫、乾达婆宫、阿修罗宫、金翅鸟宫、紧那罗宫、大蛇宫和四大天王宫以及村庄、城镇、市场、王国和都城，全都在这顶七宝大华盖下。还可以听到十方世界诸佛世尊说法，从这顶七宝大华盖中传出。

什译：佛之威神，令諸寶蓋合成一蓋，遍覆三千大千世界，而此世界廣長之相悉於中現。又此三千大千世界諸須弥山、雪山、目真隣陀山、摩訶目真隣陀山、香山、寶山、金山、黑山①、鐵圍山②、大鐵圍山，大海江河，川流泉源，及日月星辰，天宮、龍宮、諸尊神宮，悉現於寶蓋中。又十方諸佛，諸佛說法，亦現於寶蓋中。

奘译：佛之威神，令諸寶蓋合成一蓋，遍覆三千大千世界，而此世界廣長之相悉於中現。又此三千大千世界所有大寶妙高山王，一切雪山、目真隣陀山、摩訶目真隣陀山、香山、寶山、金山、黑山、輪圍山、大輪圍山，大海江河，陂泉池沼，及百拘胝四大洲渚，日月星辰，天宮、龍宮、諸尊神宮，并諸國邑、王都、聚落，如是皆現此寶蓋中。又十方界諸佛如來所說正法皆如響應，於此蓋内無不見聞。③

१।९ तत्र सा सर्वा पर्षद् आश्चर्यप्राप्ता भगवतो ऽन्तिकाद् इदम् एवंरूपं महा-

① 此处“金山”和“黑山”不见于原文。
② “铁围山”是“轮围山”（Cakravāḍa）的又一种译名。
③ 这一段的奘译以及什译，比照原文，文字相对简约。

प्रातिहार्यं दृष्ट्वा तुष्टोदग्रात्तमनाः प्रमुदिता प्रीतिसौमनस्यजाता तथागतं नमस्यती स्थितानिमिषं प्रेक्षमाणा।

今译：这样，所有会众满怀惊奇，目睹世尊身边出现这样的大奇迹，高兴满意，欢喜踊跃，向如来①俯首敬礼，目不转睛，侍立一旁。

什译：爾時一切大眾覩佛神力，歎未曾有②，合掌礼佛，瞻仰尊顏，目不暫捨。

奘译：時諸大眾覩佛神力，歡喜踊躍，歎未曾有，合掌礼佛，瞻仰尊顏，目不暫捨，默然而住。

१।१० अथ खलु रत्नाकरो लिच्छविकुमारो भगवतो ऽन्तिकाद् इदम् एवंरूपं महाप्रातिहार्यं दृष्ट्वैकांसम् उत्तरासङ्गं कृत्वा दक्षिणं जानुमण्डलं पृथिव्यां प्रतिष्ठाप्य येन भगवांस् तेनाञ्जलिं प्रणम्य भगवन्तं गाथाभिर् अभ्यष्टावीत् --

今译：然后，离车族童子宝积目睹世尊身边出现这样的大奇迹，偏覆左肩③，右膝著地，双手合十，向世尊俯首行礼，用偈颂称赞世尊道：

什译：於是，長者子寶積即於佛前，以偈頌曰：

奘译：爾時寶性即於佛前右膝著地，合掌恭敬，以妙伽他④而讚佛曰：

---

① “如来”（Tathāgata）是佛的称号。

② “未曾有”的原词是āścarya，词义为“希奇”、“奇特”或“奇异”。此词也对应adbhuta（“奇迹”）。“叹未曾有”意谓“惊奇”，是汉译佛经中的一种习惯译法。

③ “偏覆左肩”也译“覆左肩衣”或“偏袒右肩”，意谓身穿的袈裟衣袒露右肩，覆盖左肩。这是一种表示尊敬的礼节。

④ “伽他”是gāthā（“偈颂”）一词的音译。

शुभशुद्धकमलवरपत्रविशालनेत्र
शुद्धाशया शमथपारमिताग्रप्राप्त।
शुभकर्मसंचय विशालगुणाप्रमेय
वन्दामि त्वां श्रमणशान्तिपथप्रणेतुम्॥ १॥

今译：眼睛大似洁净优美的青莲花瓣，
心意清净，到达殊胜的寂静彼岸，
积累善业，功德广大无边，沙门啊，
寂静之路的向导，我俯首向你致敬！①（1）

什译：目淨脩廣如青蓮，心淨已度諸禪定，
久積淨業稱無量，導眾以寂②故稽首。

奘译：目淨脩廣妙端嚴，皎如青紺蓮花葉，
已證第一淨意樂，勝奢摩陀③到彼岸，
久積無邊清淨業，獲得廣大勝名聞，
故我稽首大沙門，開導希夷④寂路者。

पश्याथ ऋद्धि पुरुषर्षभनायकस्य
संदृश्यते सुगतक्षेत्रवरप्रकाशः।
अमृतंगमा च वरधर्मकथा उदारा
सा सर्व श्रूयति इतो गगनतलातः॥ २॥

---

① 这颂原文的前三行中有五个复合词，其中四个复合词均无语尾变化，故而 śuddhāśayā（"心意清净"）一词也应统一为 śuddhāśaya。这样，这五个复合词可理解为阳性体格，也可理解为阳性业格。第四行中的 praṇetum（"向导"）是阳性业格，属于混合梵语形式。规范形式应为 praṇetāram。śramaṇa（"沙门"）一词可与后面的词断开。

② 此处僧肇《注维摩诘经》解释说："什曰梵本云寂道。寂道即八正也。""八正"也就是"八正道"。"寂道"的原文是 śāntipatha（"寂静之路"）。奘译"寂路"。

③ "奢摩陀"是 śamatha（"寂静"或"寂止"）一词的音译。

④ "希夷"泛指空寂玄妙。语出《老子》："视之不见曰夷，听之不闻曰希。"此词不见于原文，显然是为保持偈颂字数整齐而添加。

今译：目睹雄牛导师显神通，
展现光辉美妙的佛土，
听到空中说一切妙法，
博大崇高，通向不死。[①]（2）

什译：既見大聖以神變，普現十方無量土，
其中諸佛演說法，於是一切悉見聞。

奘译：既見大聖以神變，普現十方無量土，
其中諸佛演說法，於是一切悉見聞。[②]

धर्मेण ते जितम् इदं वरधर्मराज्यं
धर्मं धनं च ददसे जगतो जितारे।
धर्मप्रभेदकुशलं परमार्थदर्शिन्
धर्मेश्वरं शिरसि वन्दमि धर्मराजम्॥ ३॥

今译：你依法统治这个妙法王国，
施与世界法财，降敌者啊，
善于分辨诸法，洞悉第一义[③]，
我俯首向法自在法王致敬！[④]（3）

什译：法王法力超群生，常以法財施一切，

① 这颂原文中，paśyātha ṛddhi，据校订本注文，原抄本为 paśyatha ṛddhim（“你们看到神通”）。现改为 paśyātha ṛddhi，则读作 paśya atha ṛddhi。其中，paśya 既可作为命令式的“你看”，也可作为混合梵语独立式的“已经看到”。无论哪种读法，ṛddhi 仍应是 ṛddhim（阴性业格）。此外，sarva（“一切”）的规范形式应为 sarvā。śrūyati（“听到”）的规范形式应为 śrūyate。gaganatalātaḥ（“来自空中”）的规范形式应为 gaganatalataḥ。

② 这颂奘译沿用什译。

③ “第一义”（paramārtha）也译“真谛”或“胜义谛”，指最高真理。

④ 这颂原文中，按照规范形式，paramārthadarśin 应为 paramārthadarśinam。vandami（“我致敬”）按照第 1 颂和下面一些颂中的写法，应为 vandāmi。而 √vand 的规范用法是使用中间语态，如下面第 15 颂中的写法 vande（“我致敬”）。

能善分別諸法相，於第一義而不動，
已於諸法得自在，是故稽首此法王。

奘译：法王法力超群生，常以法財施一切，
能善分別諸法相，觀第一義摧怨敵，
已於諸法得自在，是故稽首此法王。[①]

न च नाम अस्ति न च नास्ति गिरं प्रभाषि
हेतुं प्रतीत्य इमि संभवि सर्वधर्माः।
नैवात्र आत्मन च कारकु वेदको वा
न च कर्मु नश्यति शुभम् अशुभं च किंचित्॥ ४॥

今译：你宣示非有，也非无，
诸法产生，依靠因缘，
无我，无作者，无受者，
善业和恶业皆不毁灭。[②]（4）

什译：說法不有亦不無，以因緣故諸法生，
無我無造無受者，善惡之業亦不亡。

奘译：說法不有亦不無，一切皆得[③]因緣立，
無我無造無受者，善惡之業亦不亡。

---

① 这颂奘译沿用什译，只是将什译中的“于第一义而不动”改为“观第一义摧怨敌”。什译中的“不动”一词不见于原文。奘译中的“观”与原词 darśin（“看见”）对应，“摧怨敌”与原词 jitāre（“降敌者”）对应。

② 在这颂原文中，多处体现混合梵语特征。按照规范形式，prabhāṣi 应为 prabhāṣase；imi 应为 ime；sambhavi 应为 sambhavanti；ātmana 应为 ātmā；kāraku 应为 kārakaḥ；karmu 应为 karma。

③ 此处“得”字，据《中华大藏经》校勘记，“《资》、《碛》、《普》、《南》、《径》、《清》作‘待’”。此处对应原词 pratītya（“依靠”），“待”字可取。

मारस् त्वयास्तु विजितस् सबलो मुनीन्द्रः
प्राप्ता शिवा अमृतशान्तवराग्रबोधिः।
यस्मिन्न् अवेदित न चित्तमनःप्रचारा
सर्वकुतीर्थिकगणाश् च न यान्ति गाहं॥ ५॥

今译：你是强大的牟尼王[1]，征服摩罗，
获得清净、不死、寂静的殊胜菩提[2]；
已经摆脱种种感受和心意活动，
一切低劣的外道不能深入其中。[3]（5）

什译：始在佛樹[4]力降魔，得甘露滅覺道成，[5]
已無心意無受行，而悉摧伏諸外道。

奘译：始在佛樹降魔力，得甘露滅勝菩提，
此中非心意受行，外道群邪所不測。

चक्रं च ते त्रिपरिवर्ति बहुप्रकारं
प्रावर्तितं प्रशमनं प्रकृतीविशुद्धम्।
प्रत्यक्ष देवमनुजाद्भुतधर्मराजा
रत्नानि त्रीणि उपदर्शित तत्र काले॥ ६॥

今译：三转法轮[6]，形态多样，

---

① “牟尼王”（munīndra，“牟尼中的因陀罗”）是佛的称号。“牟尼”（muni）是印度古代对圣人、仙人或苦行者的尊称。

② “菩提”是 bodhi 一词的音译，词义为“觉悟”。什译“觉道”。

③ 这颂原文中，按照规范形式，avedita 应为 aveditā（阳性体格复数），pracārā 应为 pracārāḥ（阳性体格复数）。

④ “佛树”指菩提树。当初释迦牟尼在菩提树下降伏摩罗，悟道成佛。而原文中无此词。

⑤ 这句中，“甘露”的原词是 amṛta（“不死”）。“灭”的原词是 śānta（“寂静”）。此处僧肇《注维摩诘经》解释说：“什曰梵本云寂灭甘露。寂灭甘露即实相法也。”

⑥ “三转法轮”指佛以示转、劝转和证转三种方式阐明四谛。

本性清净而转出寂静，
神人共睹奇妙的法王，
及时展现三宝在世间。①（6）

什译：三轉法輪於大千，其輪本來常清淨，
天人得道此為證，三寶於是現世間。

奘译：三轉法輪於大千，其輪能寂本性寂，
希有法智②天人證，三寶於是現世間。

ये तुभ्य धर्मरतनेन विनीत सम्यक्
तेषाम् अकल्पन पुनः सतते प्रशान्ता।
वैद्योत्तमं मरणजातिजरान्तकारिं
शिरसा नतो ऽस्मि गुणसागरम् अप्रमेयम्॥ ७॥

今译：在你的法宝正确引导下，
众生摆脱妄想③，永远平静；
你是消除生老死的良医，
无量功德海，我俯首致敬！④（7）

什译：以斯妙法濟群生，一受不退常寂然，
度老病死大醫王，當礼法海德無邊。

① 这颂原文中，按照规范形式，pratyakṣa 应为 pratyakṣaḥ 或 pratyakṣam；upadarśita 应为 upadarśitāni。

② “法智”一词不见于原文。与其对应的原词是“法王”（dharmarājā），指佛陀。奘译“法智”，依据的原文可能是 dharmajñānam。支译“解法”，与奘译接近。

③ “摆脱妄想”（akalpana）指不起妄想分别。什译“一受不退”与原词有差异。奘译“无思无怖”与原词接近。

④ 这颂原文中，tubhya 是混合梵语的人称代词形式，相当于规范形式的 tava（“你的”）。按照规范形式，vinīta 应为 vinītāḥ；akalpana 应为 akalpanam 或 akalpanā；satate 应为 satatam，praśāntā 应为 praśāntāḥ。

奘译：以斯妙法濟群生，無思無怖常安寂，
度生老死大醫王，稽首無邊功德海。

सत्कारसत्कृत न वेधसि मेरुकल्प
दुःशीलशीलवति तुल्यगताधिमैत्री।
गगनप्रकाशमनसे समताविहारी
को नाम सत्वरतने ऽस्मि न कुर्यु पूजाम्॥ ८॥

今译：你宠辱不惊[1]，犹如须弥山，
对犯戒和守戒者同样慈悲，
你怀有平等心，如同虚空，
谁不崇敬你这位众生之宝？[2]（8）

什译：毁譽不動如須弥，於善不善等以慈，
心行平等如虛空，孰聞人寶不敬承？
今奉世尊此微蓋[3]，於中現我三千界，
諸天龍神所居宮，乾闥婆等及夜叉，
悉見世間諸所有，十力[4]哀現是化變，
眾覩希有皆歎佛，今我稽首三界尊。[5]

奘译：八法[6]不動如山王，於善不善俱慈愍，

① 此处“宠辱不惊”按原文直译是“不为优遇所动”。
② 这颂原文中，vedhasi 一词相当于规范梵语的 vyathase（“动摇”）。此外，按照规范形式，satkṛta 应为 satkṛtaḥ；vedhasi 应为 vidhyasi；kalpa 应为 kalpaḥ；ratane 应为 ratne；asmi 应为 asmin；kuryu 应为 kuryāt。
③ “微盖”意谓“小小的华盖”。
④ “十力”（daśabala）是佛的称号。
⑤ 以上四行不见于原文。而支译和奘译与什译一致，可见他们依据的原文有这四行。
⑥ 此处“八法”一词可能是采用僧肇《注维摩诘经》中对什译“毁誉不动如须弥”的注释：“利衰毁誉称讥苦乐八法之风不动如来，犹四风之吹须弥也。”

心行如空平等住，孰不承敬此能仁[①]？
以斯微蓋奉世尊，於中普現三千界，
諸天龍神宮殿等，故礼智見功德身，
十力神變示世間，一切皆如光影等，
眾覩驚歎未曾有，故礼十力大智見。

समागता ते जनता महामुने
मुखम् उदीक्षन्ति प्रसन्नमानसा।
सर्वे च पश्यन्ति जिनं पुरस्ताज्
जिनस्य आवेणिकबुद्धलक्षणम्॥ ९॥

今译：众生聚集这里，大牟尼啊，
瞻仰你的尊容，心中清净，
人人看到世尊就在眼前，
这是世尊奇妙不共佛相。[②]（9）

什译：大聖法王眾所歸，淨心觀佛靡不欣，
各見世尊在其前，斯則神力不共法。

奘译：眾會瞻仰大牟尼，靡不心生清淨信，
各見世尊在其前，斯則如來不共相。

एकां च वाचं भगवान् प्रमुञ्चसे

---

① “能仁”是佛的称号。对译的是 śākya（“释迦”）一词。佛陀出身释迦族，故称释迦牟尼（Śākyamuni，“释迦族仙人”），汉译佛经中也意译为“能仁寂默”。而此处原文中使用的是“众生之宝”一词，什译“三界尊”。

② 这颂中译作“世尊”的原词是 jina（“胜者”）。“胜者”也是佛的称号。因此，奘译“世尊”和“如来”。这颂原文中，按照规范形式，samāgatā 应为 samāgatas，udīkṣanti 应为 udīkṣante，prasannamānasā 应为 prasannamānasāḥ。

नानारुतं च परिषद् विजानति।
यथास्वकं चार्थ विजानते जनो
जिनस्य आवेणिकबुद्धलक्षणम्॥ १०॥

今译：世尊以一音演说法，
而会众听出各种声，
各自理解其中意义，
这是世尊不共佛相。[①]（10）

什译：佛以一音演說法，眾生隨類各得解，
皆謂世尊同其語，斯則神力不共法。
佛以一音演說法，眾生各各隨所解，
普得受行獲其利，斯則神力不共法。[②]

奘译：佛以一音演說法，眾生隨類各得解，
皆謂世尊同其語，斯則如來不共相。
佛以一音演說法，眾生各各隨所解，
普得受行獲其利，斯則如來不共相。

एकाय वाचाय उदीरिताय
वासेसि एके अपरे निविद्यसि।
आकाङ्क्षतां काङ्क्ष शमेसि नायको
जिनस्य आवेणिकबुद्धलक्षणम्॥ ११॥

---

① 这颂原文中，按照规范形式，vijānati 应为 vijānāti；artha 应为 artham；vijānate 应为 vijānīte。

② 这里什译两颂，按原文只有一颂。这两颂译文大体相同，主要区别是“同其语”和“获其利”这两个用语。这里可能是原文中的 artha 一词有两解：一是“意义”；二是“利益”。这样，分译成两颂，artha 的两种含义都能得到明确表达。奘译也沿用什译。

今译：导师以一音演说法，
　　让人接受，让人理解，
　　让人离欲，让人释疑，
　　这是世尊不共佛相。[1]（11）

什译：佛以一音演說法，或有恐畏或歡喜，
　　或生厭離或斷疑，斯則神力不共法。

奘译：佛以一音演說法，或有恐畏或歡喜，
　　或生厭離或斷疑，斯則如來不共相。

वन्दामि त्वां दशबल सत्यविक्रमं
　　वन्दामि त्वाम् अभयगतं विशारदम्।
धर्मेषु आवेणिकनिश्चयं गतं
　　वन्दामि त्वां सर्वजगत्प्रणायकम्॥ १२॥

今译：十力真勇士，向你致敬！
　　无所畏惧者，向你致敬！
　　安住不共法，坚定不移，
　　全世界导师，向你致敬！（12）

什译：稽首十力大精進，稽首已得無所畏，
　　稽首住於不共法，稽首一切大導師。

奘译：稽首十力諦勇猛[2]，稽首已得無怖畏，

---

① 这颂原文中，ekāya vācāya udīritāya 这三个词均为混合梵语的阴性单数具格。vāsesi 是混合梵语的致使动词形式。eke 和 apare 是混合梵语的阳性复数业格。nividyasi 若是致使动词形式，应为 nivedayasi 或 nivedesi。按照规范形式，kāṅkṣa 应为 kāṅkṣam。这颂原文第二行与什译和奘译有差异。

② “谛勇猛”的原词是 satyavikrama（“真正勇敢的”）。其中的 satya，词义为“真正”、“真实”或“真谛”。

稽首至定不共法，稽首一切大導師。

वन्दामि संयोजनबन्धनच्छिदं
　　वन्दामि त्वां पारगतं स्थले स्थितम्।
वन्दामि खिन्नस्य जनस्य तारकं
　　वन्दामि संसारगताव् अनिश्रितम्॥ १३॥

今译：斩断各种束缚，向你致敬！
已经到达彼岸，脚踏实地，
救度受难众生，向你致敬！
摆脱生死轮回，向你致敬！（13）

什译：稽首能斷眾結縛，稽首已到於彼岸，
稽首能度諸世間，稽首永離生死道。

奘译：稽首能斷眾結縛，稽首已住於彼岸，
稽首普濟苦群生，稽首不依生死趣。

सत्वैर् समाधानगतं गतीगतम्
　　गतीषु सर्वासु विमुक्तमानसम्।
जलेरुहं वा सलिले न लिप्यसे
　　निषेविता ते मुनिपद्म शून्यता॥ १४॥

今译：你与众生平等[①]进入生死道，
在一切道中，心获得解脱，
犹如莲花在水中不著水，

① “平等”的原词是 samādhāna。此词的词义是“聚合”、“聚集”、“集中”和“专心”。在佛经中常译作“定”或“等持”。若按照词义，似乎也可勉强读为“与众生一起”。这里参照奘译译为“平等”。“平等”的常用词是 sama 或 samāna。

牟尼莲花啊，你保持空性。（14）

什译：悉知衆生來去相，善於諸法得解脱，
不著世間如蓮華，常善入於空寂行。

奘译：已到有情平等趣，善於諸趣心解脱，
牟尼如是善修空，猶如蓮花不著水。

विभाविता सर्वनिमित्त सर्वशो
न ते कहिंचित् प्रणिधान विद्यते।
अचिन्तियं बुद्धमहानुभावं
वन्दे ऽहम् आकाशसमम् अनिश्रितम्॥ १५॥

今译：你已经消除所有一切相，
你已经不存在任何意愿，
而具有不可思议的佛威力，
无所依傍似虚空，向你致敬！[①]（15）

什译：達諸法相無罣礙，稽首如空無所依。

奘译：一切相遣無所遣，一切願滿無所願，
大威神力不思議，稽首如空無所住。

१।११ अथ रत्नाकरो लिच्छविकुमारो भगवन्तम् आभिर् गाथाभिर् अभिष्टुत्य भगवन्तम् एतद् अवोचत् -- इमानि भगवन् पञ्चमात्राणि लिच्छविकुमारशतानि सर्वाण्य् अनुत्तरायां सम्यक्संबोधौ संप्रस्थितानि। तानि चेमानि बुद्धक्षेत्रपरिशुद्धिं परिपृच्छन्ति -- कतमा बोधिसत्वानां बुद्धक्षेत्रपरिशुद्धिर् इति। तत् साधु भगवन्

① 这颂原文中，按照规范形式，vibhāvitā sarvanimitta 应为 vibhāvitāni sarvanimittāni；kahim 应为 kasmin；praṇidhāna 应为 praṇidhānam；acintiyam 应为 acintyam。

देशयतु तथागतो ऽमीषां बोधिसत्वानां बुद्धक्षेत्रपरिशुद्धिम्।एवम् उक्ते भगवान् रत्नाकराय लिच्छविकुमाराय साधुकारम् अदात् -- साधु साधु कुमार। साधु खलु पुनस् त्वं कुमार यस् त्वं बुद्धक्षेत्रपरिशुद्धिम् आरभ्य तथागतं परिपृच्छसि। तेन हि कुमार शृणु साधु च सुष्ठु च मनसिकुरु। भाषिष्ये ऽहं ते यथा बोधिसत्वानां बुद्धक्षेत्रपरिशुद्धिम् आरभ्य।साधु भगवन्न् इति रत्नाकरो लिच्छविकुमारस् तानि च पञ्चमात्राणि लिच्छविकुमारशतानि भगवतः प्रत्यश्रौषुः।भगवांस् तेषाम् एतद् अवोचत् --

今译：这样，离车族童子宝积用这些偈颂称赞世尊后，对世尊说道："世尊啊，这五百离车族童子都已发愿求取无上正等菩提[①]。他们询问清净佛土。何为菩萨的清净佛土？世尊啊，敬请如来宣示那些菩萨的清净佛土！"闻听此言，世尊称赞离车族童子宝积："很好，很好，童子啊！确实，很好，童子啊！你向如来询问清净佛土。那么，童子啊，请安心认真听取吧！我将为你讲述菩萨的清净佛土。"离车族童子宝积和五百离车族童子回答世尊，说道："好吧，世尊！"于是，世尊对他们说道：

什译：爾時長者子寶積說此偈已，白佛言："世尊，是五百長者子，皆已發阿耨多羅三藐三菩提心，願聞得佛國土清淨。唯願世尊說諸菩薩淨土之行。" 佛言："善哉！寶積！乃能為諸菩薩，問於如來淨土之行。諦聽，諦聽！善思念之，當為汝說。"於是，寶積及五百長者子受教而聽。佛言：

奘译：爾時寶性說此伽他讚世尊已，復白佛言："如是五百童子菩薩，皆已發趣阿耨多羅三藐三菩提。彼咸問我嚴淨佛土。唯願如來哀愍，為說淨佛土相。云何菩薩修淨佛土？"作是語已，佛言："寶

① "无上正等菩提"的原词是 anuttarā samyaksaṃbodhi，按词义直译是"无上的、正确的、完全的觉悟"。此词音译是"阿耨多罗三藐三菩提"。

性！善哉，善哉！汝今乃能為諸菩薩，請問如來淨佛土相，及問菩薩修淨佛土。汝今諦聽，善思念之，當為汝等分別解說。”於是，寶性及諸菩薩咸作是言：“善哉，世尊，唯願為說，我等今者希垂聽受。”爾時世尊告眾菩薩：

१।१२ सत्वक्षेत्रं कुलपुत्र बोधिसत्वस्य बुद्धक्षेत्रं। तत् कस्य हेतोः। यावन्तं बोधिसत्वः सत्वेषूपचयं करोति तावद् बुद्धक्षेत्रं परिगृह्णाति। यादृशः सत्वानां विनयो भवति तादृशं बुद्धक्षेत्रं परिगृह्णाति। यादृशेन बुद्धक्षेत्रावतारेण सत्वा बुद्धज्ञानम् अवतरन्ति तादृशं बुद्धक्षेत्रं परिगृह्णाति। यादृशेन बुद्धक्षेत्रावतारेण सत्वानाम् आर्याकाराणीन्द्रियाण्य् उत्पद्यन्ते तादृशं बुद्धक्षेत्रं परिगृह्णाति। तत् कस्य हेतोः। सत्वार्थनिर्जातं हि कुलपुत्र बोधिसत्वानां बुद्धक्षेत्रं। तद्यथा रत्नाकर यादृशम् इच्छेद् आकाशं मापयितुं तादृशं मापयेत, न चाकाशं शक्यते मापयितुं नाप्य् अलंकर्तुम्। एवम् एव रत्नाकर आकाशसमान् सर्वधर्मांञ् ज्ञात्वा, यादृशम् इच्छेद् बोधिसत्वः सत्वपरिपाकाय बुद्धक्षेत्रं मापयितुं तादृशं बुद्धक्षेत्रं मापयति, न च बुद्धक्षेत्राकाशता शक्यं मापयितुं नाप्य् अलंकर्तुम्।

今译：“善男子[1]啊，众生土便是菩萨的佛土。为什么？菩萨在众生中如何增进幸福，也就获取这样的佛土。他如何教化众生，也就获取这样的佛土。众生如何进入佛土，领悟佛智，他也就获取这样的佛土。众生如何进入佛土，诸根变得圣洁，他也就获取这样的佛土。为什么？善男子啊，菩萨的佛土为众生的利益而产生。宝积啊，譬如想要在空中建造房屋，而实际不能在空中建造和装饰房屋。同样，宝积啊，知道诸法如同虚空，菩萨想要建造佛土，教化众生，而实际不能在虚空中建造和装饰佛土。

什译：“寶積！眾生之類是菩薩佛土。所以者何？菩薩隨所化眾

① “善男子”（kulaputra，或译“族姓子”）指家族高贵的弟子，也就是良家弟子。

生而取佛土。隨所調伏[①]眾生而取佛土。隨諸眾生應以何國[②]入佛智慧而取佛土。隨諸眾生應以何國起菩薩根而取佛土。所以者何？菩薩取於淨國，皆為饒益諸眾生故。譬如有人欲於空地[③]造立宮室，隨意無礙。若於虛空，終不能成。菩薩如是，為成就眾生故，願取佛國。願取佛國者，非於空也。

奘译：“諸有情[④]土是為菩薩嚴淨佛土。所以者何？諸善男子！一切菩薩隨諸有情增長饒益，即便[⑤]攝受嚴淨佛土。隨諸有情發起種種清淨功德，即便攝受嚴淨佛土。隨諸有情應以如是嚴淨佛土而得調伏，即便攝受如是佛土。隨諸有情應以如是嚴淨佛土悟入佛智，即便攝受如是佛土。隨諸有情應以如是嚴淨佛土起聖根行，即便攝受如是佛土。所以者何？諸善男子！菩薩攝受嚴淨佛土，皆為有情增長饒益，發起種種清淨功德。諸善男子！譬如有人欲於空地造立宮室，或復莊嚴，隨意無礙。若於虛空，終不能成。菩薩如是知一切法皆如虛空，唯為有情增長饒益，生淨功德，即便攝受如是佛土。攝受如是淨佛土者，非於空也。

१।१३ अपि च रत्नाकर आशयक्षेत्रं बोधिसत्वस्य बुद्धक्षेत्रं, तस्य बोधिप्राप्तस्याशठा अमायाविनः सत्वा बुद्धक्षेत्र उपपद्यन्ते।अध्याशयक्षेत्रं कुलपुत्र बोधिसत्वस्य बुद्धक्षेत्रं, तस्य बोधिप्राप्तस्य सर्वकुशलसंभारोपचिताः सत्वा बुद्धक्षेत्रे

① 此处“调伏”一词，僧肇《注维摩诘经》解释说：“什曰梵本云毗尼。毗尼言善治。善治众生，令弃恶行善也。”“毗尼”（或“毗奈耶”）是 vinaya（“调伏”、“教化”或“戒律”）一词的音译。

② 此处和下一句中的“国”字，按照原文是 buddhakṣetra（“佛土”）。奘译“佛土”。因此，什译此处的“国”，实际是指“佛国”，即“佛土”。

③ 此处“空地”和下一句中的“虚空”，按照原文都是 ākāśa（“虚空”）。据僧肇《注维摩诘经》，此处注文中提及“什曰梵本云空中建造宫室，自在无碍”。可见什译此处所据的原文也是 ākāśa（“虚空”）。而改译“空地”，是采取变通的译法。奘译与什译一致。

④ “有情”是 satva（即 sattva，“众生”）一词的另一种译名。

⑤ “即便”意谓“也就”。

संभवन्ति। प्रयोगक्षेत्रं बोधिसत्वस्य बुद्धक्षेत्रं, तस्य बोधिप्राप्तस्य सर्वकुशलधर्मोपस्थिताः सत्वास् तत्र बुद्धक्षेत्र उपपद्यन्ते। उदारो बोधिसत्वस्य बोधिचित्तोत्पादो बुद्धक्षेत्रं, तस्य बोधिप्राप्तस्य महायानसंप्रस्थिताः सत्वास् तत्र बुद्धक्षेत्रे संभवन्ति।

今译：“还有，宝积啊，心意①土是菩萨的佛土。他证得菩提后，不虚伪和不诡诈的众生来到他的佛土。善男子啊，诚心②土是菩萨的佛土。他证得菩提后，积累一切善业资粮的众生出生在他的佛土。修行③土是菩萨的佛土。他证得菩提后，遵行一切善法的众生来到他的佛土。发起广大的菩萨菩提心是菩萨的佛土。他证得菩提后，奉行大乘的众生出生在他的佛土。④

什译：“寶積！當知直心是菩薩淨土。菩薩成佛時，不諂眾生來生其國。深心是菩薩淨土。菩薩成佛時，具足功德眾生來生其國。菩提心是菩薩淨土。菩薩成佛時，大乘眾生來生其國。

奘译：“復次，寶性！汝等當知，發起無上菩提心土，是為菩薩嚴淨佛土。菩薩證得大菩提時，一切發起大乘有情來生其國。純意樂土，是為菩薩嚴淨佛土。菩薩證得大菩提時，所有不諂、不誑有情來生其國。善加行土，是為菩薩嚴淨佛土。菩薩證得大菩提時，發起住持妙善加行一切有情來生其國。上意樂土，是為菩薩嚴淨佛土。菩薩證得大菩提時，具足成就善法有情來生其國。

दानक्षेत्रं बोधिसत्वस्य बुद्धक्षेत्रं, तस्य बोधिप्राप्तस्य सर्वपरित्यागिनः सत्वास् तत्र बुद्धक्षेत्रे संभवन्ति। शीलक्षेत्रं बोधिसत्वस्य बुद्धक्षेत्रं, तस्य बोधिप्राप्तस्य सर्वाभि-

---

① “心意”的原词是 āśaya，词义为“心愿”或“意愿”。什译“直心”。奘译“纯意乐”。

② “诚心”的原词是 adhyāśaya，词义为“增强的心意”。什译“深心”。奘译“上意乐”。

③ “修行”的原词是 prayoga，词义为“实行”或“实施”。什译未涉及此词。奘译“加行”。

④ 这段中的“来到”（upapadyante）和“出生”（saṃbhavanti）这两个词，什译和奘译统一译为“来生”。

प्रायसंपन्ना दशकुशलकर्मपथसंरक्षकाः सत्वास् तत्र बुद्धक्षेत्रे संभवन्ति।क्षान्तिक्षेत्रं
कुलपुत्र बोधिसत्वस्य बुद्धक्षेत्रं, तस्य बोधिप्राप्तस्य द्वात्रिंशल्लक्षणालंकृताः क्षान्ति-
दमशमथपारमिप्राप्ताः सत्वा बुद्धक्षेत्रे संभवन्ति।वीर्यक्षेत्रं बोधिसत्वस्य बुद्धक्षेत्रं,
तस्य बोधिप्राप्तस्य सर्वकुशलपर्येष्टिष्व् आरब्धवीर्याः सत्वा बुद्धक्षेत्रे संभव-
न्ति।ध्यानक्षेत्रं बोधिसत्वस्य बुद्धक्षेत्रं, तस्य बोधिप्राप्तस्य स्मृतिसंप्रजन्यसमाहिताः
सत्वा बुद्धक्षेत्रे संभवन्ति।प्रज्ञाक्षेत्रं बोधिसत्वस्य बुद्धक्षेत्रं, तस्य बोधिप्राप्तस्य सम्य-
क्त्वनियताः सत्वा बुद्धक्षेत्रे संभवन्ति।

今译："布施土是菩萨的佛土。他证得菩提后，乐于舍弃一切的
众生出生在他的佛土。持戒土是菩萨的佛土。他证得菩提后，怀抱一
切誓愿、守护十善业道①的众生出生在他的佛土。善男子啊，忍辱土
是菩萨的佛土。他证得菩提后，具有三十二相②、通晓忍辱、调伏和
寂静的众生出生在他的佛土。精进土是菩萨的佛土。他证得菩提后，
追求一切善业、勇猛精进的众生出生在他的佛土。禅定土是菩萨的佛
土。他证得菩提后，具有正念、正知和入定的众生出生在他的佛土。
智慧土是菩萨的佛土。他证得菩提后，达到正定③的众生出生在他的
佛土。

什译："布施是菩薩淨土。菩薩成佛時，一切能捨眾生來生其國。
持戒是菩薩淨土。菩薩成佛時，行十善道滿願眾生來生其國。忍辱是
菩薩淨土。菩薩成佛時，三十二相莊嚴眾生來生其國。精進是菩薩淨
土。菩薩成佛時，勤修一切功德眾生來生其國。禪定是菩薩淨土。菩

---

① "十善业道"（daśakuśalakarmapatha）指奉守十种善行：离杀生、离偷盗、离邪淫、
离妄语、离两舌、离恶口、离绮语、离贪欲、离瞋恚、离邪见。
② "三十二相"（dvātriṃśallakṣaṇa）指转轮王和佛身上具有的三十二种殊胜形相，常称
作"三十二大人相"。
③ "正定"（samyaktvaniyata）指必定会达到觉悟。佛教将众生分为三类：正定聚、邪
定聚和不定聚。"邪定"（mithyatvaniyata）指注定不会达到觉悟。"不定"（aniyata）指有缘则
觉悟，无缘则不能觉悟。

薩成佛時，攝心不乱眾生來生其國。智慧是菩薩淨土。菩薩成佛時，正定眾生來生其國。

奘译：“修布施土，是為菩薩嚴淨佛土。菩薩證得大菩提時，一切能捨財法有情來生其國。修淨戒土，是為菩薩嚴淨佛土。菩薩證得大菩提時，圓滿成就十善業道意樂有情來生其國。修安忍上[①]，是為菩薩嚴淨佛土。菩薩證得大菩提時，三十二相莊嚴其身、堪忍、柔和、寂靜有情來生其國。修精進土，是為菩薩嚴淨佛土。菩薩證得大菩提時，諸善勇猛精進有情來生其國。修靜慮土，是為菩薩嚴淨佛土。菩薩證得大菩提時，具足成就正念、正知、正定有情來生其國。修般若土，是為菩薩嚴淨佛土。菩薩證得大菩提時，一切已入正定有情來生其國。[②]

चत्वार्य् अप्रमाणानि च बोधिसत्वस्य बुद्धक्षेत्रं, तस्य बोधिप्राप्तस्य मैत्रीकरुणामुदितोपेक्षाविहारिणः सत्वा बुद्धक्षेत्रे संभवन्ति। चत्वारि संग्रहवस्तूनि कुलपुत्र बोधिसत्वस्य बुद्धक्षेत्रं, तस्य बोधिप्राप्तस्य सर्वविमुक्तिसंगृहीताः सत्वा बुद्धक्षेत्रे संभवन्ति। उपायकौशल्यं बोधिसत्वस्य बुद्धक्षेत्रं, तस्य बोधिप्राप्तस्य सर्वोपायमीमांसाकुशलाः सत्वा बुद्धक्षेत्रे संभवन्ति। सप्तत्रिंशद्बोधिपक्षा धर्मा बोधिसत्वस्य बुद्धक्षेत्रं, तस्य बोधिप्राप्तस्य सम्यक्स्मृत्युपस्थानसम्यक्प्रहाणर्द्धिपादेन्द्रियबलबोध्यङ्गमार्गविधिज्ञाः सत्वा बुद्धक्षेत्रे संभवन्ति।

今译：“四无量[③]土是菩萨的佛土。他证得菩提后，安住慈、悲、喜和舍的众生出生在他的佛土。善男子啊，四摄事[④]土是菩萨的佛土。

① 此处“上”字应为“土”。据《中华大藏经》校勘记，“诸本作‘土’”。

② 这一段的什译和奘译，比照原文，什译中有些语句有所简化，而奘译贴近原文。

③ “四无量”（catvāri apramāṇāni）又译“四无量心”，指四种广大无边的利他心：慈、悲、喜和舍。

④ “四摄事”（catvāri saṃgrahavastūni）指菩萨吸引众生达到解脱的四种方法：布施、爱语、利行和同事。

他证得菩提后，获得一切解脱的众生出生在他的佛土。方便善巧[1]土是菩萨的佛土。他证得菩提后，善于观察、通晓一切方便的众生出生在他的佛土。三十七菩提分支法[2]是菩萨的佛土。他证得菩提后，通晓正念住、正断、神足、根、力、觉支和道法的众生出生在他的佛土。

什译：“四無量心是菩薩淨土。菩薩成佛時，成就慈、悲、喜、捨眾生來生其國。四攝法是菩薩淨土。菩薩成佛時，解脫所攝眾生來生其國。方便是菩薩淨土。菩薩成佛時，於一切法方便無礙眾生來生其國。三十七道品是菩薩淨土。菩薩成佛時，念處、正勤、神足、根、力、覺、道眾生來生其國。

奘译：“四無量土，是為菩薩嚴淨佛土。菩薩證得大菩提時，常住慈、悲、喜、捨有情來生其國。四攝事土，是為菩薩嚴淨佛土。菩薩證得大菩提時，諸有解脫所攝有情來生其國。巧方便土，是為菩薩嚴淨佛土。菩薩證得大菩提時，善巧觀察諸法有情來生其國。修三十七菩提分土，是為菩薩嚴淨佛土。菩薩證得大菩提時，通達一切念住、正斷、神足、根、力、覺支、道支圓滿有情來生其國。

परिणामनाचित्तं बोधिसत्वस्य बुद्धक्षेत्रं, तस्य बोधिप्राप्तस्य सर्वगुणालंकारं बुद्धक्षेत्रं दृश्यते। अष्टाक्षणप्रशमदेशना कुलपुत्र बोधिसत्वस्य बुद्धक्षेत्रं, तस्य बोधि-प्राप्तस्य सर्वापायसमुच्छिन्नम् अष्टाक्षणविगतं बुद्धक्षेत्रं संभवन्ति। स्वयं शिक्षापदेषु वर्तमाना परापत्त्यचोदनता बोधिसत्वस्य बुद्धक्षेत्रं, तस्य बोधिप्राप्तस्यापत्तिशब्दो ऽपि बुद्धक्षेत्रे न संभवति। दशकुशलकर्मपथपरिशुद्धिः कुलपुत्र बोधिसत्वस्य बुद्धक्षेत्रं, तस्य बोधिप्राप्तस्य नियतायुषो महाभोगा ब्रह्मचारिणः सत्यानुपरिवर्तिन्या वाचा-

① “方便善巧”（upāyakauśalya）指菩萨用种种巧妙方便的手段救度众生。

② “三十七菩提分支法”（saptatriṃśadbodhipakṣā dharmāḥ）指求取菩提的三十七种修行方法，包括四念住（或译“四念处”）、四正断（或译“四正勤”）、四神足（或译“四如意足”）、五根、五力、七觉支和八正道。

लंकृता मधुरवचना अभिन्नपर्षदो भिन्नसंधानकुशला ईर्ष्याविगता अव्यापन्नचित्ताः सम्यग्दृष्टिसमन्वागताः सत्वा बुद्धक्षेत्रे संभवन्ति।

今译：“回向[①]心土是菩萨的佛土。他证得菩提后，展现具有一切功德庄严的佛土。善男子啊，宣说平息八难[②]是菩萨的佛土。他证得菩提后，产生断除一切恶道[③]、排除八难的佛土。自己奉守戒行、不怂恿他人犯罪[④]是菩萨的佛土。他证得菩提后，佛土中不出现‘犯罪’这个词。善男子啊，清净的十善业道是菩萨的佛土。他证得菩提后，寿命活够，享受充足，遵奉梵行[⑤]，服从真理[⑥]，言语文雅，说话甜蜜，会众不分裂，善于弥合分歧，摒弃妒忌，心无仇恨，充满正见，这样的众生出生在他的佛土。

什译：“迴向心是菩薩淨土。菩薩成佛時，得一切具足功德國土。說除八難是菩薩淨土。菩薩成佛時，國土無有三惡、八難。自守戒行、不譏彼闕是菩薩淨土。菩薩成佛時，國土無有犯禁之名。十善是菩薩淨土。菩薩成佛時，命不中夭、大富、梵行、所言誠諦、常以軟語、眷屬[⑦]不離、善和諍訟、言必饒益、不嫉、不恚、正見眾生來生其國。

奘译：“修迴向土，是為菩薩嚴淨佛土。菩薩證得大菩提時，其國具足眾德莊嚴。善說息除八無暇土，是為菩薩嚴淨佛土。菩薩證得

---

① “回向”（pariṇāmanā）指将自己积累的功德奉献众生。

② “八难”（aṣṭākṣaṇa）或译“八无暇”，指生于地狱、饿鬼和畜生等八种状况而无缘闻听佛法。

③ “恶道”（apāya）或译“恶趣”，一般指“三恶道”：地狱道、恶鬼道和畜生道。

④ “不怂恿他人犯罪”的原文是 parāpattyacodanatā。其中，codana 一词的通常含义是“鼓励”或“怂恿”，但也有“指责”或“指控”的含义。故而，此处什译“不讥彼阙”。而奘译“不讥彼土”，未将其中的 āpatti（“犯罪”或“过失”）一词译出。或许其中的“土”字是“失”字之误。

⑤ “遵奉梵行”（brahmacārin）指行为清净。

⑥ 此处“服从真理”的原词是 satyānuparivartinyā，规范形式应为 satyānuparivartinaḥ。

⑦ “眷属”一词在汉译佛经中的词义比较广泛，可以指称亲属、亲友、朋友、随从和集会大众等。此处“眷属”的原词是 pariṣad，主要指集会大众。

大菩提時，其國永離惡趣、無暇。自守戒行、不譏彼土，是為菩薩嚴淨佛土。菩薩證得大菩提時，其國無有犯禁之名。十善業道極清淨土，是為菩薩嚴淨佛土。菩薩證得大菩提時，壽量決定、大富、梵行、所言誠諦、常以軟語、眷屬不離、善宣密意[①]、離諸貪欲、心無瞋恚、正見有情來生其國。

१।१४ इति हि कुलपुत्र, यावन्तो बोधिसत्वस्य प्रयोगास् तावन्त आशयाः। यावन्त आशयास् तावन्तो ऽध्याशयाः। यावन्तो ऽध्याशयास् तावन्त्यो निध्यप्तयः। यावन्त्यो निध्यप्तयस् तावन्त्यः प्रतिपत्तयः। यावन्त्यः प्रतिपत्तयस् तावन्त्यः परिणामनाः। यावन्त्यः परिणामनास् तावन्त उपायाः। यावन्त उपायास् तावन्त्यः क्षेत्रपरिशुद्धयः। यादृशी क्षेत्रपरिशुद्धिस् तादृशी सत्वपरिशुद्धिः। यादृशी सत्वपरिशुद्धिस् तादृशी ज्ञानपरिशुद्धिः। यादृशी ज्ञानपरिशुद्धिस् तादृशी देशनापरिशुद्धिः। यादृशी देशनापरिशुद्धिस् तादृशी ज्ञानप्रतिपत्तिपरिशुद्धिः। यादृशी ज्ञानप्रतिपत्तिपरिशुद्धिस् तादृशी स्वचित्तपरिशुद्धिः।तस्मात् तर्हि कुलपुत्र बुद्धक्षेत्रं परिशोधयितुकामेन बोधिसत्वेन स्वचित्तपरिशोधने यत्नः करणीयः। तत् कस्य हेतोः। यादृशी बोधिसत्वस्य चित्तपरिशुद्धिस् तादृशी बुद्धक्षेत्रपरिशुद्धिः संभवति।

今译：“善男子啊，菩萨有这样的修行，便有这样的心意。有这样的心意，便有这样的诚心。有这样的诚心，便有这样的深思[②]。有这样的深思，便有这样的正行[③]。有这样的正行，便有这样的回向。有这样的回向，便有这样的方便。有这样的方便，便有这样的清净土。有这样的清净土，便有这样的清净众生。有这样的清净众生，便有这样的清净智。有这样的清净智，便有这样的清净说法。有这样的清净

① 此处“善宣密意”不见于原文和什译。但与此处相对应的原文是 bhinnasaṃdhānakuśalāḥ（“善于弥合分歧”），什译“善和诤讼”。那么，玄奘所据原文可能是 saṃdhāyakuśalāḥ（“善宣密意”）。

② “深思”（nidhyapti）指深入的观察思考。

③ “正行”（pratipatti）指正确的行为或善行。

说法，便有这样的清净智行。有这样的清净智行，便有这样的清净自心。因此，善男子啊，追求清净佛土的菩萨应该努力清净自心。为什么？有这样的菩萨清净心，便有这样的清净佛土。”

什译：“如是，寶積！菩薩隨其直心，則能發行。隨其發行，則得深心。隨其深心，則意調伏。隨意調伏，則如說行。隨如說行，則能迴向。隨其迴向，則有方便。隨其方便，則成就眾生。隨成就眾生，則佛土淨。隨佛土淨，則說法淨。隨說法淨，則智慧淨。隨智慧淨，則其心淨。隨其心淨，則一切功德淨。是故，寶積！若菩薩欲得淨土，當淨其心。隨其心淨，則佛土淨。”

奘译：“諸善男子！如是菩薩隨發菩提心，則有純淨意樂。隨其純淨意樂，則有妙善加行。隨其妙善加行，則有增上意樂。隨其增上意樂，則有止息。隨其止息，則有發起。隨其發起，則有迴向。隨其迴向，則有寂靜。隨其寂靜，則有清淨有情。隨其清淨有情，則有嚴淨佛土。隨其嚴淨佛土，則有清淨法教。隨其清淨法教，即有清淨妙福。隨其清淨妙福，則有清淨妙慧。隨其清淨妙慧，則有清淨妙智。隨其清淨妙智，則有清淨妙行。隨其清淨妙行，則有清淨自心。隨其清淨自心，則有清淨諸妙功德。諸善男子！是故菩薩若欲勤修嚴淨佛土，先應方便嚴淨自心。所以者何？隨諸菩薩自心嚴淨，即得如是嚴淨佛土。”①

१।१५ अथ बुद्धानुभावेनायुष्मतः शारिपुत्रस्यैतद् अभवत् यदि यादृशी चित्तपरिशुद्धिस् तादृशी बोधिसत्वस्य बुद्धक्षेत्रपरिशुद्धिः संभवति, तन् मा आहैव भगवतः शाक्यमुनेर् बोधिसत्वचर्यां चरतश् चित्तम् अपरिशुद्धं येनेदं बुद्धक्षेत्रं एवम्

① 这一段什译和奘译，比照原文，内容大体一致，但在细节及其次序排列上有些差异。奘译在内容上还略有扩充。

अपरिशुद्धं संदृश्यते। अथ खलु भगवान् आयुष्मतः शारिपुत्रस्य चेतसैव चेतः-परिवितर्कम् आज्ञायायुष्मन्तं शारिपुत्रम् एतद् अवोचत् -- तत् किं मन्यसे, शारिपुत्र मा आहैव सूर्याचन्द्रमसाव् अपरिशुद्धौ यज् जात्यन्धो न पश्यति। आह -- नो हीदं भगवन् जात्यन्धापराध एष न सूर्यचन्द्रमसोः। आह -- एवम् एव शारिपुत्र सत्वानाम् अज्ञानापराध एष यस् तथागतस्य बुद्धक्षेत्रगुणालंकारव्यूहं केचित् सत्वा न पश्यन्ति, न तत्र तथागतस्यापराधः। परिशुद्धं हि शारिपुत्र तथागतस्य बुद्धक्षेत्रं यूयं पुनर् इदं न पश्यथ।

今译：然后，蒙受佛的威力，尊者[①]舍利弗[②]思忖道："如果说有这样的菩萨清净心，便有这样的清净佛土，那么，岂不是说世尊释迦牟尼修菩萨行时，心不清净，因此，展现这样不清净的佛土。"于是，世尊知道尊者舍利弗心中出现这样的想法，便对尊者舍利弗说道："如果说天生目盲者看不见，那么，岂不是说太阳和月亮不洁净，你怎么想？"舍利弗说："不是这样，世尊啊，那是天生目盲者的过失，不是太阳和月亮的过失。"世尊说道："正是这样，舍利弗啊，一些众生看不见如来佛土的功德庄严，那是众生无知的过失，不是如来的过失。舍利弗啊，如来佛土清净，而你们看不见。"

什译：爾時舍利弗承佛威神[③]作是念："若菩薩心淨，則佛土淨者，我世尊本為菩薩時，意豈不淨，而是佛土不淨若此？"佛知其念，即告之言："於意云何？日月豈不淨耶？而盲者不見。"對曰："不也，世尊！是盲者過，非日月咎。""舍利弗！眾生罪故，不見如來佛土嚴淨，非如來咎。舍利弗！我此土淨，而汝不見。"

---

① 此处尊者的原词是 āyuṣmat（"长寿"）。此词常用作尊称，在佛经中也译"具寿"、"长老"或"大德"。

② 舍利弗（Śāriputra）是佛弟子，号称"智慧第一"。他的母亲名为如波舍利（Rūpaśarī），故而他得名"舍利子"。"舍利弗"则是这个名字的音译。

③ "威神"的原词是 anubhāva，词义为"威力"。

奘译： 爾時舍利子承佛威神，作如是念："若諸菩薩心嚴淨故，佛土嚴淨，而我世尊行菩薩時，心不嚴淨故，是佛土雜穢若此。"佛知其念，即告之言："於意云何？世間日月豈不淨耶？而盲不見。"對曰："不也，是盲者過，非日月咎。"佛言："如是，衆生罪故，不見世尊佛土嚴淨，非如來咎。舍利子！我土嚴淨，而汝不見。"

१।१६ अथ खलु जटी ब्रह्मा स्थविरं शारिपुत्रम् एतद् अवोचत् -- मा भदन्तशारिपुत्र तथागतस्यापरिशुद्धं बुद्धक्षेत्रं इदं व्याहार्षीत्। परिशुद्धं हि भदन्तशारिपुत्र भगवतो बुद्धक्षेत्रं। तद्यथापि नाम शारिपुत्र वशवर्तिनां देवानां भवनव्यूहाः। ईदृशान् वयं बुद्धक्षेत्रगुणव्यूहान् भगवतः शाक्यमुनेः पश्यामः।अथ खलु स्थविरः शारिपुत्रो जटिनं ब्रह्माणम् एतद् अवोचत् -- वयं पुनर् ब्रह्मन् इमां महापृथिवीम् उत्कूलनिकूलां कण्टकप्रपातगिरिशेखरश्वभ्रगूथोडिगल्लप्रतिपूर्णां पश्यामः।जटी ब्रह्माह -- नूनं भदन्तशारिपुत्रस्योत्कूलनिकूलं चित्तम् अपरिशुद्धबुद्धज्ञानाशयं येनेदृशं बुद्धक्षेत्रं पश्यसि। ये पुनस् ते भदन्तशारिपुत्र बोधिसत्वाः सर्वसत्वसमचित्ताः परिशुद्धबुद्धज्ञानाशयास् त इमं बुद्धक्षेत्रं परिशुद्धं पश्यन्ति।

今译： 然后，持髻梵天对尊者①舍利弗说道："尊者②舍利弗啊，不要说如来的这个佛土不清净。尊者舍利弗啊，因为世尊的佛土是清净的。譬如，舍利弗啊，我们看到世尊释迦牟尼佛土的功德庄严，确实如同自在天③宫的庄严。"于是，尊者舍利弗对持髻梵天说道："然而，梵天啊，我们看到这个大地高低不平，布满荆棘、悬崖、山峰、深坑和各种污秽。"持髻梵天说道："肯定是尊者舍利弗的心高低不平，心中佛智不清净，故而你看到佛土这样。然而，尊者舍利弗啊，众菩

① 此处"尊者"的原词是 sthavira，词义为"长者"。在佛经中也译"长老"、"上座"或"大德"。

② 此处"尊者"的原词是 bhadanta，也是一种尊称。此词可能源自巴利文 bhadda（梵文为 bhadra），含有幸福、吉祥或贤善之意。

③ "自在天"（Vaśavartin）的全称是"他化自在天"（Paranirmitavaśavartin）。

萨对一切众生怀有平等心，心中佛智清净，故而看到这个佛土清净。”

什译：爾時螺髻梵王語舍利弗：“勿作是意，謂此佛土以為不淨。所以者何？我見釋迦牟尼佛土清淨，譬如自在天宮。”舍利弗言：“我見此土丘陵、坑坎、荊蕀、沙礫、土石、諸山，穢惡充滿。”螺髻梵言：“仁者[①]心有高下，不依佛慧，故見此土為不淨耳。舍利弗！菩薩於一切衆生，悉皆平等，深心清淨，依佛智慧，則能見此佛土清淨。”

奘译：爾時持髻梵王語舍利子：“勿作是意，謂此佛土為不嚴淨。所以者何？如是佛土最極嚴淨。”舍利子言：“大梵天王！今此佛土嚴淨云何？”持髻梵言：“唯[②]舍利子！譬如他化自在天宮，有無量寶功德莊嚴。我見世尊釋迦牟尼佛土嚴淨，有無量寶功德莊嚴亦復如是。”舍利子言：“大梵天王！我見此土其地高下，丘陵、坑坎、毒刺、沙礫、土石、諸山，穢惡充滿。”持髻梵言：“唯[③]大尊者心有高下，不嚴淨故，謂佛智慧意樂亦爾，故見佛土為不嚴淨。若諸菩薩於諸有情其心平等，功德嚴淨，謂佛智慧意樂亦爾，便見佛土最極嚴淨。”

१।१७ अथ भगवान् पादाङ्गुष्ठेन इमं त्रिसाहस्रमहासाहस्रं लोकधातुं पराहन्ति स्म। अथ खलु तस्मिन् समये ऽयं त्रिसाहस्रमहासाहस्रो लोकधातुर् अनेकरत्नशत-सहस्रसंचितो ऽनेकरत्नशतसहस्रप्रत्यर्पितः संस्थितो ऽभूत्। तद्यथापि नाम रत्न-व्यूहस्य तथागतस्यानन्तगुणरत्नव्यूहो लोकधातुस् तादृशो ऽयं लोकधातुः संदृश्यते स्म। तत्र सा सर्वावती पर्षद् आश्चर्यप्राप्ता रत्नपद्मनिषण्णम् आत्मानं संजानीते स्म।

今译：然后，世尊用脚趾按动这三千大千世界。随即，这三千大

① “仁者”是 bhadanta（“尊者”）的又一种译名。

② 此处“唯”是语气词，用作“舍利子”的呼格。

③ 此处“唯”也是语气词。虽然“大尊者”（即“舍利子”）在原文中并非呼格，但这里有 nūnam（“肯定”）一词，也用作加强语气。

千世界堆积有无数百千珍宝，装点有无数百千珍宝。确实，世尊展现这个世界如同宝庄严如来[①]的无量功德宝庄严世界。在场的所有会众满怀惊奇，发现自己坐在宝莲花上。

什译：於是，佛以足指按地。即時三千大千世界，若干百千珍寶嚴飾，譬如寶莊嚴佛無量功德寶莊嚴土。一切大眾歎未曾有，而皆自見坐寶蓮華。

奘译：爾時世尊知諸大眾心懷猶豫，便以足指按此大地。即時三千大千世界無量百千妙寶莊嚴，譬如功德寶莊嚴佛無量功德寶莊嚴土。一切大眾歎未曾有，而皆自見坐寶蓮花。

१।१८ तत्र भगवान् आयुष्मन्तं शारिपुत्रम् आमन्त्रयते स्म पश्यसि त्वं शारिपुत्र इमान् बुद्धक्षेत्रगुणव्यूहान्। आह -- पश्यामि भगवन् अदृष्टाश्रुतपूर्वा इमे व्यूहाः संदृश्यन्ते। आह -- ईदृशं मम शारिपुत्र सदा बुद्धक्षेत्रं। हीनसत्वपरिपाकाय तु तथागत एवं बहुदोषदुष्टं बुद्धक्षेत्रं उपदर्शयति। तद्यथा शारिपुत्र देवपुत्राणाम् एकपात्र्यां भुञ्जानानां यथा पुण्योपचयविशेषेण सुधादेवभोजनम् उपतिष्ठतः, एवम् एव शारिपुत्र एकबुद्धक्षेत्रोपपन्ना यथा चित्तपरिशुध्या सत्वा बुद्धानां बुद्धक्षेत्रगुणव्यूहान् पश्यन्ति।

今译：这时，世尊对尊者舍利弗说道："舍利弗啊，你看这些佛土功德庄严。"弗舍利说道："世尊啊，我看到。展现的这些庄严前所未见，前所未闻。"世尊说道："舍利弗啊，我的佛土始终是这样。而为了教化低劣众生，如来展现充满错误过失的佛土。舍利弗啊，正如众天子从同一食钵中取食，而按照积累的功德差别，享用甘露仙食。舍利弗啊，同样，出生在同一佛土，而唯有那些具有清净心的众生看

① "宝庄严如来"（Ratnavyūha）是佛名。三千大千世界中有无数佛和佛国。宝庄严如来是其中之一。

到众佛的佛土功德庄严。”

什译：佛告舍利弗：“汝且觀是佛土嚴淨。”舍利弗言：“唯然，世尊！本所不見，本所不聞，今佛國土嚴淨悉現。”佛語舍利弗：“我佛國土常淨若此。為欲度斯下劣人故，示是衆惡不淨土耳。譬如諸天共寶器食，隨其福德，飯色有異。如是，舍利弗！若人心淨，便見此土功德莊嚴。”

奘译：爾時世尊告舍利子：“汝見如是衆德莊嚴淨佛土不？”舍利子言：“唯然，世尊！本所不見，本所不聞，今此佛土嚴淨悉現。”告舍利子：“我佛國土常淨若此。為欲成熟下劣有情，是故示現無量過失雜穢土耳。舍利子！譬如三十三天[①]共寶器食，隨業所招，其食有異。如是，舍利子！無量有情生一佛土，隨心淨穢，所見有異。若人心淨，便見此土無量功德妙寶莊嚴。”

१।१९ अस्मिन् खलु पुनर् बुद्धक्षेत्रगुणव्यूहालंकारे संदर्श्यमाने चतुरशीतेः प्राणिसहस्राणाम् अनुत्तरायां सम्यक्संबोधौ चित्तान्य् उत्पन्नानि। यानि च तानि रत्नाकरेण लिच्छविकुमारेण सार्धं पञ्च लिच्छविकुमारशतान्य् आगतानि तेषाम् अप्य् आनुलोमिक्याः क्षान्तेः प्रतिलम्भो ऽभूत्।

今译：就在这佛土功德庄严展现时，八万四千众生发起无上正等菩提心。与离车族童子宝积同来的五百离车族童子也都获得了随顺法忍[②]。

① “三十三天”（Trāyastriṃśat）又译“忉利天”。而此处原文是 devaputra，泛指“众天子”。什译“诸天”。

② 此处“随顺法忍”（ānulomikī kṣānti），什译和奘译均为“无生法忍”。“随顺法忍”指随顺诸法实相。“无生法忍”（anutpattika -dharmakṣānti）指安忍诸法无生。按照菩萨修行的“十地”，前者属于第四、五和六地，后者属于第七、八和九地。

什译：當佛現此國土嚴淨之時，寶積所將五百長者子皆得無生法忍，八万四千人皆發阿耨多羅三藐三菩提心。

奘译：當佛現此嚴淨土時，寶性所將五百童子，一切皆得無生法忍。八万四千諸有情類皆發無上正等覺心。

१।२० अथ भगवान् पुनर् एव ताम् ऋद्धिं प्रतिसंहरति स्म। ततः पुनर् एवेदं बुद्धक्षेत्रं तत्स्वभावम् एव संवृतम् , तत्र श्रावकयानिकानां देवमनुष्याणाम् -- अनित्या बत इमे सर्वसंस्कारा इति विदित्वा द्वात्रिंशता प्राणिसहस्राणां विरजो-विगतमलं धर्मेषु धर्मचक्षुर् विशुद्धम्। अष्टानां च भिक्षुसहस्राणाम् अनुपादाया-स्रवेभ्यश् चित्तानि विमुक्तानि। चतुरशीतेश् च प्राणिसहस्राणाम् उदारबुद्धधर्मा-धिमुक्तानां -- विठपनप्रत्युपस्थानलक्षणाः सर्वधर्मा इति विदित्वानुत्तरस्यां सम्य-क्संबोधौ चित्तान्य् उत्पन्नानि॥

今译：然后，世尊收回神通，这个佛土又恢复原样。这样，三万二千追求声闻乘①的天神和凡人知道诸行②无常。他们清除尘垢，涤除污秽，获得清净法眼。八千比丘摒弃烦恼，心获得解脱。八万四千众生深信高妙的佛法，知道一切法是幻化相，发起无上正等菩提心。③

什译：佛攝神足④，於是世界還復如故。求聲聞乘三万二千天及人，知有為法皆悉無常，遠塵離垢，得法眼淨。八千比丘不受諸法，

① “声闻乘”（śrāvakayāna）与“缘觉乘”和“菩萨乘”合称“三乘”。“声闻”（śrāvaka）指聆听和奉行佛陀言教而觉悟者。“缘觉”（pratyekabuddha，或译“独觉”，音译“辟支佛”）指独自修行觉悟者。“菩萨乘”又称“大乘”，而“声闻乘”和“缘觉乘”均为“小乘”。

② “诸行”（sarvasaṃskāra）指人的身、口和意造成的种种业行。saṃskāra（“行”）也与 saṃskṛta（“有为”）相通，即一切事物和业行皆由因缘和合而成，刹那生灭而无常。因此，此词什译和奘译均为“有为法”。

③ 这里最后一句不见于什译和奘译。

④ 此处“神足”的原词是 ṛddhi，在汉译佛经中译为“神通”、“神足”或“神变”。

漏盡意解[1]。

奘译：時佛世尊即攝神足，於是世界還復如故。求聲聞乘三万二千諸天及人，知有為法皆悉無常，遠塵離垢，得法眼淨。八千苾芻永離諸漏，心善解脫。

बुद्धक्षेत्रपरिशुद्धिनिदानपरिवर्तः प्रथमः॥

今译：以上是第一《佛土清净因缘品》。

① “漏尽意解”中的“漏”（āsrava）指“烦恼”，“尽”（anupādāya）指“不受”，“意”（citta）指“心”，“解”（vimukti）指“解脱”。

२ अचिन्त्योपायकौशल्यपरिवर्तो नाम द्वितीयः

今译：第二 不可思议方便善巧品

什译：方便品第二

奘译：顯不思議方便善巧品第二

२।१ तेन खलु पुनः समयेन वैशाल्यां महानगर्यां विमलकीर्तिर् नाम लिच्छविः प्रतिवसति स्म। पूर्वजिनकृताधिकारः, अवरोपितकुशलमूलः, बहुबुद्धपर्युपासितः, प्रतिलब्धक्षान्तिकः, लब्धप्रतिभानः, महाभिज्ञाविक्रीडितः, धारणीप्रतिलब्धः, वैशारद्यप्राप्तः, निहतमारप्रत्यर्थिकः, गम्भीरधर्मनयसुप्रविष्टः, प्रज्ञापारमितानिर्जातः, उपायकौशल्यगतिंगतः, प्रतिभानसमन्वागतः, सत्वाशयचरितकुशलः, इन्द्रियपरापरज्ञाननिर्यातः, यथाप्रत्यर्हधर्मदेशकः, कृतनिश्चयः कृतश्रम इह महायाने, सुपरीक्षितकर्मकारी, बुद्धेर्यापथप्रतिष्ठितः, सागरवरबुद्ध्यनुप्रविष्टः, सर्वबुद्धस्तुतस्तोमितप्रशंसितः, सर्वशक्रब्रह्मलोकपालनमस्कृतः, स सत्वपरिपाकायोपायकौशल्येन वैशाल्यां महानगर्यां प्रतिवसति स्म।

今译：那时，有位离车族人，名叫维摩诘，住在维舍离大城中。他曾经供养过去佛，善根深植，侍奉众佛，达到安忍[1]，获得辩才，

① 此处“达到安忍”（pratilabdhakṣāntika），什译“得无生忍”，奘译“具无生忍”。“安忍”（kṣānti，也译“忍辱”）是六波罗蜜之一。此词通常译为“忍辱”，偏重于忍受各种怨害和屈辱。但 kṣānti 也包含忍受诸法。因此，什译和奘译将此词理解为特指“无生法忍”。

施展大神通游戏[①]，获得总持，达到无畏，降伏摩罗怨敌，进入深邃法门，成就智慧波罗蜜。他通晓方便善巧，富有辩才[②]，了解众生心意和行为，知道众生根器优劣，随宜示法。他已经立志效力大乘，做事善于思考，保持佛威仪[③]，进入殊胜智海，受到一切佛赞美、歌颂和称扬，受到一切帝释天、梵天和护世天王敬拜。为了教化[④]众生，他采取方便善巧，住在维舍离大城。

什译：爾時毗耶離大城中有長者，名維摩詰，已曾供養無量諸佛，深植善本，得無生忍；辯才無礙，遊戲神通，逮諸總持；獲無所畏，降魔勞怨[⑤]；入深法門，善於智度[⑥]；通達方便，大願成就；明了眾生心之所趣，又能分別諸根利鈍；久於佛道，心已純淑，決定大乘；諸有所作，能善思量；住佛威儀，心大如海[⑦]；諸佛咨嗟，弟子[⑧]、釋、梵、世主所敬。欲度人故，以善方便，居毗耶離。

奘译：爾時廣嚴城中有大菩薩[⑨]，離呫毗種，名無垢稱，已曾供養無量諸佛，於諸佛所深殖善根；得妙辯才，具無生忍；逮諸總持，遊戲神通；獲無所畏，摧魔怨力；入深法門，善於智度；通達方便，大願成滿；明了有情意樂及行，善知有情諸根勝劣；智度成辦，說法

① “大神通游戏”（mahābhijñākrīḍita）指神通变化，自由无碍。

② 此处“富有辩才”（pratibhānasamanvāgata），什译“大愿成就”，奘译“大愿成满”。鉴于前面已经提及“获得辩才”，什译和奘译就显得更合理。因此，此处什译和奘译依据的原文可能是praṇidhānasamanvāgata。

③ “威仪”（īryāpatha，巴利文 īriyāpatha）指行、立、坐和卧的姿态符合仪轨。

④ 此处“教化”的原词是paripāka，词义为“煮熟”、“成熟”或“消化”。什译“度”，即“度化”。奘译“成熟”。

⑤ “劳怨”的原词是pratyarthika，词义是“对立者”、“仇敌”或“怨敌”。奘译“怨力”。

⑥ “智度”即“智慧波罗蜜”。其中的“度”是pāramitā（“波罗蜜”）一词的意译。

⑦ “心大如海”的原文是sāgaravarabuddhyanupraviṣṭaḥ，意谓“进入如同大海的殊胜智慧”。支译“觉意如海而皆已入”，奘译“入心慧海”，与原文一致。

⑧ “弟子”一词不见于原文和奘译。

⑨ 此处按原文只是说维摩诘是“离车族人”，而什译“长者”，奘译“大菩萨”。

淳熟；於大眾[1]中決定修習，於所作業能善思量；住佛威儀，入心慧海；諸佛咨嗟，稱揚，顯說，釋、梵、護世常所礼敬。為欲成熟諸有情故，以善方便居廣嚴城。

२।२ अक्षयभोगो दरिद्रानाथसत्वसंग्रहाय। परिशुद्धशीलो दुःशीलसंग्रहाय। क्षमदमप्राप्तो दुष्टप्रदुष्टव्यापन्नक्रुधचित्तानां सत्वानां संग्रहाय। उत्तप्तवीर्यः कुसीदानां सत्वानां संग्रहाय। ध्यानस्मृतिसमाधिस्थितो विभ्रान्तचित्तानां सत्वानां संग्रहाय। प्रज्ञानिश्चयप्राप्तो दुःप्रज्ञानां सत्वानां संग्रहाय।

今译：财富无穷，用于吸引[2]贫困无助的众生。戒行清净，用于吸引犯戒的众生。忍辱柔顺，用于吸引心中怀有恶意、仇恨和愤怒的众生。勇猛精进，用于吸引懒惰懈怠的众生。安住禅思、正念和入定，用于吸引心意散乱的众生。智慧坚定，用于吸引陷入邪智的众生。

什译：資財無量，攝諸貧民。奉戒清淨，攝諸毀禁。以忍調行，攝諸恚怒。以大精進，攝諸懈怠。一心禪寂，攝諸乱意。以決定慧，攝諸無智。[3]

奘译：具無盡財，攝益貧窮無依無怙。具清淨戒，攝益一切有犯有越。以調順忍，攝益瞋恨、暴嫉、楚毒。以大精進，攝益一切懈怠懶惰。安住靜慮、正念、解脫、等持、等至，[4]攝益一切諸有乱心。以正決擇，攝益一切妄見惡慧。

① 此处“众”字应为“乘”。据《中华大藏经》校勘记，“《资》、《碛》、《普》、《南》、《径》、《清》、《丽》作‘乘’”。

② “吸引”的原词是 saṃgrāha，词义为“掌握”或“摄取”。什译“摄”。奘译“摄益”。这一段描述维摩诘实施六波罗蜜，吸引和教化众生。

③ 这一段什译文字简约。

④ 此处“解脱”一词不见于原文；“等持”和“等至”相当于“入定”（samādhi）一词。

२।३ अवदातवस्त्रधारी श्रमणेर्यापथसंपन्नः। गृहवासस्थितः कामधातुरूपधात्वारूप्यधात्वसंसृष्टः। भार्यापुत्रदारांश् च संदर्शयति, सदा च ब्रह्मचारी। परिवारपरिवृतश् च भवति, सदा च विवेकचारी। आभरणविभूषितश् च संदृश्यते, सदा च लक्षणपरिच्छिन्नः। अन्नपानभोजनजीवः संदृश्यते, सदा च ध्यानाहारः। सर्वद्यूतकरशालासु च संदृश्यते, द्यूतक्रीडासक्तचित्तांश् च सत्वान् परिपाचयति सदा चाप्रमादचारी। सर्वपाषण्डप्रत्येषकश् च, बुद्धे चाभेद्याशयः। सर्वलौकिकलोकोत्तरशास्त्रविधिज्ञश् च, सदा च धर्मारामरतिरतः। सर्वसंगणिकासु च संदृश्यते, सर्वत्र चाग्रपूजितः।

今译：身着白衣[①]而具有沙门[②]威仪。居住家中而不执著欲界、色界和无色界[③]。示现[④]有妻儿而始终遵奉梵行。有随从而经常离群独处。佩戴装饰品而始终保持[⑤]妙相。以饮食维持生命而始终喜爱禅味。出入一切赌博游戏场所而不放逸，旨在教化痴迷赌博的众生。接受一切外道而矢志信佛。通晓一切世间和出世间[⑥]经典而始终热爱正法。出现在一切群众场合而始终最受尊敬。

什译：雖為白衣，奉持沙門清淨律行。雖處居家，不著三界。示有妻子，常修梵行。現有眷屬，常樂遠離。雖服寶飾，而以相好嚴身。雖復飲食，而以禪悅為味。若至博弈戲處，輒以度人。受諸異道，不毁正信。雖明世典，常樂佛法。一切見敬，為供養中最。

① “白衣”（avadātavastra，或译“素衣”）标志在家人的衣著，有别于出家人染色的袈裟衣。

② “沙门”是 śramaṇa 的音译，泛指出家人。此词巴利文为 samaṇa，“沙门”的译音更接近巴利文。

③ “欲界、色界和无色界”合称三界。这是佛教对整个世界的分类。众生在这三界中轮回流转。

④ “示现”（saṃdarśayati）指“展现”或“演示”。维摩诘的一切作为都是运用方便善巧教化众生，故而称为“示现”。

⑤ 此处“保持”的原词是 paricchinna（“割裂”），疑有误。什译“严身”，奘译“庄严其身”。校订本此处据藏译本推测，应为 paricchanna（“覆盖”）。

⑥ “出世间”（loka-uttara）指高于或超越世间。

奘译：雖為白衣，而具沙門威儀功德。雖處居家，不著三界。示有妻子，常修梵行。現有眷屬，常樂遠離。雖服寶飾，而以相好莊嚴其身。雖現受食，而以靜慮、等至為味。雖同樂著博弈嬉戲，而實恒為成熟有情。雖稟一切外道軌儀，而於佛法意樂不壞。雖明一切世間書論，而於內苑[①]賞玩法樂。雖現一切邑會眾中，而恒為最說法上首。

२।४ धर्मवादी च वृद्धमध्यदह्रसहायकश् च लोकानुवर्तनाय। सर्वव्यवहारोद्युक्तश् च न च लाभभोगाभिलाषी। सर्वचत्वरशृङ्गाटकेषु च संदृश्यते सर्वसत्त्ववैनयिकतायै। राजकार्यानुप्रविष्टश् च सत्वारक्षायै। सर्वधर्मश्रवणसांकथ्येषु च संदृश्यते हीनयानविच्छन्दनाय महायाने समादापनतया। सर्वलिपिशालासु चोपसंक्रामति दारकपरिपाचनाय। सर्वगणिकाकुलानि च प्रविशति कामदोषसंदर्शनाय। सर्वकल्लवालगृहाणि च प्रविशति स्मृतिसंप्रजन्योपस्थापनाय।

今译：宣说正法，与老年、中年和青年作伴，随顺世间。从事一切俗务而不贪图财富。出现在一切街头闹市，旨在教化一切众生。参与政务，旨在保护众生。听讲和讨论一切法，旨在抑止小乘，弘扬大乘。进入一切学堂，旨在教育儿童。进入一切妓院，旨在显示淫欲害处。进入一切酒铺，旨在确立正念和正知。

什译：執持正法，攝諸長幼。一切治生諧偶[②]，雖獲俗利，不以喜悅。遊諸四衢，饒益眾生。入治政法，救護一切。入講論處，導以大乘。入諸學堂，誘開童蒙。入諸婬舍，示欲之過。入諸酒肆，能立其志。

---

① “内苑”指内花园，喻指教内。此处原文中的 dharma-ārāma，既可读为“热爱正法”，也可读为“正法花园”。

② “治生谐偶”的原文是 vyavahārodyukta（“从事世俗事务”）。其中的 vyavahāra 一词，既指世俗的事业，也指世俗的惯用语言。故而，此处以“治生”指世俗事务，以“谐偶”指世俗言语。“谐偶”（谐音和对偶）含有戏谑或戏论之意。

奘译：為隨世教，於尊卑等所作事業示無與乖①。雖不希求世間財寶，然於俗利示有所習。為益含識②，遊諸市鄽。為護群生，理諸王務。入講論處，導以大乘。入諸學堂，誘開童蒙。入諸婬舍，示欲之過。為令建立正念、正知，遊諸伎樂③。

२।५ श्रेष्ठिषु च श्रेष्ठिसंमतः श्रेष्ठधर्मारोचनतायै। गृहपतिषु च गृहपतिसंमतः सर्वग्राहोद्ग्रहपरिच्छेदाय। क्षत्रियेषु च क्षत्रियसंमतः क्षान्तिसौरत्यबलप्रतिष्ठापनाय। ब्राह्मणेषु च ब्राह्मणसंमतो मानमददर्पनिर्घातनाय। आमात्येषु चामात्यसंमतः सर्वराजकार्यसहधर्मनियोजनाय। कुमारेषु च कुमारसंमतो राजभोगैश्वर्याभिलाषविनिवर्तनाय। अन्तःपुरेषु च काञ्चुकीयसंमतः स्त्रीकुमारिकापरिपाचनाय।

今译：出现在长者④中，受长者们尊敬，旨在宣示殊胜法。出现在家主⑤中，受家主们尊敬，旨在断除一切贪著。出现在刹帝利⑥中，受刹帝利们尊敬，旨在培养忍辱和亲和力。出现在婆罗门中，受婆罗门们尊敬，旨在消除骄傲、迷醉和傲慢。出现在大臣中，受到大臣们尊敬，旨在依法辅佐王政。出现在王子中，受王子们尊敬，旨在摒弃对宫廷享受和王权的贪求。出现在后宫中，受内侍们尊敬，旨在教化妇女和公主。

什译：若在長者，長者中尊，為說勝法。若在居士，居士中尊，

① 此处“示无与乖”意谓示现的行为不违反或背离世俗，也就是“随世教”的意思。原文此处另有 dharmavādī（“宣说正法”）一词。什译“执持正法”。

② “含识”是 sattva（“众生”）一词的又一种译名。

③ 此处“游诸伎乐”，按原文和什译是“入诸酒肆”。原文中的 kallavāla（“酒贩”）一词是俗语用词，梵文为 kalyapāla。

④ 此处“长者”的原词是 śreṣṭhin，主要指商人或富豪。

⑤ “家主”的原词是 gṛhapati，词义为“一家之主”，即“家长”。佛经中也译作“居士”或“长者”。

⑥ 此处“刹帝利”和下一句中的“婆罗门”是种姓名称。印度古代实行种姓制度，社会成员分成四种种姓：婆罗门（brāhmaṇa）掌管宗教，刹帝利（kṣatriya）掌管王权，吠舍（vaiśya）从事农业、商业和手工业，首陀罗（śūdra）从事渔猎和仆役。

斷其貪著。若在刹利，刹利中尊，教以忍辱。若在婆羅門，婆羅門中尊，除其我慢。若在大臣，大臣中尊，教以正法。若在王子，王子中尊，示以忠孝①。若在内官，内官中尊，化政宮女。

奘译：若在長者，長者中尊，為說勝法。若在居士，居士中尊，斷其貪著。若在刹帝利，刹帝利中尊，教以忍辱。若在婆羅門，婆羅門中尊，除其我慢。若在大臣，大臣中尊，教以正法。若在王子，王子中尊，示以忠孝。若在内官，内官中尊，化正宮女。

२।६ प्राकृतजनानुवर्तकश् च सामान्यपुण्यविशिष्टाध्यालम्बनाय।शक्रेषु च शक्रसंमत ऐश्वर्यानित्यत्वसंदर्शनाय।ब्रह्मसु च ब्रह्मसंमतो विशेषज्ञानसंदर्शनाय। लोकपालेषु च लोकपालसंमतः सर्वसत्वपरिपालनाय।इति हि विमलकीर्तिर् लिच्छविर् एवम् अप्रमाणोपायकौशलज्ञानसमन्वागतो वैशाल्यां महानगर्यां प्रतिवसति स्म।

今译：出现在平民中，旨在与日常的殊胜功德结缘。出现在帝释天中，受帝释天们尊敬，旨在示现权力的无常。出现在梵天中，受梵天们尊敬，旨在示现殊胜智慧。出现在护世天王中，受护世天王们尊敬，旨在保护一切众生。就这样，离车族维摩诘具备无量方便善巧智慧，住在维舍离大城中。

什译：若在庶民，庶民中尊，令興福力。若在梵天，梵天中尊，誨以勝慧。若在帝釋，帝釋中尊，示現無常。若在護世，護世中尊，護諸衆生。長者維摩詰以如是等無量方便饒益衆生。

奘译：若在庶人，庶人中尊，修相似②福殊勝意樂。若在梵天，

---

① 此处“忠孝”，按原文是“摒弃对宫廷享受和王权的贪求”。奘译沿用什译。

② 此处“相似”的原词是 sāmānya，词义为“共同的”、“普遍的”或“通常的”。

梵天中尊，示諸梵眾靜慮差別[1]。若在帝釋，帝釋中尊，示現自在[2]悉皆無常。若在護世，護世中尊，守護一切利益安樂。是無垢稱，以如是等不可思議無量善巧方便慧門饒益有情。

२।७ स उपायकौशल्येन ग्लानम् आत्मानम् उपदर्शयति स्म। तस्य ग्लानस्य वैशाल्यां महानगर्यां राजराजमहामात्रामात्यकुमारपारिषद्या ब्राह्मणगृहपतयः श्रेष्ठिनैगमजानपदास् तदन्यानि च बहूनि प्राणिसहस्राणि ग्लानपरिपृच्छकान्य् उपसंक्रामन्ति स्म।

今译：他运用方便善巧，示现自己生病。维舍离大城中的国王、宰相、大臣、王子、官吏、婆罗门、家主、长者、市民以及其他数千众生，前来探病。

什译：其以方便，現身有疾。以其疾故，國王、大臣、長者、居士、婆羅門等，及諸王子，并餘官屬，無數千人，皆往問疾。

奘译：其以方便，現身有疾。以其疾故，國王、大臣、長者、居士、婆羅門等，及諸王子，并餘官屬，無數千人，皆往問疾。

२।८ तेषाम् उपसंक्रान्तानां विमलकीर्तिर् लिच्छविः। इमम् एव चातुर्महाभौतिकं कायम् आरभ्य धर्मं देशयति स्म -- एवम् अनित्यो ऽयं मार्षाः कायः,एवम् अध्रुवः, एवम् अनास्वासिकः, एवं दुर्बलः, एवम् असारः, एवं जर्जरः ,एवम् इत्वरः, एवं दुःखः, एवम् आबाधिकः, एवं विपरिणामधर्मा, एवं बहुरोगभाजनो ऽयं मार्षाः कायः। तत्र पण्डितेन निश्रयो न कर्तव्यः।

---

① 此处“静虑差别”，按原文是 viśeṣajñāna（“殊胜智慧”），什译“胜慧”。其中，viśeṣa 的词义是“差别”、“特殊”或“殊胜”。jñāna 的词义是“智”。若按奘译“静虑”，原词应为 dhyāna。

② “自在”的原词是 aiśvarya，词义为“最高统治权”或“神奇的威力”。

今译： 他们来到后，离车族维摩诘首先以四大[1]构成的身体向他们说法：“诸位贤士啊，身体这样无常，这样不坚固，这样不可靠[2]，这样乏力，这样不坚实，这样衰弱，这样卑微，这样受苦，这样受难，这样注定朽坏，这样滋生百病。因此，诸位贤士啊，智者不依赖这个身体。

什译： 其往者，維摩詰因以身疾，廣為說法：“諸仁者！是身無常，無強，無力，無堅，速朽之法，不可信也。為苦，為惱，眾病所集。諸仁者！如此身，明智者所不怙。

奘译： 時無垢稱因以身疾，廣為說法，言：“諸仁者！是四大種所合成身，無常，無強，無堅，無力，朽故迅速，不可保信。為苦，為惱，眾病之器，多諸過患，變壞之法。諸仁者！如此之身，其聰慧者所不為怙。

२।९ फेनपिण्डोपमो ऽयं मार्षाः कायो ऽपरिमर्दनक्षमः। बुद्बुदोपमो ऽयं कायो ऽचिरस्थितिकः। मरीच्युपमो ऽयं कायः क्लेशतृष्णासंभूतः। कदलीस्कन्धोपमो ऽयं कायो ऽसारकत्वात्। यन्त्रभूतो बत अयं कायो ऽस्थिस्नायुविनिबद्धः। मायोपमो ऽयं कायो विपर्याससंभूतः। स्वप्नोपमो ऽयं कायो वितथदर्शनः। प्रतिभासोपमो ऽयं कायः पूर्वकर्मप्रतिभासतया संदृश्यते। प्रतिश्रुत्कोपमो ऽयं कायः प्रत्ययाधीनत्वात्। मेघोपमो ऽयं कायश् चित्ताकुलविगमलक्षणः। विद्युत्सदृशो ऽयं कायः क्षणभङ्ग-युक्तो ऽनवस्थितः। अस्वामिको ऽयं कायो नानाप्रत्ययसंभूतः।

今译： “诸位贤士啊，这身体如同水沫，不可摩擦。这身体如同

① “四大”（mahābhūta）指地、水、火和风四大元素。奘译“四大种”。什译未涉及此词。

② “不可靠”的原词是 anāsvāsika，规范形式应为 anāśvāsika。

水泡，不能持久。这身体如同阳焰①，生自烦恼和贪欲。这身体如同芭蕉秆，中空无实。这身体成为机关木人②，哎呀，由骨骼和筋腱连接。③这身体如同幻影，生自颠倒妄想。这身体如同梦，呈现假象。这身体如同影像，呈现前生宿业的影像。这身体如同回音，依靠种种因缘。这身体如同浮云，具有心思飘忽不定相。这身体如同闪电，刹那破灭不住。这身体不能自主，生自各种因缘④。

什译："是身如聚沫，不可撮摩。是身如泡，不得久立。是身如炎，從渴愛生。是身如芭蕉，中無有堅。是身如幻，從顛倒起。是身如夢，為虛妄見。是身如影，從業缘現。是身如響，屬諸因缘。是身如浮雲，須臾變滅。是身如電，念念⑤不住。

奘译："是身如聚沫，不可撮摩。是身如浮泡，不得久立。是身如陽焰，從諸煩惱渴愛所生。是身如芭蕉，都無有實。是身如幻，從顛倒起。是身如夢，為虛妄見。是身如影，從業缘現。是身如響，屬諸因缘。是身如雲，須臾變滅。是身如電，念念不住。

२।१० निर्व्यापारो ऽयं कायः पृथिवीसदृशः।अनात्मो ऽयं कायो ऽप्सदृशः।निर्जीवो ऽयं कायस् तेजःसदृशः।निष्पुद्गलो ऽयं कायो वायुसदृशः। निःस्वभावो ऽयं काय आकाशसदृशः।

今译："这身体无作用⑥，如地。这身体无我，如水。这身体无

① "阳焰"（marīci）指焦渴的鹿见到阳光，误以为是水。
② "机关木人"（yantra）指傀儡，意谓人体由五蕴聚合而成，如同木制的活动傀儡。
③ 这句不见于什译和奘译。
④ 这句中的"生自各种因缘"和下一句中的"这身体无作用"不见于什译和奘译。也就是在什译和奘译中，这句中的"这身体不能自主"，直接与下一句中的"如地"相连。
⑤ "念念"是kṣaṇa（"刹那"）的另一种译名，以人心中的念想来去迅即状写刹那。
⑥ "无作用"（avyāpāra）或译"无作为"，意谓没有属于自身的作为。此词什译和奘译均为"无主"。

生命，如火。这身体无补特伽罗[①]，如风。这身体无自性，如空。

什译：“是身無主，為如地。是身無我，為如火。是身無壽，為如風。是身無人，為如水。[②]

奘译：“是身無主，為如地。是身無我，為如水。是身無有情，為如火。是身無命者，為如風。是身無有補特伽羅，與虛空等。[③]

२।११ असंभूतो ऽयं कायो महाभूतानाम् आलयः।शून्यो ऽयं काय आत्मात्मीयविगतः।जडो ऽयं कायस् तृणकाष्ठकुड्यलोष्टप्रतिभाससदृशः।निश्चेष्टो ऽयं कायो वातयन्त्रयुक्तो वर्तते।रिक्तो ऽयं कायो ऽशुचिपूतिसंचयः।तुच्छो ऽयं काय उच्छादनपरिमर्दनविकिरणविध्वन्सनधर्मा।उपद्रुतो ऽयं कायश् चतुरुत्तरैश् चतुर्भी रोगशतैः।जीर्णोदपानसदृशो ऽयं कायः सदा जराभिभूतः।पर्यन्तस्थायी बत अयं कायो मरणपर्यवसानः।वधकाशीविषशून्यग्रामोपमो ऽयं कायः स्कन्धधात्वायतनपरिगृहीतः।तत्र युष्माभिर् एवंरूपे काये निर्विद्विराग उत्पादयितव्यस् तथागतकाये च स्पृहोत्पादयितव्या।

今译：“这身体不真实，是四大的居处。这身体是空，没有我和我所[④]。这身体愚钝，如同草木、墙壁、土块和影像。这身体无知觉，如同风车转动。这身体空洞，充满污秽恶臭。这身体空虚，尽管涂抹按摩，而注定毁坏破灭。这个身体受四百零四种疾病[⑤]侵害。这身体如同枯竭的老井，常被衰老压迫。这身体有期限，哎呀，以死亡终结。

① “补特伽罗”（pudgala）也可译作“人”。它的含义与“我”（ātman）和“生命”（jīva，或译“命”）相通。

② 这段什译与原文略有差异，而且未涉及“空”。

③ 这段奘译也与原文略有差异。

④ “我所”（ātmīya）指属于我的东西。

⑤ “四百零四种疾病”，据僧肇《注维摩诘经》：“一大增损，则百一病生；四大增损，则四百四病同时俱作。”这是说，人由四大元素构成。元素失调，人便得病。

这身体由蕴、界和处[①]聚合而成，如同凶手、毒蛇和荒村。因此，你们应该厌弃这样的身体，而向往如来的身体。

什译：“是身不實，四大為家。是身為空，離我、我所。是身無知，如草木瓦礫。是身無作，風力所轉。是身不淨，穢惡充滿。是身為虛偽，雖假以澡浴衣食[②]，必歸磨滅。是身為災，百一病惱。是身如丘井[③]，為老所逼。是身無定，為要當死。是身如毒蛇，如怨賊，如空聚[④]，陰、界、諸入所共合成。諸仁者！此可患厭，當樂佛身。

奘译：“是身不實，四大為家。是身為空，離我、我所。是身無知，如草木等。是身無作，風力所轉。是身不淨，穢惡充滿。是身虛偽，雖假覆蔽，飲食將養，必歸磨滅。是身多患，四百四病之所集成。是身易壞，如水隧級[⑤]，常為朽老之所逼迫。是身無定，為要當死。是身如怨害，周遍毒蛇之所充滿。是身如空聚，諸蘊、界、處所共合成。諸仁者！於如是身，應生厭離；於如來身，應起欣樂。

२।१२ धर्मकायो हि मार्षाः तथागतकायो दाननिर्जातः शीलनिर्जातः समाधिनिर्जातः प्रज्ञानिर्जातो विमुक्तिनिर्जातो विमुक्तिज्ञानदर्शननिर्जातः। मैत्रीकरुणामुदितोपेक्षानिर्जातः। दानदमसंयमनिर्जातः क्षान्तिसौरत्यनिर्जातो दृढवीर्यकुशल-

---

① “蕴”（skandha，也译“阴”）指五蕴：色、受、想、行和识。“界”（dhātu）指十八界：六根（眼、耳、鼻、舌、身和意）、六境（色、声、香、味、触和法）和六识（眼识、耳识、鼻识、舌识、身识和意识）。“处”（āyatana，也译“入”或“入处”）指十二处：六根和六境。

② 此处“澡浴衣食”的原文是 ucchādanaparimardana。其中，ucchādana 的词义为“涂抹”，指用香脂或香料涂抹身体。parimardana 的词义为“摩擦”，指按摩身体。但 ucchādana 也有“覆盖”的意思，故而什译“衣”，而奘译“覆蔽”。而什译中的“食”和奘译中的“饮食”不见于原文。

③ “丘井”指枯井。

④ “空聚”的原词是 śūnyagrāma，指荒芜的村落。

⑤ “水隧级”可能指进入水井或水池的台阶。此词原文是 udapāna，词义为“饮水处”，指水池或水井。

मूलनिर्जातो ध्यानविमोक्षसमाधिसमापत्तिनिर्जातः श्रुतप्रज्ञोपायनिर्जातः। सप्तत्रिंशद्बोधिपक्ष्यनिर्जातः शमथविदर्शनानिर्जातो दशबलनिर्जातश् चतुर्वैशारद्यनिर्जातः। अष्टादशावेणिकबुद्धधर्मनिर्जातः सर्वपारमितानिर्जातः। अभिज्ञाविद्यानिर्जातः सर्वाकुशलधर्मप्रहाणाय निर्जातः सर्वकुशलधर्मपरिग्रहनिर्जातः सत्यनिर्जातो भूतनिर्जातो ऽप्रमादनिर्जातः। अप्रमाणशुभकर्मनिर्जातो मार्षाः तथागतकायस् तत्र युष्माभिः स्पृहा कर्तव्या। सर्वसत्वानां च सर्वक्लेशव्याधिप्रहाणायानुत्तरायां सम्यक्संबोधौ चित्तान्य् उत्पादयितव्यानि।

今译："诸位贤士啊，如来身是法身①，生自布施，生自持戒，生自入定，生自智慧，生自解脱，生自解脱智见，生自慈、悲、喜和舍，生自布施、调伏和自制，生自忍辱和亲和，生自勇猛精进和善根，生自禅定、解脱、入定和等至，生自学问、智慧和方便，生自三十七菩提分支，生自止观②，生自十力，生自四无畏，生自十八不共佛法，生自所有的波罗蜜，生自神通和知识，生自摒弃③一切不善法，生自掌握一切善法，生自真谛，生自真实，生自不放逸，生自无量善业。因此，诸位贤士啊，你们要向往如来身。为了消除一切众生的烦恼和病痛，应该发起无上正等菩提心。"

什译："所以者何？佛身者即法身也，從無量功德、智慧生④，從戒、定、慧、解脱、解脱知見生，從慈、悲、喜、捨生，從布施、持戒、忍辱、柔和、勤行精進、禪定、解脱、三昧⑤、多聞⑥、智慧、

---

① "法身"（dharmakāya）也称"自性身"或"真身"，指佛身即佛法或佛性。

② "止观"是"止"（śamatha）和"观"（vidarśanā 或 vipaśyanā）的合称。"止"指"寂止"或"寂静"。"观"指"观察"。"止观"也就是思想寂静，正确观察。

③ 此处"摒弃"（prahāna）一词在原文中使用为格（prahāṇāya），在整段中不同于其他句式。若与其他句式保持一致，prahāṇa 可以不使用为格，而直接与后面的 nirjāta（"生自"）一词相连。

④ 这个短句不见于原文。

⑤ "三昧"是 samādhi（"入定"）一词的音译。

⑥ 此处"多闻"（śruta）也译"所闻"或"博闻"，指天启的知识或传承的学问。

諸波羅蜜生，從方便生，從六通[①]生，從三明[②]生，從三十七道品生，從止觀生，從十力、四無所畏、十八不共法生，從斷一切不善法、集一切善法生，從真、實生，從不放逸生。從如是無量清淨法生如來身。諸仁者！欲得佛身、斷一切眾生病者，當發阿耨多羅三藐三菩提心。”

奘译：“所以者何？如來身者，無量善法共所集成：從修無量殊勝福德、智慧所生，從修無量勝戒、定、慧、解脫、解脫知見所生，從修慈、悲、喜、捨所生，從修布施、調伏、寂靜、戒、忍、精進、靜慮、解脫、等持、等至、般若、方便、願、力、智生，從修一切到彼岸生，修六通生，修三明生，修三十七菩提分生，修止觀生，從修十力、四無畏生，從修十八不共法生，從斷一切不善法、集一切善法生，從修諦、實、不放逸生，從修無量清淨業生。諸仁者！如來之身功德如是，汝等皆應發心求證。汝等欲得如是之身，息除一切有情病者，當發阿耨多羅三藐三菩提心。”

२।१३ एवं विमलकीर्तिर् लिच्छविस् तथा संनिपतितानां तेषां ग्लानपरिपृच्छकानां तथा तथा धर्मं देशयति यद् बहूनि सत्वशतसहस्राण्य् अनुत्तरायां सम्यक्संबोधौ चित्तान्य् उत्पादयन्ति॥

今译：这样，离车族维摩诘为这些前来探病的人如此这般说法，数百千众生由此发起无上正等菩提心。

什译：如是，長者維摩詰為諸問疾者如應說法，令無數千人皆發阿耨多羅三藐三菩提心。

---

① “六通”指六种神通：天眼通、天耳通、他心通、宿命通、神变通和漏尽通。此处原文中只使用 abhijñā（“神通”）一词。

② “三明”指“六神通”中的天眼通、宿命通和漏尽通，或指“三吠陀”。此处原文中只使用 vidyā（“知识”）一词。

奘译：是無垢稱為諸集會來問疾者如應說法，令無數千人皆發阿耨多羅三藐三菩提心。

अचिन्त्योपायकौशल्यपरिवर्तो नाम द्वितीयः॥

今译：以上是第二《不可思议方便善巧品》。

奘译：《說無垢稱經》卷第一。

३श्रावकबोधिसत्वविसर्जनप्रश्नो नाम तृतीयः परिवर्तः

今译：第三 声闻和菩萨推辞问疾品[①]

什译：弟子品第三

奘译：聲聞品第三

३।१ अथ विमलकीर्तेर् लिच्छवेर् एतद् अभवत्-- अहं च ग्लान आबाधिको मञ्चसमारूढः, न च मां तथागतो ऽर्हन् सम्यक्संबुद्धः समन्वाहरति, न च मे ग्लान-परिपृच्छकं कंचित् प्रेषयत्य् अनुकंपाम् उपादाय।

今译：然后，离车族维摩诘思忖道："我卧病在床，如来、阿罗汉、正等觉[②]没有想起我，故而没有表示同情，派遣任何人来问候我的病。"

什译：爾時長者維摩詰自念："寢疾于床，世尊大慈，寧不垂愍？"

奘译：時無垢稱作是思惟："我嬰[③]斯疾，寢頓于床，世尊大悲，寧不垂愍，而不遣人來問我疾？"

---

① 此品什译和奘译分成两品，分述声闻和菩萨。这些声闻均为佛弟子，故而什译"弟子品"。

② "如来、阿罗汉、正等觉"均为佛的称号。佛经中常将这三个词连用，作为对佛的尊称。

③ "嬰"指"遭受"。此处原文 glāna ābādhikaḥ，指"遭受病痛"。此字据《中华大藏经》校勘记，"《资》、《碛》、《普》、《南》、《径》、《清》作'嬰缠'"。而据奘译的四言句式，似不必添加这"缠"字。

३।२ समन्वाहृतश् च भगवता विमलकीर्तिर् लिच्छविः। अथ भगवान् आयुष्मन्तं शारिपुत्रम् आमन्त्रयते स्म -- गच्छ त्वं शारिपुत्र विमलकीर्तेर् लिच्छवेर् ग्लानपरिपृच्छकः।एवम् उक्त आयुष्माञ् शारिपुत्रो भगवन्तम् एतद् अवोचत् -- नाहं भगवन् उत्सहे विमलकीर्तेर् लिच्छवेर् ग्लानपरिपृच्छको गन्तुम्। तत् कस्य हेतोः। अभिजानाम्य् अहं भगवन् -- एकस्मिन् समये ऽन्यतमस्मिन् वृक्षमूले प्रतिसंलीनो ऽभूवम्।विमलकीर्तिश् च लिच्छविर् येन तद् वृक्षमूलं तेनोपसंक्रम्य माम् एतद् अवोचत् --

今译：而世尊已经想起离车族维摩诘。这时，世尊吩咐尊者舍利弗："舍利弗啊，你去问候离车族维摩诘的病吧！"闻听此言，尊者舍利弗回答世尊道："世尊啊，我不适宜前去问候离车族维摩诘的病。为什么？世尊啊，记得有一次，我在树下坐禅。离车族维摩诘来到那里，对我说道：

什译：佛知其意，即告舍利弗："汝行詣維摩詰問疾。"舍利弗白佛言："世尊，我不堪任詣彼問疾。所以者何？憶念我昔曾於林中宴坐[①]樹下，時維摩詰來，謂我言：

奘译：爾時世尊知其所念，哀愍彼故，告舍利子："汝應往詣無垢稱所，問安其疾。"時舍利子白言："世尊，我不堪任詣彼問疾。所以者何？憶念我昔於一時間，在大林中，宴坐樹下。時無垢稱來到彼所，稽首我足，而作是言：

३।३ न भदन्तशारिपुत्र एवं प्रतिसंलयनं संलातव्यं यथा त्वं प्रतिसंलीनः। अपि तु तथा प्रतिसंलीयश् च यथा त्रैधातुके न कायश् चित्तं वा संदृश्यते। तथा

① "宴坐"的原词是 pratisaṃlīna（或 pratisaṃlayana 和 pratisaṃlīya），词义为"退隐"或"隐居"，引申义为"默坐"、"沉思"或"坐禅"。

प्रतिसंलीयश् च यथा निरोधाच् च न व्युत्तिष्ठसि सर्वेर्यापथेषु च संदृश्यसे। तथा प्रतिसंलीयश् च यथा प्राप्तिलक्षणं च न विजहासि पृथग्जनलक्षणेषु च संदृश्यसे। तथा प्रतिसंलीयश् च यथा ते न चाध्यात्मं चित्तम् अवस्थितं भवेन् न बहिर्धोपविचरेत्। तथा प्रतिसंलीयश् च यथा सर्वदृष्टिगतेभ्यश् च न चलसि सप्तत्रिंशत्सु च बोधिपक्ष्येषु धर्मेषु संदृश्यसे। तथा प्रतिसंलीयश् च यथा संसारावचरांश् च क्लेशान् न प्रजहासि निर्वाणसमवसरणश् च भवसि। ये भदन्तशारिपुत्र एवं प्रतिसंलयनं प्रतिसंलीयन्ते तेषां भगवान् प्रतिसंलयनम् अनुजानाति।

今译：“‘尊者舍利弗啊，你这样坐禅并不是坐禅。身心不在三界中显现①是坐禅。你不脱离灭定②而展现种种威仪是坐禅。你不舍弃所得法相③而展现种种凡夫相是坐禅。心不住于内，也不行于外，是坐禅。你不脱离一切邪见而展现三十七菩提分支法是坐禅。你不舍弃生死轮回和烦恼而入涅槃是坐禅。尊者舍利弗啊，世尊认可人们这样的坐禅。’

什译：“‘唯舍利弗！不必是坐為宴坐也。夫宴坐者，不於三界現身意，是為宴坐。不起滅定④而現諸威儀，是為宴坐。不捨道法而現凡夫事，是為宴坐。心不住內，亦不在外，是為宴坐。於諸見不動⑤而修行三十七品，是為宴坐。不斷煩惱而入涅槃，是為宴坐。若能如是坐者，佛所印可。’

奘译：“‘唯舍利子！不必是坐為宴坐也。夫宴坐者，不於三界

① “身心不在三界中显现”意谓身心摆脱和超越三界。

② “灭定”的原词是 nirodha（“灭”），按照什译和奘译，指 nirodhasamāpatti（“灭定”），也就是灭寂一切思虑和烦恼的禅定境界。

③ “所得法相”的原词是 prāptilakṣaṇa，词义为“所证得的相”。故而，此处的“相”指“法相”、“实相”或“空相”。什译“道法”。奘译“所证得相”。

④ “不起灭定”指不脱离灭定。其中，“不起”的原词是 na vyuttiṣṭhasi，词义是“你不起身”，与前面“灭定”（nirodhāt）一词的从格相连，也就是“你不脱离灭定”。

⑤ “不动”的原词是 na calasi，词义是“你不移动”，与前面一词“一切邪见”（sarvadṛṣṭigatebhyaḥ）的从格相连，也就是“你不脱离一切邪见”。奘译“不离于一切见趣”。

而現身心，是為宴坐。不起滅定而現諸威儀，是為宴坐。不捨一切所證得相而現一切異生[1]諸法，是為宴坐。心不住內，亦不行外，是為宴坐。住三十七菩提分法而不離於一切見趣，是為宴坐。不捨生死而無煩惱，雖證涅槃而無所住，[2]是為宴坐。若能如是而宴坐者，佛所印可。'

३।४ सो ऽहं भगवन् एतां श्रुत्वा तूष्णीम् एवाभूवम्। न तस्य शक्नोम्य् उत्तरे प्रतिवचनं दातुम्। तन् नाहम् उत्सहे तस्य कुलपुत्रस्य ग्लानपरिपृच्छको गन्तुम्।

今译："世尊啊，闻听此言，我只能保持沉默，无言对答。因此，我不适宜前去问候这位善男子的病。"

什译："時我，世尊，聞說是語，默然而止，不能加報。故我不任詣彼問疾。"

奘译："時我，世尊，聞是語已，默然而住，不能加報。故我不任詣彼問疾。"

३।५ तत्र भगवान् आयुष्मन्तं महामौद्गल्यायनम् आमन्त्रयते स्म -- गच्छ त्वं मौद्गल्यायन विमलकीर्तेर् लिच्छवेर् ग्लानपरिपृच्छकः।मौद्गल्यायनो ऽप्य् आह -- नाहं भगवन् उत्सहे तस्य सत्पुरुषस्य ग्लानपरिपृच्छको गन्तुम्। तत् कस्य हेतोः। अभिजानाम्य् अहं भगवन् -- एकस्मिन् समये वैशाल्यां महानगर्याम् अन्यतमस्मिन् वीथीमुखे गृहपतिभ्यो धर्मं देशयामि। तत्र मां विमलकीर्तिर् लिच्छविर् उपसंक्राम्यैवम् आह --

今译：于是，世尊吩咐大目犍连[3]："目犍连啊，你去问候离车族

① "异生"是 pṛthagjana 一词的直译。此词通常指"凡夫"或"愚夫"。

② 这两个短句的表达方式与原文和什译有异，但含义一致，也就是生死烦恼即涅槃。

③ "大目犍连"（Mahāmaudgalyāyana）是佛弟子，号称"神足第一"。也译"摩诃目犍连"，简称"目犍连"或"目连"。

维摩诘的病吧！”目犍连也回答说：“世尊啊，我不适宜前去问候这位贤士的病。为什么？世尊啊，记得有一次，我在维舍离大城一处街口为家主们说法。离车族维摩诘来到那里，对我说道：

什译：佛告大目犍連：“汝行詣維摩詰問疾。”目連白佛言：“世尊，我不堪任詣彼問疾。所以者何？憶念我昔入毗耶離大城，於里巷中為諸居士說法。時維摩詰來，謂我言：

奘译：爾時世尊告大目連：“汝應往詣無垢稱所，問安其疾。”時大目連白言：“世尊，我不堪任詣彼問疾。所以者何？憶念我昔於一時間，入廣嚴城，在四衢首[1]，為諸居士演說法要。時無垢稱來到彼所，稽首我足，而作是言：

३।६ न भदन्तमौद्गल्यायन गृहिभ्यो ऽवदातवसनेभ्य एवं धर्मो देशयितव्यो यथा भदन्तो देशयति। अपि तु तथा भदन्तमौद्गल्यायन धर्मो देशयितव्यो यथैव स धर्मः। धर्मो हि भदन्तमौद्गल्यायन असत्वः सत्वरजोविगतः, नैरात्म्यो रागरजोविगतः, निर्जीवो जातिच्युतिविगतः, निष्पुद्गलः पूर्वान्तापरान्तपरिच्छिन्नः, शान्त उपशान्तलक्षणः, विरागो ऽनारम्बणगतिकः, अनक्षरः सर्ववाक्यच्छेदः, अनुदाहारः सर्वोर्मिविगतः, सर्वत्रानुगत आकाशसमसदृशः, अवर्णलिङ्गसंस्थानः सर्वप्रचारविगतः, अममो ममकारविगतः, अविज्ञप्तिश् चित्तमनोविज्ञानविगतः, असदृशो निष्प्रतिपक्षत्वात् , हेतुविलक्षणः प्रत्ययासमारोपः, धर्मधातुसमवसरणः सर्वधर्मसमाहितः, तथतानुगतो ऽननुगमनयोगेन, भूतकोटिप्रतिष्ठितो ऽत्यन्ताचलितत्वात् , अचलितः षड्विषयानिश्रितत्वात् , न क्वचिद् गमनागमनो ऽनवस्थितत्वात् , शून्यतासमाहित आनिमित्तप्रभावितो ऽप्रणिहितलक्षणः, ऊहापोहविगतः, अनुत्क्षेपो ऽप्रक्षेपः, उत्पादभङ्गविगतः, अनालयश् चक्षुःश्रोत्रघ्राणजिह्वाकायमनःपथसमतिक्रान्तः, अनुन्नतो ऽनवनतः, स्थितो ऽनेञ्ज्यं प्राप्तः, सर्वप्रचारविगतः।

① “四衢首”的原词是 vīthīmukha，指“街口”或“十字路口”。

今译："'尊者目犍连啊，不应该像尊者这样向白衣家主们说法。尊者目犍连啊，而应该像法这样说法。尊者目犍连啊，因为法无众生，远离众生尘垢；无我，远离贪欲尘垢；无生命，远离生死；无补特伽罗，断除前际后际①；平静，呈现寂灭相；无贪欲，无所攀缘；无文字，断除一切言说；无可譬喻，远离一切波浪②；随顺一切，如同虚空；无颜色、标志和形状，远离一切行动；无我所，远离我执；无假名③，远离心 、意和识；无可比拟，无对立性④；异于原因，不依靠因缘；入法界，安住一切法；无所依随而依随真如⑤，永远不动而住于实际⑥；不依靠六境而不动；无所住而无任何来去；安住空性，显示无相；无意愿相，远离推断和驳斥；没有否定和肯定⑦，远离生灭；无所执著⑧，超越眼、耳、鼻、舌、身、意之路；无高低上下，屹立不动，远离一切行动。

什译："'唯大目連！為白衣居士說法，不當如仁者所說。夫說法者，當如法說。法無眾生，離眾生垢故；法無有我，離我垢故；法無壽命，離生死故；法無有人，前後際斷故；法常寂然，滅諸相故；法離於相，無所缘故；法無名字，言語斷故；法無有說，離覺觀故；法無形相，如虛空故；法無戲論，畢竟空故⑨；法無我所，離我所故；

---

① "前际后际"（pūrvāntāparānta，"前端后端"）指过去和未来，也就是前世和来世。

② 此处"波浪"（ūrmi）一词，奘译"波浪思"，也就是将此词理解为"波浪般的思维"，类似《入楞伽经》中所说的"识浪"。而什译"觉观"，与原词有差异。

③ "假名"（vijñapti）指妄想分别种种事物形相而施设的"假名"。什译"分别"。奘译"了别"。

④ "对立性"（pratipakṣatva）也可理解为"对等性"。什译和奘译均为"相待"。

⑤ "真如"（tathatā）也译"如如"或"一如"，指如实性或实相。什译和奘译均为"如"。

⑥ "实际"（bhūtakoṭi）指事物的终极，与"真如"、"实相"或"空性"的意义相通。

⑦ 这两句中"推断和批驳"和"否定和肯定"指是非判断。什译"好丑"和"增损"，奘译"增减"和"取舍"。

⑧ "无所执著"的原词是 anālaya。其中的 ālaya 一词的本义是"处所"或"居所"。在巴利文中常引申为"执著"或"贪欲"。此词什译"所归"。奘译"执藏"。

⑨ 什译这一句不见于原文。但奘译在这段末尾也有这一句。

法無分別，離諸識故；法無有比，無相待故；法不屬因，不在缘故；法同法性，入諸法故；法隨於如，無所隨故；法住實際，諸邊[1]不動故；法無動搖，不依六塵[2]故；法無去來，常不住故；法順空，隨無相，應無作；法離好醜；法無增損；法無生滅；法無所歸；法過眼、耳、鼻、舌、身、心；法無高下；法常住不動；法離一切觀行。

奘译：“‘唯大目連！為諸白衣居士說法，不當應如尊者所說。夫說法者，應如法說。’時我問言：‘云何名為如法說耶？’彼即答言：‘法無有我，離我垢故；法無有情，離情塵故；法無命者，離生死故；法無補特伽羅，前後際斷故；法常寂然，滅諸相故；法離貪著，無所缘故；法無文字，言語斷故；法無譬說，遠離一切波浪思故；法遍一切，如虛空故；法無有顯，無相無形，遠離一切行動事故；法無我所，離我所故；法無了別，離心識故；法無有比，無相待故；法不屬因，不在缘故；法同法界，等入一切真法界故；法隨於如，無所隨故；法住實際，畢竟不動故；法無動搖，不依六境故；法無去來，無所住故；法順空，隨無相，應無願，遠離一切增減思故；法無取捨，離生滅故；法無執藏，超過一切眼、耳、鼻、舌、身、意道故；法無高下，常住不動故；法離一切分別所行，一切戲論畢竟斷故。

३।७ ईदृशस्य भदन्तमहामौद्गल्यायन धर्मस्य कीदृशी देशना। धर्मदेशनेति भदन्तमहामौद्गल्यायन समारोपपदम् एतत्। ये ऽपि शृण्वन्ति ते ऽपि समारोपेनैव शृण्वन्ति। यत्र भदन्तमौद्गल्यायन असमारोपपदं न तत्र देश्यते न श्रूयते न विज्ञायते। तद्यथा मायापुरुषो मायापुरुषेभ्यो धर्मं देशयति।

今译：“‘尊者大目犍连啊，这样的法怎样宣说？尊者大目犍连

① “诸边”的原词是 atyanta，指“完全”和“永远”。奘译“毕竟”。
② “六尘”是“六境”的另一种译法。

啊，所谓说法只是增加词句。那些听法者也是依靠增加词句听法。尊者目犍连啊，若不增加词句，则无所说，无所听，无所知。这样，如同幻人向众幻人说法。

什译：“‘唯大目連！法相如是，豈可說乎？夫說法者，無說無示。其聽法者，無聞無得。譬如幻士為幻人說法。

奘译：“‘唯大目連！法相如是，豈可說乎？夫說法者，一切皆是增益損減。其聽法者，亦復皆是增益損減。若於是處無增無減，即於是處都無可說，亦無可聞，無所了別。尊者目連！譬如幻士為幻化者宣說諸法。①

३।८ एवं हि चित्तावस्थानेन धर्मो देशयितव्यः। सत्वेन्द्रियकुशलेन च ते भवितव्यम्, सुदृष्टप्रज्ञादर्शनेन महाकरुणामुखीभूतेन महायानसंवर्णकेन बुद्धेकृतज्ञेन शुद्धाशयेन धर्मनिरुक्तिविधिज्ञेन, त्रिरत्नवंशानुपच्छेदाय च ते धर्मो देशयितव्यः।

今译：“‘因此，你应该怀有这样的心意说法。你应该通晓众生根器，洞悉智见，展现大慈悲，赞美大乘，知报佛恩，心地清净，善于解释正法。你应该这样说法，保持三宝绵延不绝。’

什译：“‘當建是意，而為說法。當了衆生根有利鈍，善於知見，無所罣礙，以大悲心讚于大乘，念報佛恩，不斷三寶，然後說法。’

奘译：“‘住如是心，乃可說法。應善了知一切有情根性差別，妙慧觀見，無所罣礙，大悲現前，讚說大乘，念報佛恩，意樂清淨，法詞善巧。為三寶種永不斷絕，乃應說法。’

① 这一段奘译贴近原文，而什译的文字有所简化，但意义是一致的，即秉承上面所说，法“无文字，断除一切言说”，因而“如同幻人向众幻人说法”。

३।९ तेन भगवन् तथा तथा धर्मो देशितो यथा ततो गृहपतिपर्षदो ऽष्टानां गृहपतिशतानाम् अनुत्तरायां सम्यक्संबोधौ चित्तान्य् उत्पन्नानि। अहं च निष्प्रतिभानो ऽभूवम्। तन् नाहं भगवन् उत्सहे तस्य सत्पुरुषस्य ग्लानपरिपृच्छको गन्तुम्।

今译：“世尊啊，他这样说法后，家主集会上的八百家主发起无上正等菩提心。而我无可辩答。因此，世尊啊，我不适宜前去问候这位贤士的病。”

什译：“維摩詰說是法時，八百居士發阿耨多羅三藐三菩提心。我無此辯。是故，不任詣彼問疾。”

奘译：“世尊，彼大居士說此法時，於彼眾中，八百居士皆發無上正等覺心。時我，世尊，默無能辯，故我不任詣彼問疾。”

३।१० तत्र भगवान् आयुष्मन्तं महाकाश्यपम् आमन्त्रयते स्म -- गच्छ त्वं महाकाश्यप विमलकीर्तेर् लिच्छवेर् ग्लानपरिपृच्छकः।महाकाश्यपो ऽप्य् आह-- नाहं भगवन् उत्सहे तस्य सत्पुरुषस्य ग्लानपरिपृच्छको गन्तुम्। तत् कस्माद् धेतोः। अभिजानाम्य् अहं भगवन् -- दरिद्रवीथ्यां पिण्डाय चरामि। तत्र मां विमलकीर्तिर् लिच्छविर् उपसंक्रम्यैवम् आह--

今译：于是，世尊吩咐大迦叶[1]：“大迦叶啊，你去问候离车族维摩诘的病吧！”大迦叶也回答说：“世尊啊，我不适宜前去问候这位贤士的病。为什么？世尊啊，记得有一次，我在穷巷中行走乞食。离车族维摩诘来到那里，对我说道：

什译：佛告大迦葉：“汝行詣維摩詰問疾。”迦葉白佛言：“世尊！

① “大迦叶”（Mahākāśyapa）是佛弟子，号称“苦行第一”。或译“摩诃迦叶”，简称“迦叶”或“迦叶波”。

我不堪任詣彼問疾。所以者何？憶念我昔於貧里而行乞，時維摩詰來，謂我言：

奘译：爾時世尊告迦葉波："汝應往詣無垢稱所，問安其疾。"大迦葉波白言："世尊，我不堪任詣彼問疾。所以者何？憶念我昔於一時間，入廣嚴城，遊貧陋巷，而巡乞食。時無垢稱來到彼所，稽首我足，而作是言：

३।११ प्रादेशिकी भदन्तमहाकाश्यपस्य करुणामैत्री, यन् महाकुलान्य् उत्सृज्य दरिद्रकुलान्य् उपसंक्रामसि। अपि तु भदन्तमहाकाश्यप धर्मसमताप्रतिष्ठितेन ते भवितव्यम्। सर्वदा सर्वसत्वसमन्वाहारेण पिण्डपातः पर्यैष्टव्यः। अनाहारेण चाहारः पर्यैष्टव्यः। परपिण्डग्राहापनयाय च ते पिण्डाय चरितव्यम्। शून्यग्रामाधिष्ठितेन च ग्रामः प्रवेष्टव्यः। नरनारीपरिपाकाय च ते नगरं प्रवेष्टव्यम्। बुद्धकुलकुलीनेन च ते कुलान्य् उपसंक्रमितव्यानि।

今译："'尊者大迦叶的慈悲很有限，避开富豪家，前往穷人家。尊者大迦叶啊，你应该坚持诸法平等。任何时候，你乞食应该想到一切众生。你应该不食而乞食[①]。你应该为消除他人贪食而乞食。你应该怀着入荒村[②]的想法入村乞食。你应该为教化男女入城乞食。你应该怀着入佛家族的想法入种种家族乞食。

什译："'唯大迦葉！有慈悲心而不能普，捨豪富，從貧乞。迦葉！住平等法，應次行乞食。為不食故，應行乞食。為壞和合相故，

① 僧肇《注维摩诘经》中解释这句说："什曰即食之实相，应以此心乞食也。肇曰不食即涅槃法也。"

② "荒村"（śūnyagrāma）直译为"空村"。什译和奘译均为"空聚"。僧肇《注维摩诘经》中解释此词说："空聚，亦涅槃相也。"

應取揣食[①]。為不受故，應受彼食[②]。以空聚想，入於聚落。[③]

奘译：“‘唯大迦葉！雖有慈悲而不能普，捨豪富，從貧乞。尊者迦葉！住平等法，應次行乞食。為不食故，應行乞食。為欲壞彼於食執故，應行乞食。為欲受他所施食故[④]，應行乞食。以空聚想，入於聚落。為欲成熟男女大小，入諸城邑。趣佛家想，詣乞食家。

३।१२ अप्रतिग्रहणतया च पिण्डपातः प्रतिग्राह्यः। जात्यन्धसमतया च रूपाणि द्रष्टव्यानि। प्रतिश्रुतकोपमतया च शब्दाः श्रोतव्याः। वातसमतया च गन्धा घ्रातव्याः। अविज्ञप्तितो रसा आस्वादयितव्याः। ज्ञानास्पर्शनतया च स्पर्शाः स्प्रष्टव्याः। मायापुरुषविज्ञाप्त्या च धर्मा विज्ञातव्याः। यो ऽस्वभावो ऽपरभावश् च तद् अनुज्ज्वलितम्। यद् अनुज्ज्वलितं तन् न शाम्यति।

今译：“‘你应该怀着不受的想法受食。你应该如同天生的盲人观色。你应该听声如同听回音。你应该嗅气味如同嗅风。你应该尝滋味而不加辨别。你应该触物如同触智。你应该知晓诸法如同知晓幻人。无自性，无他性，则不燃烧。不燃烧，则不熄灭。

什译：“‘所見色與盲等，所聞聲與響等，所嗅香與風等，所食味不分別，受諸觸如智證，知諸法如幻相。無自性，无他性，本自不然[⑤]，今則無滅。

奘译：“‘為不受故，應受彼食。所見色與盲等，所聞聲與嚮等，

---

① 这句与原文有差异。奘译“为欲坏彼于食执故，应行乞食”，与原文一致。但僧肇《注维摩诘经》中解释这句说：“什曰和合相即揣食”，“坏和合相即是实相”。可见，什译采取意译的方法。“揣食”也译“搏食”或“段食”，指世间通常的食物。

② 这句按原文和奘译，属于下一段。

③ 按原文和奘译，这里还有两句。

④ 这句不见于原文和什译。

⑤ 此处“不然”的原词是 anujjvalitam，词义为“不燃烧”。奘译“无炽然”。“然”与“燃”通。

所嗅香與風等，所食味不分別，受諸觸如智證，知諸法如幻相。無自性，無他性，無熾然，無寂滅。

३।१३ यदि स्थविरो महाकाश्यपो ऽष्टौ च मिथ्यात्वानि समतिक्रामेत् , अष्टौ च विमोक्षान् समापद्येत, मिथ्यासमतया च सम्यक्त्वसमताम् अवतरेत् , एकेन च पिण्डपातेन सर्वसत्वान् प्रतिपादयेत् , सर्वबुद्धान् सर्वार्यांश् च प्रतिपाद्य पश्चाद् आत्मना परिभुञ्जीत, तथा च परिभुञ्जीत यथा न संक्लेशो न विगतक्लेशः, परिभुञ्जीत न समाहितो न व्युत्थितः, न संसारस्थितो न निर्वाणस्थितः परिभुञ्जीत। ये च भदन्ताय पिण्डपातं ददति ते तेषां नाल्पफलं न महाफलं भवेत्। न च हानाय न विशेषाय गच्छेत् , बुद्धगतिसमवसरणाय च भवेत न श्रावकगतिसमवसरणाय। एवं स्थविरो महाकाश्यपो ऽमोघं राष्ट्रपिण्डं परिभुञ्जीत।

今译：“‘如果尊者大迦叶能不超越八邪性[1]，进入八解脱[2]；依靠邪平等性，进入正平等性；以一份食物施与一切众生，也施与一切佛和一切圣者，然后自己进食。这样进食，既非有烦恼，也非无烦恼。这样进食，既非入定，也非出定。这样进食，既非住于生死轮回，也非住于涅槃。这样施与尊者食物，既无小果，也无大果；既不会减损，也不会增益；会入佛道，而不入声闻道。尊者大迦叶应该这样不空食国土中人们所施食物。’

什译：“‘迦葉！若能不捨八邪，入八解脫；以邪相入正法；以一食施一切，供養諸佛及眾賢聖，然後可食。如是食者，非有煩惱，非離煩惱；非入定意，非起定意；非住世間，非住涅槃。其有施者，

① 此处“不超越”的原文是“超越”（samatikrāmet）。什译和奘译“不舍”，符合语境。故而，原文中可能漏了一个否定词。而支译“已过”，说明也可能原文如此。“八邪性”（aṣṭamithyātva）指与八正道（正见、正思、正语、正业、正命、正勤、正念和正定）相反的八邪道。

② “八解脱”指以八种定力摆脱对色界和无色界的贪著。

無大福，無小福；不為益，不為損，是為正入佛道，不依聲聞。迦葉！若如是食，為不空食人之施也。’

奘译：“‘尊者迦葉！若能不捨八邪，入八解脱；以邪平等，入正平等；以一摶食[①]，施于一切，供養諸佛及眾賢聖，然後可食。如是食者，非有雜染，非離雜染；非入靜定，非出靜定；非住生死，非住涅槃，爾乃可食。諸有施於尊者之食，無小果，無大果；無損減，無增益；趣入佛趣，不趣聲聞。尊者迦葉！若能如是而食於食，為不空食他所施食。’

३।१४ सो ऽहं भगवन् इमं धर्मनिर्देशं श्रुत्वाश्चर्यप्राप्तः सर्वबोधिसत्वान् नमस्यामि। गृहिणो ऽपि नामैवंरूपं प्रतिभानम्, को ऽनुत्तरायां सम्यक्संबोधौ चित्तं नोत्पादयेत्। ततः प्रभृति मे न कश्चित् सत्वः श्रावकयाने प्रत्येकबुद्धयाने वा समादापितपूर्वो ऽन्यत्र महायानात्। तन् नाहं भगवन् उत्सहे तस्य कुलपुत्रस्य ग्लानपरिपृच्छको गन्तुम्।

今译：“世尊啊，听了这样的说法，我惊诧不已，向一切菩萨表示敬意。确实，甚至一位家主也有这样的辩才，还有谁会不发起无上正等菩提心？从那时起，除了入大乘，我不再劝请任何众生入声闻或缘觉乘。因此，世尊啊，我不适宜前去问候这位贤士的病。”

什译：“時我，世尊，聞說是語，得未曾有，即於一切菩薩深起敬心，復作是念：‘斯有家名[②]，辯才智慧乃能如是，其誰聞此不發阿耨多羅三藐三菩提心？’我從是來，不復勸人以聲聞、辟支佛[③]行。

---

① “摶食”一般写为“摶食”。

② 此处“名”的原词是 nāma，并非指“名称”或“名字”，而是加强语气的不变词。奘译“甚奇”，以表达惊奇。

③ “辟支佛”（pratyekabuddha）也译“缘觉”或“独觉”。

是故，不任詣彼問疾。”

奘译：“時我，世尊，聞說是語，得未曾有，即於一切諸菩薩等深起敬心。甚奇！世尊，斯有家士辯才智慧乃能如是，誰有智者得聞斯說，而不發於阿耨多羅三藐三菩提心？我從是來，不勸有情求請[①]聲聞、獨覺等乘，唯教發心趣求無上正等菩提。故我不任詣彼問疾。”

३।१५ तत्र भगवान् आयुष्मन्तं सुभूतिम् आमन्त्रयते स्म -- गच्छ त्वं सुभूते विमलकीर्तेर् लिच्छवेर् ग्लानपरिपृच्छकः।सुभूतिर् अप्य् आह -- नाहं भगवन् उत्सहे तस्य सत्पुरुषस्य ग्लानपरिपृच्छको गन्तुम्। तत् कस्य हेतोः। अभिजानाम्य् अहं भगवन् -- एकस्मिन् समये वैशाल्यां महानगर्यां पिण्डाय चरामि, विमलकीर्तेर् लिच्छवेर् निवेशनं पिण्डाय प्रविष्टः। तस्य मे विमलकीर्तिर् लिच्छविः पात्रं गृहीत्वा प्रणीतेन भोजनेन प्रतिपूर्यैवम् आह --

今译：于是，世尊吩咐尊者须菩提[②]：“须菩提啊，你去问候离车族维摩诘的病吧！”须菩提也回答说：“世尊啊，我不适宜前去问候这位贤士的病。为什么？世尊啊，记得有一次，我在维舍离大城行走乞食。我进入离车族维摩诘家中乞食。离车族维摩诘取过我的钵，盛满美食，对我说道：

什译：佛告須菩提：“汝行詣維摩詰問疾。”須菩提白佛言：“世尊，我不堪任詣彼問疾。所以者何？憶念我昔入其舍，從乞食。時維摩詰取我鉢，盛滿飯，謂我言：

奘译：爾時世尊告大善現：“汝應往詣無垢稱所，問安其疾。”時大善現白言：“世尊，我不堪任詣彼問疾。所以者何？憶念我昔於一

---

① 此处“请”字应为“诸”，据《中华大藏经》校勘记，“《资》、《碛》、《普》、《南》、《径》、《清》作‘诸’”。

② “须菩提”（Subhūti）是佛弟子，号称“解空第一”。奘译“善现”是意译。

時間，入廣嚴城，而行乞食，次入其舍。時無垢稱為我作礼，取我手鉢，盛滿美食，而謂我言：

३।१६ सचेत् त्वं भदन्तसुभूते आमिषसमतया सर्वधर्मसमताम् अनुगतः सर्वधर्मसमतया च बुद्धधर्मसमताम् अनुगत एव, त्वम् इमं पिण्डपातं प्रतिगृह्णीष्व। सचेत् त्वं भदन्तसुभूते न रागदोषमोहप्रहीणो न च तैः सार्धं संवससि। सचेद् एवम् अस्य् अविकोप्य सत्कायम् एकायनं मार्गम् अनुगतः। न च ते ऽविद्या भवतृष्णा च समुद्घातिता न च विद्याविमुक्ती उत्पादिते। आनन्तर्यसमतया च ते समाधिविमुक्तिः। न चासि मुक्तो न बद्धः। न च ते चत्वार्य् आर्यसत्यानि दृष्टानि न च न दृष्टसत्यः। न प्राप्तफलो न पृथग्जनसमवसरणः। न चास्य् आर्यो नानार्यः। न सर्वधर्मसमन्वागतश् च सर्वधर्मसमधिगतश् च।

今译："'尊者须菩提啊，如果你随食物平等性进入诸法平等性，随诸法平等性进入佛法平等性，那么，你就接受这份食物吧！尊者须菩提啊，如果你不摒弃贪、瞋、痴，又不与它们同住；如果你不破坏有身[①]，又依随一行道[②]；不摧毁无知和对生存的贪求，又产生知识和解脱；随无间[③]平等性入平等解脱[④]；无解脱，也无束缚；不见四圣谛，也非不见谛；不获果位，也非依随凡夫；不是圣者，也不是非圣者；不依随一切法，而达到一切法。

什译："'唯須菩提！若能於食等者，諸法亦等；諸法等者，於

① 此处"有身"(satkāya)指存在的身体。奘译"萨迦耶见"，也就是"有身见"(satkāyadṛṣṭi)，指执著我和我所的见解。

② "一行道"（ekāyanam mārgam）指唯一的道路。什译"一相"。奘译"一趣道"。这句联系上一句，似可理解为"又依随一行道，而不执著有身"。

③ "无间"（ānantarya）指五种无间业：杀母、杀阿罗汉、杀父、破和合僧和使佛身出血。什译"五逆相"。

④ 此处"平等解脱"的原词是 samādhivimukti，通常可读为"入定和解脱"。此处什译"解脱"，奘译"解脱平等法性"。此词若写成 samavimukti，则能比较明确地读为"平等解脱"。前面第 1 品第 14 首偈颂中的 samādhāna 与 samādhi 意义相通，奘译也译为"平等"。

食亦等[1]；如是行乞，乃可取食。若須菩提不斷婬怒癡，亦不與俱；不壞於身，而隨一相；不滅癡愛，起於明脫[2]；以五逆相而得解脫；亦不解不縛；不見四諦，非不見諦；非得果，非不得果；非凡夫，非離凡夫法；[3]非聖人，非不聖人；雖成就一切法，而離諸法相，乃可取食。

奘译：“‘尊者善現！若能於食以平等性，而入一切法平等性；以一切法平等之性，入于一切佛平等性，其能如是，乃可取食。尊者善現！若能不斷貪、恚、愚癡，亦不與俱；不壞薩迦耶見，入一趣道；不滅無明并諸有愛，而起慧明及以解脫；能以無間平等法性而入解脫平等法性；無脱無縛；不見四諦，非不見諦；非得果，非異生，非離異生法[4]；非聖，非不聖；雖成就一切法，而離諸法想，乃可取食。

३।१७ न च ते शास्ता दृष्टो न धर्मः श्रुतो न संघः पर्युपासितः। ये च ते षट् शास्तारस् तद्यथा पूरणः काश्यपः, मस्करी गोशालीपुत्रः, संजयो वैराष्ट्रिकपुत्रः, ककुदः कात्यायनः, अजितः केशकम्बलः, निर्ग्रन्थो ज्ञातिपुत्रः, ते च भदन्तस्य शास्तारस् तांश् च निश्रित्य प्रव्रजितो यद्गामिनस् ते षट् शास्तारस् तद्गाम्य् एवार्यसुभूतिः,

今译：“‘如果你不见到佛，不听到法，不侍奉僧团，而有六位导师，他们是富兰那迦叶、末伽梨拘舍罗、阿耆多翅舍钦婆罗、迦鸠陀迦旃延、尼乾陀若提子和珊阇夜毗罗胝子[5]。尊者你拜他们为师，随他们出家。这六位导师走向哪里，尊者须菩提你也走向哪里。

① 此处“于食亦等”，按原文是“进入佛法平等性”。奘译“入于一切佛平等性”。
② “明脱”的原词是 vidyāmuktī（“知识和解脱”）。奘译“而起慧明及以解脱。”
③ 此处两句，按原文只有一句，即“非得果，非凡夫”。
④ 此处按原文只有“非得果，非异生”，而无“非离异生法”。
⑤ 这六位是外道导师，通常称为“外道六师”。他们的译名在佛经中或音译，或音译和意译结合，或意译，没有完全统一。

什译：“‘若須菩提不見佛，不聞法，彼外道六師富蘭那迦葉、末伽梨拘賒梨子、刪闍夜毗羅胝子、阿耆多翅舍欽婆羅、迦羅鳩馱迦旃延、尼犍陀若提子等，是汝之師，因其出家。彼師所墮，汝亦隨墮，乃可取食。

奘译：“‘若尊者善現不見佛，不聞法，不事僧，彼外道六師滿迦葉波、末薩羯離瞿舍離子、想吠多子、無勝髮、褐犎迦衍那、離繫親子是尊者師，依之出家。彼六師墮，尊者亦墮，乃可取食。

३।१८ सर्वदृष्टिगतेषु चार्यमन् अन्तर्गतो न चान्तमध्यप्राप्तः, अष्टाक्षण-समवसरणश् चासि न चासि लक्षणम् अनुप्राप्तः, संक्लेशेन चासि समो ऽव्यवदानम् अधिगतः, या च सर्वसत्वानाम् अरणा सा भदन्तस्याप्य् अरणा, न च त्वया दक्षिणा विशोध्यते, ये च भदन्ताय पिण्डपातं ददति तांश् च विनिपातयसि, सर्वमारैश् च ते सार्धम् एकहस्तः कृतः, सर्वक्लेशाश् च ते सहायाः यत्स्वभावाश् च क्लेशास् तत्स्वभावो भदन्तः, सर्वसत्वेषु ते वधकचित्तं प्रत्युपस्थितम् , सर्वबुद्धाश् च ते ऽभ्याख्याताः, सर्वबुद्धधर्मांश् च प्रतिक्रोशसि, न चासि संघप्रतिसरणः, न च जातु परिनिर्वास्यसि। एवं त्वम् इमं पिण्डपातं प्रतिगृहीण।

今译：“‘朋友啊，你陷入一切邪见，不达到两边中间①。你身处八难，缺乏机遇②。你充满烦恼，不得清净。一切众生无诤，尊者你也无诤③。布施不因你而净化。你让那些施与尊者你食物者堕入恶道。你与一切摩罗联手。你与一切烦恼结伴。烦恼的本性成为你的本

---

① “两边中间”的原文是 antamadhya，可以读为“边际”和“中间”。奘译“中边”，也许就是这种读法。而什译“彼岸”，可能是变通的译法。佛经中常提到“二边”（antadvaya），并认为应该超越“二边”，达到“中道”（madhyamapratipad）。那么，据此或许也可以读为“两边中间”，即指“中道”。这样，“不达到两边中间”可能指“不达到中道”。

② 此处“机遇”的原词是 lakṣaṇa（“相”）。而什译“无难”。奘译“有暇”。可见原词应为 kṣaṇa。此词意谓有幸生而为人，并逢佛出世。

③ “无诤”（araṇā）指不争论或不争斗。这句的意思是须菩提与世俗众生没有区别。

性。你对一切众生怀有恶意。你毁谤一切佛。你诋毁一切佛法。你不入僧团。你最终也不入涅槃。这样，你就接受这份食物吧！'[①]

什译："'若須菩提入諸邪見，不到彼岸；住於八難，不得無難；同於煩惱，離清淨法；汝得無諍三昧，一切眾生亦得是定；其施汝者，不名福田[②]；供養汝者墮三惡道；為與眾魔共一手作諸勞侶，汝與眾魔及諸塵勞[③]等無有異；於一切眾生而有怨心，謗諸佛，毀於法，不入眾數[④]，終不得滅度。汝若如是，乃可取食。'

奘译："'若尊者善現墮諸見趣，而不至中邊；入八無暇，不得有暇；同諸雜染，離於清淨；若諸有情所得無諍，尊者亦得，而不名為清淨福田[⑤]；諸有布施尊者之食，墮諸惡趣，而以尊者為與眾魔共連一手，將諸煩惱作其伴侶，一切煩惱自性即是尊者自性；於諸有情起怨害想，謗于諸佛，毀一切法，不預僧數，畢竟無有般涅槃時。若如是者，乃可取食。'

३।१९ तस्य मे भगवन् इमं धर्मनिर्देशं श्रुत्वान्धकारप्राप्ता दिशो ऽभूवन् -- तत् किम् अस्मै निर्दिशामि, कथम् वा प्रतिपद्य इति। सो ऽहं तत् पात्रम् उत्सृज्य ततो गृहान् निष्क्रमिष्यामीति।विमलकीर्तिर् लिच्छविर् माम् एवम् आह -- मा भदन्तसुभूते अक्षरेभ्य उत्त्रसीः, प्रतिगृहाणेदं पात्रम्। तत् किं मन्यसे भदन्तसुभूते, यदि तथागतनिर्मित एवम् उच्येत कच्चित् स उत्त्रसेत्।सो ऽहम् अवोचम् -- नो हीदं कुलपुत्र।स माम् एवम् आह -- निर्मितमायास्वभावेभ्यो भदन्तसुभूते

---

① 上一段和这一段维摩诘所说的话体现"诸法平等"和"以邪平等入正平等"的主旨，也可以与下一段中所说一切法和一切言说"具有幻化性"结合理解。

② "福田"（puṇyakṣetra）指能让行善之人获得福德者。此处原词是 viśudhyate（"净化"），"福田"是变通的译法。"不名福田"的意思是"你不成为向你布施者的福田"。

③ "尘劳"是 kleśa（"烦恼"）的又一种译名。

④ "众数"的原词是 saṅgha（"僧团"），奘译"僧数"。

⑤ 这句按原文和什译，应与"布施"相关。

सर्वधर्मेभ्यो नोत्त्रसितव्यम्। तत् कस्माद् धेतोः। सर्वाणि हि तानि वचनानि तत्स्वभावानि एवं पण्डिता अक्षरेषु न सज्जन्ति न तेभ्य उत्त्रस्यन्ति। तत् कस्माद् धेतोः। सर्वाणि तान्य् अक्षराण्य् अनक्षराणि स्थापयित्वा विमुक्तिं विमुक्तिलक्षणांश् च सर्वधर्मान्।

今译：“世尊啊，听了他的这种说法，我感到天昏地暗，不知所措，不知何以对答。我便舍弃钵盂，准备离开他家。而离车族维摩诘对我说道：‘尊者须菩提啊，你不必害怕这些话，接受这个钵盂吧！如果是如来的幻化之人听到这些话，尊者须菩提啊，你会觉得怎样？他会害怕吗？’我回答说：‘不会，善男子啊！’他对我说道：‘尊者须菩提啊，一切法具有幻化性，你不必害怕。为什么？一切言说具有这种幻化性，因而智者们不执著言说，也不害怕言说。为什么？确定一切文字非文字，也就是解脱。而解脱相即一切法。’

什译：“時我，世尊，聞此語茫然，不識是何言，不知以何答，便置鉢欲出其舍。維摩詰言：‘唯須菩提！取鉢勿懼。於意云何？如來所作化人，若以是事詰，寧有懼不？’我言：‘不也！’維摩詰言：‘一切諸法如幻化相，汝今不應有所懼也。所以者何？一切言說不離是相。至於智者，不著文字，故無所懼。何以故？文字性離，無有文字，是則解脫。解脫相者，則諸法也。’

奘译：“時我，世尊，得聞斯語，猶拘重闇，迷失諸方，不識是何言，不知以何答，便捨自鉢，欲出其舍。時無垢稱即謂我言：‘尊者善現！取鉢勿懼。於意云何？若諸如來所作化者，以是事詰，寧有懼不？’我言：‘不也。’無垢稱言：‘諸法性相皆如幻化。一切有情及諸言說性相亦爾。諸有智者於文字中，不應執著，亦無怖畏。所以者何？一切言說皆離性相。何以故？一切文字性相亦離，都非文字，是則解脫。解脫相者，即一切法。’

३।२० इह निर्देशे निर्दिश्यमाने द्वयोर् देवपुत्रशतयोर् विरजो विगतमलं धर्मेषु धर्मचक्षुर् विशुद्धम् , पञ्चानां च देवपुत्रशतानाम् आनुलोमिक्याः क्षान्तेः प्रतिलम्भो ऽभूत्। अहं च निष्प्रतिभानो ऽभूवम् , न चास्य शक्नोम्य् उत्तरे प्रतिवचनं दातुम्। तन् नाहम् उत्सहे तस्य सत्पुरुषस्य ग्लानपरिपृच्छको गन्तुम्।

今译：“他这样说法，二百天子摆脱尘垢，涤除污垢，获得观察诸法的清净法眼。五百天子获得随顺法忍[①]。而我缺乏辩才，无言对答。因此，我不适宜前去问候这位贤士的病。”

什译：“維摩詰說是法時，二百天子得法眼淨，故我不任詣彼問疾。”

奘译：“世尊，彼大居士說是法時，二万天子遠塵離垢，於諸法中，得法眼淨。五百天子得順法忍。時我默然，頓喪言辯，不能加對，故我不任詣彼問疾。”

३।२१ अथ खलु भगवान् आयुष्मन्तं पूर्णं मैत्रायणीपुत्रम् आमन्त्रयते स्म -- गच्छ त्वं पूर्ण विमलकीर्तेर् लिच्छवेर् ग्लानपरिपृच्छकः। पूर्णो ऽप्य् आह -- नाहं भगवन् उत्सहे तस्य सत्पुरुषस्य ग्लानपरिपृच्छको गन्तुम्। तत् कस्माद् धेतोः। अभिजानाम्य् अहं भगवन् -- एकस्मिन् समये वनस्यान्यतमस्मिन् पृथिवीप्रदेश आदिकर्मिकाणां भिक्षूणां धर्मं देशयामि। तत्र विमलकीर्तिर् लिच्छविर् उपसंक्रम्य माम् एवम् आह --

今译：于是，世尊吩咐尊者富楼那弥多罗尼子[②]：“富楼那啊，你

① 此处“随顺法忍”奘译“顺法忍”，什译无此句。
② “富楼那弥多罗尼子”（Pūrṇa Maitrāyaṇīputra）是佛弟子，号称“辩才第一”。奘译“满慈子”是意译。

去问候离车族维摩诘的病吧！”富楼那也回答说：“世尊啊，我不适宜前去问候这位贤士的病。为什么？世尊啊，记得有一次，我在林中一处为刚入门的比丘们说法。离车族维摩诘来到那里，对我说道：

什译：佛告富樓那弥多羅尼子：“汝行詣維摩詰問疾。”富樓那白佛言：“世尊，我不堪任詣彼問疾。所以者何？憶念我昔於大林中，在一樹下為諸新學比丘說法。時維摩詰來，謂我言：

奘译：爾時世尊告滿慈子：“汝應往詣無垢稱所，問安其疾。”時滿慈子白言：“世尊，我不堪任詣彼問疾。所以者何？憶念我昔於一時間，在大林中為諸新學苾芻說法。時無垢稱來到彼所，稽首我足，而作是言：

३।२२ समापद्य भदन्तपूर्ण एतेषां भिक्षूणां चित्तं व्यवलोक्य धर्मं देशय। मा महारत्नभाजनेषु प्रति कुल्माषान् प्राक्षैप्सीः। जानीष्व तावत् किमाशया एते भिक्षव इति। मा वैडूर्यरत्नं काचमणिकैः समानीकार्षीः। मा भदन्तपूर्ण अप्रत्यवेक्ष्य सत्वेन्द्रियेषु प्रादेशिकेन्द्रियत्वम् उपसंहार्षीः। मा अक्षतां क्षिणुष्व। मा महामार्गम् अवतर्तुकामान् भण्डरथ्यां प्रवेशय। मा महासागरं गोष्पदे प्रवेशय। मा सूर्यप्रभां खद्योतकैर् निर्वर्तय। मा सिंहनादसंप्रस्थितान् सृगालनादे नियोजय। अपि भदन्तपूर्ण सर्वे ह्य् एते भिक्षवो महायानसंप्रस्थिता अमुषितबोधिचित्ताः। तेषां भदन्तपूर्ण मा श्रावकयानम् उपदर्शय। कष्टं हि श्रावकयानम्। जात्यन्धा इव मे श्रावकाः प्रतिभान्ति सत्वेन्द्रियविमात्रताज्ञाने।

今译：‘尊者富楼那啊，你应该先入定观察这些比丘的心，然后为他们说法。你不要将粗食放进大宝钵中。你应该知道这些比丘的心意如何，不要将琉璃宝混同玻璃珠[①]。尊者富楼那啊，不要先不观察

① “琉璃宝”的原词是 vaiḍūryaratna，或译“吠琉璃宝”，指猫眼宝石。“玻璃珠”的原词是 kācamaṇika，指水晶玻璃珠。

众生根器，便作为小根器授法。不要伤害无创伤者[①]。对于欲行大道者，不要指示小路。不要将大海安置在牛蹄坑中。不要将太阳光混同萤火虫。不要让发狮子吼者发野狼吼。尊者富楼那啊，所有这些比丘原本志在大乘，没有忘却菩提心。尊者富楼那啊，不要向他们宣示声闻乘。因为声闻乘浅陋。在我看来，声闻乘犹如天生盲人，不能分辨众生根器差别。'

什译：'唯富樓那！先當入定，觀此人心，然後說法。無以穢食置於寶器。當知是比丘心之所念，無以琉璃同彼水精。汝不能知眾生根源，無得發起以小乘法。彼自無瘡，勿傷之也。欲行大道，莫示小徑。無以大海內於牛跡。無以日光等彼螢火。富樓那！此比丘久發大乘心，中忘此意[②]，如何以小乘法而教導之？我觀小乘智慧微淺，猶如盲人，不能分別一切眾生根之利鈍。'

奘译：'唯滿慈子！先當入定，觀苾芻心，然後乃應為其說法。無以穢食置於寶器。應先了知是諸苾芻有何意樂，勿以無價吠琉璃寶同諸危脆賤水精珠。尊者滿慈！勿不觀察諸有情類根性差別，授以少分[③]根所受法。彼自無瘡，勿傷之也。欲行大道，莫示小徑。無以日光等彼螢火。無以大海內於牛跡。無以妙高山王內於芥子[④]。無以大師子吼同野干[⑤]鳴。尊者滿慈！是諸苾芻皆於往昔發趣大乘心，祈菩提，中忘是意，如何示以聲聞乘法？我觀聲聞智慧微淺，過於生盲，

---

① “无创伤者”的原文是akṣatām，应为akṣatān（阳性复数业格）。

② 此处“中忘此意”，按原文是“没有忘却菩提心”。奘译“中忘是意”与什译同。意思是这些比丘早在前生就已追求大乘，只是在转生中暂时忘却此意，故而实际上他们并未失却菩提心，而具有接受大乘的根器。

③ “少分”的原词是prādeśika，本义是“地区的”或“有限的”，引申为“小的”。这里与indriya构成复合词，指称“小根器”。在佛经中，prādeśika也与yāna构成复合词，指称“小乘”（hīnayāna）。故而，此处什译“小乘”。

④ 这句不见于原文和什译。

⑤ “野干”的原词是sṛgāla（或śṛgāla），指豺狼。什译无此句。

無有大乘觀諸有情根性妙智[①]，不能分別一切有情根之利鈍。'

३।२३ अथ विमलकीर्तिर् लिच्छविस् तस्यां वेलायां तथारूपं समाधिं समापद्यते स्म। यथा ते भिक्षवो ऽनेकविधं पूर्वैनिवासम् अनुस्मरन्ति स्म। ते पञ्चबुद्धशतपर्युपासितकुशलमूलाः सम्यक्संबोधये, तेषां तद् बोधिचित्तम् आमुखीभूतम्। ते तस्य सत्पुरुषस्य पादौ शिरोभिः प्रणम्य तत्रैव निषण्णाः प्राञ्जलयो भूत्वा, तेषां तादृशी धर्मदेशना कृता यथावैवर्तिकाः संवृत्ता अनुत्तरस्यां सम्यक्संबोधौ।

今译：“随即，离车族维摩诘进入这样的沉思入定。于是，这些比丘回忆起种种前生往事。他们曾经侍奉五百佛而种下善根，趋向正等菩提。他们的这种菩提心得以展现。他们俯首向这位贤士行触足礼，然后坐下，双手合十。他为他们说法。这样，他们发起无上正等菩提，永不退转。

什译：“時維摩詰即入三昧，令此比丘自識宿命，曾於五百佛所植眾德本，迴向阿耨多羅三藐三菩提，即時豁然，還得本心。於是諸比丘稽首礼維摩詰足。時維摩詰因為說法[②]，於阿耨多羅三藐三菩提不復退轉。

奘译：“時無垢稱便以如是勝三摩地[③]，令諸苾芻隨憶無量宿住差別[④]，曾於過去五百佛所種諸善根，積習無量殊勝功德，迴向無上正等覺心。隨憶如是宿住事已，求菩提心還現在前。即便稽首彼大士足。時無垢稱因為說法，令於無上正等菩提不復退轉。

३।२४ तद् नाहं भगवन् उत्सहे तस्य सत्पुरुषस्य ग्लानपरिपृच्छको गन्तुम्।

---

① 这句不见于原文和什译。
② 此处“因为说法”，可理解为“因此而为他们说法”。
③ “三摩地”是 samādhi（“入定”）一词的又一种音译。
④ 此处“差别”的原词是 anekavidha，意谓“多种”、“各种”或“种种”。

今译：“因此，世尊啊，我不适宜去问候这位贤士的病。”

什译：“我念聲聞不觀人根，不應說法。是故，不任詣彼問疾。”

奘译：“時我，世尊，作如是念：‘諸聲聞人不知有情根性差別，不白①如來，不應輒爾為他②說法。所以者何？諸聲聞人不知有情諸根勝劣，非常在定③，如佛世尊。’④故我不任詣彼問疾。”

३।२५ तत्र भगवान् आयुष्मन्तं कात्यायनम् आमन्त्रयते स्म -- गच्छ त्वं कात्यायन विमलकीर्तेर् लिच्छवेर् ग्लानपरिपृच्छकः।कात्यायनो ऽप्य् आह -- नाहं भगवन् उत्सहे तस्य सत्पुरुषस्य ग्लानपरिपृच्छको गन्तुम्। तत् कस्माद् धेतोः। अभिजानाम्य् अहं भगवन् -- भगवता संक्षिप्तेन भिक्षूणाम् अववादो दत्तः। तेषां सूत्रपदविनिश्चयाय धर्मं देशयामि, यद् इदम् अनित्यार्थं दुःखार्थम् अनात्मार्थं शान्तार्थम्।तत्र विमलकीर्तिर् लिच्छविर् उपसंक्रम्य माम् एवम् आह --

今译：于是，世尊吩咐尊者迦旃延⑤：“迦旃延啊，你去问候离车族维摩诘的病吧！”迦旃延也回答说：“世尊啊，我不适宜前去问候这位贤士的病。为什么？世尊啊，记得有一次，世尊为比丘们简略说法后，我为他们说法，判明经句，诸如无常义、苦义、无我义和寂灭义。离车族维摩诘来到那里，对我说道：

什译：佛告摩訶迦旃延：“汝行詣維摩詰問疾。”迦旃延白佛言：“世尊，我不堪任詣彼問疾。所以者何？憶念昔者，佛為諸比丘略說

---

① 此处“不白”可理解为“不明白”或“不明了”。

② 这句中的“辄尔”指“就这样”；“为他”指“为他人”。

③ “非常在定”指并不始终处在入定中。

④ 富楼那最后表达想法的这段话语不见于原文。而支译和什译或详或略，均有这段话语。

⑤ “迦旃延”(Kātyāyana)是佛弟子，号称“解义第一”。也称“大迦旃延”(Mahākātyāyana)，或译“摩诃迦旃延”。

法要，我即於後敷演其義，謂無常義、苦義、空義[1]、無我義、寂滅義。時維摩詰來，謂我言：

奘译：爾時世尊告彼摩訶迦多衍那：“汝應往詣無垢稱所，問安其疾。”迦多衍那白言：“世尊，我不堪任詣彼問疾。所以者何？憶念我昔於一時間，佛為苾芻略說法已，便入靜住。我即於後分別決擇契經[2]句義，謂無常義、苦義、空義、無我義、寂滅義。時無垢稱來到彼所，稽首我足，而作是言：

३।२६ मा भदन्तकात्यायन सप्रचाराम् उत्पादभङ्गयुक्तां धर्मतां निर्दिश। यो भदन्तमहाकात्यायन अत्यन्ततया न जातो न जनिष्यति नोत्पन्नो न निरुद्धो न निरोत्स्यते ऽयम् अनित्यार्थः। यः पञ्चानां स्कन्धानां शून्यतानुगमानुत्पादानिरोधार्थो ऽयं दुःखार्थः। यद् आत्मानात्मयोर् अद्वयत्वम् अयम् अनात्मार्थः। यो ऽस्वभावो ऽपरभावस् तद् अनुज्ज्वलितम् , यद् अनुज्ज्वलितं न तच् छाम्यति, यो ऽत्यन्तोपशमो ऽयं शान्तार्थः।

今译：‘尊者迦旃延啊，不要宣说法性[3]有所行，有生灭。尊者大迦旃延啊，终究无过去生，无将来生，无现在生，无过去灭，无将来灭，这是无常义。依随五蕴皆空，产生不生不灭义，这是苦义。我和无我不二，这是无我义。无自性，无他性，则不燃烧。不燃烧，则不熄灭。而终究寂静，这是寂灭义。’

什译：‘唯迦旃延！無以生滅心行說實相法。迦旃延！諸法畢竟不生不滅，是無常義。五受陰[4]洞達，空無所起，是苦義。諸法究竟

① “空义”一词不见于原文。而支译和奘译中均有。
② “契经”指文字经典，原词为 sūtra，通常译为“经”。
③ “法性”（dharmatā）指诸法的本质或本性，故而什译和奘译均为“实相法”。
④ 此处“受阴”的原词是 skandha（“阴”或“蕴”），故而“五受阴”指“五阴”（或“五蕴”）。

無所有，是空義[1]。於我、無我而不二，是無我義。法本不然，今則無滅，是寂滅義[2]。'

奘译：'唯大尊者迦多衍那！無以生滅分別心行說實相法。所以者何？諸法畢竟非已生、非今生、非當生、非已滅、非今滅、非當滅義，是無常義。洞達五蘊畢竟性空，無所由起，是苦義。諸法究竟無所有，是空義。知我、無我無有二，是無我義。無有自性，亦無他性，本無熾然，今無息滅，無有寂靜，畢竟寂靜，究竟寂靜，是寂滅義。'

३।२७ अस्मिन् खलु पुनर् निर्देशे निर्दिश्यमाने तेषां भिक्षूणाम् अनुपादायास्रवेभ्यश् चित्तानि विमुक्तानि। तद् नाहं भगवन् उत्सहे तस्य सत्पुरुषस्य ग्लानपरिपृच्छको गन्तुम्।

今译："他宣说这种法时，这些比丘的心摆脱烦恼，获得解脱。因此，世尊啊，我不适宜前去问候这位贤士的病。"

什译："說是法時，彼諸比丘心得解脱，故我不任詣彼問疾。"

奘译："說是法時，彼諸苾芻諸漏[3]永盡，心得解脱。時我，世尊，默然無辯，故我不任詣彼問疾。"

३।२८ तत्र भगवान् आयुष्मन्तम् अनिरुद्धम् आमन्त्रयते स्म -- गच्छ त्वम् अनिरुद्ध विमलकीर्तेर् लिच्छवेर् ग्लानपरिपृच्छकः।अनिरुद्धो ऽप्य् आह -- नाहं भगवन् उत्सहे तस्य सत्पुरुषस्य ग्लानपरिपृच्छको गन्तुम्। तत् कस्माद् धेतोः।

---

① 这句不见于原文。奘译与什译同。

② 对于"寂灭义"的描述，比照原文，什译文字有所省略，而奘译有所增饰。

③ "漏"的原词是āsrava，指痛苦、污染或烦恼。此词的词源义是"流淌"或"流动"，故而汉译佛经中译为"漏"。

今译：于是，世尊吩咐尊者阿那律[1]："阿那律啊，你去问候离车族维摩诘的病吧！"阿那律也回答说："世尊啊，我不适宜前去问候这位贤士的病。为什么？

什译：佛告阿那律："汝行詣維摩詰問疾。"阿那律白佛言："世尊，我不堪任詣彼問疾。所以者何？

奘译：爾時世尊告大無滅："汝應往詣無垢稱所，問安其疾。"時大無滅白言："世尊，我不堪任詣彼問疾。所以者何？

३।२९ अभिजानाम्य् अहं भगवन् -- अन्यतमस्मिंश् चङ्क्रमे चङ्क्रमामि। तत्र शुभव्यूहो नाम ब्रह्मा दशभिर् ब्रह्मसहस्रैः सार्धं तं प्रदेशम् अवभास्य येनाहं तेनोपसंक्रम्य मम पादौ शिरसाभिवन्द्यैकान्ते स्थित्वा माम् एतद् अवोचत् -- कियद् आयुष्मान् अनिरुद्धो दिव्येन चक्षुषा पश्यति। तम् एनम् अहम् एतद् अवोचम् -- अहं मार्ष इमं त्रिं साहस्रमहासाहस्रं लोकधातुं भगवतः शाक्यमुनेर् बुद्धक्षेत्रं तद् यथापि नाम करतले न्यस्तम् आमलकफलम् एवं पश्यामि।

今译："世尊啊，记得有一次，我在一处行走。名为严净的梵天偕同一万梵天来到那里，大放光明，俯首向我行触足礼后，侍立一旁，对我说道：'尊者阿那律用天眼能看多远？'我回答他说：'贤士啊，我看这个三千大千世界，世尊释迦牟尼的佛土，就像看放在手掌中的阿摩勒果[2]。'

什译："憶念我昔於一處經行，時有梵王，名曰嚴淨，與万梵俱，放淨光明，來詣我所，稽首作礼，問我言：'幾何阿那律天眼所見？'我即答言：'仁者！吾見此釋迦牟尼佛土三千大千世界，如觀掌中菴

① "阿那律"（Aniruddha）是佛弟子，号称"天眼第一"。又译"阿尼律陀"或"阿尼娄陀"。奘译"无灭"是意译。

② "阿摩勒果"（āmalakaphala）又译"菴摩勒果"、"阿摩洛果"或"余甘子"。

摩勒果。’

奘译：“憶念我昔於一時間，在大林中一處經行。時有梵王，名曰嚴淨，與万梵俱，放大光明，來詣我所，稽首作礼，而問我言：‘尊者無滅所得天眼能見幾何？’時我答言：‘大仙！當知我能見此釋迦牟尼三千大千佛之世界，如觀掌中阿摩洛果。’

३।३० इयं च कथा प्रवृत्ता विमलकीर्तिश् च लिच्छविस् तं प्रदेशम् उपसंक्रामत्। उपसंक्रम्य मम पादौ शिरसा वन्दित्वैवम् आह -- किं भदन्तानिरुद्ध दिव्यं चक्षुर् अभिसंस्कारलक्षणम् उतानभिसंस्कारलक्षणम्। यद्य् अभिसंस्कार-लक्षणं तद् बाह्यैः पञ्चाभिज्ञैः समम् अथानभिसंस्कारलक्षणं अनभिसंस्कारोऽसंस्कृतस् तेन न शक्यं द्रष्टुम्। तत् कथं स्थविरः पश्यति।सो ऽहं तूष्णीम् अभूवम्।

今译：“我刚说完这些话，离车族维摩诘来到那里。来到后，他俯首向我行触足礼，说道：‘尊者阿那律啊，天眼有作为相，还是无作为相？若有作为相，则与外道五神通[①]相同。若无作为相，则无作为，也就不能观看。尊者怎么能观看？’我沉默无语。

什译：“時維摩詰來，謂我言：‘唯阿那律！天眼所見為作相耶？無作相耶？假使作相，則與外道五通等。若無作相，即是無為，不應有見。’世尊，我時默然。

奘译：“時無垢稱來到彼所，稽首我足，而作是言：‘尊者無滅！所得天眼為有行相，為無行相？若有行相，即與外道五神通等。若無行相，即是無為，不應有見。云何尊者所得天眼能有見耶？’時我，

---

① “五神通”（pañcābhijñā）指天眼通、天耳通、他心通、宿命通和神变通。这些是外道修行者也能具备的。

世尊，默無能對。

३।३१ स च ब्रह्मा तस्य सत्पुरुषस्येमं निर्देशं श्रुत्वाश्चर्यप्राप्तस् तं नमस्कृत्यैतद् अवोचत् -- के लोके दिव्यचक्षुषः। आह -- बुद्धा भगवन्तो लोके दिव्यचक्षुषो ये समाहितावस्थां च न विजहति सर्वबुद्धक्षेत्राणि च पश्यन्ति। न च द्वयप्रभाविताः।

今译：“而这位梵天听了这位贤士的说法，惊诧不已，向他敬礼，说道：‘在这世上，哪些人有天眼？’他回答说：‘在这世上，诸佛世尊有天眼。他们不离入定状态而看到一切佛土。他们不显示二相[①]。’

什译：“彼諸梵聞其言，得未曾有，即為作礼而問曰：‘世孰有真天眼者？’維摩詰言：‘有佛世尊得真天眼，常在三昧，悉見諸佛國，不以二相。’

奘译：“然彼諸梵聞其所說，得未曾有，即為作礼，而問彼言：‘世孰有得真天眼者？’無垢稱言：‘有佛世尊得真天眼，不捨寂定，見諸佛國，不作二相及種種相。’

३।३२ अथ स ब्रह्मेमं निर्देशं श्रुत्वा दशसहस्रपरिवारो ऽध्याशयेनानुत्तरायां सम्यक्संबोधौ चित्तम् उत्पादयति स्म। स मां वन्दित्वा तं च सत्पुरुषम् अभिवाद्य तत्रैवान्तर्हितः। अहं च निष्प्रतिभानो ऽभूवम्। तन् नाहम् उत्सहे तस्य सत्पुरुषस्य ग्लानपरिपृच्छको गन्तुम्।

今译：“这位梵天听了这种说法后，与一万随从一同衷心发起无上正等菩提心。他们向我敬礼，又向这位贤士敬礼，然后从那里消失。我缺乏辩才。因此，我不适宜前去问候这位贤士的病。”

---

① “二相”的原词是 dvaya（“二”），什译和奘译均为“二相”。此处僧肇《注维摩诘经》解释说：“什曰言不为色作精粗二相也。”也许可以引申理解为超越一切分别和对立，包括超越上述“有作为相”和“无作为相”。

什译：“於是，嚴淨梵王及其眷屬五百梵天皆發阿耨多羅三藐三菩提心，礼維摩詰足已，忽然不現，故我不任詣彼問疾。”

奘译：“時彼梵王五百眷屬皆發無上正等覺心，礼無垢稱，欻然不現，故我不任詣彼問疾。”

३।३३ तत्र भगवान् आयुष्मन्तम् उपालिम् आमन्त्रयते स्म -- गच्छ त्वम् उपाले विमलकीर्तेर् लिच्छवेर् ग्लानपरिपृच्छकः।उपालिर् अप्य् आह -- नाहं भगवन् उत्सहे तस्य सत्पुरुषस्य ग्लानपरिपृच्छको गन्तुम्। तत् कस्माद् धेतोः। अभिजानाम्य् अहं भगवन् -- अन्यतमौ द्वौ भिक्षू आपत्तिम् आपन्नौ, तौ भगवतः पर्यपत्रपमाणौ भगवन्तं नोपसंक्रामतः। तौ येनाहं तेनोपसंक्रान्ताव् उपसंक्राम्य माम् एतद् अवोचताम्। आवां भदन्तोपाले आपत्तिम् आपन्नौ, ताव् आवां पर्यपत्रपमाणौ भगवन्तम् उपसंक्रमितुं नोत्सहावहे। उत्साहाय आयुष्मन्न् उपाले विनोदयस्वावयोः कौकृत्यं व्युत्थापयस्वावाम् आपत्तेः।

今译：于是，世尊吩咐尊者优波离[1]：“优波离啊，你去问候离车族维摩诘的病吧！”优波离也回答说：“世尊啊，我不适宜前去问候这位贤士的病。为什么？世尊啊，记得有两个比丘犯了过失，深感有愧于世尊，不敢去见世尊。他俩来到我那里。来到后，对我说道；‘尊者优波离啊，我俩犯了过失，深感羞愧，不敢去见世尊。尊者优波离啊，请你给予勉励，消除我俩的懊恼，让我俩摆脱过失。’

什译：佛告優波離：“汝行詣維摩詰問疾。”優波離白佛言：“世尊，我不堪任詣彼問疾。所以者何？憶念昔者，有二比丘犯律行，以為恥，不敢問佛，來問我言：‘唯優波離！我等犯律，誠以為恥，不敢問佛。願解疑悔，得免斯咎。’

---

① “优波离”（Upāli）是佛弟子，号称“持律第一”。

奘译：爾時世尊告優波離："汝應往詣無垢稱所，問安其疾。"時優波離白言："世尊，我不堪任詣彼問疾。所以者何？憶念我昔於一時間，有二苾芻犯所受戒，深懷愧恥，不敢詣佛，來至我所，稽首我足，而謂我言：'唯優波離！今我二人違越律行，誠以為恥，不敢詣佛。願解憂悔，得免斯咎。'

३।३४ सो ऽहं भगवंस् तौ भिक्षू धर्म्यया कथया संदर्शयामि। विमलकीर्तिश् च लिच्छविस् तं प्रदेशम् अनुप्राप्तः स माम् एतद् अवोचत् -- मा भदन्तोपाले एतौ भिक्षू आगाढीकार्षीः, विनोदयानयोर् आपत्तिम् , मा आविलीकार्षीः। न हि भदन्तोपाले आपत्तिर् अध्यात्मप्रतिष्ठिता न बहिर्धासंक्रान्तो नोभयम् अन्तरेणोपलभ्यते। तत् कस्माद् धेतोः। उक्तं हि भगवता "चित्तसंक्लेशात् सत्वाः संक्लिश्यन्ते चित्तव्यवदानाद् विशुध्यन्ते"। चित्तं च भदन्तोपाले नाध्यात्मप्रतिष्ठितं न बहिर्धा नोभयम् अन्तरेणोपलभ्यते। यथा चित्तं तथापत्तिः, यथापत्तिस् तथा सर्वधर्माः, तथतां न व्यतिवर्तन्ते। या भदन्तोपाले चित्तस्य प्रकृतिर् यया चित्तप्रकृत्या भदन्तस्य चित्तं विमुक्तम् , किं जातु सा चित्तप्रकृतिः संक्लिष्टा। आह -- नो हीदम्। आह -- तत्प्रकृतिकानि भदन्तोपाले सर्वसत्वानां चित्तानि।

今译："于是，世尊啊，我依法向这两个比丘讲述。随后，离车族维摩诘来到那里，对我说道：'尊者优波离啊，你不要加重这两个比丘的负担。你要消除他俩的过失，而不要扰乱他俩。尊者优波离啊，因为过失不住于内，也不行于外，也不得自两者之间。为什么？因为世尊说过，心受污染而众生受污染，心清净而众生清净。尊者优波离啊，心不住于内，也不行于外，也不得自两者之间。过失如同心，一切法如同过失，均不离真如。尊者优波离啊，正是凭借这种心本性，尊者你的心获得解脱。这种心本性受污染吗？'我回答说：'不。'他又说道：'尊者优波离啊，一切众生的心具有这种心本性。

什译：“我即為其如法解說。時維摩詰來，謂我言：‘唯優波離！無重增此二比丘罪。當直除滅，勿擾其心。所以者何？彼罪性不在內，不在外，不在中間。如佛所說，心垢故衆生垢，心淨故衆生淨。心亦不在內，不在外，不在中間。如其心然，罪垢亦然，諸法亦然，不出於如[1]。如優波離以心相得解脫時，寧有垢不？’我言：‘不也！’維摩詰言：‘一切衆生心相無垢，亦復如是。

奘译：“我即為其如法解說，令除憂悔，得清所犯，示現勸導，讚勵慶慰[2]。時無垢稱來到彼所，稽首我足，而作是言：‘唯優波離！無重增此二苾芻罪。當直除滅憂悔所犯，勿擾其心。所以者何？彼罪性不住內，不出外，不在兩間。如佛所說，心雜染故有情雜染，心清淨故有情清淨。如是心者亦不住內，亦不出外，不在兩間。如其心然，罪垢亦然。如罪垢然，諸法亦然，不出於如。唯優波離！汝心本淨。得解脫時，此本淨心曾有染不？’我言：‘不也。’無垢稱言：‘一切有情心性本淨，曾無有染，亦復如是。

३।३५ संकल्पो भदन्तोपाले क्लेशः, अकल्पाविकल्पा च प्रकृतिः। विपर्यासः संक्लेशः, अविपर्यस्ता च प्रकृतिः। आत्मसमारोपः संक्लेशः, नैरात्म्या च प्रकृतिः। उत्पन्नभग्नानवस्थिता भदन्तोपाले सर्वधर्मा मायामेघविद्युत्सदृशाः। निरपेक्षाः सर्वधर्माः क्षणम् अपि नावतिष्ठन्ते। स्वप्नमरीचिसदृशाः सर्वधर्मा वितथदर्शनाः। दकचन्द्रप्रतिबिम्बसदृशाः सर्वधर्माश् चित्तपरिकल्पेनोत्पद्यन्ते। ये त्व् एवं जानन्ति ते विनयधरा इत्य् उच्यन्ते। य एवं विनीतास् ते सुविनीताः।

今译：“‘尊者优波离啊，妄想是烦恼，无妄想和无分别[3]是本性。

---

① “如”的原词是tathatā，指“真如”。

② 这里的“示现劝导，赞励庆慰”可能与上一段最后一句中的utsāha（“勉励”）一词对应。

③ 此处“妄想”和“分别”的原词是kalpa和vikalpa。但这两个词常常混用。故而，什译均为“妄想”。奘译“分别”和“异分别”，实际也是同义词。

颠倒是烦恼，不颠倒是本性。有我是烦恼，无我是本性。尊者优波离啊，一切法不住于生和灭，如同幻影、浮云和闪电。一切法不相待，甚至不住于刹那。一切法显现虚妄，如同梦幻和阳焰。一切法起于心中妄想分别，如同水中月和镜中像。若知道这样，堪称持律者。这样持律，便是善持律者。'

什译："'唯優波離！妄想是垢，無妄想是淨。[①]顛倒是垢，無顛倒是淨。取我是垢，不取我是淨。優波離！一切法生滅不住，如幻，如電。諸法不相待，乃至一念不住。諸法皆妄見，如夢，如炎，如水中月，如鏡中像，以妄想生。其知此者，是名奉律。其知此者，是名善解。'

奘译："'唯優波離！若有分别，有異分别，即有煩惱；若無分别，無異分别，即性清淨。若有顛倒，即有煩惱；若無顛倒，即性清淨。若有取我，即成雜染；若不取我，即性清淨。唯優波離！一切法性生滅不住，如幻，如化，如電，如雲。一切法性不相顧待，乃至一念亦不暫住。一切法性皆虚妄見，如夢，如焰，如健達婆城[②]。一切法性皆分别心所起影像，如水中月，如鏡中像。如是知者，名善持律。如是知者，名善調伏。'

३।३६ अथ तौ भिक्षू एतद् अवोचताम् -- प्रज्ञाधरो विनयधरो ऽयम् उपासकः। न त्व् अयं भदन्तोपालिर् यो भगवता विनयधराणाम् अग्रो निर्दिष्टः।ताव् अहम् एवं वदामि -- मा भिक्षू अत्र गृहपतिसंज्ञाम् उत्पादयताम्। तत् कस्माद् धेतोः। तथागतं स्थापयित्वा नास्ति कश्चिच् छ्रावको वा बोधिसत्वो वा, य एतस्य प्रतिभानम् आच्छिन्द्यात्। तादृश एतस्य प्रज्ञालोकः।

---

① 这句中，"垢"的原词是 saṃkleśa，指"烦恼"。"净"的原词是 prakṛti，指"本性"，前面提到"本性清净"，故而，什译"净"，奘译"性清净"。

② "健达婆城"（gandharvapura）也是幻象的常用比喻。但此词不见于原文和什译。

今译：“然后，这两个比丘说道：‘这位居士富有智慧，善持戒律，而不是这位尊者优波离，尽管世尊认定他是杰出的持律者。’而我对他俩说道：‘你们两个比丘不要产生他是家主的想法。为什么？除了如来，没有哪位声闻或菩萨能攻破他的辩才。他的智慧的光芒就是这样。’

什译：“於是二比丘言：‘上智哉！是優波離所不能及，持律之上[①]而不能說。’我即答言：‘自捨如來，未有聲聞及菩薩能制其樂說之辯，其智慧明達為若此也！’

奘译：“時二苾芻聞說是已，得未曾有，咸作是言：‘奇哉，居士！乃有如是殊勝慧辯，是優波離所不能及。佛說持律最為其上，而不能說。’我即告言：‘汝勿於彼起居士想。所以者何？唯除如來，未有聲聞及餘菩薩而能制此大士慧辯，其慧辯明殊勝如是。’

३।३७ अथ तौ भिक्षू विनीतकौकृत्याव् अध्याशयेन तत्रैवानुत्तरायां सम्यक्संबोधौ चित्तम् उत्पादितवन्तौ, तं च सत्पुरुषम् अभिवन्द्यैवम् आहतुः -- सर्वसत्वा ईदृशस्य प्रतिभानस्य लाभिनो भवन्तु। तन् नाहम् उत्सहे तस्य सत्पुरुषस्य ग्लानपरिपृच्छको गन्तुम्।

今译：“于是，这两个比丘消除懊恼，衷心发起无上正等菩提心。他们向这位贤士敬礼，说道：‘但愿一切众生获得这样的辩才。’因此，我不适宜前去问候这位贤士的病。”

什译：“時二比丘疑悔即除，發阿耨多羅三藐三菩提心，作是願言：‘令一切衆生皆得是辯。’故我不任詣彼問疾。”

---

① “持律之上”意谓“持律中的上者”，即“杰出的持律者”。

奘译：“時二苾芻憂悔即除，皆發無上正等覺心，便為作礼，而發願言：‘當令有情皆得如是殊勝慧辯。’時我默然，不能加對，故我不任詣彼問疾。”

३।३८ तत्र भगवान् आयुष्मन्तं राहुलम् आमन्त्रयते स्म -- गच्छ त्वं राहुल विमलकीर्तेर् लिच्छवेर् ग्लानपरिपृच्छकः।राहुलो ऽप्य् आह -- नाहं भगवन् उत्सहे तस्य सत्पुरुषस्य ग्लानपरिपृच्छको गन्तुम्। तत् कस्माद् धेतोः। अभिजानाम्य् अहं भगवन् -- एकस्मिन् समये संबहुला लिच्छविकुमारका येनाहं तेनोपसंक्रम्य माम् एतद् अवोचन् -- त्वं राहुल तस्य भगवतः पुत्रश् चक्रवर्ति-राज्यम् उत्सृज्य प्रव्रजितः, तत्र के ते प्रव्रज्याया गुणानुशंसाः।तेषाम् अहं यथारूपं प्रव्रज्याया गुणानुशंसा निर्दिशामि, विमलकीर्तिर् लिच्छविर् येनाहं तेनोपसंक्रान्तः। स माम् अभिवन्द्यैतद् अवोचत् --

今译：于是，世尊吩咐尊者罗睺罗[①]：“罗睺罗啊，你去问候离车族维摩诘的病吧！”罗睺罗也回答说：“世尊啊，我不适宜前去问候这位贤士的病。为什么？世尊啊，记得有一次，众多离车族童子来到我那里，对我说道‘罗睺罗啊，你是世尊的儿子，舍弃转轮王位[②]出家。出家有哪些功德和利益？’我如实向他们宣说出家的功德和利益。离车族维摩诘来到那里，向我致敬后，说道：

什译：佛告羅睺羅：“汝行詣維摩詰問疾。”羅睺羅白佛言：“世尊，我不堪任詣彼問疾。所以者何？憶念昔時，毗耶離諸長者子來詣我所，稽首作礼，問我言：‘唯羅睺羅！汝佛之子，捨轉輪王位，出家為道。其出家者，有何等利？’我即如法為說出家功德之利。時維摩詰來，謂我言：

---

① “罗睺罗”（Rāhula）是佛陀释迦牟尼的儿子，也是佛弟子，号称“密行第一”。奘译“罗怙罗”。

② “转轮王位”（cakravartirājya）指统辖天下的王权。

奘译：爾時世尊告羅怙羅："汝應往詣無垢稱所，問安其疾。"時羅怙羅白言："世尊，我不堪任詣彼問疾。所以者何？憶念我昔於一時間，有諸童子離呫毗種，來詣我所，稽首作礼，而問我言：'唯羅怙羅！汝佛之子，捨輪王位，出家為道。其出家者，為有何等功德勝利[①]？'我即如法為說出家功德勝利。時無垢稱來到彼所，稽首我足，而作是言：

३।३९ न भदन्तराहुल एवं प्रव्रज्याया गुणानुशंसा निर्देष्टव्या यथा त्वं निर्दिशसि। तत् कस्माद् धेतोः। निर्गुणा निरनुशंसा हि प्रव्रज्या। यत्र भदन्तराहुल संस्कृतप्रवृत्तिस् तत्र गुणानुशंसा। प्रव्रज्या चासंस्कृता, असंस्कृते च न गुणा नानुशांसा। प्रव्रज्या भदन्तराहुल अरूपिणी रूपविगता, पन्था निर्वाणस्य, प्रशंसिता पण्डितैः, परिगृहीतार्यैः, पराजयः सर्वमाराणाम् , पञ्चगत्युत्तारणी पञ्चचक्षुविशोधनी, पञ्चबलप्रतिलम्भा, पञ्चेन्द्रियप्रतिष्ठा, परेषाम् अनुपघातः, पापधर्मासंसृष्टा, परतीर्थ्यप्रमर्दनी, प्रज्ञप्तिसमतिक्रान्ता, पङ्के संक्रमः, अममा ममकारविगता, अपरिग्रहा, अनुपादाना, अनाकुला, आकुलप्रहीणा, स्वचित्तदर्शनी परचित्तसंरक्षणी, शमथानुकूला, सर्वतो ऽनवद्या। इयम् उच्यते प्रव्रज्या। य एवं प्रव्रजितास् ते सुप्रव्रजिताः।

今译："'尊者罗睺罗啊，你不应该向他们这样宣说出家的功德和利益。为什么？因为出家无功德，无利益。尊者罗睺罗啊，实行有为[②]法，有功德，有利益。出家是实行无为[③]法，无功德，无利益。尊者罗睺罗啊，出家无色[④]，远离色，是涅槃之路，受智者称赞，为圣

① "胜利"的原词是 anuśaṃsā，词义是"利益"。故而，"胜利"也就是"殊胜的利益"。

② "有为"（saṃskṛta）指处在因缘和合中，而有种种"作为"或"造作"。

③ "无为"（asaṃskṛta）相对于"有为"，指摆脱和超越因缘和合，与"涅槃"、"真如"或"空"的意义相通。

④ "色"（rūpa）指源自四大而具有形相的事物。

者执持，降伏一切摩罗，摆脱五道[①]，净化五眼[②]，获得五力[③]，确立五根[④]，不受他人侵害，脱离恶法，摧毁外道，超越假名，出离污泥，无我所，远离我执，不贪著，不执取，不混乱，消除混乱，了解自己的心，保护他人的心，依随寂止，无可指责。这称为出家。这样出家是真正出家。

什译：“‘唯羅睺羅！不應說出家功德之利。所以者何？無利無功德是為出家。有為法者，可說有利有功德。夫出家者，為無為法。無為法中，無利無功德。羅睺羅！出家者，無彼無此，亦無中間，離六十二見，[⑤]處於涅槃；智者所受，聖所行處；降伏眾魔，度五道，淨五眼，得五力，立五根；不惱於彼，離眾雜惡；摧諸外道，超越假名；出淤泥，無繫著；無我所，無所受；無擾乱，內懷喜[⑥]，護彼意，隨禪定[⑦]，離眾過。若能如是，是真出家。

奘译：“‘唯羅怙羅！不應如是宜[⑧]說出家功德勝利。所以者何？無有功德，無有勝利，是為出家。唯羅怙羅！有為法中，可得說有功德勝利。夫出家者，為無為法。無為法中，不可說有功德勝利。唯羅怙羅！夫出家者無彼無此，亦無中間，遠離諸見；無色，非色，是涅槃路；智者稱讚，聖所攝受；降伏眾魔，超越五趣；淨修五眼，安立五根，證獲五力；不惱於彼，離諸惡法；摧眾外道，超越假名；出欲

① “五道”（pañcagati）是五种轮回转生：天、人、牲畜、饿鬼和地狱。若加上“阿修罗”，则是六道。

② “五眼”（pañcacakṣu）指肉眼、天眼、慧眼、法眼和佛眼。

③ “五力”（pañcabala）指信心、精进力、念力、定力和慧力。

④ “五根”（pañcendriya）一般指眼、耳、鼻、舌和身，而这里指信根、精进根、念根、定根和慧根。

⑤ 这里三个短句不见于原文，而奘译有。原文此处是“无色，远离色”。什译无，而奘译有。

⑥ 此处“内怀喜”，按原文是 svacittadarśanin（“了解自心”）。奘译“善调自心”。

⑦ 此处“禅定”，按原文是 śamatha（“止”或“寂止”）。此词常与 vipaśyanā（“观”）合称“止观”，故而此处奘译“随顺寂止，勤修胜观”。

⑧ 此处“宜”字应为“宣”，据《中华大藏经》校勘记，“诸本作‘宣’”。

淤泥[1]，無所繫著；無所攝受，離我、我所；無有諸取，已斷諸取；無有擾乱，已斷擾乱；善調自心，善護他心；隨順寂止，勤修勝觀；離一切惡，修一切善。若能如是，名真出家。

३।४० प्रव्रजत यूयं कुमारकाः स्वाख्याते धर्मविनये। दुर्लभो हि बुद्धोत्पादः दुर्लभा क्षणसंपत् , दुर्लभो मनुष्यप्रतिलम्भः।ते कुमारका एवम् आहुः -- श्रुतम् अस्माभिर् गृहपते, न तथागतो ऽनवसृष्टं मातापितृभ्यां प्रव्राजयतीति।स तान् आह -- उत्पादयत यूयं कुमारकाः अनुत्तरायां सम्यक्संबोधौ चित्तम् , प्रतिपत्त्या च संपादयत, सैव युष्माकं भविष्यति प्रव्रज्या सोपसंपत्।

今译：“‘诸位童子啊，你们就按照已经得到很好说明的法戒律出家吧！因为佛出世难得，机遇难得，人身难得。’而那些童子说道：‘家主啊，我们听说，如来不准许父母不放行者出家。’于是，他对他们说道：‘诸位童子啊，你们发起无上正等菩提心，修习正行吧！这便是你们出家，这便是受戒。’

什译：“於是維摩詰語諸長者子：‘汝等於正法中，宜共出家。所以者何？佛世難值。’諸長者子言：‘居士！我聞佛言，父母不聽，不得出家。’維摩詰言：‘然[2]汝等便發阿耨多羅三藐三菩提心，是即出家，是即具足[3]。’

奘译：“時無垢稱告諸童子：‘汝等今者於善說法毗奈耶[4]中宜共出家。所以者何？佛出世難，離無暇難，得人身難，具足有暇[5]第一

---

① “出欲淤泥”指出离贪欲淤泥。原文中无“欲”字，这是译出原词的隐喻义。

② 此处“然”，可理解为“然而”。

③ “具足”（upasaṃpad）即受戒。奘译“受具”。

④ “毗奈耶”是 vinaya（“戒律”）一词的音译。

⑤ “具足有暇”（kṣaṇasaṃpad）或译“暇满”，指有幸获得这样的机遇：既生而为人，又逢佛出世。

最難。’諸童子言：‘唯大居士！我聞佛說父母不聽，不得出家。’無垢稱言：‘汝等童子但發無上正等覺心，勤修正行，是即出家，是即受具，成苾芻性。’

३।४१ तत्र द्वात्रिंशता लिच्छविकुमारैर् अनुत्तरायां सम्यक्संबोधौ चित्तान्य् उत्पादितानि। तन् नाहं भगवन् उत्सहे तस्य सत्पुरुषस्य ग्लानपरिपृच्छको गन्तुम्।

今译：“于是，三十二位离车族童子发起无上正等菩提心。因此，世尊啊，我不适宜前去问候这位贤士的病。”

什译：“爾時三十二長者子皆發阿耨多羅三藐三菩提心，故我不任詣彼問疾。”

奘译：“時三十二離呫童子皆發無上正等覺心，誓修正行。時我默然，不能加辯，故我不任詣彼問疾。”

३।४२ तत्र भगवान् आयुष्मन्तम् आनन्दम् आमन्त्रयते स्म -- गच्छ त्वम् आनन्द विमलकीर्तेर् लिच्छवेर् ग्लानपरिपृच्छकः।आनन्द आह -- नाहं भगवन् उत्सहे तस्य सत्पुरुषस्य ग्लानपरिपृच्छको गन्तुम्। तत् कस्माद् धेतोः। अभिजानाम्य् अहं भगवन् -- एकस्मिन् समये भगवतः कायस्य कश्चिद् एवाबाधः। तत्र च क्षीरेण कृत्यम् आसीत्। सो ऽहम् अन्यतमस्मिन् ब्राह्मणमहाशालस्य गृहमूले पात्रं गृहीत्वा स्थितः।विमलकीर्तिर् लिच्छविस् तं प्रदेशम् अनुप्राप्तः। स मां वन्दित्वैवम् आह --

今译：于是，世尊吩咐尊者阿难[①]：“阿难啊，你去问候离车族维摩诘的病吧！”阿难也回答说：“世尊啊，我不适宜前去问候这位贤士

① “阿难”（Ānanda）或译“阿难陀”，是佛弟子，号称“总持第一”。

的病。为什么？世尊啊，记得有一次，世尊身体得病，需要一些牛奶。我在一处婆罗门大宅门前，持钵站立。随后，离车族维摩诘来到那里，向我敬礼后，说道：

什译：佛告阿難："汝行詣維摩詰問疾。"阿難白佛言："世尊，我不堪任詣彼問疾。所以者何？憶念昔時，世尊身小有疾，當用牛乳。我即持鉢，詣大婆羅門家門下立。時維摩詰來，謂我言：

奘译：爾時世尊告阿難陀："汝應往詣無垢稱所，問安其疾。"時阿難陀白言："世尊，我不堪任詣彼問疾。所以者何？憶念我昔於一時間，世尊身現少有[①]所疾，當用牛乳。我於晨朝整理常服，執持衣鉢，詣廣嚴城婆羅門家，竚立門下，從乞牛乳。時無垢稱來到彼所，稽首我足，而作是言：

३।४३ किं भदन्तानन्द काल्यम् एव पात्रम् आदायास्मिन् गृहद्वारसमीपे तिष्ठसि।तम् एनम् अहम् एतद् अवोचम् -- भगवतो गृहपते कायस्य कश्चिद् एवाबाधः। तत्र च क्षीरेण कृत्यम् , तत् पर्यैषामि।स माम् एवम् आह -- अलं भदन्तानन्द मा एवं वोचः। वज्रसंहतनो हि भदन्तानन्द तथागतकायः सर्वाकुशल-वासनाप्रहीणः सर्वमहौजस्ककुशलधर्मसमन्वागतः। कुतस् तस्य व्याधिः कुत उपद्रवः।

今译："'尊者阿难啊，你为何一大早持钵站立在这门前？'我对他说道：'家主啊，世尊身体得病，需要一些牛奶，我来乞求。'于是，他对我说道：'尊者阿难啊，住口吧！你不要这样说。尊者阿难啊，因为如来的身体坚如金刚，远离一切恶习，具有一切大威力善法。

① "少有"的原词是kaścit（kim-cit），词义为"某个"、"某种"或"有点儿"。汉译佛经中常译为"少"、"少分"或"少有"。

他怎么会生病？怎么会有麻烦？

什译：“‘唯阿難！何為晨朝持鉢住此？’我言：‘居士！世尊身小有疾，當用牛乳，故來至此。’維摩詰言：‘止，止！阿難！莫作是語！如來身者，金剛之體，諸惡已斷，眾善普會，當有何疾？當有何惱？

奘译：“‘唯阿難陀！何為晨朝持鉢在此？’我言：‘居士！為世尊身少有所疾，當用牛乳，故來至此。’時無垢稱而謂我言：‘止，止！尊者！莫作是語，勿謗世尊。無以虛事誹謗如來。所以者何？如來身者，金剛合成，一切惡法并習永斷，一切善法圓滿成就，當有何疾？當有何惱？

३।४४ तूष्णींभूतो भदन्तानन्द गच्छ। मा भगवन्तम् अभ्याचक्ष्व। मा कस्यचिद् भूय एवं वोचः। मा महौजस्का देवपुत्रा अन्यबुद्धक्षेत्रसंनिपतिताश् च बोधिसत्वाः श्रोष्यन्ति। राज्ञस् तावद् भदन्तानन्द चक्रवर्तिन इत्वरकुशलमूल-समन्वागतस्य व्याधिर् न संविद्यते। कुतस् तस्य भगवतो ऽप्रमाणकुशल-समन्वागतस्य व्याधिर् भविष्यति। नेदं स्थानं विद्यते। गच्छ गच्छ भदन्तानन्द। मा माम् अध्यपत्रापय, मा अन्यतीर्थिकचरकपरिव्राजकनिग्रन्थाजीवाः श्रोष्यन्ति, मा तेषाम् एवं भविष्यति। कीदृशो बत अयम् एषां शास्ता यः स्वयम् एव तावद् आत्मानं ग्लानं न शक्नोति परित्रातुम् , कुतः पुनर् ग्लानानां सत्वानां त्राणं भविष्यति। ततः प्रच्छन्नं भदन्तानन्द गच्छ शीघ्रम्। मा कश्चिच् छृणुयात्।

今译：“‘尊者阿难啊，你就默不作声，走吧！你不要这样说世尊！你不要再对任何人这样说！你不要让大威力天子们和来自其他佛土的菩萨们听到。尊者阿难啊，转轮王具有少量善根，尚且不生病，何况世尊具有无量善根，怎么会生病？没有这样的事。走吧，走吧！尊者阿难啊，不要让我蒙羞！不要让外道的游方僧、出家人、裸形者[1]和邪命者听到。不要让这些外道这样想：哎呀，他们的导师怎么样？他甚至不能免除自己得病，怎么能免除众生得病？因此，尊者阿难啊，你就悄悄地赶快走吧！不要让任何人听到。

什译：“‘默往，阿難！勿謗如來！莫使異人聞此麁言！無令大威德諸天及他方淨土諸來菩薩得聞斯語。阿難！轉輪聖王以少福故，尚得無病，豈況如來無量福會普勝者哉！行矣，阿難！勿使我等受斯恥也。外道梵志[2]若聞此語，當作是念：何名為師？自疾不能救，而能救諸疾？仁可密速去，勿使人聞。

奘译：“‘唯阿難陀！默還所止，莫使異人聞此麁言！無令大威德諸天及餘佛土諸來菩薩得聞斯語。唯阿難陀！轉輪聖王成就少分所集善根，尚得無病，豈況如來無量善根福智圓滿，而當有疾？定無是處。唯阿難陀！可速默往，勿使我等受斯鄙恥。若諸外道婆羅門等聞此麁言，當作是念：何名於師？自身有病尚不能救，云何能救諸有疾乎？可密速去，勿使人聞。

३।४५ अपि तु भदन्तानन्द धर्मकायास् तथागता नामिषकायाः। लोकोत्तर-कायास् तथागताः सर्वलोकधर्मसमतिक्रान्ताः। अनाबाधस् तथागतस्य कायः सर्वास्त्रवविनिवृतः। असंस्कृतस् तथागतस्य कायः सर्वसंख्याविगतः। तस्य भदन्तो व्याधिम् इच्छतीत्य् अयुक्तम् असदृशम्।

今译：“‘尊者阿难啊，诸如来是法身，不是肉身。诸如来是出世间身，超越一切世间法。如来身无病痛，摆脱一切烦恼。如来身无

① “裸形者”（nigrantha）是裸露身体的苦行者，指耆那教徒。
② “梵志”（brahmacārin）指婆罗门（brāhamaṇa）或外道修行者。而原文中并未使用此词。此处奘译与什译一致，笼统译为“外道婆罗门等”。

为，远离一切计数[①]。尊者你以为他会得病，这不合适，不恰当。’

什译：“‘當知，阿難！諸如來身即是法身，非思欲身[②]。佛為世尊，過於三界。佛身無漏，諸漏已盡。佛身無為，不墮諸數。如此之身，當有何疾？當有何惱？’

奘译：“‘又，阿難陀！如來身者即是法身，非雜穢身；是出世身，世法不染；是無漏身，離一切漏；是無為身，離諸有為；出過眾數，諸數永寂。如此佛身，當有何疾？’

३।४६ तस्य मे भगवन् महदपत्राप्यं जातम्। मा मे भगवतो ऽन्तिकाद् दुःश्रुतं दुर्गृहीतं वा कृतम् इति। सो ऽहम् अन्तरीक्षाच् छब्दम् अश्रौषम्। एवम् एतद् आनन्द यथा गृहपतिर् निर्दिशति। अथ च पुनः पञ्चकषाये भगवान् उत्पन्नः तेनानर्थलूहदरिद्रचर्यया सत्वा विनेतव्याः। तद् गच्छ त्वम् आनन्द क्षीरं गृहीत्वा मा पर्यपत्रपश् चेति।

今译：“听了他的话，世尊啊，我深感羞愧，心想莫非我接近世尊，却没有好好听法受教？而这时，我听到空中传来话音，说道：‘阿难啊，正如这位家主所说。但是，如来出现在五浊[③]世，需要依据穷困、低劣和贫贱的行为教化众生。因此，阿难啊，你就取上牛奶走吧，不必羞愧！’

什译：“時我，世尊，實懷慚愧，得無近佛而謬聽耶？即聞空中聲曰：‘阿難！如居士言。但為佛出五濁惡世，現行斯法[④]，度脫眾生。

---

① “远离一切计数”指不可限量。

② “思欲身”的原词是 āmiṣakāya（“肉身”），意谓追求欲望的身体。奘译“杂秽身”。僧肇《注维摩诘经》解释“非思欲身”说：“什曰梵本云非肉身，即法身也”。

③ “五浊”（pañcakaṣāya）指劫浊、众生浊、烦恼浊、见浊和命浊。

④ “现行斯法”的原文是 anarthalūhadaridracaryayā，意谓“依据不幸、低劣、穷困的行为”。此处僧肇《注维摩诘经》解释说：“什曰梵本云贫法。现病、行乞等，是贫法也。”

行矣，阿難！取乳勿慚。'

奘译：“時我，世尊，聞是語已，實懷慚愧。得無近佛而謬聽耶？即聞空中聲曰：'汝阿難陀！如居士言，世尊真身實無有病。但以如來出五濁世，為欲化導貧窮、苦惱、惡行有情，示現斯事。行矣，阿難陀！取乳勿慚。'

३।४७ ईदृशा भगवन् विमलकीर्तेर् लिच्छवेः प्रश्नव्याकरणनिर्देशाः। तन् नाहं भगवन् उत्सहे तस्य कुलपुत्रस्य ग्लानपरिपृच्छको गन्तुम्।

今译：“世尊啊，离车族维摩诘这样询问、解释和说法。因此，世尊啊，我不适宜前去问候这位善男子的病。”

什译：“世尊，維摩詰智慧辯才為若此也。是故，不任詣彼問疾。”

奘译：“時我，世尊，聞彼大士辯說如是，不知所云，默無酬對，故我不任詣彼問疾。”

३।४८ एवं तानि पञ्चमात्राणि श्रावकशतान्य् अनुत्सहमानानि भगवते निवेदयन्ति। ये च तैर् विमलकीर्तिना लिच्छविना सार्धं कथासंलापाः कृतास् तान् सर्वान् भगवते निवेदयन्ति स्म।

今译：就这样，有五百声闻回禀世尊不敢前往。他们一一向世尊报告曾经与离车族维摩诘谈话的情况。

什译：如是五百大弟子各各向佛說其本缘，稱述維摩詰所言，皆曰不任詣彼問疾。

奘译：如是世尊一一別告五百聲聞諸大弟子：“汝應往詣無垢稱所，問安其疾。”是諸聲聞各各向佛說其本缘，讚述大士無垢稱言，皆曰不任詣彼問疾。

३।४९ तत्र भगवान् मैत्रेयं बोधिसत्वम् आमन्त्रयते स्म -- गच्छ त्वं मैत्रेय विमलकीर्तेर् लिच्छवेर् ग्लानपरिपृच्छकः। मैत्रेयो ऽप्य् आह -- नाहं भगवन् उत्सहे तस्य सत्पुरुषस्य ग्लानपरिपृच्छको गन्तुम्। तत् कस्माद् धेतोः। अभिजानाम्य् अहं भगवन् -- एकस्मिन् समये संतुषितेन देवपुत्रेण सार्धं तुषितकायिकैश् च देवपुत्रैः सार्धं धर्म्यां कथां कथयामि यद् इदं बोधिसत्वानां महासत्वानाम् अविवर्त्यां भूमिम् आरभ्य। तत्र च विमलकीर्तिर् लिच्छविस् तं प्रदेशम् उपसंक्रान्तः। स माम् एतद् अवोचत --

今译：于是，世尊吩咐弥勒菩萨[1]："弥勒啊，你去问候离车族维摩诘的病吧！"弥勒也回答说："世尊啊，我不适宜前去问候这位贤士的病。为什么？世尊啊，记得有一次，我为商兜率天子[2]和众位兜率天子说法，讲述菩萨大士不退转地[3]。离车族维摩诘来到那里，对我说道：

什译：菩薩品第四

什译：於是佛告弥勒菩薩："汝行詣維摩詰問疾。"弥勒白佛言："世尊，我不堪任詣彼問疾。所以者何？憶念我昔為兜率天王及其眷屬說不退轉地之行。時維摩詰來，謂我言：

奘译：菩薩品第四

奘译：爾時世尊告慈氏菩薩摩訶薩言："汝應往詣無垢稱所，問安其疾。"慈氏菩薩白言："世尊，我不堪任詣彼問疾。所以者何？憶

① "弥勒"（Maitreya）或译"慈氏"。弥勒菩萨是未来佛。
② "商兜率天子"（Saṃtuṣita）是兜率天（tuṣita）的天王。兜率天是弥勒菩萨的居处。
③ "不退转地"（avivartyabhūmi）指菩萨修行达到不再退转的境界。

念我昔於一時間，為覩史多[①]天王及其眷屬說諸菩薩摩訶薩等不退轉地所有法要。時無垢稱來到彼所，稽首我足，而作是言：

३।५० त्वं मैत्रेय एकजातिप्रतिबद्धो भगवता व्याकृतो ऽनुत्तरायां सम्यक्संबोधौ। तत् कतमयासि मैत्रेय जात्या व्याकृतः, किम् अतीतया वानागतयोत प्रत्युत्पन्नया। तत्र यातीता जातिः सा क्षीणा, याप्य् अनागता साप्य् असंप्राप्ता, प्रत्युत्पन्नायाः स्थितिर् नास्ति जातेः। यथोक्तं भगवता -- तथा हि त्वं भिक्षः क्षणे क्षणे जायसे जीर्यसि म्रियसे च्यवसे उपपद्यसे चेति। अजातितश् च नियामावक्रान्तिः। न चाजातिर् व्याक्रियते। नाप्य् अजातिर् अभिसंबुध्यते।

今译：“‘弥勒啊，世尊授记[②]你过了这一生就会获得无上菩提而成佛。那么，弥勒啊，你受记的是哪一种生？过去生，未来生，或者现在生？若是过去生，它已逝去。若是未来生，它未来到。若是现在生，它不停留。正如世尊所说：比丘啊[③]，你在刹那刹那中生老死，殁而又生。无生则达到正位[④]。无生不能受记。无生也不能证得正等菩提。

什译：“‘弥勒！世尊授仁者記一生當得阿耨多羅三藐三菩提。為用何生得受記乎？過去耶？未來耶？現在耶？若過去生，過去生已滅。若未來生，未來生未至。若現在生，現在生無住。如佛所說：比丘！汝今即時亦生亦老亦滅。若以無生得受記者，無生即是正位。於正位中，亦無受記，亦無得阿耨多羅三藐三菩提。

---

① “睹史多”是 tuṣita（“兜率”）的又一种音译。

② “授记”的原词是 vyākṛta，词义为“说明”或“解释”，这里专指预言（将来成佛）。

③ 此处“比丘啊”的原词校订本写为 bhikṣaḥ，应按原抄本写为 bhikṣo，即 bhikṣu（“比丘”）的阳性单数呼格，因为此句中的呼告对象是第二人称单数。但 bhikṣo 也是混合梵语形式的阳性复数呼格，故而奘译“汝等苾芻”。

④ “正位”的原词是 niyāma，词义为“限定”、“确定”或“固定”，这里指摆脱生死而处于恒定的状态，也就是下面所说的“真如”状态。此词奘译“正性”。

奘译：“‘尊者慈氏！唯佛世尊授仁者記一生所繫[①]，當得無上正等菩提。為用何生得授記乎？過去耶？未來耶？現在耶？若過去生，過去生已滅。若未來生，未來生未至。若現在生，現在生無住。如世尊說，汝等苾芻！剎那剎那具生老死，即沒即生。若以無生得授記者，無生即是所入正性。於此無生所入性中，無有授記，亦無證得正等菩提。

३।५१ तत् कथं त्वं मैत्रेय व्याकृतस् तथतोत्पादेन तथतानिरोधेन वा। न च तथतोत्पद्यते न निरुध्यते, न निरोत्स्यते। या च सर्वसत्वानां तथता, या च सर्वधर्माणां तथता, सैव मैत्रेयस्यापि तथता। एवं यदि त्वं व्याकृतः सर्वसत्वा अपि व्याकृता भवन्ति। तत् कस्माद् धेतोः। न हि तथता द्वयप्रभाविता नानात्वप्रभाविता। तद् यदा मैत्रेयो बोधिम् अभिसंभोत्स्यते, सर्वसत्वा अपि तस्मिन् समये तादृशीम् एव बोधिम् अभिसंभोत्स्यन्ते। तत् कस्माद् धेतोः। सर्वसत्वानुबोधो हि बोधिः। यदा च मैत्रेयः परिनिर्वास्यति, सर्वसत्वा अपि तदा परिनिर्वास्यन्ति। तत् कस्माद् धेतोः। न ह्य् अपरिनिर्वृतानां सर्वसत्वानां तथागताः परिनिर्वान्ति। परिनिर्वृतानि ते सत्वानि पश्यन्ति निर्वाणप्रकृतिकानि। तस्माद् इह मैत्रेय मा एतान् देवपुत्रान् उल्लापय मा विसंवादय।

今译：“‘因此，弥勒啊，你怎么能依照真如生或真如灭受记？真如不生，不灭，也不将灭。一切众生的真如，一切法的真如，也就是弥勒你的真如。如果你受记，一切众生也受记。为什么？因为真如不显示二性，不显示多样性。一旦弥勒你证得正等菩提，那时一切众生也同样证得正等菩提。为什么？因为菩提是一切众生得以觉醒。一旦弥勒你进入涅槃，那时一切众生也进入涅槃。为什么？因为一切众

---

① “一生所系”（ekajātipratibaddha）也译“一生补处”，指菩萨修行达到最高阶位，过完这一生，下一生就要成佛，也就是已成为候补的佛。

生不入涅槃，诸如来便不入涅槃。诸如来看到众生本性涅槃，终究涅槃。因此，弥勒啊，你不要在这里愚弄和迷惑这些天子。

什译：“‘云何弥勒受一生記乎？為從如生得受記耶？為從如滅得受記耶？若以如生得受記者，如無有生。若以如滅得受記者，如無有滅。一切衆生皆如也，一切法亦如也，衆聖賢亦如也[①]，至於弥勒亦如也。若弥勒得受記者，一切衆生亦應受記。所以者何？夫如者，不二不異。若弥勒得阿耨多羅三藐三菩提者，一切衆生皆亦應得。所以者何？一切衆生即菩提相。若弥勒得滅度[②]者，一切衆生亦應滅度。所以者何？諸佛知一切衆生畢竟寂滅，即涅槃相，不復更滅。是故，弥勒！無以此法誘諸天子。

奘译：“‘云何慈氏得授記耶？為依如生得授記耶？為依如滅得授記耶？若依如生得授記者，如無有生。若依如滅得授記者，如無有滅。無生，無滅，真如理中無有授記。一切有情皆如也，一切法亦如也，一切聖賢亦如也，至於慈氏亦如也。若尊者慈氏得授記者，一切有情亦應如是而得授記。所以者何？夫真如者，非二所顯，亦非種種異性所顯。若尊者慈氏當證無上正等菩提，一切有情亦應如是，當有所證。所以者何？夫菩提者，一切有情等所隨覺。若尊者慈氏當般涅槃，一切有情亦應如是當有涅槃。所以者何？非一切有情不般涅槃[③]。佛說真如為般涅槃，以佛觀見一切有情本性寂滅，即涅槃相，故說真如為般涅槃。是故，慈氏！勿以此法誘諸天子，勿以此法滯諸天子。[④]

३।५२ न बोधौ कश्चित् प्रतिष्ठते, न निवर्तते। अपि तु खलु पुनर् मैत्रेय येषां

---

① 这句不见于原文。而奘译与什译一致。
② “灭度”是“涅槃”（nirvāṇa）或“般涅槃”（parinirvāṇa）的又一种译名。
③ 这句按原文的意思是：“一切有情不般涅槃，诸如来便不般涅槃。”什译中无此句。
④ 这一段什译和奘译的文字表述与原文有些差异，但意义一致。

देवपुत्राणां बोधिपरिकल्पनदृष्टिस् ताम् एताम् उत्सर्जय। न हि बोधिः कायेनाभिसंबुध्यते, न चित्तेन। व्युपशमो बोधिः सर्वनिमित्तानाम् , असमारोपो बोधिः सर्वारम्बणानाम् , अप्रचारो बोधिः सर्वमनस्काराणाम् , परिच्छेदो बोधिः सर्वदृष्टिगतानाम् , विगमो बोधिः सर्वपरिकल्पानाम् , विसंयोगो बोधिः सर्वेञ्जितमन्यस्यन्दितानाम् , अनधिष्ठानं बोधिः सर्वप्रणिधानानाम् , असङ्गप्रवेशो बोधिः सर्वोद्ग्रहविगता, स्थिता बोधिर् धर्मधातुस्थाने, अनुगता बोधिस् तथतायाम् , प्रतिष्ठिता बोधिर् भूतकोट्याम् , अद्वया बोधिर् मनोधर्मविगता, समा बोधिर् आकाशसमतया, असंस्कृता बोधिर् उत्पादभङ्गस्थित्यन्यथात्वविगता, परिज्ञा बोधिः सर्वसत्वचित्तचरिताशयानाम् , अद्वारा बोधिर् आयतनानाम् , असंसृष्टा बोधिः सर्ववासनानुसंधिक्लेशविगता, न देशस्था न प्रदेशस्था बोधिः स्थानास्थानविगता, तथताप्रतिष्ठिता बोधिः सर्वतो ऽदृश्या, नामधेयमात्रं बोधिस् तच् च नाम निरीहकम् , निरात्मिका बोधिर् आयूहनिर्यूहविगता, अनाकुला बोधिः प्रकृतिपरिशुद्धा, प्रकाशा बोधिः स्वभावपरिशुद्धा, अनुद्ग्रहा बोधिर् अध्यालम्बनविगता, निर्नानात्वा बोधिः सर्वधर्मसमतावबोधत्वात् , अनुपमा बोधिर् उपमोपन्यासविगताः, सूक्ष्मा बोधिर् दुरनुबोधत्वात् , सर्वत्रानुगता बोधिर् आकाशस्वभावत्वात्। सा न शक्या कायेन वाचा चित्तेनाभिसंबोद्धुम्।

今译：“‘无人住于菩提，也无人从菩提退转。弥勒啊，你要让这些天子摒弃菩提分别见。因为证得菩提不靠身和心。一切相寂灭是菩提。不攀缘一切所缘是菩提。一切意念不活动是菩提。断除一切见是菩提。远离一切分别妄想是菩提。摆脱一切激动、骄傲和骚动是菩提[①]。不依靠一切誓愿是菩提。不执著是菩提。摒弃一切贪著是菩提。安住法界[②]是菩提。依随真如是菩提。安住实际是菩提。远离心和法

① 这句中，“骄傲”的原词是 manya，疑有误，正规的写法应为 manyana 或 manyanā。“骚动”的原词是 syandita（“流动”），而实际是 spandita（“抖动”或“跃动”）。这句奘译笼统译为“永离一切动乱法”。而什译无此句。

② “法界”（dharmadhātu）指一切事物，或指诸法的要素、实质或本性。什译“法性”。

而不二是菩提。平等如同虚空是菩提。远离生灭住异而无为是菩提。洞悉一切众生心意、行为和意愿是菩提。诸处无入口是菩提。远离一切熏习相续烦恼而不混杂是菩提。远离有无居处而无居无处是菩提。住于真如而无处可见是菩提。名无作用而唯名称①是菩提。远离来去取舍而无我②是菩提。本性清净而无混乱是菩提。自性清净而光明是菩提。远离攀缘而无贪著是菩提。觉悟一切法平等而无多样性是菩提。远离运用譬喻而无可比拟是菩提。难以觉知而微妙是菩提。本性如同虚空而顺应一切是菩提。它不能靠身、言和心证得。’

什译：“‘實無發阿耨多羅三藐三菩提心者，亦無退者。弥勒！當令此諸天子，捨於分别菩提之見。所以者何？菩提者，不可以身得，不可以心得。寂滅是菩提，滅諸相故。不觀③是菩提，離諸缘故。不行是菩提，無憶念④故。斷是菩提，捨諸見故。離是菩提，離諸妄想故。障是菩提，障諸願故。不入是菩提，無貪著故。順是菩提，順於如故。住是菩提，住法性故。至是菩提，至實際故。不二是菩提，離意法故。等是菩提，等虚空故。無為是菩提，無生、住、滅故。知是菩提，了眾生心行故。不會是菩提，諸入不會⑤故。不合是菩提，離煩惱習故。無處是菩提，無形色故。假名是菩提，名字空故。如化是菩提，無取捨故。無乱是菩提，常自靜故。善寂是菩提，性清淨故。無取是菩提，離攀缘故。無異是菩提，諸法等故。無比是菩提，無可

① “唯名称”（nāmadheyamātra）也就是“唯假名”，因为“名”（nāma）“无作用”，徒有空名。

② 此处“无我”的原词是 nirātmikā。什译“如化”（指“如幻化”），则原词应为 nirmitā。奘译“无浪”（指“无识浪”），则原词应为 nirūrmikā。校订本注文中指出藏译本读法与奘译一致。看来奘译的读法比较可取。

③ 此处“不观”的原词是 asamāropa，词义为“不登上”或“不安放”。这里指“不攀缘”。奘译“不增益”。

④ 此处“忆念”的原词是 manaskāra，词义为“起念”或“决定”。奘译“作意”。

⑤ “诸入不会”中的“诸入”指“诸处”。奘译“内六处”，指眼、耳、鼻、舌、身和意。“不会”按原文是 advāra（“无门”），指无门可入。

喻故。微妙是菩提，諸法難知故。’[①]

奘译：“‘夫菩提者，無有趣求，亦無退轉。尊者慈氏！當令此諸天子捨於分別菩提之見。所以者何？夫菩提者，非身能證，非心能證。寂滅是菩提，一切有情、一切法相皆寂滅故。不增是菩提，一切所缘不增益故。不行是菩提，一切戲論、一切作意皆不行故。永斷是菩提，一切見趣皆永斷故。捨離是菩提，一切取著皆捨離故。離繫是菩提，永離一切動乱法故。寂靜是菩提，一切分別永寂靜故。廣大是菩提，一切弘願不測量[②]故。不諍是菩提，一切執著、一切諍論皆遠離故。安住是菩提，住法界故。隨至是菩提，隨真如故。不二是菩提，差別法性皆遠離故。建立是菩提，實際所立故。平等是菩提，一切眼色乃至意法皆悉平等，如虛空故。無為是菩提，生、住、異、滅畢竟離故。遍知是菩提，一切有情所有心行皆遍知故。無問[③]是菩提，内六處等所不雜故。無雜是菩提，一切煩惱相續習氣永遠離故。無處是菩提，於真如中一切方處所遠離故。無住是菩提，於一切處不可見故。唯名是菩提，此菩提名無作用故。無浪是菩提，一切取捨永遠離故。無乱是菩提，常自靜故。善寂是菩提，本性淨故。明顯是菩提，自性無離[④]故。無取是菩提，離攀缘故。無異是菩提，隨覺諸法平等性故。無喻是菩提，一切比況永遠離故。微妙是菩提，極難覺故。遍行是菩提，自性周遍如虛空故。至頂是菩提，至一切法最上首故。無染是菩

① 这一段对“菩提”的描述，什译全部使用“……故”的句式。但按原文，除个别句子外，并非使用这种句式。故而，什译时常需要添加用词，以保持这种句式。

② “不测量”（apramāṇa）指不可测量，也就是广大无边。但原文的用词是 anadhiṣṭhāna（“不依靠”），指不依靠誓愿。什译“障诸愿”，意义与此接近。

③ 此处“无问”的原词是 advāra（“无门”），故而“问”字应为“门”。据《中华大藏经》校勘记，“《资》作‘门’；《碛》、《普》、《南》、《径》、《清》、《丽》作‘间’”。

④ 此处“无离”的原词是 pariśuddha，词义为“清净”或“纯洁”。故而，“无离”应为“无杂”。据《中华大藏经》校勘记，“此处‘离’字，诸本作‘杂’”。

提，一切世法不能染故。如是菩提非身能證，非心能證。’[①]

३।५३ इह भगवन् निर्देशे निर्दिश्यमाने ततः परिषदो द्वयोर् देवपुत्रशतयोर् अनुत्पत्तिकेषु धर्मेषु क्षान्तिप्रतिलम्भो ऽभूत्। अहं च निष्प्रतिभानो ऽभूवम्। तन् नाहं भगवन् उत्सहे तस्य सत्पुरुषस्य ग्लानपरिपृच्छको गन्तुम्।

今译：“世尊啊，他这样说法，二百天子会众获得无生法忍。而我缺乏辩才。因此，世尊啊，我不适宜前去问候这位贤士的病。”

什译：“世尊，維摩詰說是法時，二百天子得無生法忍，故我不任詣彼問疾。”

奘译：“世尊，彼大居士說此法時，於天衆中二百天子得無生法忍。時我默然，不能加辯，故我不任詣彼問疾。”

३।५४ तत्र भगवान् प्रभाव्यूहं लिच्छविकुमारम् आमन्त्रयते स्म -- गच्छ त्वं सत्पुरुष विमलकीर्तेर् लिच्छवेर् ग्लानपरिपृच्छकः।प्रभाव्यूहो ऽप्य् आह -- नाहं भगवन् उत्सहे तस्य सत्पुरुषस्य ग्लानपरिपृच्छको गन्तुम्। तत् कस्माद् धेतोः। अभिजानाम्य् अहं भगवन् -- एकस्मिन् समये भगवन् वैशाल्या महानगर्या निष्क्रमामि। विमलकीर्तिश् च लिच्छविः प्रविशति। सो ऽहं तम् अभिवाद्यैवम् अवोचम् -- कुतस् त्वं गृहपते आगच्छसीति।स माम् एवम् आह -- आगच्छामि बोधिमण्डाद् इति।तम् अहम् एतद् अवोचम् -- बोधिमण्ड इति कस्यैतन् नाम।स माम् एतद् अवोचत् --

今译：于是，世尊吩咐离车族童子光严[②]：“贤士啊，你去问候离车族维摩诘的病吧！”光严回答说：“世尊啊，我不适宜前去问候这位

① 这一段对“菩提”的描述，奘译沿用什译“……故”的句式，不仅用词，而且内容也有所增添。或许奘译所据原文中有这些增添的词语。

② “光严”（Prabhāvyūha）是一位菩萨。

贤士的病。为什么？世尊啊，记得有一次，我出维舍离大城，刚好离车族维摩诘进城。我向他致敬，说道：‘家主啊，你从哪里来？’他对我说道：‘我从菩提道场[1]来。’我对他说道：‘何为菩提道场？’他对我说道：

什译： 佛告光嚴童子：“汝行詣維摩詰問疾。”光嚴白佛言：“世尊，我不堪任詣彼問疾。所以者何？憶念我昔出毗耶離大城，時維摩詰方入城。我即為作礼而問言：‘居士從何所來？’答我言：‘吾從道場來。’我問：‘道場者何所是？’答曰：

奘译： 爾時世尊告光嚴童子：“汝應往詣無垢稱所，問安其疾。”光嚴童子白言：“世尊，我不堪任詣彼問疾。所以者何？憶念我昔於一時間，出廣嚴城時，無垢稱方入彼城。我為作礼，問言：‘居士從何所來？’彼答我言：‘從妙菩提來。’我問：‘居士！妙菩提者為何所是？’即答我言：

३।५५ बोधिमण्ड इति कुलपुत्र आशयमण्ड एषो ऽकृत्रिमतया, प्रयोगमण्ड एष आरम्भोत्तारणतया, अध्याशयमण्ड एष विशेषाधिगमतया, बोधिचित्तमण्ड एषो ऽसंप्रमोषणतया,

今译： “‘善男子啊，所谓菩提道场，那是意愿道场，因为不虚假。那是修行道场，因为能成事。那是诚心道场，因为获得殊胜法。那是菩提心道场，因为不会忘却。

---

① “菩提道场”（bodhimaṇḍa）指修行觉悟的场所。最初释迦牟尼在尼连河边菩提树下坐禅修行，觉悟成佛。此词什译“道场”，而奘译“妙菩提”。原词中的 maṇḍa（“道场”），本义是“乳脂”、“米汁”或“装饰”。在巴利文中，bodhimaṇḍa 原指“至高的菩提”，后引申为“菩提道场”，与 bodhimaṇḍala 一词相通。这样，奘译“妙菩提”是突出此词的“菩提”含义，符合此词的原义，也符合维摩诘对“菩提道场”的阐发。

什译：“‘直心是道場，無虛假故。發行是道場，能辦事故。深心是道場，增益功德故。菩提心是道場，無錯謬故。

奘译：“‘淳直意樂是妙菩提，由此意樂不虛假故。發起加行是妙菩提，諸所施為能成辦故。增上意樂是妙菩提，究竟證會殊勝法故。大菩提心是妙菩提，於一切法無忘失故。

३।५६ दानमण्ड एष विपाकाप्रतिकाङ्क्षणतया, शीलमण्ड एष प्रणिधानपरिपूरणतया, क्षान्तिमण्ड एष सर्वसत्वाप्रतिहतचित्ततया, वीर्यमण्ड एषो ऽविनिवर्तनतया, ध्यानमण्ड एष चित्तकर्मण्यतया, प्रज्ञामण्ड एष प्रत्यक्षदर्शितया,

今译：“‘那是布施道场，因为不期望回报。那是持戒道场，因为圆满实现誓愿。那是忍辱道场，因为对一切众生不怀恶意。那是精进道场，因为不会退缩。那是禅定道场，因为能调顺心。那是智慧道场，因为能现证①。

什译：“‘布施是道場，不望報故。持戒是道場，得願具故。忍辱是道場，於諸衆生心無礙故。精進是道場，不懈退故。禪定是道場，心調柔故。智慧是道場，現見諸法故。

奘译：“‘清淨布施是妙菩提，不悕世間異熟果②故。固守淨戒是妙菩提，諸所願求皆圓滿故。忍辱柔和是妙菩提，於諸有情心無恚故。勇猛精進是妙菩提，熾然勤修無懈退故。寂止靜慮是妙菩提，其心調順有堪能故。殊勝般若是妙菩提，現見一切法性相故。

---

① “现证”（pratyakṣadarśitā）或译“现见”，指直观或直觉。

② “异熟果”的原词是 vipāka，词义为“煮熟”或“成熟”，引申为“果报”。vipāka 的构词是词干 pāka（“熟”）加上前缀 vi。vi 作为前缀，常含有“分别”或“区别”之意。因此，“异熟果”这个译法表示果产生于因，又异于因。

३।५७ मैत्रीमण्ड एष सर्वसत्वसमचित्ततया, करुणामण्ड एष खेदसहिष्णुतया, मुदितामण्ड एष धर्मारामरतिरततया, उपेक्षामण्ड एषो ऽनुनयप्रतिघप्रहाणतया,

今译：“‘那是慈道场，因为对一切众生怀有平等心。那是悲道场，因为忍受劳苦。那是喜道场，因为乐在法中。那是舍道场，因为摒弃爱憎。

什译：“‘慈是道場，等眾生故。悲是道場，忍疲苦故。喜是道場，悅樂法故。捨是道場，憎愛斷故。

奘译：“‘慈是妙菩提，於諸有情心平等故。悲是妙菩提，於諸疲苦能忍受故。喜是妙菩提，恒常領受法苑樂故。捨是妙菩提，永斷一切愛恚等故。

३।५८ अभिज्ञामण्ड एष षडभिज्ञतया, विमोक्षमण्ड एषो ऽकल्पनतया, उपायमण्ड एष सत्वपरिपाचनतया, संग्रहवस्तुमण्ड एष सर्वसत्वसंग्रहणतया, श्रुतमण्ड एष प्रतिपत्तिसारकत्वात् , निध्यप्तिमण्ड एष योनिशःप्रत्यवेक्षणतया, बोधिपक्ष्यधर्ममण्ड एष संस्कृतासंस्कृतोत्सर्जनतया, सत्यमण्ड एष सर्वलोकाविसंवादनतया, प्रतीत्यसमुत्पादमण्ड एषो ऽविद्यास्रवक्षयतया यावज् जरामरणास्रवक्षयतया, सर्वक्लेशप्रशमनमण्ड एष यथाभूताभिसंबोधनतया,

今译：“‘那是神通道场，因为具有六神通。那是解脱道场，因为没有妄想。那是方便道场，因为教化众生。那是摄事道场，因为吸引一切众生。那是多闻道场，因为努力修行。那是深思道场，因为依理观察。那是菩提分支法道场，因为舍弃有为无为。那是真谛道场，因为不欺诳一切世人。那是缘起道场，因为灭除无知烦恼，乃至灭除老死烦恼。那是平息一切烦恼道场，因为如实觉悟。

什译：“‘神通是道場，成就六通故。解脱是道場，能背捨[①]故。方便是道場，教化衆生故。四攝是道場，攝衆生故。多聞是道場，如聞行故。伏心是道場，正觀諸法故。三十七品是道場，捨有為法[②]故。諦是道場，不誑世間故。缘起是道場，無明乃至老死皆無盡[③]故。諸煩惱[④]是道場，知如實故。

奘译：“‘神通是妙菩提，具六神通故。解脱是妙菩提，離分別動故。方便是妙菩提，成熟有情故。攝事是妙菩提，攝諸有情故。多聞是妙菩提，起真實行故。調伏是妙菩提，如理觀察故。三十七種菩提分法是妙菩提，棄捨一切有為法故。一切諦實是妙菩提，於諸有情不虛誑故。十二缘起是妙菩提，無明不盡，乃至老死、憂苦、熱惱皆不盡故。息諸煩惱是妙菩提，如實現證真法性故。

३।५९ सर्वसत्वमण्ड एष सत्वास्वभावतया, सर्वधर्ममण्ड एष शून्यताभिसंबोधनतया, सर्वमारनिर्घातनमण्ड एषो ऽचलनतया, त्रैधातुकमण्ड एष प्रस्थानविगमनतया, सिंहनादनदनवीर्यमण्ड एषो ऽभीतानुत्त्रासनतया, बलवैशारद्यावेणिकसर्वबुद्धधर्ममण्ड एष सर्वतो ऽनुपाक्रुष्टत्वात्, त्रैविद्यविद्यामण्ड एष निरवशेषत्वात् क्लेशानाम्, एकचित्तनिरवशेषसर्वधर्मानुबोधमण्ड एष सर्वज्ञज्ञानसमुदागमत्वात्।

今译：“‘那是一切众生道场，因为众生无自性[⑤]。那是一切法道场，因为觉悟空性。那是降伏一切摩罗道场，因为坚定不移。那是

① 此处“背舍”指背离和舍弃外界一切，而按原文是akalpanatā（“无妄想”）。奘译“离分别动”，与原文一致。

② 此处“有为法”，按原文是saṃskṛtāsaṃskṛta，即“有为和无为”。奘译与什译同。

③ 此处“无尽”，按原文是kṣaya，即“灭除”或“灭尽”。奘译“不尽”，与什译同。若按奘译和什译，原文应为akṣaya（“无尽”）。

④ 此处“诸烦恼”，按原文是sarvakleśapraśamana（“平息一切烦恼”）。奘译“息诸烦恼”，与原文一致。

⑤ “无自性”（asvabhāva）指没有自身的实体，也就是“无我”。什译“无我”。奘译“用无我为自性”。表述不同，意义一致。

三界道场，因为远离一切趣向。那是狮子吼精进道场，因为无所畏惧。那是诸力、无畏和一切不共佛法道场，因为无可指责。那是三明道场，因为彻底灭除烦恼。那是一念觉知所有一切法道场，因为获得知一切智[①]。

什译：“‘眾生是道場，知無我故。一切法是道場，知諸法空故。降魔是道場，不傾動故。三界是道場，無所趣故。師子吼是道場，無所畏故。力、無畏、不共法是道場，無諸過故。三明是道場，無餘礙故。一念知一切法是道場，成就一切智故。

奘译：“‘一切有情是妙菩提，皆用無我為自性故。一切諸法是妙菩提，隨覺一切皆性空故。降伏魔怨是妙菩提，一切魔怨不傾動故。不離三界是妙菩提，遠離一切發趣事故。大師子吼是妙菩提，能善決擇無所畏故。諸力、無畏、不共佛法是妙菩提，普於一切無訶厭[②]故。三明鑒照是妙菩提，離諸煩惱，獲得究竟無餘智故。一剎那心[③]覺一切法究竟無餘是妙菩提，一切智智圓滿證故。

३।६० इति हि कुलपुत्र यावन्तो बोधिसत्वाः पारमिताप्रतिसंयुक्तं सत्वपरिपाकप्रतिसंयुक्तं सद्धर्मपरिग्रहप्रतिसंयुक्तं कुशलमूलप्रतिसंयुक्तं क्रमम् उत्क्षिपन्ति निक्षिपन्ति च। सर्वे ते बोधिमण्डाद् आगच्छन्ति, बुद्धधर्मेभ्य आगच्छन्ति, बुद्धधर्मेषु च प्रतिष्ठन्ते।

今译：“‘善男子啊，只要菩萨们运用波罗蜜，教化众生，掌握妙法，具有善根，无论抬步或踩步，他们都来自菩提道场，来自佛法，

① “知一切智”（sarvajñajñāna）或译“一切知智”，指遍知一切的智慧。奘译“一切智智”。

② “无诃厌”指不受诃责和厌恶。原词是 anupākruṣṭatva，词义为“不受诃骂”。

③ 此处“一刹那心”的原词是 ekacitta（“一心”或“一念”）。此词与 ekacittakṣaṇa（“一刹那心”或“一念刹那”）一词意义相通。

住于佛法。’

什译：“‘如是，善男子！菩薩若應[①]諸波羅蜜，教化眾生，諸有所作，舉足下足，當知皆從道場來，住於佛法矣！’[②]

奘译：“‘如是，善男子！若諸菩薩真實發趣具足相應，波羅蜜多具足相應，成熟有情具足相應，一切善根具足相應，攝受正法具足相應，供養如來具足相應，諸有所作、往來、進止、舉足、下足，一切皆從妙菩提來，一切皆從諸佛法來，安住一切諸佛妙法。’[③]

३।६१ इह भगवन् निर्देशे निर्दिश्यमाने पञ्चमात्रैर् देवमनुष्यशतैर् बोधाय चित्तान्य् उत्पादितानि। अहं च निष्प्रतिभानो ऽभूवम्। तन् नाहं भगवन् उत्सहे तस्य सत्पुरुषस्य ग्लानपरिपृच्छको गन्तुम्।

今译：“世尊啊，他这样说法，五百天神和人发起菩提心。而我缺乏辩才。因此，世尊啊，我不适宜前去问候这位贤士的病。”

什译：“說是法時，五百天、人皆發阿耨多羅三藐三菩提心，故我不任詣彼問疾。”

奘译：“世尊，彼大居士說是法時，五百天子[④]皆發無上正等覺心。時我默然，不能加辯，故我不任詣彼問疾。”

---

① 此处“应”字指“应用”或“运用”。

② 这一段什译文字有所简化。

③ 这一段奘译文字有所增添。而其中的几个“具足相应”并非奘译增添。它们的原词是 pratisaṃyukta，词义为“联系”、“结合”、“运用”或“具有”。佛经中常将 yukta（“联系”或“结合”）一词译为“相应”或“具足”。此词加上前缀 prati 和 sam，具有强化词义的作用，故而奘译“具足相应”。

④ 此处“天子”，按原文是 devamanuṣya（“天和人”），故而，“天子”中的“子”字应为“人”。据《中华大藏经》校勘记，“《石》、《资》、《碛》、《普》、《南》、《径》、《清》作‘人’”。

३।६२ तत्र भगवान् जगतिन्धरं बोधिसत्वम् आमन्त्रयते स्म -- गच्छ त्वं जगतिन्धर विमलकीर्तेर् लिच्छवेर् ग्लानपरिपृच्छकः।जगतिन्धरो ऽप्य् आह -- नाहं भगवन् उत्सहे तस्य सत्पुरुषस्य ग्लानपरिपृच्छको गन्तुम्। तत् कस्माद् धेतोः। अभिजानाम्य् अहं भगवन् -- एकस्मिन् समये स्वके विहारे विहरामि। अथ मारः पापीयान् द्वादशभिर् अप्सरःसहस्त्रैः परिवृतः शक्रवेषेण तूर्यसंगीति-संप्रवादितेन येनाहं तेनोपसंक्रम्य मम पादौ शिरसा वन्दित्वा सपरिवारो मां पुरस्कृत्यैकान्ते ऽस्थात्। तम् एनम् अहं जानामि -- शक्र एष देवेन्द्र इति।तम् अहम् एतद् अवोचम् -- स्वागतं ते कौशिक, अप्रमत्तेन ते भवितव्यं सर्वकामरतिषु अनित्यप्रत्यवेक्षणाबहुलेनात्तसारेण ते भवितव्यं कायजीवितभोगेभ्यः।स माम् एवम् आह -- प्रतीच्छ त्वं सत्पुरुष इमानि द्वादशाप्सरःसहस्त्राणि ममान्तिकात् , एतास् ते परिचारिका भवन्ताम्।तम् अहम् एतद् अवोचम् -- मा त्वं कौषिक अकल्पिकेन वस्तुना श्रमणान् शाक्यपुत्रीयान् निमन्त्रय, यथा न ह्य् एता अस्माकं कल्प्यन्त इति।

今译：于是，世尊吩咐持世菩萨："持世啊，你去问候离车族维摩诘的病吧！"持世也回答说："世尊啊，我不适宜前去问候这位贤士的病。为什么？世尊啊，记得有一次，我住在自己家中。恶摩罗乔装帝释天，在一万二千天女围绕下，奏乐歌唱，来到我那里。他俯首向我行触足礼，然后偕同随从向我表示恭敬，侍立一旁。我以为他是帝释天王，对他说道：'欢迎你，憍尸迦①！你不应该放逸。你应该经常观察一切欲乐无常，而从身体、生命和财富中获取坚实法②。'他对我说道：'贤士啊，请你从我这里接受这一万二千天女！让她们成为你

① "憍尸迦"（Kauśika）是帝释天的称号。据说这是他成为天王前在人间的族姓。

② "坚实法"的原词是 sāra，词义为"精华"、"精髓"、"本质"或"坚实"。此词什译"坚法"。据僧肇《注维摩诘经》："坚法：三坚法，身、命、财宝也。若忘身命、弃财宝、去封累而修道者，必获无极之身、无穷之命、无尽之财也。此三天地焚而不烧，劫数终而不尽，故名坚法。"

的侍女吧！’我对他说道：‘憍尸迦啊，不要施与沙门释子[①]不相宜之物。她们对我们不合适。’

什译：佛告持世菩薩：“汝行詣維摩詰問疾。”持世白佛言：“世尊，我不堪任詣彼問疾。所以者何？憶念我昔，住於靜室。時魔波旬[②]從[③]万二千天女，狀如帝釋，鼓樂絃歌，來詣我所。與其眷屬，稽首我足，合掌恭敬，於一面立。我意謂是帝釋，而語之言：‘善來[④]，憍尸迦！雖福應有，不當自恣。當觀五欲[⑤]無常，以求善本，於身、命、財而修堅法。’即語我言：‘正士！受是万二千天女，可備掃灑。’我言：‘憍尸迦！無以此非法之物要[⑥]我沙門釋子，此非我宜。’

奘译：爾時世尊告持世菩薩：“汝應往詣無垢稱所，問安其疾。”持世菩薩白言：“世尊，我不堪任詣彼問疾。所以者何？憶念我昔於一時間，在自住處。時惡魔怨從万二千諸天女等，狀如帝釋，鼓樂絃歌，來到我所。與其眷屬，稽首我足，作諸天樂，供養於我，合掌恭敬，在一面立。我時意謂真是帝釋，而語之言：‘善來，憍尸迦！雖福應有，不當自恣。當勤觀察諸欲戲樂皆悉無常，於身、命、財當勤修習，證堅實法。’即語我言：‘唯大正士！可受此女，以備供侍。’我即答言：‘止！憍尸迦！無以如是非法之物而要施我沙門釋子，此非我宜。’

① “释子”（Śākyaputrīya 或 Śākyaputra）指佛弟子。

② “魔波旬”的原词是 māraḥ pāpīyān，词义为“邪恶的摩罗”。故而，其中的“魔”指摩罗；“波旬”是 pāpīyān（“邪恶的”）一词的音译。此词奘译“恶魔怨”，是将 māra 译为“魔怨”，将 pāpiyān 译为“恶”。

③ 此处“从”指“带着”。原词是 parivṛta，词义为“环绕”或“簇拥”。

④ “善来”（svāgatam）意谓“欢迎”。

⑤ “五欲”指色、声、香、味和触。原文中的用词是“一切欲乐”。

⑥ “要”的原词是 nimantraya，词义为“邀请”、“招待”或“布施”。奘译“要施”。

३।६३ एषा च कथा प्रवृत्ता, विमलकीर्तिर् लिच्छविर् उपसंक्रान्तः। स माम् एवम् आह -- मा अत्र कुलपुत्र शक्रसंज्ञाम् उत्पादय। मार एष पापीयांस् तव विहेठनाभिप्राय उपसंक्रान्तः, नैष शक्र इति।अथ विमलकीर्तिर् लिच्छविस् तं मारं पापीयांसम् एतद् अवोचत् -- अस्मभ्यं पापीयन् एता अप्सरसो निर्यातय। अस्माकम् एताः कल्प्यन्ते, न श्रमणानां शाक्यपुत्रीयाणाम् इति।अथ मारः पापीयान् भीतस् त्रस्तः संविग्नः। मा विमलकीर्तिना लिच्छविना विप्रलप्स्य इति, इच्छति चान्तर्धातुम् , न च शक्नोति सर्वर्द्धिम् अपि दर्शयित्वान्तर्धातुम्। सो ऽन्तरीक्षाच् छब्दम् अश्रौषीत् निर्यातय त्वम् एताः पापीयन् अप्सरस एतस्मै सत्पुरुषाय, ततः शक्ष्यसि स्वभवनं गन्तुम्। अथ मारो भीतस् त्रस्तो ऽकामको ऽस्मै ता अप्सरसो निर्यातयति।

今译："在这样交谈时，离车族维摩诘来到。他对我说道：'善男子啊，不要以为他是帝释天。他是恶摩罗，前来扰害你。他不是帝释天。'然后，离车族维摩诘对恶摩罗说道：'恶魔啊，你把这些天女送给我们吧！她们适合我们，不适合沙门释子。'于是，恶摩罗惊恐不安，心想：'别让离车族维摩诘数落我。'他想要隐身消失。但施展一切神通，也无法隐身消失。他听到空中传来话音：'恶魔啊，你将那些天女交给这位贤士，然后你能返回自己宫中。'摩罗惊恐不安，不情愿地交出那些天女。

什译："所言未訖，時維摩詰來，謂我言：'非帝釋也，是為魔來嬈固汝[①]耳！'即語魔言：'是諸女等可以與我，如我應受。'魔即驚懼，念：'維摩詰將無惱我？'欲隱形去，而不能隱；盡其神力，亦不得去。即聞空中聲曰：'波旬！以女與之，乃可得去。'魔以畏故，俛仰而與。

① 此处"嬈固汝"，奘译"嬈汝故"。其中的"固"或"故"，对应原词 abhiprāya（"意图"或"旨在"），也就是表示原因或缘故。

奘译：“所言未訖，時無垢稱來到彼所，稽首我足，而謂我言：‘非帝釋也。是惡魔怨嬈汝故耳。’時無垢稱語惡魔言：‘汝今可以此語[1]天女迴施於我，是我在家白衣所宜，非諸沙門釋子應受。’時惡魔怨即便驚怖，念無垢稱將無惱我？欲隱形去，為無垢稱神力所持，而不能隱；盡其神力種種方便，亦不能去。即聞空中聲曰：‘汝惡魔怨，應以天女施此居士，乃可得還自所天宮。’是惡魔怨以怖畏故，俛仰而與。

३।६४ प्रतिगृह्य च विमलकीर्तिस् ता अप्सरस एतद् अवोचत् -- निर्यातिता यूयं मह्यं मारेण पापीयसा, उत्पादयतेदानीम् अनुत्तरायां सम्यक्संबोधौ चित्तम्। स तासां तदानुलोमिकीं बोधिपरिपाचनीं कथां कृत्वा बोधौ चित्तम् उत्पादयति स्म।स ता एवम् आह -- उत्पादितम् इदानीं युष्माभिर् बोधिचित्तम् , धर्मारामरतिरताभिर् इदानीं युष्माभिर् भवितव्यम् , न कामरतिरताभिः।ता आहुः -- कतमा च पुनर् धर्मारामरतिः।स आह -- बुद्धे ऽभेद्यप्रसादरतिः, धर्मे शुश्रूषणरतिः, संघ उपस्थानरतिः, गुरुषु गौरवोपस्थानरतिः, त्रैधातुकान् निःसरणरतिः, विषयेष्व् अनिश्रितरतिः, स्कन्धेषु वधकानित्यप्रत्यवेक्षणारतिः, धातुष्व् आशीविषपरितुलनारतिः, आयतनेषु शून्यग्रामविवेकरतिः, बोधिचित्तारक्षणरतिः, सत्वेषु हितवस्तुतारतिः, दाने संविभागरतिः, शीलेष्व् अशैथिल्यरतिः क्षान्त्यां क्षमदमरतिः, वीर्ये कुशलसमुदानयनरतिः, ध्यानेषु परिकर्मरतिः, प्रज्ञायाम् अपगतक्लेशावभासरतिः, बोधौ विस्तीर्णरतिः, मारस्य निग्रहरतिः, क्लेशानां प्रघातनारतिः, बुद्धक्षेत्रस्य विशोधनारतिः, लक्षणानुव्यञ्जनपरिनिष्पत्त्यर्थं सर्वकुशलमूलोपचयरतिः गम्भीरधर्मश्रवणानुत्त्रासरतिः, त्रिविमोक्षमुखपरिजयरतिः, निर्वाणारम्बणरतिः, बोधिमण्डालंकाररतिः, न चाकालप्राप्तिरतिः, सभागजनसेवनारतिः, विषभागेष्व् अदोषाप्रतिघातरतिः, कल्याणमित्रेषु सेवारतिः, पापमित्रेषु विसर्जनारतिः, धर्मप्रीतिप्रा-

① 此处“语”字应为“诸”。据《中华大藏经》校勘记，“诸本作‘诸’”。

मोद्यरतिः, उपाये संग्रहरतिः, अप्रमादबोधिपक्ष्यधर्मसेवनारतिः। एवं हि बोधिसत्वो धर्मारामरतिरतो भवति।

今译：“维摩诘接受后，对那些天女说道：‘恶摩罗将你们交给了我。现在你们发起无上正等菩提心吧！’随即，他顺应她们说法，培养菩提，让她们发起菩提心。然后，他对她们说道：‘如今你们已经发起菩提心。如今你们应该喜爱法乐，而不应该喜爱欲乐。’她们说道：‘何为法乐？’他说道：‘那是始终不断敬信佛之乐，聆听法之乐，供奉僧之乐，尊敬侍奉导师之乐，出离三界之乐，不依附欲境之乐，观察诸蕴有害而无常之乐，考量诸界如同毒蛇之乐，辨察诸处如同荒村之乐，守护菩提心之乐，凡事有益众生之乐，广为布施之乐，坚定持戒之乐，柔顺忍辱之乐，积善精进之乐，修习禅定之乐，消除烦恼而智慧明净之乐，菩提广大之乐，降伏摩罗之乐，克服烦恼之乐，净化佛土之乐，为妙相和随好[①]圆满而积累一切善根之乐，闻听深邃妙法不惊恐之乐，熟习[②]三解脱门之乐，有缘涅槃之乐，装饰菩提道场之乐，不于非时获得之乐，亲近同类之乐，不憎恨伤害异类之乐，亲近善友之乐，回避恶友之乐，信法欢喜之乐，方便摄受之乐，不放逸修习菩提分支法之乐。这些便是菩萨的法乐。’

什译：“爾時維摩詰語諸女言：‘魔以汝等與我，今汝皆當發阿耨多羅三藐三菩提心。’即隨所應而為說法，令發道意。復言：‘汝等已發道意，有法樂可以自娛，不應復樂五欲樂也。’天女即問：‘何謂法樂？’答言：‘樂常信佛；樂欲聽法；樂供養眾[③]；樂離五欲；樂觀

---

① “妙相和随好”（lakṣaṇānuvyañjana）指三十二种“大人相”以及相伴随的其他八十种妙相。

② “熟习”的原词是 parijaya（“胜利”），在佛经中与 paricaya（“修习”或“熟悉”）一词相通。奘译“正观察”。

③ “众”的原词是 saṅgha，指“僧众”。奘译“和合众”。

五陰如怨賊；樂觀四大[1]如毒蛇；樂觀內入[2]如空聚；樂隨護道意；樂饒益眾生；樂敬養師；樂廣行施；樂堅持戒；樂忍辱柔和；樂勤集善根；樂禪定不乱；樂離垢明慧；樂廣菩提心；樂降伏眾魔；樂斷諸煩惱；樂淨佛國土；樂成就相好故，修諸功德；樂嚴[3]道場；樂聞深法不畏；樂三脫門；不樂非時；樂近同學[4]；樂於非同學中，心無恚礙；樂將護[5]惡知識；樂親近善知識；[6]樂心喜清淨；樂修無量道品之法。是為菩薩法樂。’

奘译：“時無垢稱語諸女言：‘是惡魔怨以汝施我，今諸姊等當發無上正等覺心。’即隨所應，為說種種隨順成熟妙菩提法，令其趣向正等菩提。復言：‘姊等已發無上正等覺心，有大法苑樂可以自娛，不應復樂五欲樂也。’諸天女言：‘唯大居士！云何名為大法苑樂？’無垢稱言：‘法苑樂者，謂於諸佛不壞淨[7]樂；於正法中常聽聞樂；於和合眾勤敬事樂；於其三界永出離樂；於諸所缘無依住樂；於諸蘊中觀察無常如怨害樂；於諸界中無到[8]觀察如毒蛇樂；於諸處中無倒觀察如空聚樂；於菩提心堅守護樂；於諸有情饒益事樂；於諸師長勤供侍樂；於惠施中離慳貪樂；於淨戒中無慢緩樂；於忍辱中堪調順樂；

---

① “四大”的原词是 dhātu（“界”）。“界”可以指四大，但这里更可能是指“十八界”。奘译“诸界”。

② “内入”指内六处，即“六根”。而此处原文为“诸处”，也就是指十二处，包括外六处（即“六境”）。

③ “严”的原词是 alaṃkāra，词义为“装饰”。

④ “同学”的原词是 sabhāga，词义为“同类”或“同行”。

⑤ “将护”指“保护”。原词是 visarjianā（“避开”或“回避”）。奘译与什译一致。而此处支译“乐远恶友”，与原文一致。

⑥ 这两句中的“恶知识”（pāpamitra）和“善知识”（kalyāṇamitra）指“恶友”和“善友”。

⑦ “不坏净”的原文是 abhedyaprasāda。其中的 abhedya，词义为“不断裂”或“不毁坏”，可译为“不断”；prasāda 词义为“清净”、“欢喜”或“敬信”。故而，“不坏净”指保持清净心或清净的敬仰之心。什译“常信”。

⑧ 此处“到”字应为“倒”，与下一句中的“倒”一致。这两句中的“无倒”指“不颠倒”，也就是“正确”。原文中无此词。

於精進中習善根樂；於靜慮中知無乱樂；於般若中離惑明樂；於菩提中廣大妙樂；於眾魔怨能摧伏樂；於諸煩惱能遍知[①]樂；於諸佛土遍修治樂；於相隨好莊嚴身中極圓滿樂；於其福、智二種資糧正修習樂[②]；於妙菩提具莊嚴樂；於甚深法無驚怖樂；於三脫門正觀察樂；於般涅槃正攀缘樂；不於非時而觀察樂；於同類生見其功德，常親近樂；於異類生不見過失，無憎恚樂；於諸善友樂親近樂；於諸惡友樂將護樂；於巧方便善攝受樂；於諸法中歡喜信樂；於不放逸修習一切菩提分法最上妙樂。如是，諸姊！是為菩薩大法苑樂。此法苑樂，諸大菩薩常住其中。汝等當樂，勿樂欲樂。’[③]

३।६५ अथ मारः पापीयांस् ता अप्सरस एतद् अवोचत् -- आगच्छत। इदानीं गमिष्यामः स्वभवनम् इति।ता एवम् आहुः -- निर्यातिता इदानीं त्वया वयम् अस्मै गृहपतये। धर्मारामरतिरताभिर् अस्माभिर् इदानीं भवितव्यम् , न कामरतिरताभिः।अथ मारः पापीयान् विमलकीर्तिं लिच्छविम् एवम् आह -- निःसृज त्वं गृहपते इमा अप्सरसः। सर्वस्वपरित्यागिनो बोधिसत्वा महासत्वा भवन्ति।विमलकीर्तिर् आह -- अवसृष्टा भवन्तु। गच्छ पापीयन्। सर्वसत्वानां धार्मिका अभिप्रायाः परिपूर्यन्ताम्।अथ ता अप्सरसो विमलकीर्तिं नमस्कृत्यैवम् आहुः -- कथं वयं गृहपते मारभवने ऽवतिष्ठेम।

今译：“然后，恶摩罗对那些天女说道：‘来吧！现在，我们一起回宫。’而她们说道：‘如今，你已把我们送给这位家主。现在，我们应该喜爱法乐，而不应该喜爱欲乐。’于是，恶摩罗对离车族维摩诘说道：‘家主啊，你放回这些天女吧！舍弃一切财富者才是菩萨大

① “遍知”的原词是 praghātanā，词义为“打击”或“消灭”。什译“断”。

② 这句按原文是“积累一切善根之乐”。什译“修诸功德”。三者意义相通。但按原文和什译，这句与前一句原本为一句，前一句表示原因。

③ 这一段奘译比照原文，文字表述略有增饰。

士。’维摩诘说道：‘那就放回她们。恶魔啊，你走吧！让一切众生实现信法的愿望吧！’然后，那些天女向维摩诘敬礼，说道：‘家主啊，我们在摩罗宫中怎样做？’

什译：“於是波旬告諸女言：‘我欲與汝俱還天宮。’諸女言：‘以我等與此居士，有法樂。我等甚樂，不復樂五欲樂也。’魔言：‘居士！可捨此女。一切所有施於彼者，是為菩薩。’維摩詰言：‘我已捨矣，汝便將去。令一切眾生得法願具足。’於是，諸女問維摩詰：‘我等云何止[①]於魔宮？’

奘译：“時惡魔怨告天女曰：‘汝等可來，今欲與汝俱還天宮。’諸女答言：‘惡魔，汝去！我等不復與汝俱還。所以者何？汝以我等施此居士，云何更得與汝等還？我等今者樂法苑樂，不樂欲樂。汝可獨還。’[②]時惡魔怨白無垢稱：‘唯大居士！可捨此女。一切所有心不耽著而惠施者，是為菩薩摩訶薩也。’無垢稱言：‘吾以捨矣，汝可將去。當令汝等一切有情法願滿足。’時諸天女礼無垢稱，而問之言：‘唯大居士！我等諸女還至魔宮，云何修行？’

३।६६ आह -- अस्ति भगिन्यः अक्षयप्रदीपं नाम धर्ममुखम्। तत्र प्रतिपद्यध्वम्। तत् पुनः कतमत्। तद्यथा भगिन्यः एकस्मात् तैलप्रदीपाद् दीपशतसहस्राण्य् आदीप्यन्ते। न च तस्य दीपस्य परिहाणिर् भवति। एवम् एव भगिन्यः एको बोधिसत्वो बहूनि सत्वशतसहस्राणि बोधौ प्रतिष्ठापयति। न च तस्य बोधिसत्वस्य चित्तस्मृतिर् हीयते, न परिहीयते, उत च वर्धते। एवं सर्वान् कुशलान् धर्मान् यथा यथा परेषाम् आरोचयति देशयति, तथा तथा विवर्धते सर्वैः कुशलैर् धर्मैः। इदं तद् अक्षयप्रदीपं नाम धर्ममुखम्। तत्र युष्माभिर् मारभवने स्थिताभिर्

① “止”的原词是 avatiṣṭhema，词义为“停留”、“居住”或“生活”。
② 这一段天女们的回答，奘译文字有所增饰，比原文更生动。

अपरिमाणानां देवपुत्राणाम् अप्सरसां च बोधिचित्तं रोचयितव्यम्। एवं यूयं तथागतस्य कृतज्ञा भविष्यथ। सर्वसत्वानां चोपजीव्या भविष्यथ।

今译：“他说道：‘姐妹们啊，有一个法门名为无尽灯。你们就修习吧！这种法门什么样？姐妹们啊，譬如一盏油灯点燃百千盏油灯，而这盏油灯不减损。同样，姐妹们啊，一位菩萨让数百千众生获得菩提，而这位菩萨的心念不减损，不仅不减损，反而增益。正如为他人宣说一切善法，自己随同一切善法增益。这便是名为无尽灯的法门。你们在摩罗宫中应该劝说无量天子和天女发起菩提心。这样，你们就是对如来知恩图报，也做到救护一切众生。’

什译：“維摩詰言：‘諸姊！有法門名無盡燈，汝等當學。無盡燈者，譬如一燈然百千燈，瞑[①]者皆明，明終不盡。如是，諸姊！夫一菩薩開導百千眾生，令發阿耨多羅三藐三菩提心，於其道意亦不滅盡，隨所說法，而自增益一切善法。是名無盡燈也。汝等雖住魔宮，以是無盡燈令無數天子天女發阿耨多羅三藐三菩提心者，為報佛恩，亦大饒益一切眾生。’

奘译：“無垢稱言：‘諸姊當知有妙法門名無盡燈，汝等當學。’天女復問：‘云何名為無盡燈耶？’答言：‘諸姊！譬如一燈然百千燈，瞑者皆明，明終不盡，亦無退滅。如是，諸姊！夫一菩薩勸發建立百千俱胝那庾多[②]眾趣求無上正等菩提，而此菩薩菩提之心，終無有盡，亦無退減，轉更增益。如是為他方便善巧宣說正法，於諸善法轉更增長，終無有盡，亦無退減。諸姊當知此妙法門名無盡燈，汝等當學。

① 此处“瞑”字，据《中华大藏经》校勘记，“《资》、《碛》、《普》、《南》、《径》、《清》作‘冥’”。“瞑”和“冥”均指“昏暗”。此处“瞑者皆明”不见于原文。奘译沿用什译。

② 此处原文只有“百千”（satasahasra），而无“俱胝”（koṭi）和“那庾多”（niyuta 或 nayuta）。但“百千”或“百千俱胝那庾多”都是佛经惯用语，以表示数量之多。

雖住魔宮，當勸無量天子天女發菩提心。汝等即名知如來恩，真實酬報，亦是饒益一切有情。’

३।६७ अथ ता अप्सरसो विमलकीर्तेर् लिच्छवेः पादौ शिरसा वन्दित्वा सार्धं मारेण प्रक्रान्ताः। इमे भगवन् विमलकीर्तेर् लिच्छवेर् विकुर्वणविशेषाः, यान् अहं नाज्ञासिषम्। तन् नाहं भगवन् उत्सहे तस्य सत्पुरुषस्य ग्लानपरिपृच्छको गन्तुम्।

今译：“然后，那些天女俯首向离车族维摩诘行触足礼，和摩罗一起离去。世尊啊，离车族维摩诘的这些殊胜神通变化，我不通晓。因此，世尊啊，我不适宜前去问候这位贤士的病。”

什译：“爾時天女頭面礼維摩詰足，隨魔還宮，忽然不現。世尊，維摩詰有如是自在神力，智慧辯才，故我不任詣彼問疾。”

奘译：“是諸天女恭敬頂礼無垢稱足。時無垢稱捨先制持惡魔神力，令惡魔怨與諸眷屬忽然不現，還於本宮。世尊，是無垢稱有如是等自在神力、智慧辯才，變現說法，故我不任詣彼問疾。”

३।६८ तत्र भगवान् सुदत्तं श्रेष्ठिपुत्रम् आमन्त्रयते स्म -- गच्छ त्वं कुलपुत्र विमलकीर्तेर् लिच्छवेर् ग्लानपरिपृच्छकः।सुदत्तो ऽप्य् आह -- नाहं भगवन् उत्सहे तस्य सत्पुरुषस्य ग्लानपरिपृच्छको गन्तुम्। तत् कस्माद् धेतोः। अभिजानाम्य् अहं भगवन् -- स्वके पैतृके निवेशने महायज्ञं यजामि। सर्वदरिद्र-दुःखितेभ्यः सर्वश्रमणब्राह्मणकृपणवनीयकयाचनकेभ्यो दानं ददामि। सप्तदिवसान् महायज्ञं यजामि।तत्र सप्तमे दिवसे विमलकीर्तिर् लिच्छविस् तां महायज्ञशालां प्रविश्य माम् एतद् अवोचत् -- न श्रेष्ठिपुत्र एवं यज्ञो यष्टव्यो यथा त्वं यजसे। धर्मयज्ञस् ते यष्टव्यः। किं त आमिषयज्ञेन।तम् अहम् एतद् अवोचम् -- कथं पुनर् धर्मयज्ञो यष्टव्यः।स माम् एवम् आह --

今译：于是，世尊吩咐长者子苏达多[①]："善男子啊，你去问候离车族维摩诘的病吧！"苏达多也回答说："世尊啊，我不适宜前去问候这位贤士的病。为什么？世尊啊，记得有一次，我在自己父亲家中举行大祭[②]，布施一切穷苦人，一切沙门、婆罗门和孤苦无助的行乞者。大祭举行七天。离车族维摩诘在第七天来到那里，进入大祭堂，对我说道：'长者子啊，你不应该举行这样的祭祀。你应该举行法祭。你举行这种财祭[③]有什么用？'我说道：'应该怎样举行法祭？'他说道：

什译：佛告長者子善德："汝行詣維摩詰問疾。"善德白佛言："世尊，我不堪任詣彼問疾。所以者何？憶念我昔自於父舍設大施會，供養一切沙門、婆羅門及諸外道、貧窮、下賤、孤獨、乞人。期滿七日，時維摩詰來入會中，謂我言：'長者子！夫大施會不當如汝所設。當為法施之會，何用是財施會為？'我言：'居士！何謂法施之會？'答曰：

奘译：爾時世尊告長者子蘇達多言："汝應往詣無垢稱所，問安其疾。"時蘇達多白言："世尊，我不堪任詣彼問疾。所以者何？憶念我昔自於父舍，七日七夜作大祠會，供養一切沙門、婆羅門及諸外道、貧窮、下賤、孤獨、乞人。而此大祠期滿七日。時無垢稱來入會中，而謂我言：'唯長者子！夫祠會者不應如汝今此所設。汝今應設法施祠會，何用如是財施祠為？'我言：'居士！何等名為法施祠會？'彼答我言：

---

① "苏达多"（Sudatta）又译"须达多"、"须达"或"善德"，称号为"给孤独长者"。他是舍卫城商主，曾买下祇园，赠给佛陀。

② "大祭"（mahāyajña）指盛大的祭祀。祭祀是祭供天神以祈福。同时，在祭祀中，也向婆罗门和其他求乞者布施财物。故而，此词奘译"大祠会"，而什译"大施会"。

③ 此处"财祭"的原词是 āmiṣayajña，词义为"肉祭"，因为传统的婆罗门教杀牲祭祀。而其中的 āmiṣa 一词，也由肉食引申为食物、财物或财利。因此，此词什译和奘译均为"财祭"。

३।६९ येन धर्मयज्ञेनापूर्वाचरमं सर्वसत्वाः परिपाच्यन्ते, अयं धर्मयज्ञः। स पुनः कतमः। यद् इदं बोध्याकाराभिनिर्हृता महामैत्री, सद्धर्मसंग्रहाभिनिर्हृता महाकरुणा, सर्वसत्वप्रामोद्यारम्बनाभिनिर्हृता महामुदिता, ज्ञानसंग्रहाभिनिर्हृता महोपेक्षा,

今译：“‘法祭无前无后①，教化一切众生。这种法祭什么样？它以菩提行相引发大慈。以摄受正法引发大悲。以一切众生随缘欢喜引发大喜。以摄受智慧引发大舍。

什译：“‘法施會者，無前無後，一時供養一切衆生。是名法施之會。’曰：‘何謂也？’‘謂以菩提起於慈心。以救衆生起大悲心。以持正法起於喜心。②以攝智慧行於捨心。

奘译：“‘法施祠者，無前無後，一時供養一切有情。是名圓滿法施祠會。其事云何？謂以無上菩提行相引發大慈。以諸有情解脱行相引發大悲。③以諸有情隨喜行相引發大喜。以攝正法、攝智行相引發大捨。

३।७० शान्तदान्ताभिनिर्हृता दानपारमिता, दुःशीलसत्वपरिपाचनाभिनिर्हृता शीलपारमिता, नैरात्म्यधर्माभिनिर्हृता क्षान्तिपारमिता, बोध्यङ्गाभिनिर्हृता वीर्यपारमिता, कायचित्तविवेकाभिनिर्हृता ध्यानपारमिता, सर्वज्ञज्ञानाभिनिर्हृता प्रज्ञापारमिता,

今译：“‘以平静柔顺引发布施波罗蜜。以教化犯戒众生引发持戒波罗蜜。以无我法引发忍辱波罗蜜。以觉支④引发精进波罗蜜。以

① “无前无后”（apūrvācarama）指时间上无先后，也就是“同时”。故而，什译和奘译都添加了“一时”这个词。

② 这里两句对“悲心”和“喜心”的描述与原文有差异。

③ 这句对“大悲”的描述与原文有差异。

④ “觉支”（bodhyaṅga）指达到觉悟的七个组成部分：念（smṛti）、择法（dharmapravicaya）、精进（vīrya）、喜（prīti）、轻安（praśrabdhi）、定（samādhi）和舍（upekṣā），合称“七觉支”。

身心寂静引发禅定波罗蜜。以知一切智引发智慧波罗蜜。

什译：“‘以攝慳貪起檀[①]波羅蜜。以化犯戒起尸羅波羅蜜。以無我法起羼提[②]波羅蜜。以離身心相起毗梨耶[③]波羅蜜。以菩提相[④]起禪波羅蜜。[⑤]以一切智起般若波羅蜜。

奘译：“‘以善寂靜調伏行相引發布施波羅蜜多。以化犯禁有情行相引發淨戒波羅蜜多。以一切法無我行相引發堪忍波羅蜜多。以善遠離身心行相引發精進波羅蜜多。以其最勝覺支行相引發靜慮波羅蜜多。以聞一切智智行相引發般若波羅蜜多。

३।७१ सर्वसत्वपरिपाचनाभिनिर्हृता शून्यताभावना, संस्कृतपरिकर्माभिनिर्हृतानिमित्तभावना, संचिन्त्योपपत्त्यभिनिर्हृताप्रणिहितभावना,

今译：“‘以教化一切众生引发修习空性。以从事有为引发修习无相。以自愿受生引发修习无愿。

什译：“‘教化眾生而起於空。不捨有為法而起無相。示現受生而起無作[⑥]。

奘译：“‘以化一切眾生行相引發修空。以治一切有為行相引修[⑦]無相。以故作意受生行相引修無願。

---

① “檀”是 dāna（“布施”）一词的音译。

② “羼提”是 kṣānti（“忍辱”或“堪忍”）一词的音译。

③ “毗梨耶”是 vīrya（“精进”）一词的音译。

④ 此处“菩提相”的原词是 bodhyaṅga，即“觉支”。

⑤ 这里两句对“精进”和“禅定”的描述与原文有差异。奘译与什译一致。但似乎原文的描述更合理。

⑥ “无作”的原词是 apraṇihita，即“无愿”。

⑦ 此处及下句中的“修”字，据《中华大藏经》校勘记，“《资》、《碛》、《普》、《南》、《径》、《清》作‘发’”。而此处及下句原文中有 bhāvana（“修习”）一词，故而这里的两个“修”字可取。

३।७२ सद्धर्मपरिग्रहाभिनिर्हृतो बलपराक्रमः, संग्रहवस्त्वभिनिर्हृतं जीवितेन्द्रियम् , सर्वसत्वानां दासत्वशिष्यत्वाभिनिर्हृता निर्मानता, असारात् सारादानाभिनिर्हृतः कायजीवितभोगप्रतिलम्भः, षडनुस्मृत्यभिनिर्हृता स्मृतिः, संरञ्जनीयधर्माभिनिर्हृतो ऽध्याशयः, सम्यक्प्रतिपत्त्यभिनिर्हृताजीवपरिशुद्धिः, प्रसादप्रामोद्यसेवनाभिनिर्हृतार्यपर्युपासना, अनार्येष्व् अप्रतिघाताभिनिर्हृता चित्तनिध्यप्तिः, प्रव्रज्याभिनिर्हृतो ऽध्याशयः, प्रतिपत्त्यभिनिर्हृतं श्रुतकौशलम् , अरणाधर्मप्रतिवेधाभिनिर्हृतो ऽरण्यवासः, बुद्धज्ञानसंप्रापणाभिनिर्हृतं संलयनम् , सर्वसत्वक्लेशमोचनयोगाभिनिर्हृता योगाचारभूमिः,

今译：“‘以接受正法引发勇猛威力。以摄事引发命根。以成为一切众生奴仆和弟子引发无傲慢。以从不坚实中获取坚实引发获取身体、生命和财富。以六随念[①]引发正念。以亲和法[②]引发深信。以正确修行引发生命清净。以清净、欢喜和亲近引发侍奉圣者。以不憎恨非圣者引发深思心。以出家引发深信。以修行引发多闻和善巧。以通达无诤法引发安居林中。以获得佛智引发静坐。以修行解脱一切众生烦恼引发修行地[③]。

什译：“‘護持正法，起方便力。以度衆生[④]起四攝法。以敬事一切起除慢法。於身、命、財起三堅法。於六念中起思念法。於六和敬起質直心。正行善法起於淨命。心淨歡喜起近賢聖。不憎惡人起調伏心。以出家法起於深心。以如說行起於多聞。以無諍法起空閑處。趣向佛慧起於宴坐。解衆生縛起修行地。

① “六随念”（ṣaḍanusmṛti）指六种“忆念”：念佛、念法、念僧、念戒、念施和念天。

② “亲和法”（saṃrañjanīyadharma），什译“六和敬”，指与他人友好相处的六种方法。奘译“净妙诸法”。

③ “修行地”（yogācārabhūmi）指修行的各阶段。奘译“瑜伽师地”。“瑜伽师”（yogācāra）指修行者。

④ 此处“度众生”，按原文和奘译是“命根”（jīvitendriya）。但与“四摄法”（即“四摄事”）相联系，“度众生”的意义更切合。

奘译：“‘以善攝受正法行相引發大力。以善修習攝事行相引發命根。以如一切有情僕隸敬事行相引發無慢。以不堅實貿易一切堅實行相引發證得堅身、命、財。以其六種隨念行相引發正念。以修淨妙諸法行相引發意樂。以勤修習正行行相引發淨命。以淨歡喜親近行相引發親近承事聖賢。以不增[①]恚非聖行相，引調伏心。以善清淨出家行相引發清淨增上意樂。以常修習中道[②]行相引發方便善巧多聞。以無諍法通達行相引發常居阿練若[③]處。以正趣求佛智行相引發宴坐。以正息除一切有情煩惱行相引發善修瑜伽師地。

३।७३ लक्षणानुव्यञ्जनसंभाराभिनिर्हृतः सत्वपरिपाकः, बुद्धक्षेत्रालंकाराभिनिर्हृतः पुण्यसंभारः, सर्वसत्वचित्तचरितयथाशयधर्मदेशनाभिनिर्हृतो ज्ञानसंभारः, सर्वधर्मानायूहानिर्यूहैकनयज्ञनाभिनिर्हृतः प्रज्ञासंभारः, सर्वक्लेशसर्वावरणसर्वाकुशलधर्मप्रहाणाभिनिर्हृतः सर्वकुशलमूलसंभारः,

今译：“‘以妙相和随好资粮引发教化众生。以装饰佛土引发福德资粮。以依随一切众生心念和意愿说法引发正智资粮。以通晓一切法无取无舍的唯一法门[④]引发智慧资粮。以消除一切烦恼、一切障碍和一切恶法引发一切善根资粮。

什译：“‘以具相好及淨佛土起福德業。[⑤]知一切衆生心念、如

---

① 此处“增”字应为“憎”。据《中华大藏经》校勘记，“《资》、《碛》、《普》、《南》、《径》、《清》、《丽》作‘憎’”。

② 此处“中道”，按原文是“修行”（pratipatti），什译“如说行”。“中道”的用词是madhyamapratipad。

③ “阿练若”是araṇya（“森林”或“旷野”）一词的音译。什译“空闲处”。

④ “唯一法门”的原词是ekanaya。其中的eka，词义为“单一”或“唯一”；naya，词义为“方式”、“方法”或“法则”。此词什译“一相门”。奘译“一正理门”。

⑤ 这句按原文分为两句。什译合并为一句。奘译与什译一致，但词句更完整。而且，也改善了原文第一句中词语表达不周之处，因为这一段中各句都是说明“引发”（或“获取”）某种资粮。

應說法起於智業。知一切法不取不捨、入一相門起於慧業。斷一切煩惱、一切障礙、一切不善法起一切善業。

奘译：“‘以具相好、成熟有情、莊嚴清淨佛土行相引發廣大妙福資糧。以知一切有情心行、隨其所應說法行相引發廣大妙智資糧。以於諸法無取無捨、一正理門悟入行相引發廣大妙慧資糧。以斷一切煩惱、習氣、諸不善法、障礙行相引發證得一切善法。

३।७४ सर्वज्ञज्ञानानुबोधनसर्वकुशलधर्माभिनिर्हृतः सर्वबोधिपक्ष्यधर्मसमुद्गमः। अयं स कुलपुत्र धर्मयज्ञः, यत्र धर्मयज्ञे प्रतिष्ठिता बोधिसत्वा इष्टयज्ञयाजूका दक्षिणीया भवन्ति सदेवकस्य लोकस्य। एवं हि भगवन् तस्य गृहपतेर् निर्दिशतस् तस्या ब्राह्मणपर्षदो द्वयोर् ब्राह्मणशतयोर् अनुत्तरायां सम्यक्संबोधौ चित्तान्य् उत्पन्नानि।

今译：“‘以觉知一切智和一切善法引发修行一切菩提分支法。善男子啊，这便是法祭。菩萨们住于这种法祭，成为如意祭祀者，值得天神和世人供养。’世尊啊，这位家主这样说法，婆罗门会众中二百婆罗门发起无上正等菩提心。

什译：“‘以得一切智慧、一切善法起於一切助佛道法。如是，善男子！是為法施之會。若菩薩住是法施會者，為大施主，亦為一切世間福田[①]。’世尊，維摩詰說是法時，婆羅門眾中二百人皆發阿耨多羅三藐三菩提心。

奘译：“‘以隨覺悟一切智智、一切善法資糧行相引發證行一切

① “福田”的原词是dakṣiṇīya，词义为“值得供养者”。供养值得供养者，能产生福德，故而称值得供养者为“福田”。这句的意思是由于举行法祭，不仅祭祀（或供养）的对象成为“福田”，祭祀者（或供养者）本身也成为“福田”（“值得供养者”）。僧肇《注维摩诘经》此处解释说：“什曰若施财施，但名施主，不名福田。若行法施，亦名施主，又名福田。”

所修菩提分法。汝善男子！如是名為法施祠會。若諸菩薩安住如是法施祠會，名大施主，普為世間天人供養。’世尊，彼大居士說此法時，梵志眾中二百梵志皆發無上正等覺心。

३।७५ अहं चाश्चर्यप्रसादप्रतिलब्धस् तस्य सत्पुरुषस्य चरणौ प्रणम्य शतसहस्रमूल्यं मुक्ताहारं कण्ठाद् अवतार्य ददामि। स तं मुक्ताहारं न प्रतिगृह्णाति स्म। तम् अहम् एतद् अवोचम् -- प्रतिगृह्येमम् , यत्र ते प्रसादो भवति तस्मै प्रयच्छेति। तेन स मुक्ताहारो गृहीत्वा द्विधाकृतः। एको भागो यस् तत्र यज्ञशालायां सर्वलोकजुगुप्सितो नगरदरिद्रस् तस्मै दत्तः। द्वितीयश् च भागो दुष्प्रसहाय तथागताय दत्तः। यथा च सर्वा पर्षत् पश्यति तं च मरीचिं लोकधातुं तं च दुष्प्रसहं तथागतं तं च मुक्ताहारं दुष्प्रसहस्य मूर्धसंधौ मुक्ताहारकूटागारं प्रादुर्भूतं चित्रं दर्शनीयं चतुरस्रं चतुःस्थूणं समंभागशः सुविभक्तम्।

今译：“我深感惊喜，向这位贤士行触足礼，从颈上取下价值百千的珍珠项链，赐给他。而他不接受这珍珠项链。我对他说道：‘请你垂恩，收下它，随你处置！’于是，他收下珍珠项链，将它分成两份。一份施与祭堂中一位遭到所有世人厌弃的城中穷人，另一份施与难胜如来。这样，他让所有会众看到那个阳焰世界和那位难胜如来[①]。而珍珠项链在难胜如来头顶上呈现珍珠项链楼台，四角四柱，等分整齐，美观可爱。

什译：“我時心得清淨，歎未曾有，稽首礼維摩詰足，即解瓔珞價直百千以上之，不肯取。我言：‘居士！願必納受，隨意所與。’維摩詰乃受瓔珞，分作二分。持一分施此會中一最下乞人，持一分奉彼難勝如來。一切眾會皆見光明國土難勝如來，又見珠瓔在彼佛上變成

---

① “难胜如来”指宇宙中另一个名为阳焰世界的佛土中，与释迦牟尼佛同时代的一位佛。“阳焰”的原词是 marīci，词义为“光线”，在佛经中常常用以指称“幻象”。什译“光明”，奘译“阳焰”。

四柱寶臺，四面嚴飾，不相障蔽。

奘译：“我於爾時歎未曾有，得淨歡喜，恭敬頂礼彼大士足，解寶瓔珞，價直百千，慇勤奉施。彼不肯取。我言：‘大士！哀愍我故，願必納受。若自不須，心所信處，隨意施與。’時無垢稱乃受瓔珞，分作二分。一分施此大祠會中最可厭毀貧賤乞人，一分奉彼難勝如來。以神通力，令諸大衆皆見他方陽焰世界難勝如來，又見所施一分珠瓔在彼佛上成妙寶臺，四方四臺，等分間飾，種種莊嚴，甚可愛樂。

३।७६ स इदं प्रातिहार्यं संदर्श्येमां वाचम् अभाषत -- यस्य दायकस्य दानपतेर् यादृशी तथागते दक्षिणीयसंज्ञा तादृशी नगरदरिद्रे निर्नानात्वेन समा, महाकरुणाचित्तेन विपाकाप्रतिकाङ्क्षणतया परित्यागः। इयं धर्मयज्ञस्य परिपूरिः।

今译：“他展现这个神通变化后，对我说道：‘如果施主布施城中穷人，觉得就像如来值得供养，平等无分别，怀有大悲心，不期望回报，那么，这样的法祭达到圆满。’

什译：“時維摩詰現神變已，作是言：‘若施主等心施一最下乞人，猶如如來福田之相，無所分別，等于大悲，不求果報，是則名曰具足法施。’

奘译：“現如是等神變事已，復作是言：‘若有施主以平等心施此會中最下乞人，猶如如來福田之想，無所分別，其心平等，大慈大悲，普施一切，不求果報，是名圓滿法施祠祀。’

३।७७ तत्रासौ नगरदरिद्र इदं प्रातिहार्यं दृष्ट्वा, इमं च धर्मनिर्देशं श्रुत्वा अनुत्तरायां सम्यक्संबोधौ चित्तम् उत्पादयति स्म। तन् नाहं भगवन् उत्सहे तस्य सत्पुरुषस्य ग्लानपरिपृच्छको गन्तुम्।

今译：“而那位城中穷人目睹这个神通变化，又闻听这种说法，便发起无上正等菩提心。因此，世尊啊，我不适宜前去问候这位贤士的病。”

什译：“城中一最下乞人見是神力，聞其所說，皆發阿耨多羅三藐三菩提心，故我不任詣彼問疾。”

奘译：“時此乞人見彼神變，聞其所說，得不退轉增上意樂，便發無上正等覺心。世尊，彼大居士具如是等自在神變、無礙辯才，故我不任詣彼問疾。”

३।७८ इति हि सर्वे ते बोधिसत्वा महासत्वाः स्वकस्वकान् निर्देशान् निर्दिशन्ति स्म, ये चैषां तेन सत्पुरुषेण सार्धम् अन्तराकथासमुदाहारा अभूवन् , न चोत्सहन्ते गन्तुम्॥

今译：这样，所有菩萨大士一一讲述各自曾与这位贤士交谈的情况，表示自己不适宜前去。

什译：如是，諸菩薩各各向佛說其本缘，稱述維摩詰所言，皆曰不任詣彼問疾。

奘译：如是，世尊一一別告諸大菩薩，令往居士無垢稱所，問安其疾。是諸菩薩各各向佛說其本缘，讚述大士無垢稱言，皆曰不任詣彼問疾。

॥श्रावकबोधिसत्वविसर्जनप्रश्नो नाम तृतीयः परिवर्तः॥

今译：以上是第三《声闻和菩萨推辞问疾品》。

什译：《維摩詰經》[1]卷上。

奘译：《說無垢稱經》卷第二。

① 此处以及后面卷中和卷下的题名，据《中华大藏经》校勘记，"《资》、《碛》、《普》、《南》、《径》、《清》作《维摩诘所说经》"。

४ ग्लानप्रतिसंमोदनापरिवर्तश् चतुर्थः

今译：第四 问疾品

什译：文殊師利問疾品第五

奘译：問疾品第五

४।१ तत्र भगवान् मञ्जुश्रियं कुमारभूतम् आमन्त्रयते स्म -- गच्छ त्वं मञ्जुश्रीः विमलकीर्तेर् लिच्छवेर् ग्लानपरिपृच्छकः। मञ्जुश्रीर् अप्य् आह -- किं चापि दुरासदो ऽसौ भगवन् विमलकीर्तिर् लिच्छविः, गम्भीरनयप्रतिभानप्रविष्टः, व्यस्तसमस्तवचननिर्हारकुशलः, अविष्ठितप्रतिभानः, अप्रतिमबुद्धिः सर्वसत्वेषु , सर्वबोधिसत्वक्रियासु निर्यातः, सर्वबोधिसत्वसर्वबुद्धगुह्यस्थानेषु सुप्रविष्टः, सर्वमारस्थानविवर्तनकुशलमहाभिज्ञाविक्रीडितः, अद्वयासंभेदधर्मधातुगोचरपरमपारमिप्राप्तः, एकव्यूहधर्मधात्वनन्ताकारव्यूहधर्मनिर्देशकः, सर्वसत्वेन्द्रियव्यूहसंप्रापणज्ञानकुशलः, उपायकौशल्यगतिंगतः प्राप्तप्रश्नविनिश्चयः। स न शक्यो ऽल्पकेन संनाहेनाभिराधयितुम्। अथ च पुनर् गमिष्यामि बुद्धाधिष्ठानेन, तत्र यथाशक्ति यथाबलं निर्देक्ष्यामि।

今译：于是，世尊吩咐文殊师利真童子[①]："文殊师利啊，你去问候离车族维摩诘的病吧！"文殊师利也回答说："世尊啊，这位离车族

① "文殊师利"（Mañjuśrī）是菩萨名。奘译"妙吉祥"是意译。"真童子"（kumārabhūta）是文殊师利的称号。kumāra-bhūta 的词义是"成为童子"，意谓"保持童真"。这个称号，汉译佛经中译为"童子"、"童真"或"法王子"。

维摩诘确实难以应对。他通晓深邃法门，或分或合[①]，善于宣说，辩才无碍，在众生中，智慧无与伦比。他已经完成一切菩萨所作事业，洞悉一切菩萨和一切佛的秘密所在，善于在一切摩罗处展现大神通游戏，已经抵达不二无分别法界领域最高彼岸，能于唯一庄严法界[②]宣说无尽形相庄严法，善于了解一切众生根器，通晓方便善巧，通达问答抉择。倘若缺少铠甲，无法抵挡。然而，依靠佛的护持，我准备前去，尽我的能力与他交谈。”

什译：爾時佛告文殊師利：“汝行詣維摩詰問疾。”文殊師利白佛言：“世尊，彼上人者難為詶對，深達實相，善說法要，辯才無滯，智慧無礙，一切菩薩法式悉知，諸佛祕藏無不得入，降伏眾魔，遊戲神通，其慧方便，皆已得度[③]。雖然，當承佛聖旨，詣彼問疾。”[④]

奘译：爾時佛告妙吉祥言：“汝今應詣無垢稱所，慰問其疾。”時妙吉祥白言：“世尊，彼大士者難為酬對，深入法門，善能辯說，住妙辯才，覺慧無礙，一切菩薩所為事業皆已成辦，諸大菩薩及諸如來祕密之處悉能隨入，善攝眾魔，巧便無礙，已到最勝無二無雜法界所行究竟彼岸，能於一相莊嚴法界說無邊相莊嚴法門，了達一切有情根行，善能遊戲最勝神通，到大智慧巧方便趣，已得一切問答決擇，無畏自在，非諸下劣言辯詞鋒所能抗對。雖然，我當承佛威神，詣彼問疾。若當至彼，隨己力能，與其談論。”

४।२ अथ ततः पर्षदस् तेषां बोधिसत्वानां तेषां च श्रावकाणां तेषां च शक्र-

① “或分或合”的原词是 vyastasamasta。什译和奘译均未直接译出此词。

② “法界”（dharmadhātu）含有二义：一是总称一切法，二是指一切法的本质，即法性。就法性而言，“唯一”、“不二”和“无分别”，与“真如”、“实相”或“空性”同义。而它又呈现一切法的“无尽形相”。

③ “得度”（gatiṃgata）指“通达”或“通晓”。奘译“到……趣”。

④ 这一段什译比照原文和奘译，内容大为简化。

ब्रह्मलोकपालानां तेषां च देवपुत्राणाम् एतद् अभवत् -- निश्चयेन तत्र महाधर्मश्रवणसांकथ्यं भविष्यति, यत्र मञ्जुश्रीः कुमारभूतः स च सत्पुरुष उभौ संलपिष्यतः। तत्राष्टौ च बोधिसत्वसहस्राणि पञ्चमात्राणि च श्रावकशतानि संबहुलाश् च शक्रब्रह्मलोकपालाः संबहुलानि च देवपुत्रशतसहस्राणि मञ्जुश्रियम् अनुबद्धानि धर्मश्रवणाय। अथ मञ्जुश्रीः कुमारभूतस् तैर् बोधिसत्वैर् महासत्वैस् तैश् च श्रावकैस् तैश् च शक्रब्रह्मलोकपालैर् देवपुत्रैश् च परिवृतो वैशालीं महानगरीं प्रविशति स्म।

今译：然后，所有会众，那些菩萨，那些声闻，那些帝释天、梵天和护世天王，那些天子，全都思忖道："文殊师利真童子和这位贤士即将交谈，我们肯定会听到他俩谈论大法。"于是，八千菩萨、五百声闻、众多帝释天、梵天和护世天王以及数百千天子跟随文殊师利前去听法。这样，文殊师利真童子在那些菩萨大士、声闻、帝释天、梵天、护世天王和天子围绕下，进入维舍离大城。

什译：於是，眾中諸菩薩、大弟子、釋、梵、四天王咸作是念："今二大士，文殊師利、維摩詰共談，必說妙法。"即時八千菩薩、五百聲聞、百千天、人皆欲隨從。於是，文殊師利與諸菩薩、大弟子眾及諸天、人恭敬圍繞，入毗耶離大城。

奘译：於是，眾中有諸菩薩及大弟子、釋、梵、護世諸天子等，咸作是念："今二菩薩皆具甚深廣大勝解，若相抗論，決定[1]宣說微妙法教。我等今者為聞法故，亦應相率隨從詣彼。"是時眾中八千菩薩、五百聲聞、無量百千釋、梵、護世、諸天子等為聞法故，皆請隨往。時妙吉祥與諸菩薩、大弟子眾，釋、梵、護世及諸天子咸起恭敬頂礼

① 此处"决定"的原词是 niścayena，词义为"肯定"或"必定"。

世尊，前後圍繞，出菴羅林，詣廣嚴城，至無垢稱所，欲問其疾。

४।३ अथ विमलकीर्तेर् एतद् अभवत् -- अयं मञ्जुश्रीः कुमारभूत आगच्छति महता परिवारेण। यन् न्व् अहं शून्यं गृहम् अधितिष्ठेयम्। तेन तं गृहं शून्यम् अधिष्ठितम् अपगतद्वारपालम्। न तत्र मञ्चा वा पीठा वासनानि वा संदृश्यन्ते ऽन्यत्रैकस्मान् मञ्चात्, यत्रात्मना ग्लानः समारूढः शयितः।

今译：这时，维摩诘思忖道："这位文殊师利真童子带着大批随从前来，我应该施展神力，撤空这个屋子。"于是，屋子撤空，门卫撤走。屋内不见床榻、座椅或坐席，只有一张床，他自己得病躺在上面。

什译：爾時長者維摩詰心念："今文殊師利與大衆俱來。"即以神力空其室內，除去所有及諸侍者，唯置一床，以疾而臥。

奘译：時無垢稱心作是念："今妙吉祥與諸大衆俱來問疾，我今應以己之神力空其室內，除去一切床座資具及諸侍者、衛門人等，唯置一床，現疾而臥。"時無垢稱作是念已，應時即以大神通力令其室空，除諸所有，唯置一床，現疾而臥。

४।४ अथ मञ्जुश्रीः सपरिवारो येन विमलकीर्तेर् निवेशनं तेनोपसंक्रामत्। उपसंक्रम्य प्रविशति स्म। स तं गृहं शून्यम् अपश्यद् विगतद्वारपालम्। न चात्र मञ्चान् वा पीठान् वापश्यद् अन्यत्रैकमञ्चात्, यत्र विमलकीर्तिः शयितः। अथ विमलकीर्तिर् लिच्छविर् मञ्जुश्रियं कुमारभूतम् अद्राक्षीत्। दृष्ट्वा च पुनर् एवम् आह -- स्वागतं मञ्जुश्रियो ऽस्वागतं मञ्जुश्रियो ऽनागतस्यादृष्टश्रुतपूर्वस्य दर्शनम्। मञ्जुश्रिर् आह -- एवम् एतद् गृहपते यथा वदसि। य आगतो न स भूय आगमिष्यति। यश् च गतो न स भूयो गमिष्यति। तत् कस्माद् धेतोः। न

चागतस्यागमनं प्रज्ञायते, न च गतस्य गमनम् , यश् च दृष्टो न भूयो द्रष्टव्यः।

今译：然后，文殊师利带着随从来到维摩诘的住处。来到后，进入屋内。他看到屋内空空荡荡，也无门卫。里面没有床榻或座椅，只有一张床，维摩诘躺在上面。这时，离车族维摩诘看到文殊师利真童子，对他说道："欢迎，文殊师利！不欢迎[①]，文殊师利！见到前所未见未闻的不来者。"文殊师利说道："家主啊，正如你说的这样，来者不会再来，去者不会再去。为什么？来者之来不可知，去者之去不可知，见者不会再见。[②]

什译：文殊師利既入其舍，見其室空，無諸所有，獨寢一床。時維摩詰言："善來，文殊師利！不來相而來，不見相而見。"文殊師利言："如是，居士！若來已，更不來。若去已，更不去。所以者何？來者無所從來。去者無所至。所可見者更不可見。

奘译：時妙吉祥與諸大眾俱入其舍，但見室空，無諸資具、門人、侍者，唯無垢稱獨寢一床。時無垢稱見妙吉祥，唱言："善來！不來而來，不見而見，不聞而聞。"妙吉祥言："如是，居士！若已來者，不可復來。若已去者，不可復去。所以者何？非已來者可施設[③]來。非已去者可施設去。其已見者不可復見。其已聞者不可復聞。

४।५ अपि तु कच्चित् ते सत्पुरुष क्षपणीयम् , कच्चिद् यापनीयम् , कच्चिद्

① 此处"欢迎"和"不欢迎"的原词为 svāgatam 和 asvāgatam，也可译为"善来"和"不善来"。而这"不欢迎"（asvāgatam）一词，校订本据藏译本推测，原词可能是 susvāgatam（"十分欢迎"）。义净《南海寄归内法传》卷第三中提到："凡见新来，无论客旧及弟子、门人、旧人，即须迎前唱莎揭哆（即 svāgatam），译曰善来。客乃寻声即云窣莎揭哆（即 susvāgatam），译曰极善来。"但此处原文这两个词均出自维摩诘之口，因此，按照这里维摩诘和文殊师利的对话方式，原词可能就是"不欢迎"。

② 这段维摩诘和文殊师利的对话，据僧肇《注维摩诘经》解释说："夫去来相见，皆因缘假称耳"。也就是说，依据"实相"，并无"来去相见"。

③ "施设"的原词是 prajñāyate，词义为"可知"。奘译在这里依据对句义的理解，译为"施设"，即"假设"或"假称"。也就是说，这里的意思是"实际上并无来去"。

वातेन प्रतिकुप्यन्ति धातवः, कच्चिद् अपगच्छति व्याधिर् न विवर्धते। भगवांस् ते ऽल्पाबाधतां परिपृच्छति, अल्पातङ्कतां चाल्पग्लान्यतां च लघूत्थानतां च यात्रां च बलं च सुखं चानवद्यतां च स्पर्शविहारतां च।

今译：“贤士啊，你是否忍受[①]着病痛？你的病痛是否减轻？你是否诸界[②]因风失调？你的病是否正在消失而不加重？世尊询问你是否稍有麻烦？稍有不适？稍有病痛？起居是否轻松？出行是否有力？生活是否舒适快乐，无可非议？

什译：“且置是事[③]，居士！是疾寧可忍不？療治有損，不至增乎？世尊慇勤致問無量。[④]

奘译：“且置是事。居士所苦寧可忍不？命可濟不？界可調不？病可療不？可令是疾不至增乎？世尊慇勤致間[⑤]無量。居士此病少得痊不？動止氣力稍得安不？

४।६ कुत्र ते गृहपते इदं व्याधिसमुत्थानम्। कियच्चिरम् उपादाय ते व्याधिः। कदा चोपशमिष्यति। विमलकीर्तिर् आह -- यावच्चिरम् उपादाय मञ्जुश्रीः अविद्या भवतृष्णा च तावच्चिरम् उपादाय ममैष व्याधिः। यदा च सर्वसत्वा विगतव्याधयो भविष्यन्ति तदा मम व्याधिः प्रश्रब्धो भविष्यति। तत् कस्माद् धेतोः। सत्वाधिष्ठानो हि मञ्जुश्रीः बोधिसत्वस्य संसारः। संसारनिश्रितश् च व्याधिः। यदा सर्वसत्वा विगतव्याधयो भविष्यन्ति तदा बोधिसत्वो ऽरोगो भविष्यति।

① “忍受”的原词是 kṣapaṇīya（“禁食”），疑有误。此处什译和奘译均为“忍”，故而，原词应为 kṣamaṇīya（“忍受”）。

② “界”的原词是 dhātu（“界”），指“四大”：地、水、火和风，或指人体内三种致病因素：风、胆汁和黏液。从后面的对话中可以确知，这里是指“四大”。

③ “且置是事”不见于原文。但此处有转折语气的虚词 api tu（“还有”或“然而”）。

④ 这一段的文字，什译大为简化，奘译与原文基本一致。

⑤ 此处“间”字应为“问”。据《中华大藏经》校勘记，“诸本作‘问’”。

今译：“家主啊，你的病从何而起？这病要生多久？何时才能消除？”维摩诘说道：“文殊师利啊，无知和贪爱生存有多久，我的病就生多久。一旦众生无病，我也就病愈。为什么？文殊师利啊，菩萨的生死依随众生。依随生死便生病。一旦众生病愈，菩萨也就无病。

什译：“居士！是疾何所因起？其生久如？當云何滅？”維摩詰言：“從癡有愛，則我病生。以一切眾生病，是故我病。若一切眾生病滅，則我病滅。所以者何？菩薩為眾生故，入生死。有生死，則有病。若眾生得離病者，則菩薩無復病。

奘译：“今此病源從何而起？其生久如？當云何滅？”無垢稱言：“如諸有情無明有愛生來既久，我今此病生亦復爾。遠從前際生死以來，有情既病，我即隨病。有情若愈，我亦隨愈。所以者何？一切菩薩依諸有情，久流生死。由依生死，便即有病。若諸有情得離疾苦，則諸菩薩無復有病。

४।७ तद्यथा मञ्जुश्रीः श्रेष्ठिन एकपुत्रको ग्लानो भवेत्। तस्य मातापितराव् अपि ग्लानौ स्याताम्। तावच् च दुःखितौ भवेतां यावन् नासाव् एकपुत्रकस् तयोर् विगतव्याधिः स्यात्। एवं मञ्जुश्रीः बोधिसत्वस्य सर्वसत्वेष्व् एकपुत्रकप्रेम। स सत्वग्लान्येन ग्लानो भवति, सत्वारोग्यात् त्व् अरोगः। यत् पुनर् मञ्जुश्रीः एवं वदसि -- कुतः समुत्थितो व्याधिर् इति, महाकरुणासमुत्थितो बोधिसत्वानां व्याधिः।

今译：“譬如，文殊师利啊，长者的独生子得病，他的父母也会得病。只要独生子还没有病愈，他俩就会痛苦不已。同样，文殊师利啊，菩萨热爱众生如同独生子。众生得病，他也得病。众生病愈，他也病愈。文殊师利啊，你还询问‘病从何起？’菩萨的病从大悲起。”

什译："譬如長者唯有一子，其子得病，父母亦病。若子病愈，父母亦愈。菩薩如是，於諸眾生愛之若子。眾生病，則菩薩病。眾生病愈，菩薩亦愈。又言'是疾何所因起？'菩薩病者，以大悲起。"

奘译："譬如世間長者居士唯有一子，心極憐愛，見常歡喜，無時暫捨。[①]其子若病，父母亦病。若子病愈，父母亦愈。菩薩如是，愍諸有情猶如一子。有情若病，菩薩亦病。有情病愈，菩薩亦愈。又言'是病何所因起？'菩薩疾者，從大悲起。"

४।८ मञ्जुश्रीर् आह -- शून्यं ते गृहपते गृहम्। न च ते कश्चिद् उपस्थायकः। आह -- सर्वबुद्धक्षेत्राण्य् अपि मञ्जुश्रीः शून्यानि। आह -- केन शून्यानि। आह -- शून्यतया शून्यानि। आह -- शून्यतायाः का शून्यता। आह -- अपरिकल्पनाश् च शून्यतायाः शून्यताः। आह -- शक्या पुनः शून्यता परिकल्पयितुम्। आह -- येनापि परिकल्प्येत तद् अपि शून्यम्। न च शून्यता शून्यतां परिकल्पयति। आह -- शून्यता गृहपते कुतो मार्गितव्या। आह -- शून्यता मञ्जुश्रीः द्वाषष्टिभ्यो दृष्टिगतेभ्यो मार्गितव्या। आह -- द्वाषष्टिः पुनर् दृष्टिगतानि कुतो मार्गितव्यानि। आह -- तथागतविमुक्तितो मार्गितव्यानि। आह -- तथागतविमुक्तिः पुनः कुतो मार्गितव्या। आह -- सर्वसत्वचित्तचरितेभ्यो मार्गितव्या। यत् पुनर् मञ्जुश्रीः एवं वदसि -- कस् त उपस्थायक इति, सर्वमाराः सर्वपरप्रवादिनश् च ममोपस्थायकाः। तत् कस्माद् धेतोः। मारा हि संसारस्य वर्णवादिनः। संसारश् च बोधिसत्वस्योपस्थायकः। परप्रवादिनो दृष्टिगतानां वर्णवादिनः। बोधिसत्वश् च सर्वदृष्टिगतेभ्यो न चलति। तस्मात् सर्वमाराः सर्वपरप्रवादिनश् च ममोपस्थायकाः।

今译：文殊师利说道："家主啊，你的屋内空空荡荡，没有一个侍者。"维摩诘说道："文殊师利啊，一切佛土皆空。"文殊师利说道："因何而空？"维摩诘说道："因空性而空。"文殊师利说道："何为

① 此处三句对于世间长者爱怜独生子情状的生动描述，不见于原文和什译。

空性的空性？”维摩诘说道：“不分别是空性的空性。”文殊师利说道：“空性能分别吗？”维摩诘说道：“能分别也是空。空性不能分别空性。”无殊师利说道：“家主啊，从何处寻求空性？”维摩诘说道：“文殊师利啊，从六十二见[①]中寻求空性。”文殊师利说道：“从何处寻求六十二见？”维摩诘说道：“从如来解脱中寻求。”文殊师利说道：“从何处寻求如来解脱？”维摩诘说道：“从一切众生心行中寻求。文殊师利啊，你还询问：‘谁是你的侍者？’一切摩罗和一切外道都是我的侍者。为什么？一切摩罗赞美生死。而生死是菩萨的侍者。一切外道赞美诸见，而菩萨不脱离一切见。因此，一切摩罗和一切外道是我的侍者。”

什译：文殊師利言：“居士！此室何以空無侍者？”維摩詰言：“諸佛國土亦復皆空。”又問：“以何為空？”答曰：“以空空。”又問：“空何用空？”答曰：“以無分別空故空。”又問：“空可分別耶？”答曰：“分別亦空。”又問：“空當於何求？”答曰：“當於六十二見中求。”又問：“六十二見當於何求？”答曰：“當於諸佛解脫中求。”又問：“諸佛解脫當於何求？”答曰：“當於一切眾生心行中求。又仁所問：‘何無侍者？’一切眾魔及諸外道皆吾侍也。所以者何？眾魔者樂生死，菩薩於生死而不捨。外道者樂諸見，菩薩於諸見而不動[②]。”

奘译：妙吉祥言：“居士！此室何以都空，復無侍者？”無垢稱言：“一切佛土亦復皆空。”問：“何以空？”答：“以空空。”又問：“此空為是誰空？”答曰：“此空無分別空。”又問：“空性可分別耶？”答曰：“此能分別亦空。所以者何？空性不可分別為空。”又問：“此空當於何求？”答曰：“此空當於六十二見中求。”又問：“六十二見

① “六十二见”是对外道种种见解的统称。
② “动”的原词是 calati，词义为“移动”或“离开”。奘译“厌弃”。

當於何求？”答曰：“當於諸佛解脱中求。”又問：“諸佛解脱當於何求？”答曰：“當於一切有情心行中求。又仁所問：‘何無侍者？’一切魔怨及諸外道皆吾侍也。所以者何？一切魔怨欣讚生死，一切外道欣讚諸見，菩薩於中皆不厭棄。是故，魔怨及諸外道皆吾侍者。”

४।९ मञ्जुश्रीर् आह -- कीदृशो ऽयं ते गृहपते व्याधिः।आह -- अदृश्यो ऽनिदर्शनः।आह -- किम् एष व्याधिः कायसंप्रयुक्त उत चित्तसंप्रयुक्तः।आह -- न कायसंप्रयुक्तः कायविविक्ततया। न चित्तसंप्रयुक्तो मायाधर्मतया चित्तस्य।आह -- चत्वार इमे गृहपते धातवः। कतमे चत्वारः, यद् उत पृथिवीधातुर् अब्धातुस् तेजोधातुर् वायुधातुर् इति। तत् कतमस् तत्र धातुर् बाधते।आह -- य एवं धातुको मञ्जुश्रीः सर्वसत्वानां व्याधिस् तेनाहं व्याधितः।

今译：文殊师利说道：“家主啊，你的这种病什么样？”维摩诘说：“不可见，无形相。”文殊师利说道：“这种病是否与身体相关，或者与心相关？”维摩诘说道：“不与身体相关，因为远离身体。也不与心相关，因为心如幻法。”文殊师利说道：“家主啊，这四界是哪四界？地界、水界、火界和风界。其中哪一界致病？”维摩诘说道：“文殊师利啊，正是一切众生界生病，由此我生病。”

什译：文殊師利言：“居士所疾為何等相？”維摩詰言：“我病無形不可見。”又問：“此病身合①耶？心合耶？”答曰：“非身合，身相離故。亦非心合，心如幻故。”又問：“地大、水大、火大、風大，於此四大，何大之病？”答曰：“是病非地大，亦不離地大。水、火、風大亦復如是。而眾生病從四大起。以其有病，是故我病。”

奘译：妙吉祥言：“居士此病為何等相？”答曰：“我病都無色相，

① “合”的原词是 saṃprayukta，词义为“联系”、“结合”或“关联”。奘译“相应”。

亦不可見。”又問：“此病為身相應？為心相應？”答曰：“我病非身相應，身相離故；亦身相應，如影像故。非心相應，心相離故；亦心相應，如幻化故。”又問：“地界、水、火、風界，於此四界，何界之病？”答曰：“諸有情身皆四大①起，以彼有病，是故我病。然此之病非即四界，界性離故。”②

४।१० अपि तु खलु पुनर् मञ्जुश्रीः कथं बोधिसत्वेन ग्लानको बोधिसत्वः प्रतिसंमोदितव्यः।मञ्जुश्रीर् आह -- कायानित्यतया न च निर्विद्विरागतया कायदुःखतया न च निर्वाणाभिनन्दनतया, कायानात्मतया सत्वपरिपाचनतया च, कायशान्ततया न चात्यन्तशमतया, सर्वदुश्चरितदेशनतया न च संक्रान्तितः, स्वग्लान्येन परसत्वग्लानकरुणतया, पूर्वान्तकोटीदुःखानुस्मरणतया, सत्वार्थक्रियानुस्मरणतया, कुशलमूलाभिमुखीकरणतया, आदिविशुद्धतया, अपरितर्षणतया, सदावीर्यारम्भाच् च, वैद्यराजो भविष्यसि सर्वव्याधीनां शमयितेति। एवं बोधिसत्वेन बोधिसत्वो ग्लानः प्रतिसंमोदितव्यः।

今译：“还有，文殊师利啊，菩萨怎样安慰生病的菩萨？”文殊师利说道：“说身体无常，不说绝望和厌离。说身体受苦，不说乐于涅槃。说身体无我，教化众生。说身体安静，不说终极③寂灭。说忏悔一切罪过，不说转移④。说自己的病，同情他人的病。回忆宿世所

① 此处“大”字，据《中华大藏经》校勘记，“《石》、《资》、《普》、《南》、《径》、《清》作‘界’”。此处“四大”和“四界”意义相同。但此段中，其他两处均译“四界”，此处也应该是“四界”。

② 这一段什译和奘译比照原文，句义都有不同程度增添。但主旨也是强调“一切众生界生病，由此我生病”。而支译虽有瑕疵，但文句与原文基本一致。

③ “终极”的原词是 atyanta，词义为“无限”或“永久”。什译和奘译均为“毕竟”。这一句与前面所说“不说乐于涅槃”意义相通，指菩萨为救度众生，不入涅槃，不追求永久寂灭。

④ “转移”的原词是 saṃkrānti。奘译“移转”。什译“入过去”。对于这一句，僧肇《注维摩诘经》解释说：“今日之病必由先罪，故教令悔先罪也。既言先罪，则似罪有常性，入于过去，故为说不入过去，去其常想也。”据此，“不说转移”也就是不要说罪在过去、现在和未来三世中转移。

受苦难，回忆为众生做益事，一心积累善根。原本清净，无所渴求。始终精进勤奋，你将成为医王，治疗一切疾病。菩萨应该这样安慰生病的菩萨。”

什译：爾時文殊師利問維摩詰言：“菩薩應云何慰喻有疾菩薩？”維摩詰言[①]：“說身無常，不說厭離於身。說身有苦，不說樂於涅槃。說身無我，而說教導衆生。說身空寂，不說畢竟寂滅。說悔先罪，而不說入於過去。以己之疾，愍於彼疾。當識宿世無數劫苦，當念饒益一切衆生。憶所修福，念於淨命。勿生憂惱，常起精進。當作醫王，療治衆病。菩薩應如是慰喻有疾菩薩，令其歡喜。[②]”

奘译：無垢稱言：“菩薩應云何慰喻有疾菩薩，令其歡喜？”妙吉祥言：“示身無常，而不勸厭離於身。示身有苦，而不勸樂於涅槃。示身無我，而不[③]勸成熟有情。示身空寂，而不勸修畢竟寂滅。示悔先罪，而不說罪有移轉。勸以己疾，愍諸有情，今[④]除彼疾。勸念前際[⑤]所受衆苦，饒益有情。勸憶所修無量善本，令修淨命。勸勿驚怖[⑥]，精勤堅勇。勸發弘願，作大醫王，療諸有情身心衆病，令永寂滅[⑦]。菩薩應如是慰喻有疾菩薩，令其歡喜。”

४।११ मञ्जुश्रीर् आह -- कथं कुलपुत्र बोधिसत्वेन ग्लानेन स्वचित्तं

---

① 此处按原文和奘译，应为维摩诘问，文殊师利答。

② “令其欢喜”是对“慰喻”一词的补充。因为“慰喻”的原词是 pratisaṃmoditavya，本身含有“令人欢喜”的意义。

③ 此处“不”字应删。据《中华大藏经》校勘记，“《丽》无”。

④ 此处“今”字应为“令”。据《中华大藏经》校勘记，“诸本作‘令’”。

⑤ “前际”的原词是 pūrvāntakoṭī，指“过去世”，也就是“宿世”。

⑥ 此处“惊怖”，按原文是 paritarṣaṇatā，词义为“渴求”或“贪求”。若是“惊怖”，原文应为 paritrāsa。此词什译“忧恼”。

⑦ 此处“寂灭”的原词是 śamayitṛ（“平息者”）。这一句按原文直译是“一切疾病的平息者”。什译文字简约，译为“疗治众病”。奘译文字有所增饰，译为“疗诸有情身心众病，令永寂灭”。

निध्यपयितव्यम्। विमलकीर्तिर् आह -- इह मञ्जुश्रीः बोधिसत्वेन ग्लानेनैवं स्वचित्तं निध्यपयितव्यम्। पूर्वान्तासद्विपर्यासकर्मसमुत्थानसमुत्थितो ऽयं व्याधिर् अभूत-परिकल्पक्लेशसमुत्थितः। न पुनर् अत्र कश्चित् परमार्थतो धर्म उपलभ्यते यस्यैष व्याधिः। तत् कस्माद् धेतोः। चातुर्महाभौतिको ऽयं समुच्छ्रयः। न चैषां धातूनां कश्चित् स्वामी न समुत्थापयिता। अनात्मा ह्य् अयं समुच्छ्रयः। यो ऽयं व्याधिर् नाम नायं परमार्थत उपलभ्यते, अन्यत्रात्माभिनिवेशात्। उत नात्मन्य् अभिनिविष्टा विहरिष्यामो व्याधिमूलपरिज्ञाताविनः। तेनात्मसंज्ञां विष्ठाप्य धर्मसंज्ञोत्पादयितव्या। धर्मसंघातो ऽयं कायः। धर्मा एवोत्पद्यमाना उत्पद्यन्ते। धर्मा एव निरुध्यमाना निरुध्यन्ते। ते च धर्माः परस्परं न चेतयन्ति न जानन्ति। न च तेषाम् उत्पद्यमानानाम् एवं भवत्य् उत्पद्यामह इति। न निरुध्यमानानाम् एवं भवति निरुध्यामह इति।

今译：文殊师利说道："善男子啊，生病的菩萨自己心中应该怎样思考？"维摩诘说道："文殊师利啊，生病的菩萨自己心中应该这样思考。这病起自宿世虚妄颠倒所作之业，起自不实妄想烦恼。其实这里无一法可得，可成为这病。为什么？这个身体由四大和合而成。四大没有主人，没有发起者。这个身体也就无我。这称为病者，其实无病可得，除非执著我。我们明了这是病根，便不会执著我。由此，应该摒弃我的观念，而产生法的观念。这个身体由诸法聚合而成。诸法生而生，诸法灭而灭。诸法互相不知不觉。它们生时不说自己生，灭时不说自己灭。

什译：文殊師利言："居士！有疾菩薩云何調伏①其心？"維摩詰言："有疾菩薩應作是念：'今我此病皆從前世妄想顛倒諸煩惱生，無有實法，誰受病者？所以者何？四大合故，假名為身。四大無主，身亦無我。又此病起，皆由著我。是故，於我不應生著。'既知病本，

① 此处"调伏"的原词是 nidhyapayitavya，词义为"思考"、"思索"或"观察"。

即除我想及眾生想，當起法想，應作是念：‘但以眾法合成此身。起唯法起，滅唯法滅。又此法者，各不相知，起時不言我起，滅時不言我滅。’

奘译：妙吉祥言：“有疾菩薩云何調伏其心？”無垢稱言：“有疾菩薩應作是念：‘今我此病皆從前際虛妄、顛倒、分別、煩惱所起業生，身中都無一法真實。是誰可得而受此病？所以者何？四大和合，假名為身。大中無主，身亦無我。此病若起，要由執我。是中不應妄生我執。當了此執是病根本。’由此因缘，應除一切有情我想，安住法想。應作是念：‘眾法和合，共成此身，生滅流轉。生唯法生，滅唯法滅。如是諸法展轉相續，互不相知，竟無思念。生時不言我生，滅時不言我滅。’

४।१२ तेन धर्मसंज्ञाया एवं चित्तम् उत्पादयितव्यम्। याप्य् एषा धर्मसंज्ञा सोऽपि विपर्यासः। विपर्यासश् च महाव्याधिः। विगतव्याधिकेन च मया भवितव्यम्। व्याधिप्रहाणाय च योगः करणीयः। तत्र कतमद् व्याधिप्रहाणम् , यद् इदम् अहंकारममकारप्रहाणम्। तच् च कतमद् अहंकारममकारप्रहाणम् , यद् इदं द्वयविगमः। तत्र कतमो द्वयविगमः, यद् इदम् अध्यात्मं बहिर्धा च समुदाचारः। तत्र कतमो ऽध्यात्मं बहिर्धा समुदाचारः, यद् उत समतयाचलनताप्रचलनता। कतमा च समता, आत्मसमतया च निर्वाणसमता। तत् कस्माद् धेतोः। उभे ऽप्य् एते शून्ये, यद् उतात्मा निर्वाणं च। केनैते शून्ये, नामोदाहारेणैते शून्ये। उभाव् अप्य् एताव् अपरिनिष्पन्नौ, यद् उतात्मा निर्वाणं च। तेन समदर्शिना नान्यो व्याधिर् नान्या शून्यता कर्तव्या। व्याधिर् एव शून्यता।

今译：“因此，心中应该产生法的观念。而这种法的观念也是颠倒。颠倒便是大病。我应该消除这病。我应该修行消除这病。何为消除这病？也就是消除我慢和我执。何为消除我慢和我执？也就是远离二法。何为远离二法？也就是于内法和外法皆不起行[①]。何为于内法和外法皆不起行？也就是依平等而不动不摇。何为平等？依我平等而涅槃平等。为什么？我和涅槃两者皆空。为何两者皆空？只有名称，故而两者皆空。我和涅槃两者皆不实。因此，怀有平等见者认为病不异空，空不异病。病即是空。

什译：“彼有疾菩薩為滅法想，當作是念：‘此法想者亦是顛倒。顛倒者即是大患，我應離之。’云何為離？離我、我所。云何離我、我所？謂離二法。云何離二法？謂不念內外諸法，行於平等。云何平等？謂我等、涅槃等。所以者何？我及涅槃，此二皆空。以何為空？但以名字故空。如此二法無決定性[②]。得是平等，無有餘病，唯有空病。空病亦空。[③]

奘译：“有疾菩薩應正了知如是法想：我此法想即是顛倒。夫法想者，即是大患，我應除滅。亦當除滅一切有情如是大患。云何能除如是大患？謂當除滅我、我所執。云何能除我、我所執？謂離二法。云何離二法？謂內法、外法畢竟不行。云何二法畢竟不行？謂勸[④]平等無動無搖，無所觀察。云何平等？謂我、涅槃二俱平等。所以者何？二性空故。此二既無，誰復為空？但以名字假說為空。此二不實。平等見已，無有餘病，唯有空病。應觀如是空病亦空。所以者何？如是空病畢竟空故。

① 此处和下一句中的“不起行”，原词是 samudācāra（“起行”），疑有误，应为 asamudācāra（“不起行”）。什译“不念”。奘译“不行”。

② “无决定性”的原词是 aparinispanna，词义为“不完成”或“不真实”。奘译“不实”。

③ 这最后两句的文字表述与原文有差异。原文直译是：“不异病，不异空。病即是空。”按照什译，这句表达的意思是：怀有平等见，也就没有其他的病，只有“空”这种病，而“空”这种病也是“空”。奘译与什译一致。

④ 此处“劝”字，据《中华大藏经》校勘记，“诸本作‘观’”。“观”字可取。

४।१३ अविदिता च सा वेदना वेदितव्या। न चानेन वेदनानिरोधः साक्षात्कर्तव्यः। अपरिपूर्णेषु बुद्धधर्मेषूभे वेदने नोत्स्रष्टव्ये। न च दुर्गत्युपपन्नानां सत्वानाम् अन्तिके महाकरुणा नोत्पादयितव्या। तथा करिष्यामो यथैषां सत्वानाम् एवम् अयोनिशोनिध्यप्त्या व्याधिम् अपनेष्यामः।

今译："他应该无所受而受[1]，不应该现证受灭。在佛法尚未圆满时，不应该摒弃苦乐两种受，不应该不对身边趋向恶道的众生发起大悲心。我们要这样如实[2]思考，消除众生的病。

什译："是有疾菩薩以無所受而受諸受。未具佛法，亦不滅受而取證也。設身有苦，當念惡趣眾生起大悲心，我既調伏，亦當調伏一切眾生。

奘译："有疾菩薩應無所受而受諸受。若於佛法未得圓滿，不應滅受而有所證。應離能受、所受諸法。若苦觸身，應愍險趣一切有情，發趣大悲，除彼眾苦。有疾菩薩應作是念：'既除己疾，亦當除去有情諸疾。'[3]

४।१४ न चैषां कंचिद् धर्मम् उपनेष्यामो नापनेष्यामः। यतो निदानाच् च पुनर् व्याधिर् उत्पद्यते तस्य परिज्ञायै तेभ्यो धर्मं देशयिष्यामः। कतमच् च पुनर् निदानम्, यद् इदम् अध्यालम्बननिदानम्। यावताध्यालम्बननिदानम् अध्यालम्बते, तावद् व्याधिनिदानम्। किं चाध्यालम्बते, त्रैधातुकम् अध्यालम्बते। तस्याध्यालम्बनतया का परिज्ञा, यद् इदम् आलम्बनानुपलम्भः। यं हि नोपलभ्यते तं नालम्बते। किं च नोपलभते, उभे दृष्टी नोपलभते यद् इदम् आत्मदृष्टिं परदृष्टिं च।

---

① "受"（vedanā）指眼、耳、鼻、舌、身和意的感受。

② 此处"如实"的原词是 ayoniśas（"不如实"），疑有误。校订本依据藏译本推测此词为 yoniśas（"如实"或"如理"）。

③ 这一段什译和奘译在文字表述上与原文有差异，但意义一致。

तद् उच्यते ऽनुपलम्भ इति। एवं हि मञ्जुश्रीः ग्लानेन बोधिसत्वेन स्वचित्तं निध्यपयितव्यं जराव्याधिमरणोपपत्तिप्रहाणाय। एवं च मञ्जुश्रीः बोधिसत्वानां बोधिर् यदि न भवेत्, निरर्थको ननु व्यायामो भवेत्। यथा प्रत्यर्थिकनिर्घाताच् छूरा इत्य् उच्यन्ते, एवम् एव जराव्याधिमरणदुःखोपशमनाद् बोधिसत्वा इत्य् उच्यन्ते।

今译：“我们并不提供或消除他们任何法。我们为他们说法，让他们知道这病产生的原因。哪种原因？攀缘的原因。正是有这种攀缘的原因，而成为病的原因。攀缘什么？攀缘三界。怎样理解攀缘三界？也就是攀缘而无所得。无所得[①]，则不攀缘。什么无所得？二见无所得。也就是所谓的我见和他见，这二见无所得。因此，称为无所得。文殊师利啊，生病的菩萨自己心中应该这样思考，以断除老病死。文殊师利啊，如果菩萨的菩提不是这样，岂不是徒劳无益？正如能降伏敌人而称为勇士，同样能断除老病死苦而称为菩萨。

什译：“但除其病，而不除法。[②]為斷病本而教導之。何謂病本？謂有攀缘。從有攀缘，則為病本。何所攀缘？謂之三界。云何斷攀缘？以無所得。若無所得，則無攀缘。何謂無所得？謂離二見。何謂二見？謂內見外見[③]，是無所得。文殊師利！是為有疾菩薩調伏其心，為斷老病死苦，是菩薩菩提。若不如是，己所修治為無慧利。譬如勝怨，乃可為勇。如是兼除老病死者，菩薩之謂也。

奘译：“如是除去自他疾時，無有少法[④]而可除者。應正觀察疾起因缘，速令除滅，為說正法。何等名為疾之因缘？謂有缘慮。諸有

---

① 此处“无所得”的原文为 nopalabhyate，疑有误，似应为 nopalabhate。

② 这句与原文有差异。“但除其病”这个短语可能是承接上一段语意而添加的。奘译与什译一致。

③ 此处“内见外见”，按原文是“我见他见”（ātmadṛṣṭim paradṛṣṭim ca）。奘译与什译一致。

④ “少法”的原词是 kaṃcid dharmam，词义为“任何法”。

缘慮，皆是疾因。有缘慮者，皆有疾故。何所缘慮？謂缘三界。云何應知如是缘慮？謂正了達此有缘慮都無所得。若無所得，則無缘慮。云何絕缘慮？謂不缘二見。何等二見？謂內見、外見。若無二見，則無所得。既無所得，缘慮都絕。缘慮絕故，則無有疾。若自無疾，則能斷滅有情之疾。又妙吉祥！有疾菩薩應如是調伏其心。唯菩薩菩提能斷一切老病死苦。若不如是，己所勤修即為虛棄。所以者何？譬如有人能勝怨敵，乃名勇健。若能如是永斷一切老病死苦，乃名菩薩。

४।१५ तेन बोधिसत्वेन व्याधितेनैवं प्रत्यवेक्षितव्यम्। यथा मम व्याधिर् अभूतो ऽसन्न् एवं सर्वसत्वानाम् अपि व्याधिर् अभूतो ऽसन्न् इति। तस्यैवं प्रत्यवेक्षमाणस्य नानुशंसादृष्टिपतिता सत्वेषु महाकरुणोत्पद्यते, अन्यत्रागन्तुकक्लेशप्रहाणाभियुक्त्या सत्वेषु महाकरुणोत्पद्यते। तत् कस्माद् धेतोः। अनुशंसदृष्टिपतितयैव हि महाकरुणया बोधिसत्वस्य खेदो भवत्य् उपपत्तिषु। अनुशंसदृष्टिपर्युत्थानविगतया पुनर् महाकरुणया बोधिसत्वस्य खेदो न भवत्य् उपपत्तिषु। सो ऽयम् उपपद्यते, न च दृष्टिपर्युत्थानपर्युत्थित उपपद्यते। सो ऽपर्युत्थितचित्त उपपद्यमानो मुक्त एवोत्पद्यते मुक्त एव जायते। स मुक्त एवोत्पद्यमानो मुक्त एव जायमानो बद्धानां सत्वानां शक्तः प्रतिबलो बन्धमोक्षाय धर्मं देशयितुम्। यथोक्तं भगवता “स तावद् आत्मना बद्धः परं बन्धनान् मोचयिष्यतीति नेदं स्थानं विद्यते। यस् त्व् आत्मना मुक्तः परं बन्धनान् मोचयिष्यतीति स्थानम् एतद् विद्यते” तस्मान् मुक्तेन बोधिसत्वेन भवितव्यम् ,न बद्धेन।

今译：“生病的菩萨应该这样观察：‘正如我的病不实非有，一切众生的病也不实非有。’他这样观察，不是陷入功利[1]见而对众生发起大悲心，而是努力消除客尘烦恼[2]而对众生发起大悲心。为什么？

① “功利”的原词是 anuśaṃsā 或 anuśaṃsa，词义为“功德”或“利益”。什译和奘译均为“爱”。有可能他们所依据的原文此词是 anunaya（“爱怜”或“爱心”）。

② “客尘烦恼”（āgantukakleśa）指由外来的尘垢造成的烦恼。

陷入功利见而发起大悲心，菩萨就会对生死产生厌倦。然而，摆脱功利见而发起大悲心，菩萨就不会对生死产生厌倦。他发起大悲心，不执著功利见而发起。他心中不执著而发起，则出现解脱，产生解脱。出现解脱，产生解脱，则有能力说法，解除受缚众生的束缚。正如世尊所说：‘自己受束缚，而要解除他人的束缚，这种情况不存在。自己解脱，而后解除他人的束缚，这种情况存在。’因此，菩萨应该解脱，不受束缚。

什译：“彼有疾菩薩應復作是念：‘如我此病非真非有，眾生病亦非真非有。’作是觀時，於諸眾生若起愛見大悲，即應捨離。所以者何？菩薩斷除客塵煩惱而起大悲。愛見悲者，則於生死有疲厭心。若能離此，無有疲厭，在在所生，不為愛見之所覆也。所生無縛，能為眾生說法解縛。如佛所說：‘若自有縛，能解彼縛，無有是處。若自無縛，能解彼縛，斯有是處。’是故，菩薩不應起縛。

奘译：“又，妙吉祥！有疾菩薩應自觀察：‘如我此病非真非有，一切有情所有諸病亦非真非有。’如是觀時，不應以此愛見纏心，於諸有情發起大悲。唯應為斷客塵煩惱，於諸有情發起大悲。所以者何？菩薩若以愛見纏心，於諸有情發起大悲，即於生死而有疲厭。若為斷除客塵煩惱，於諸有情發起大悲，即於生死無有疲厭。菩薩如是為諸有情處在生死能無疲厭，不為愛見纏繞其心。以無愛見纏繞心故，即於生死無有繫縛。以於生死無繫縛故，即得解脫。以於生死得解脫故，即便有力宣說妙法，令諸有情遠離繫縛，證得解脫。世尊依此密意說言：‘若自有縛，能解他縛，無有是處。若自解縛，能解他縛，斯有是處。’是故，菩薩應求解脫，離諸繫縛。

४।१६ तत्र कतमो बन्धः, कतमो मोक्षः। अनुपायाद् भवगतिपरिग्रहो बोधि-

सत्वस्य बन्धः, उपायाद् भवगतिगमनं मोक्षः। अनुपायाद् ध्यानसमाध्यास्वादनता बोधिसत्वस्य बन्धः, उपायेन ध्यानसमाध्यास्वादनता मोक्षः। अनुपायसंगृहीता प्रज्ञा बन्धः, उपायसंगृहीता प्रज्ञा मोक्षः। प्रज्ञयासंगृहीत उपायो बन्धनम् , प्रज्ञा-संगृहीत उपायो मोक्षः।

今译："其中，何为束缚？何为解脱？不运用方便，执取生死道，是菩萨的束缚。运用方便，进入生死道，是解脱。不运用方便，品尝禅定味，是菩萨的束缚。运用方便，品尝禅定味，是解脱。不运用方便，把握智慧，是束缚。运用方便，把握智慧，是解脱。不运用智慧，把握方便，是束缚。运用智慧，把握方便，是解脱。

什译："何謂縛？何謂解？貪著禪味，是菩薩縛。以方便生，是菩薩解。又無方便慧縛，有方便慧解。無慧方便縛，有慧方便解。

奘译："又，妙吉祥！何等名為菩薩繫縛？何等名為菩薩解脫？若諸菩薩味著所修靜慮、解脫、等持、等至，是則名為菩薩繫縛。若諸菩薩以巧方便攝諸有生，無所貪著，是則名為菩薩解脫。若無方便善攝妙慧，是名繫縛。若有方便善攝妙慧，是名解脫。[1]

४।१७ तत्र कतमो ऽनुपायसंगृहीता प्रज्ञा बन्धः, यद् इदं शून्यतानिमित्ता-प्रणिहितनिध्यप्तिः, न च लक्षणानुव्यञ्जनबुद्धक्षेत्रालंकारसत्वपरिपाचननिध्यप्तिः। इयम् अनुपायसंगृहीता प्रज्ञा बन्धः। तत्र कतमोपायसंगृहीता प्रज्ञा मोक्षः, यद् इदं लक्षणानुव्यञ्जनबुद्धक्षेत्रालंकारसत्वपरिपाचननिध्यप्तिचित्तं च शून्यतानिमित्ताप्रणि-हितपरिजयश् च। इयम् उपायसंगृहीता प्रज्ञा मोक्षः। तत्र कतमः प्रज्ञयासंगृहीत उपायो बन्धः, यद् इदं सर्वदृष्टिक्लेशपर्युत्थानानुशयानुनयप्रतिघप्रतिष्ठितस्य सर्व-कुशलमूलारम्भो बोधौ चापरिणामना। अयं प्रज्ञयासंगृहीत उपायो बन्धः। तत्र

① 这一段什译和奘译文字表述与原文有差异。条理和层次不如原文清晰。

कतमः प्रज्ञासंगृहीत उपायो मोक्षः, यद् इदं सर्वदृष्टिक्लेशपर्युत्थानानुशयानुनय-प्रतिघप्रहीणस्य सर्वकुशलमूलारम्भो बोधौ परिणामितस् तस्य चापरामर्शः। अयं बोधिसत्वस्य प्रज्ञासंगृहीत उपायो मोक्षः।

今译：“其中，何为不运用方便，把握智慧，是束缚？思考空性、无相和无愿，不思考妙相随好、装饰佛土和教化众生，这是不运用方便，把握智慧，是束缚。何为运用方便，把握智慧，是解脱？心中思考以妙相随好、装饰佛土和教化众生，修习空性、无相和无愿，这是运用方便，把握智慧，是解脱。其中，何为不运用智慧，把握方便，是束缚？安住一切邪见、烦恼、贪著、贪爱和愤恨，培植一切善根而不回向菩提，这是不运用智慧，把握方便，是束缚。何为运用智慧，把握方便，是解脱？摒弃一切邪见、烦恼、贪著、贪爱和愤恨，培植一切善根而回向菩提，不执著，这是运用智慧，把握方便，是解脱。

什译：“何謂無方便慧縛？謂菩薩以愛見心莊嚴佛土、成就眾生，於空、無相、無作法中，而自調伏，是名無方便慧縛。何謂有方便慧解？謂不以愛見心莊嚴佛土、成就眾生，於空、無相、無作法中，以自調伏而不疲厭，是名有方便慧解。[①]何謂無慧方便縛？謂菩薩住貪欲、瞋恚、邪見等諸煩惱，而植眾德本，[②]是名無慧方便縛。何謂有慧方便解？謂離諸貪欲、瞋恚、邪見等諸煩惱，而植眾德本，迴向阿耨多羅三藐三菩提，是名有慧方便解。

奘译：“云何菩薩無有方便，善攝妙慧，名為繫縛？謂諸菩薩以空、無相、無願之法而自調伏，不以相好瑩飾其身，莊嚴佛土，成熟有情。此謂[③]菩薩無有方便，善攝妙慧，名為繫縛。云何菩薩有巧方

① 以上两句与原文有差异。奘译与原文一致。
② 此处按原文和奘译，应有“不回向菩提”这个短语。
③ 此处“谓”字应为“诸”。据《中华大藏经》校勘记，“诸本作‘诸’”。

便，善攝妙慧，名為解脫？謂諸菩薩以空、無相、無願之法調伏其心，觀察諸法有相、無相，修習作證，復以相好瑩飾其身，莊嚴佛土，成熟有情。此諸菩薩有巧方便，善攝妙慧，名為解脫。云何菩薩無有方便，善攝妙慧[1]，名為繫縛？謂諸菩薩安住諸見、一切煩惱、纏縛、隨眠，修善諸[2]本，而不迴向正等菩提，深生執著。此諸菩薩無巧方便，善攝妙慧，名為繫縛。云何菩薩有巧方便，善攝妙慧[3]，名為解脫？謂諸菩薩遠離諸見、一切煩惱、纏縛、隨眠，修諸善本，而能迴向正等菩提，不生執著。此諸菩薩有巧方便，善攝妙慧，名為解脫。

४।१८ तत्र मञ्जुश्रीः ग्लानेन बोधिसत्वेनैवम् इमे धर्मा निध्यपयितव्याः। यत् कायस्य चित्तस्य च व्याधेश् चानित्यदुःखशून्यानात्मप्रत्यवेक्षणा, इयम् अस्य प्रज्ञा। यत् पुनः कायव्याधिपरिहरणतया न खिद्यते, न प्रतिबध्नाति संसारम् , सत्वार्थयोगम् अनुयुक्तः, अयम् अस्योपायः। पुनर् अपरं यत् कायस्य व्याधेश् चित्तस्य चान्योन्यपरापरतां न निर्नवतानिःपुराणतां प्रत्यवेक्षते, इयम् अस्य प्रज्ञा। यत् पुनः कायस्य व्याधेश् चित्तस्य च नात्यन्तोपशमं निरोधम् अत्ययति, अयम् अस्योपायः।

今译：“文殊师利啊，生病的菩萨应该这样思考这些法。观察身、心和病的无常、苦、空和无我，这便是他的智慧。不竭力解除身体病痛，不阻断生死，而努力为众生谋福，这便是他的方便。还有，观察身、病和心彼此相连，无新无旧，这便是他的智慧。不进入[4]身、病和心的终极寂灭，这便是他的方便。

---

① 此处按原文应为“不运用智慧，把握方便”。什译“无慧方便”。

② 此处“善诸”，据《中华大藏经》校勘记，“诸本作‘诸善’”。这样“诸善本”符合原文中的 sarvakuśalamūla（“一切善根”）。

③ 此处按原文应为“运用智慧，把握方便”。什译“有慧方便”。

④ “进入”的原词是 atyayati（“越过”，“进入”）。校订本据藏译本推测原词可能是 utpadyati（“产生”）。什译未涉及此词，奘译“求”。

什译：“文殊師利！彼有疾菩薩應如是觀諸法。又復觀身無常、苦、空、非我，是名為慧。雖身有疾，常在生死，饒益一切，而不厭倦，是名方便。又復觀身，身不離病，病不離身，是病是身，非新非故，是名為慧。設身有疾，而不永滅，是名方便。

奘译：“又，妙吉祥！有疾菩薩應觀諸法、身之[①]與疾悉皆無常、苦、空、無我，是名為慧。雖身有疾，常在生死，饒益有情，曾無厭倦，是名方便。又觀身、心及與諸疾展轉相依，無始流轉，生滅無間，非新非故，是名為慧。不求身、心及與諸疾畢竟寂滅，是名方便。

४।१९ एवं हि मञ्जुश्रीः ग्लानेन बोधिसत्वेन चित्तं निध्यपयितव्यम्। न च तेन निध्यप्तौ वानिध्यप्तौ वा स्थातव्यम्। तत् कस्माद् धेतोः। यदि ह्य् अनिध्यप्तौ तिष्ठेद् बालधर्म एषः। अथ निध्यप्तौ तिष्ठेच् छ्रावकधर्म एषः। तस्माद् बोधिसत्वेन न निध्यप्तौ स्थातव्यम्। यद् अत्रास्थानम् अयं बोधिसत्वस्य गोचरः।

今译：“文殊师利啊，生病的菩萨应该这样用心思考。他应该不住于思考，也不住于不思考。为什么？若住于不思考，是愚夫法，而住于思考是声闻法。因此，菩萨不应该住于思考。不住于这两者，这是菩萨所行。

什译：“文殊師利！有疾菩薩應如是調伏其心，不住其中，亦復不住不調伏心。所以者何？若住不調伏心，是愚人法。若住調伏心，是聲聞法。是故，菩薩不當住於調伏、不調伏心。離此二法，是菩薩行。

奘译：“又，妙吉祥！有疾菩薩應如是調伏其心，不應安住調伏、

---

① 此处“之”字应为“心”。因为这一段中其他用语相同的两处，奘译都译为“身、心及与诸疾”。

不調伏心。所以者何？若住不調伏心，是凡愚法。若住調伏心，是聲聞法。是故，菩薩於此二邊俱不安住，是則名為菩薩所行。

४।२० यन् न पृथग्जनगोचरो नार्यगोचरः, अयं बोधिसत्वस्य गोचरः। यत् संसारगोचरश् च न च क्लेशगोचरः, अयं बोधिसत्वस्य गोचरः। यन् निर्वाणप्रत्यवेक्षणगोचरश् च न चात्यन्तपरिनिर्वाणगोचरः, अयं बोधिसत्वस्य गोचरः। यच् चतुर्मारसंदर्शनगोचरश् च सर्वमारविषयातिक्रान्तगोचरश् च, अयं बोधिसत्वस्य गोचरः। यत् सर्वज्ञज्ञानपर्येष्टिगोचरश् च न चाकाले ज्ञानप्राप्तिगोचरः, अयं बोधिसत्वस्य गोचरः। यच् चतुःसत्यज्ञानगोचरश् च न चाकाले सत्यप्रतिवेधगोचरः, अयं बोधिसत्वस्य गोचरः। यद् अध्यात्मप्रत्यवेक्षणगोचरश् च संचिन्त्यभवोपपत्तिपरिग्रहगोचरश् च, अयं बोधिसत्वस्य गोचरः। यद् अजातिप्रत्यवेक्षणगोचरश् च न च नियामावक्रान्तिगोचरः, अयं बोधिसत्वस्य गोचरः। यत् प्रतीत्यसमुत्पादगोचरश् च सर्वदृष्टिविगतगोचरश् च, अयं बोधिसत्वस्य गोचरः। यत् सर्वसत्वसंगणिकागोचरश् च न च क्लेशानुशयगोचरः, अयं बोधिसत्वस्य गोचरः। यद् विवेकगोचरश् च न च कायचित्तक्षयनिश्रयगोचरः, अयं बोधिसत्वस्य गोचरः। यत् त्रैधातुकगोचरश् च न च धर्मधातुसंभेदगोचरः, अयं बोधिसत्वस्य गोचरः। यच् छून्यतागोचरश् च सर्वाकारगुणपर्येष्टिगोचरश् च, अयं बोधिसत्वस्य गोचरः। यद् आनिमित्तगोचरश् च सत्वप्रमोचनारम्बणवितर्कगोचरश् च, अयं बोधिसत्वस्य गोचरः। यद् अप्रणिहितगोचरश् च संचिन्त्यभवगतिसंदर्शनगोचरश् च, अयं बोधिसत्वस्य गोचरः। यद् अनभिसंस्कारगोचरश् च सर्वकुशलमूलाभिसंस्काराप्रतिप्रस्रब्धिगोचरश् च, अयं बोधिसत्वस्य गोचरः। यत् षट्पारमितागोचरश् च सर्वसत्वचित्तचरितपारगमनगोचरश् च, अयं बोधिसत्वस्य गोचरः। यत् षडनुस्मृतिगोचरश् च न च सर्वास्रवक्षयगोचरः, अयं बोधिसत्वस्य गोचरः। यत् सद्धर्मप्रतिष्ठानगोचरश् च न च कुमार्गाध्यालम्बनगोचरः, अयं बोधिसत्वस्य गोचरः। यत् षडभिज्ञागोचरश् च न चास्रवक्षयगोचरः, अयं बोधिसत्वस्य गोचरः। यच् चतुरप्रमाणगोचरश् च न च

ब्रह्मलोकोपपत्तिस्पर्शनगोचरः, अयं बोधिसत्वस्य गोचरः। यद् ध्यानसमाधिसमापत्तिगोचरश् च न च समाधिसमापत्तिवशेनोपपत्तिगोचरः, अयं बोधिसत्वस्य गोचरः। यत् स्मृत्युपस्थानगोचरश् च न च कायवेदनाचित्तधर्मात्यर्थगोचरः, अयं बोधिसत्वस्य गोचरः। यत् सम्यक्प्रहाणगोचरश् च न च कुशलाकुशलद्वयोपलम्भगोचरः, अयं बोधिसत्वस्य गोचरः। यद् ऋद्धिपादाभिनिर्हारगोचरश् चानाभोगर्द्धिपादवशवर्तिगोचरश् च, अयं बोधिसत्वस्य गोचरः। यत् पञ्चेन्द्रियगोचरश् च सर्वसत्वेन्द्रियपरापरज्ञानगोचरश् च, अयं बोधिसत्वस्य गोचरः। यत् पञ्चबलप्रतिष्ठानगोचरश् च दशतथागतबलाभिसंदर्शनगोचरश् च, अयं बोधिसत्वस्य गोचरः। यत् सप्तबोध्यङ्गपरिनिष्पत्तिगोचरश् च बुद्धिप्रभेदज्ञानकौशल्यगोचरश् च, अयं बोधिसत्वस्य गोचरः। यन् मार्गप्रतिष्ठानगोचरश् च कुमार्गानध्यालम्बनगोचरश् च, अयं बोधिसत्वस्य गोचरः। यच् छमथविदर्शनासंभारपर्येष्टिगोचरश् च न चात्यन्तशान्तिपतनगोचरः, अयं बोधिसत्वस्य गोचरः। यद् अनुत्पादलक्षणसर्वधर्ममीमांसनगोचरश् च रूपलक्षनानुव्यञ्जनबुद्धकायालंकारपरिनिष्पत्तिगोचरः, अयं बोधिसत्वस्य गोचरः। यच् छ्रावकप्रत्येकबुद्धाकल्पसंदर्शनगोचरश् च बुद्धधर्मात्यजनगोचरश् च, अयं बोधिसत्वस्य गोचरः। यद् अत्यन्तविशुद्धिप्रकृतिसमापन्नसर्वधर्मानुगमनगोचरश् च यथाधिमुक्तिसर्वसत्वेर्यापथसंदर्शनगोचरश् च अयं बोधिसत्वस्य गोचरः। यद् अत्यन्तासंवर्तविवर्ताकाशस्वभावसर्वबुद्धक्षेत्रप्रत्यवेक्षणगोचरश् च नानाव्यूहानेकव्यूहबुद्धक्षेत्रगुणव्यूहसंदर्शनगोचरश् च, अयं बोधिसत्वस्य गोचरः। यद् धर्मचक्रप्रवर्तनमहापरिनिर्वाणसंदर्शनगोचरश् च बोधिसत्वचर्यात्यजनगोचरश् च, अयम् अपि बोधिसत्वस्य गोचरः।इह निर्देशे निर्दिश्यमाने ये मञ्जुश्रिया कुमारभूतेन सार्धम् आगता देवपुत्रास् ततो ऽष्टानां देवपुत्रसहस्राणाम् अनुत्तरायां सम्यक्संबोधौ चित्तान्य् उत्पन्नानि॥

今译："非凡夫所行，也非圣者所行，这是菩萨所行。生死所行，而无烦恼所行，这是菩萨所行。观察涅槃所行，而非终极涅槃所行，这是菩萨所行。显示四魔[①]所行，而超越一切魔境所行，这是菩萨所行。追求知一切的智慧所行，而不非时[②]获得智慧所行，这是菩萨所行。四圣谛智所行，而不非时通晓圣谛所行，这是菩萨所行。观察内证所行，而自愿执取生死所行，这是菩萨所行。观察无生所行，而不入正位所行，这是菩萨所行。缘起所行，而远离一切邪见所行，这是菩萨所行。联系一切众生所行，无烦恼贪著所行，这是菩萨所行。寂静所行，而不依靠身心寂灭所行，这是菩萨所行。三界所行，而不破坏法界所行，这是菩萨所行。空性所行，而追求一切功德所行，这是菩萨所行。无相所行，而思考努力度脱众生所行，这是菩萨所行。无愿所行，而自愿受生示现生死道所行，这是菩萨所行。无为所行，而坚持不懈积累一切善根所行，这是菩萨所行。六波罗蜜所行，而通晓一切众生心行所行，这是菩萨所行。六随念所行，而非一切烦恼灭尽所行，这是菩萨所行。确定正法所行，而不攀缘邪道所行，这是菩萨所行。六神通所行，而非烦恼灭尽所行，这是菩萨所行。四无量所行，而不求取生于梵界所行，这是菩萨所行。禅思、入定和等持所行，而不依靠入定和等持受生所行，这是菩萨所行。念处[③]所行，而不追求身、受、心和法所行，这是菩萨所行。正勤[④]所行，而不依随善不善二法所行，这是菩萨所行。展现神足[⑤]所行，而自然运转神足所行，这是菩萨所行。五根所行，而了解一切众生五根利钝所行，这是菩萨所行。安住五力所行，而显示如来十力所行，这是菩萨所行。修成七觉支所行，而通晓菩提分别智所行，这是菩萨所行。确立正道所行，而不攀缘邪道所行，这是菩萨所行。追求止观资粮所行，而不陷入终

---

① “四魔”（caturmāra）指蕴魔、烦恼魔、死魔和天子魔。

② “非时”（akāla）指不成熟或不合适的时间。

③ “念处”（smṛtyupasthāna，或译“念住”）指身、受、心和法四念处，即“于身观身”、“于受观受”、“于心观心”和“于法观法”。

④ “正勤”（samyakprahāṇa，或译“正断”）指精进努力，断除恶法。

⑤ 此处“神足”的原词是 ṛddhipāda，也译“如意足”，指达到神通的四种修行方式。

极寂灭所行，这是菩萨所行。考察一切法无生相所行，而以种种妙相随好完美装饰佛身所行，这是菩萨所行。展现声闻和缘觉威仪所行，而不舍弃佛法所行，这是菩萨所行。依随一切法终究清净和本性安定所行，而非不依随一切众生心愿展现种种威仪所行，这是菩萨所行。观察一切佛土终究无成无坏和本性空寂所行，而展现各种各样佛土功德庄严所行，这是菩萨所行。展现转法轮和大般涅槃所行，而不舍弃菩萨行所行，这是菩萨所行。”他这样说法，与文殊师利真童子同来的天子们中，有八千天子发起无上正等菩提心。

什译：“在於生死，不為污[①]行；住於涅槃，不永滅度，是菩薩行。非凡夫行，非賢聖行，是菩薩行。非垢行，非淨行，是菩薩行[②]。雖過魔行，而現降眾魔，是菩薩行。求一切智，無非時求，是菩薩行。雖觀諸法不生，而不入正位，是菩薩行。雖觀十二缘起，而入[③]諸邪見，是菩薩行。雖攝一切眾生，而不愛著，是菩薩行。雖樂遠離，而不依身心盡，是菩薩行。雖行三界，而不壞法性，是菩薩行。雖行於空，而植眾德本，是菩薩行。雖行無相，而度眾生，是菩薩行。雖行無作[④]，而現受身，是菩薩行。雖行無起，而起一切善行，是菩薩行。雖行六波羅蜜，而遍知眾生心、心數法[⑤]，是菩薩行。[⑥]雖行六通，而不盡漏，是菩薩行。雖行四無量心，而不貪著生於梵世，是菩薩行。雖行禪定解脱三昧，而不隨禪生，是菩薩行。雖行四念處，而不永離[⑦]身、受、心、法，是菩薩行。雖行四正勤，而不捨身心精進[⑧]，是菩

① 此处“污”的原词是 kleśa，指“烦恼”。
② 这句不见于原文和奘译。
③ 此处“入”的原词是 vigata（“远离”）。若是“入”，原词应为 gata。奘译“远离”。
④ 此处“无作”的原词是 apraṇihita，指“无愿”。
⑤ “心、心数法”的原词是 cittacarita，“指心行”。“心、心数法”（或译“心和心所”）的原词是 cittacaitta。
⑥ 此处按原文还有两种“行”。
⑦ 此处“永离”的原词是 atyartha，词义为“追求”或“热衷”。支译和奘译与什译一致。
⑧ 这句按原文和奘译，应为“不依随善不善二法”。

薩行。雖行四如意足，而得自在神通，是菩薩行。雖行五根，而分别衆生諸根利鈍，是菩薩行。雖行五力，而樂求佛十力，是菩薩行。雖行七覺分，而分别佛之智慧，是菩薩行。雖行八聖道，而樂行無量佛道[①]，是菩薩行。雖行止觀助道之法，而不畢竟墮於寂滅，是菩薩行。雖行諸法不生不滅，而以相好莊嚴其身，是菩薩行。雖現聲聞、辟支佛威儀，而不捨佛法，是菩薩行。雖隨諸法究竟淨相，而隨所應為現其身，是菩薩行。雖觀諸佛國土永寂如空，而現種種清淨佛土，是菩薩行。雖得佛道，轉于法輪，入於涅槃，而不捨於菩薩之道，是菩薩行。"説是語時，文殊師利所將大衆，其中八千天子皆發阿耨多羅三藐三菩提心。

奘译："若於是處，非凡所行，非聖所行，是則名為菩薩所行。若處觀察生死所行，而無一切煩惱所行，是則名為菩薩所行。若處觀察涅槃所行，而不畢竟寂滅所行，是則名為菩薩所行。若處示現四魔所行，而越一切魔事所行，是則名為菩薩所行。若求一切智智所行，而不非時證智所行，是則名為菩薩所行。若求四諦妙智所行，而不非時證諦所行，是則名為菩薩所行。若正觀察內證所行，而故攝受生死所行，是則名為菩薩所行。若行一切缘起所行，而能遠離見趣所行，是則名為菩薩所行。若行一切有情諸法相離所行，而無煩惱、隨眠所行，是則名為菩薩所行。[②]若正觀察無生所行，而不墮聲聞正性所行，是則名為菩薩所行。若攝一切有情所行，而無煩惱、隨眠所行，是則名為菩薩所行。若正欣樂遠離所行，而不求身、心盡滅所行，是則名為菩薩所行。若樂觀察三界所行，而不壞乱法界所行，是則名為菩薩所行。若樂觀察空性所行，而求一切功德所行，是則名為菩薩所行。

---

① 这句按原文，应为"不攀缘邪道"。而按奘译，则是"不厌背邪道"。奘译似乎更合理。

② 这句不见于原文和什译。

若樂觀察無相所行，而求度脱有情所行，是則名為菩薩所行。若樂觀察無願所行，而能示現有趣所行，是則名為菩薩所行。若樂遊履無作所行，而常起作一切善根無替[①]所行，是則名為菩薩所行。若樂遊履六度所行，而不趣向一切有情心行妙智彼岸所行[②]，是則名為菩薩所行。若樂觀察慈、悲、喜、捨無量所行，而不求生梵世所行，是則名為菩薩所行。若樂遊履六通所行，而不趣證漏盡所行，是則名為菩薩所行。若樂建立諸法所行，而不攀缘邪道所行，是則名為菩薩所行。若樂觀察六念所行，而不隨生諸漏[③]所行，是則名為菩薩所行。若樂觀察非障所行，而不希求雜染所行，是則名為菩薩所行。[④]若樂觀察靜慮、解脱、等持、等至諸定所行，而能不隨諸定勢力受生所行，是則名為菩薩所行。若樂遊履念住所行，而不樂求身、受、心、法遠離所行，是則名為菩薩所行。若樂遊履正斷所行，而不見善及與不善二種所行，是則名為菩薩所行。若樂遊履神足所行，而無功用[⑤]變現自在神足所行，是則名為菩薩所行。若樂遊履五根所行，而不分别[⑥]一切有情諸根勝劣妙智所行，是則名為菩薩所行。若樂安立五力所行，而求如來十力所行，是則名為菩薩所行。若樂安立七等覺支圓滿所行，不求佛法差别妙智善巧所行[⑦]，是則名為菩薩所行。若樂安立八聖道支圓滿所行，而不厭背邪道所行，是則名為菩薩所行。若求止觀資糧所行，不墮畢竟寂滅所行，是則名為菩薩所行。若樂觀察無生滅相諸法所行，而以相好莊嚴其身，成滿種種佛事所行，是則名為菩薩所行。若樂示現聲聞、獨覺威儀所行，而不棄捨一切佛法缘慮所行，是則名

① “无替”的原词是 apratiprasrabdhi，词义为“不休息”或“不停”。
② 这句按原文和什译，应为“通晓一切众生心行”。
③ 此处“诸漏”按原文应为“漏尽”。
④ 这句不见于原文和什译。
⑤ “无功用”的原词是 anābhoga，词义为“不必费力”或“自然而然”。
⑥ 此处“不分别”按原文和什译，应为“分别”或“了解”。
⑦ 这句按原文和什译，应为“通晓菩提分别智”。

為菩薩所行。若隨諸法究竟清淨，本性常寂妙定所行，非不隨順一切有情種種所樂威儀所行，是則名為菩薩所行。若樂觀察一切佛土其性空寂，無成無壞，如空所行，非不示現種種功德莊嚴佛土，饒益一切有情所行，是則名為菩薩所行。若樂示現一切佛法，轉於法輪，入大涅槃佛事所行，非不修行諸菩薩行差別所行，是則名為菩薩所行。”說是一切菩薩所行希有事時，是妙吉祥所將衆中，八億天子聞所說法，皆於無上正等菩提發心趣向。

ग्लानप्रतिसंमोदनापरिवर्तश् चतुर्थः ॥

今译：以上是第四《问疾品》。

५ अचिन्त्यविमोक्षसंदर्शनपरिवर्तः पञ्चमः

今译：第五 示现不可思议解脱品

什译：不思議品第六

奘译：不思議品第六

५।१ अथायुष्मतः शारिपुत्रस्यैतद् अभवत् -- कुत्रेमे बोधिसत्वा निषत्स्यन्ति, इमे च महाश्रावकाः। नेह गृह आसनानि संविद्यन्ते। अथ विमलकीर्तिर् लिच्छविर् आयुष्मतः शारिपुत्रस्य चेतोवितर्कम् आज्ञायायुष्मन्तं शारिपुत्रम् एतद् अवोचत् -- किं भदन्तशारिपुत्रो धर्मार्थिक आगत उतासनार्थिकः।आह -- धर्मार्थिका वयम् आगता नासनार्थिकाः।

今译：这时，尊者舍利弗思忖道："这些菩萨和大声闻将坐在哪儿？在这屋内找不到坐席。"而离车族维摩诘知道尊者舍利弗心中的疑惑，便对尊者舍利弗说道："尊者舍利弗是来求法，还是来求坐？"舍利弗说道："我们是来求法，不是来求坐。"

什译：爾時舍利弗見此室中無有床座，作是念："斯諸菩薩、大弟子眾當於何坐？"長者維摩詰知其意，語舍利弗言："云何，仁者！為法來耶？求床座耶？"舍利弗言："我為法來，非為床座。"

奘译：時舍利子見此室中無有床座，竊作是念："此諸菩薩及大聲聞當於何坐？”時無垢稱知舍利子心之所念，便即語言：“唯舍利子！為法來耶？求床坐耶？”舍利子言：“我為法來，非為床座。”

५।२ आह -- तेन हि भदन्तशारिपुत्र यो धर्मार्थिको भवति, नासौ स्वकायार्थिको भवति। किं पुनर् आसनार्थिको भविष्यति। यो भदन्तशारिपुत्र धर्मार्थिको भवति, न स रूपवेदनासंज्ञासंस्कारविज्ञानार्थिको भवति, न स्कन्धधात्वायतनार्थिकः। यो धर्मार्थिकः न स कामधातुरूपधात्वारूप्यधात्वर्थिको भवति, नासौ बुद्धाभिनिवेशार्थिको भवति, न धर्मसंघाभिनिवेशार्थिकः।

今译：维摩诘说道：“那么，尊者舍利弗啊，作为求法者，他甚至不顾及自己的身体，更何况坐席？尊者舍利弗啊，作为求法者，他不追求色、受、想、行和识，不追求蕴、界和处。作为求法者，他不追求欲界、色界和无色界，也不执著佛、法和僧。

什译：維摩詰言：“唯舍利弗！夫求法者不貪軀命，何況床座？夫求法者，非有色、受、想、行、識之求，非有界、入之求，非有欲、色、無色之求。唯舍利弗！夫求法者不著佛求，不著法求，不著眾求。

奘译：無垢稱言：“唯舍利子！諸求法者不顧身命，何況床座？又，舍利子！諸求法者不求色蘊乃至識蘊。諸求法者不求眼界乃至意識界①。諸求法者不求眼處乃至法處②。諸求法者不求欲界、色、無色界。又，舍利子！諸求法者不求佛執及法、僧執。

५।३ पुनर् अपरं भदन्तशारिपुत्र यो धर्मार्थिकः, नासौ दुःखपरिज्ञानार्थिको न समुदयप्रहाणार्थिको न निरोधसाक्षात्क्रियार्थिको न मार्गभावनार्थिको भवति। तत् कस्माद् धेतोः। अप्रपञ्चो हि धर्मो निरक्षरः। तत्र यः प्रपञ्चयति -- दुःखं परिज्ञा-

① “眼界乃至意识界”指“十八界”，即“六根”、“六境”和“六识”。
② “眼处乃至法处”指“六根”和“六境”。

स्यामि समुदयं प्रहास्यामि निरोधं साक्षात्करिष्यामि मार्गं भावयिष्यामीति, नासौ धर्मार्थिकः, प्रपञ्चार्थिको ऽसौ। धर्मो हि भदन्तशारिपुत्र उपशान्तः। तत्र य उत्पादव्यये चरन्ति, न ते धर्मार्थिका न विवेकार्थिकाः, उत्पादव्ययार्थिकास् ते। धर्मो ह्य् अरजो रजोऽपगतः। तत्र ये क्वचिद् धर्मे रक्षन्ते ऽन्तशो निर्वाणे ऽपि, न ते धर्मार्थिकाः, रजोऽर्थिकास् ते। धर्मो ह्य् अविषयः। ये विषयसंख्याताः, न ते धर्मार्थिकाः, विषयार्थिकास् ते। धर्मो नायूहो निर्यूहः। ये केचिद् धर्मं गृह्णन्ति वा मुञ्चन्ति वा, न ते धर्मार्थिकाः, उद्ग्रहनिःसर्गार्थिकास् ते।

今译：“还有，尊者舍利弗啊，作为求法者，他不追求知苦，不追求断除苦集，不追求现证苦灭，不追求修道。[1]为什么？法不是戏论[2]，不可言说。若有人说：‘我要知苦。我要断除苦集。我要现证苦灭。我要修道。’那么，他不是求法者，而是追求戏论者。尊者舍利弗啊，因为法本寂静，那些行于生灭者，他们不是求法者，不是追求寂静者，而是追求生灭者。因为法无染著，远离染著，那些贪著[3]法者，即使最终入涅槃，他们也不是求法者，而是追求贪著者。因为法无境界，那些计算境界者，他们不是求法者，而是追求境界者。因为法无取舍，那些取法或舍法者，他们不是求法者，而是追求取舍者。

什译：“夫求法者無見苦求，無斷集求，無造盡證、修道之求。所以者何？法無戲論。若言我當見苦、斷集、證滅、修道，是則戲論，非求法也。唯舍利弗！法名寂滅。若行生滅，是求生滅，非求法也。法名無染。若染於法乃至涅槃，是則染著，非求法也。法無行處[4]。

---

① 这句中提及的苦、集、灭和道也就是四圣谛。苦谛指一切皆苦。集谛指苦有集成或生起的原因。灭谛指苦能灭寂。道谛指通过修行八正道灭寂苦。

② “戏论”的原词是 prapañca，本义是展现、丰富、多样、幻象或幻觉等。在戏剧中，也指称荒唐可笑的对白。此词在汉译佛经中常译为“戏论”，指称虚妄不实的言论。

③ “贪著”的原词是 rakṣante（“守护”），疑有误，似应为 rajyante（“染著”或“贪著”）。什译“染”，奘译“贪染”。

④ “行处”的原词是 viṣaya，词义为“领域”或“境界”，指感官对象，即色、声、香、味、触和法（“六境”）。奘译“境界”。

若行於法，是則行處，非求法也。法無取捨。若取捨法，是則取捨，非求法也。

奘译：“諸求法者不求知苦、斷集、證滅及與修道。所以者何？法無戲論。若謂我當知苦、斷集、證滅、修道，即是戲論，非謂求法。又，舍利子！諸求法者不求於生，不求於滅。所以者何？法名寂靜及近寂靜。若行生滅，是求生滅，非謂求法，非求遠離。諸求法者不求貪染。所以者何？法無貪染，離諸貪染。若於諸法，乃至涅槃，少有貪染，是求貪染，非謂求法。又，舍利子！諸求法者不求境界。所以者何？法非境界。若數一切境界所行，是求境界，非謂求法。又，舍利子！諸求法者不求取捨。所以者何？法無取捨。若取捨法，是求取捨，非謂求法。

५।४ धर्मो ऽनालयः। य आलयारामाः, न ते धर्मार्थिकाः, आलयार्थिकास् ते। धर्मो निर्निमित्तः। येषां निमित्तानुसारिविज्ञानम्, न ते धर्मार्थिकाः, निमित्तार्थिकास् ते। धर्मो ऽसंवासः। ये केचिद् धर्मेण सार्धं संवसन्ति, न ते धर्मार्थिकाः, संवासार्थिकास् ते। धर्मो ऽदृष्टश्रुतमतविज्ञातः। ये दृष्टश्रुतमतविज्ञातेषु चरन्ति, न ते धर्मार्थिकाः, दृष्टश्रुतमतविज्ञातार्थिकास् ते।

今译：“法无处所。那些热爱处所者，他们不是求法者，而是追求处所者。法无相。那些意识追随相者，他们不是求法者，而是求相者。法无共住。那些与法共住者，他们不是求法者，而是追求共住者。法不可见闻觉知。那些行于见闻觉知者，他们不是求法者，而是追求见闻觉知者。

什译：“法無處所。若著處所，是則著處，非求法也。法名無相。

若隨相識[1]，是則求相，非求法也。法不可住。若住於法，是則住法，非求法也。法不可見聞覺知。若行見聞覺知，是則見聞覺知，非求法也。

奘译：“又，舍利子！諸求法者不求攝藏。所以者何？法無攝藏。若樂攝藏，是求攝藏，非謂求法。又，舍利子！諸求法者不求法相。所以者何？法名無相。若隨相識，即是求相，非謂求法。又，舍利子！諸求法者不共法住。所以者何？法無所住。若與法住，即是求住，非謂求法。又，舍利子！諸求法者不求見聞及與覺知。所以者何？法不可見聞覺知。若行見聞覺知，是求見聞覺知，非謂求法。

५।५ धर्मो भदन्तशारिपुत्र असंस्कृतः संस्कृतापगतः। ये संस्कृतगोचराः, न ते धर्मार्थिकाः, संस्कृतोद्ग्रहणार्थिकास् ते। तस्माद् इह भदन्तशारिपुत्र धर्मार्थिकेन ते भवितुकामेन सर्वधर्मानर्थिकेन भवितव्यम्। इह धर्मनिर्देशे निर्दिश्यमाने पञ्चानां देवपुत्रशतानां धर्मेषु धर्मचक्षुर् विशुद्धम्।

今译：“尊者舍利弗啊，法无为，远离有为。那些行于有为者，他们不是求法者，而是追求有为者。因此，尊者舍利弗啊，你想要成为求法者，就应该于一切法无所求。”他这样说法，五百天子观法的法眼获得清净。

什译：“法名無為。若行有為，是求有為，非求法也。是故，舍利弗！若求法者，於一切法應無所求。”說是語時，五百天子於諸法中得法眼淨。

奘译：“又，舍利子！諸求法者不求有為。所以者何？法名無為，離有為性。若行有為，是求有為，非謂求法。是故，舍利子！若欲求

① “随相识”的原文是 nimittānusārivijñam，意谓“识追随相”，即意识追随事物的表相。

法，於一切法應無所求。”說是法時，五百天子遠塵離垢，於諸法中得法眼淨。

५।६ अथ विमलकीर्तिर् लिच्छविर् मञ्जुश्रियं कुमारभूतम् आमन्त्रयते स्म -- त्वं मञ्जुश्रीः दशसु दिक्ष्व् असंख्येयेषु बुद्धक्षेत्रशतसहस्रेषु बुद्धक्षेत्रचारिकां चरसि। तत् कतरस्मिन् बुद्धक्षेत्रे त्वया सर्वविशिष्टानि सर्वगुणोपेतानि सिंहासनानि दृष्टानि। एवम् उक्ते मञ्जुश्रीः कुमारभूतो विमलकीर्तिं लिच्छविम् एतद् अवोचत् -- अस्ति कुलपुत्र पूर्वे दिग्भागे षड्त्रिंशद्गङ्गानदीवालिकासमानि बुद्धक्षेत्राण्य् अतिक्रम्य मेरुध्वजा नाम लोकधातुः। तत्र मेरुप्रदीपराजो नाम तथागतो ऽर्हन् सम्यक्संबुद्धस् तिष्ठति ध्रियते यापयति। तस्य तथागतस्य चतुरशीतियोजनशतसहस्र आत्मभावः। अष्टषष्टियोजनशतसहस्रं तस्य भगवतः सिंहासनम्। तेषां च बोधिसत्वानां चत्वारिंशद्योजनशतसहस्र आत्मभावः। चतुस्त्रिंशद्योजनशतसहास्राणि तेषां बोधिसत्वानां सिंहासनानि। मेरुध्वजायां लोकधातौ तस्य भगवतो मेरुप्रदीपराजस्य तथागतस्य बुद्धक्षेत्रे सर्वविशिष्टानि सर्वगुणोपेतानि सिंहासनानि।

今译：然后，离车族维摩诘询问文殊师利真童子：“文殊师利啊，你遍游十方无数百千佛土，你看到哪个佛土中有具备一切殊胜和一切功德的狮子座？”闻听此言，文殊师利真童子对离车族维摩诘说道：“善男子啊，在东方，越过三十六恒河沙数[①]的佛土，有一个名为须弥幢的世界。一位名为须弥灯王的如来、阿罗汉、正等觉居住和生活在那里。这位如来的身体高八百四十万由旬[②]。这位世尊的狮子座高六百八十万由旬。那些菩萨的身体高四百万由旬[③]。那些菩萨的狮子座高三百四十万由旬。这个须弥幢世界，这位须弥灯王世尊如来佛土

① “恒河沙数”（gaṅgānadīvālikāsama）指数量如同恒河中的沙。

② “由旬”（yojana，又译“踰膳那”）是长度名，约十四五公里。

③ 此处“四百万由旬”（catvāriṃśadyojanaśatasahasra）疑有误，按奘译以及后面的相关描述，原词应为“四百二十万由旬”（dvācatvāriṃśadyojanaśatasahasra）。“四百二十万由旬”按原文直译是“四十二百千由旬”。奘译“四十二亿踰膳那”。

中的狮子座具备一切殊胜和一切功德。”

什译：爾時長者維摩詰問文殊師利：“仁者遊於無量千万億阿僧祇①國，何等佛土有好上妙功德成就師子之座？”文殊師利言：“居士！東方度三十六恒河沙國，有世界名須弥相，其佛號須弥燈王，今現在。彼佛身長八万四千由旬，其師子座高八万四千由旬②，嚴飾第一。”③

奘译：時無垢稱問妙吉祥：“仁者曾遊十方世界無量無數百千俱胝諸佛國土，何等佛土有好上妙具足功德大師子座？”妙吉祥言：“東方去此過三十六殑伽④沙等諸佛國土，有佛世界，名曰山幢。彼土如來號山燈王，今正現在，安隱住持。其佛身長八十四億踰膳那量，其師子座高六十八億踰膳那量。彼菩薩身長四十二億踰膳那量，其師子座高三十四億踰膳那量。居士當知彼土如來師子之座最為殊妙，具諸功德。”

५।७ अथ विमलकीर्तिर् लिच्छविस् तस्यां वेलायां तथारूपं समन्वाहारं समन्वाहरति स्म। तादृशं चर्य्धभिसंस्कारम् अभिसंस्कृतवान् , यत् ततो मेरुध्वजालोकधातोर् द्वात्रिंशत्सिंहासनशतसहस्राणि तेन भगवता मेरुप्रदीपराजेन तथागतेन प्रेषितानि। तावद् उद्विद्धानि तावद् विस्तीर्णानि तावद् दर्शनीयानि यद् अपूर्वाणि तैर् बोधिसत्त्वैस् तैश् च महाश्रावकैस् तैश् च शक्रब्रह्मलोकपालैर् देवपुत्रैश् च। तान्य् उपर्य् अन्तरीक्षेणागत्य विमलकिर्तेर् लिच्छवेर् निवेशने प्रत्यतिष्ठन्। तच् च गृहं तावद् विस्तीर्णं संदृश्यते, यत्र तानि द्वात्रिंशत्सिंहासनशतसहस्राणि विचित्राण्य् अनुत्पीडनतया। न च वैशाल्या महानगर्या आवरणं कृतम् , न जम्बूद्वीपस्य, न चातुर्द्वीपिकस्यावरणम्। सर्वे ते तथैव संदृश्यन्ते यथा

① “阿僧祇”是asaṃkhyeya（“无数”）一词的音译。
② 按原文和奘译，狮子座高度应该低于佛的身长。
③ 这一段中，按原文和奘译，还有对那里菩萨的描述。
④ “殑伽”是gaṅgā（“恒河”）的又一种音译。

पूर्वं तथा पश्चात्।

今译：这时，离车族维摩诘集中意念，产生这样的神通作用。须弥灯王世尊如来送来须弥幢世界的三百二十万狮子座。这样高大，这样宽广，这样美观，那些菩萨、大声闻、帝释天、梵天、护世天王和天子前所未见。这些狮子座从空中降临离车族维摩诘的住处，布满屋内。这三百二十万美妙的狮子座在屋内毫不拥挤。它们也不遮蔽维舍离大城，也不遮蔽赡部洲[1]或四大洲。所有一切看来都照旧。

什译：於是，長者維摩詰現神通力。即時彼佛遣三万二千師子座，高廣嚴淨，來入維摩詰室。諸菩薩、大弟子、釋、梵、四天王等昔所未見。其室廣博，悉包容三万二千師子座，無所妨礙。於毗耶離城及閻浮提四天下亦不迫迮，悉見如故。

奘译：時無垢稱攝念入定，發起如是自在神通。即時東方山幢世界山燈王佛遣三十二億大師子座，高廣嚴淨，甚可愛樂，乘空來入無垢稱室。此諸菩薩及大聲聞、釋、梵、護世、諸天子等昔所未見，先亦未聞。其室欻然廣博嚴淨，悉能苞容三十二億師子之座，不相妨礙。廣嚴大城及贍部洲、四大洲等，諸世界中城邑、聚落、國土、王都，天、龍、藥叉、阿素洛等所住宮殿亦不迫迮。悉見如本，前後無異。

५।८ अथ विमलकीर्तिर् लिच्छविर् मञ्जुश्रियं कुमारभूतम् एतद् अवोचत् -- निषीद त्वं मञ्जुश्रीः सिंहासने सार्धम् एतैर् बोधिसत्वैः। तादृशांश् चात्मभावान् अधितिष्ठत यत् सिंहासनेष्व् अनुरूपाः स्युः। अथ ये ऽभिज्ञाप्रतिलब्धा बोधिसत्वास् ते द्वाचत्वारिंशद्योजनशतसहस्रम् आत्मभावम् अधिष्ठाय तेषु सिंहासनेषु निषीदन्ति स्म। ये चादिकर्मिका बोधिसत्वास् ते न शक्नुवन्ति स्म तेषु सिंहासनेषु निषत्तुम्।

---

① “赡部洲”（jambūdvīpa）或译“阎浮提洲”。佛经中通常描述世界有四大洲，赡部洲是其中之一。印度位于赡部洲。

अथ विमलकीर्तिर् लिच्छविर् आयुष्मन्तं शारिपुत्रम् आमन्त्रयते स्म -- निषीद भदन्तशारिपुत्र सिंहासने। आह -- न शक्नोमि सत्पुरुष निषत्तुम् उच्चानि प्रगृहीतानि चेमानि सिंहासनानि। आह -- तेन हि भदन्तशारिपुत्र तस्यैव भगवतो मेरुप्रदीप-राजस्य तथागतस्य नमस्कारं कुरु। ततः शक्ष्यसि निषत्तुम्। अथ ते महाश्रावकास् तस्य भगवतो मेरुप्रदीपराजस्य तथागतस्य नमस्कारं कुर्वन्ति स्म। ते तत्र पश्चात् तेषु सिंहासनेषु न्यषीदन्।

今译：然后，离车族维摩诘对文殊师利真童子说道："文殊师利啊，请你和那些菩萨一起坐上狮子座吧！请你们将身体变得适合狮子座！"于是，那些获得神通的菩萨将身体变得高达四百二十万由旬，坐上那些狮子座。而那些初学菩萨不能坐上那些狮子座。于是，离车族维摩诘吩咐尊者舍利弗："尊者舍利弗啊，坐上狮子座吧！"舍利弗说道："贤士啊，我不能坐上这样高大的狮子座。"维摩诘说道："那么，尊者舍利弗啊，你向须弥灯王世尊如来致以敬礼吧！这样，你就能坐上。"于是，那些大声闻向须弥灯王世尊如来致以敬礼。然后，他们都坐上那些狮子座。

什译：爾時維摩詰語文殊師利："就師子座，與諸菩薩上人俱坐。當自立身如彼座像。"其得神通菩薩即自變形為四万二千由旬，坐師子座。諸新發意菩薩及大弟子皆不能昇。爾時維摩詰語舍利弗："就師子座。"舍利弗言："居士！此座高廣，吾不能昇。"維摩詰言："唯舍利弗！為須弥燈王如來作礼，乃可得坐。"於是新發意菩薩及大弟子即為須弥燈王如來作礼，便得坐師子座。

奘译：時無垢稱語妙吉祥："就師子座。與諸菩薩及大聲聞如所敷設，俱可就座。當自變身，稱[①]師子座。"其得神通諸大菩薩各自變

① "称"的原词是 anurūpa，词义为"适合"。

身為四十二億踰膳那量，昇師子座，端嚴而坐。其新學菩薩皆不能昇師子之座。時無垢稱為說法要，令彼一切得五神通，即以神力各自變身為四十二億踰膳那量，昇師子座，端嚴而坐。其中復有諸大聲聞皆不能昇師子之座。時無垢稱語舍利子：“仁者！云何不昇此座？”舍利子言：“此座高廣，吾不能昇。”無垢稱言：“唯舍利子！宜應礼敬山燈王佛，請加神力，方可得坐。”時大聲聞咸即礼敬山燈王佛，請加神力，便即能昇師子之座，端嚴而坐。①

५।९ अथायुष्माञ् शारिपुत्रो विमलकीर्तिं लिच्छविम् एवम् आह -- आश्चर्यं कुलपुत्र यद् इहैवं परीत्ते गृह इमानीयन्ति सिंहासनसहस्राण्य् एवम् उच्चान्य् एवं प्रगृहीतानि विचित्राणि। न च वैशाल्या महानगर्या आवरणं कृतम्, न जम्बूद्वीपस्य, न ग्रामनगरनिगमजनपदराष्ट्रराजधानीनाम्, न चातुर्महाद्वीपिकस्य किंचिद् आवरणम्, न देवनागयक्षगन्धर्वासुरगरुडकिन्नरमहोरगाणाम् आवरणं कृतम्। तथैव संदृश्यन्ते यथा पूर्वं तथा पश्चात्।

今译：随后，尊者舍利弗对离车族维摩诘说道：“善男子啊，真奇妙！在这个小屋内，竟然容纳这么多高大美妙的狮子座。它们也不遮蔽维舍离大城，也不遮蔽赡部洲以及村庄、城镇、市场、国土和都城，也不遮蔽任何四大洲，也不遮蔽那些天神、蛇、药叉、乾达婆、阿修罗、金翅鸟、紧那罗和大蛇。一切看来都照旧。”

什译：舍利弗言：“居士！未曾有也。如是小室乃容受此高廣之座，於毗耶離城無所妨礙，又於閻浮提聚落、城邑及四天下諸天、龍王、鬼神宮殿亦不迫迮。”

奘译：舍利子言：“甚奇，居士！如此小室乃能容受爾所百千高

① 这一段比照原文和什译，奘译文字表述有所增饰。其中补充了对新学菩萨坐上狮子座的描述。

廣嚴淨師子之座，不相妨礙。廣嚴大城及贍部洲、四大洲等，諸世界中城邑、聚落、國土、王都，天、龍、藥叉、阿素洛等所有宫殿亦不迫迮。悉見如本，前後無異。”

५।१० विमलकीर्तिर् आह -- अस्ति भदन्तशारिपुत्र तथागतानां बोधिसत्वानां चाचिन्त्यो नाम विमोक्षः, यत्राचिन्त्यविमोक्षे प्रतिष्ठितो बोधिसत्वः सुमेरुं पर्वतराजं तावद् उच्चं तावत् प्रगृहीतं तावद् उद्विद्धं तावद् विस्तीर्णं सर्षपफलकोशे प्रवेशयेत्। न च सर्षपफलकोशं विवर्धयेत्। न च सुमेरुं हापयेत्। तां च क्रियाम् आदर्शयेत्। न चातुर्महाराजकायिका देवास् त्रयस्त्रिंशतो वा जानीरन् -- कस्मिन् वयं प्रक्षिप्ताः। अन्ये च सत्वा ऋद्धिविनेया जानीयुः पश्येयुस् तं सुमेरुं पर्वतराजं सर्शपफलकोशप्रविष्टम्। अयं भदन्तशारिपुत्र बोधिसत्वानाम् अचिन्त्यस्य विमोक्षस्य विषयप्रवेशः।

今译：维摩诘说道：“尊者舍利弗啊，诸如来和诸菩萨有一种名为不可思议的解脱。处于这种不可思议解脱，菩萨能将这样高大宽广的须弥山王纳入芥子中。而他既不增大芥子，也不缩小须弥山。他示现这种神通作用，而四大天王或三十三天[①]众天神并不知道自己被纳入何处。唯有修习神通的众生知道和看到须弥山王进入芥子中。尊者舍利弗啊，这是菩萨进入的不可思议解脱境界。

什译：維摩詰言：“唯舍利弗！諸佛菩薩有解脱名不可思議。若菩薩住是解脱者，以須弥之高廣內芥子中無所增減，須弥山王本相如故，而四天王、忉利諸天不覺不知已之所入。唯應度者乃見須弥入芥子中。是名不可住[②]思議解脱法門。

① “四大天王”（cāturmahārājakāyika）指四大护世天王，即东方的持国天，南方的增长天、西方的广目天和北方的多闻天。“三十三天”（trayastriṃśat，又译“忉利天”）指居住在须弥山顶的众天神，包括天王帝释天在内，有三十三位天王。

② 此处“不可住”应为“住不可”。据《中华大藏经》校勘记，“《资》、《碛》、《普》、《南》、《径》、《清》作‘不可’;《丽》作‘住不’”。

奘译：無垢稱言："唯舍利子！諸佛、如來、應、正等覺及不退菩薩有解脱名不可思議。若住如是不可思議解脱菩薩，妙高山王高廣如是，能以神力内芥子中，而令芥子形量不增，妙高山王形量不減。雖現如是神通作用，而不令彼四大天王、三十三天知見我等何往何入。唯令所餘覩神通力調伏之者知見妙高入乎芥子。如是安住不可思議解脱菩薩，方便善巧智力所入不可思議解脱境界，非諸聲聞、獨覺所測。

५।११ पुनर् अपरं भदन्तशारिपुत्र अचिन्त्यविमोक्षप्रतिष्ठितो बोधिसत्वो यश् चतुर्षु महासमुद्रेष्व् अप्स्कन्धस् तम् एकस्मिन् रोमकूपे प्रक्षिपेत्। न च मत्स्यकच्छपशिशुमारमण्डूकानाम् अन्येषां वौदकानां प्राणिनां पीडा भवेत्। न च नागयक्षगन्धर्वासुराणाम् एवं भवेत् -- कस्मिन् वयं प्रक्षिप्ताः। सा च क्रिया प्रज्ञायेत। न च कश्चित् सत्वो विहिंसितो विहेठितो वा भवेत्।

今译："还有，尊者舍利弗啊，处于不可思议解脱，菩萨能将四大海蕴藏的水注入一个毛孔中，而鱼、龟、鳄和蛙以及其他水族生物不受伤害。蛇、药叉、乾达婆和阿修罗也是这样，并不知道自己被注入何处。这种神通作用可以得知，而任何众生都不会受伤害和受侵扰。

什译："又以四大海水入一毛孔，不嬈魚、鼈、黿、鼉水性之屬，而彼大海本相如故，諸龍、鬼神、阿修羅等不覺不知己之所入，於此衆生亦無所嬈。

奘译："又，舍利子！若住如是不可思議解脱菩薩，四大海水深廣如是，能以神力内一毛孔，而令毛孔形量不增，四大海水形量不減。雖現如是神通作用，而不令彼諸龍、藥叉、阿素洛等知見我等何往何入，亦不令彼魚、鼈、黿、鼉及餘種種水族生類、諸龍神一切有情憂怖惱害。唯令所餘覩神通力調伏之者知見如是四大海水入於毛孔。如是安住不可思議解脫菩薩，方便善巧智力所入不可思議解脫境界，非諸聲聞、獨覺所測。①

५।१२ इमं च त्रिसाहस्रमहासाहस्रं लोकधातुं भार्गवचक्रम् इव परिगृह्य दक्षिणे पाणाव् अवभ्राम्य गङ्गानदीवालिकासमान् लोकधातून् क्षिपेत्। न च सत्वा जानीरन् -- कस्मिन् वयं नीताः, कुतो वागता इति। पुनर् अपि चानाय्य यथास्थानं स्थापयेत्। न च गमनागमनं संजानीरन्। सा च क्रिया संदृश्येत।

今译：“还有，他能将这三千大千世界握在右掌中，如同陶工的旋轮，旋转着甩到恒河沙数的世界之外，而众生并不知道自己被带往哪里，来到何处。然后，又收回，安放原处，而众生并不知道这样的来去。但这种神通作用得到展现。

什译：“又，舍利弗！住不可思議解脫菩薩斷取三千大千世界，如陶家輪，著右掌中，擲過恒河沙世界之外，其中眾生不覺不知己之所往。又復還置本處，都不使人有往來想，而此世界本相如故。

奘译：“又，舍利子！若住如是不可思議解脫菩薩，如是三千大千世界形量廣大，能以神力方便斷取，置右掌中，如陶家輪，速疾旋轉，擲置他方殑伽沙等世界之外。又復持來，還置本處，而令世界無所增減。雖現如是神通作用，而不令彼居住有情知見我等何去何還，都不令其生往來想，亦無惱害。唯令所餘覩神通力調伏之者知見世界有去有來。如是安住不可思議解脫菩薩，方便善巧智力所入不可思議解脫境界，非諸聲聞、獨覺所測。②

५।१३ पुनर् अपरं भदन्तशारिपुत्र सन्ति सत्वा अप्रमाणसंसारवैनयिकाः।

---

① 这一段比照原文和什译，可见奘译保持前一段的叙事模式。

② 这一段奘译不仅保持前一段的叙事模式，文字也有所增饰。

सन्ति संक्षिप्तसंसारवैनयिकाः। तत्राचिन्त्यविमोक्षप्रतिष्ठितो बोधिसत्वो ऽप्रमाण-संसारवैनयिकानां सत्वानां वैनयिकवशम् उपादाय सप्तरात्रं कल्पम् अतिक्रान्तम् आदर्शयेत्। संक्षिप्तसंसारवैनयिकानां सत्वानां वैनयिकवशम् उपादाय कल्पं सप्त-रात्रम् अतिक्रान्तम् आदर्शयेत्। तत्राप्रमाणसंसारविनेयाः सत्वाः सप्तरात्रं कल्पम् अतिक्रान्तं संजानीरन् संक्षिप्तसंसारविनेयाः सत्वाः कल्पं सप्तरात्रम् अतिक्रान्तं संजानीरन्।

今译：“还有，尊者舍利弗啊，有些众生获得调伏需要经历无量生死，有些众生获得调伏只要经历少量生死。处于不可思议解脱，菩萨能展现神通，让需要经历无量生死才能调伏的众生获得调伏，度过七天等于一劫[①]，而让只要经历少量生死就能调伏的众生获得调伏，度过一劫等于七天。这样，需要经历无量生死才能调伏的众生感觉度过七天等于一劫，而只要经历少量生死就能调伏的众生感觉度过一劫等于七天。

什译：“又，舍利弗！或有眾生樂久住世而可度者，菩薩即演[②]七日以為一劫，令彼眾生謂之一劫。或有眾生不樂久住而可度者，菩薩即促一劫以為七日，令彼眾生謂之七日。[③]

奘译：“又，舍利子！若住如是不可思議解脫菩薩，或諸有情宜見生死多時相續而令調伏，或諸有情宜見生死少時相續而令調伏，能以神力隨彼所宜，或延七日以為一劫，令彼有情謂經一劫，或促一劫以為七日，令彼有情謂經七日，各隨所見而令調伏。雖現如是神通作用，而不令彼所化有情覺知如是時分延促。唯令所餘覩神通力調伏之

① “劫”（kalpa）作为时间量度，指世界由产生至毁灭的一个周期。

② 此处“演”字，据《中华大藏经》校勘记，“《丽》作‘延’”。这样，“延”与下一句中的“促”相对应。

③ 这一段比照原文，什译文字有所简化。

者覺知延促。如是安住不可思議解脫菩薩，方便善巧智力所入不可思議解脫境界，非諸聲聞、獨覺所測。

५।१४ इति ह्य् अचिन्त्यविमोक्षप्रतिष्ठितो बोधिसत्वः सर्वबुद्धक्षेत्रगुणव्यूहान् एकस्मिन् बुद्धक्षेत्रे संदर्शयति। सर्वसत्वान् अपि दक्षिणे करतले प्रतिष्ठाप्य चित्तजाविकयर्द्धा क्रमेत्। सर्वबुद्धक्षेत्रेषु च संदर्शनं दद्यात्। न चैकतो ऽपि क्षेत्राच् चलेत्। यावत्यश् च दशसु दिक्षु बुद्धानां भगवतां पूजा वर्तन्ते, ताः सर्वा एकरोमकूप आदर्शयेत्। यावन्तश् च दशसु दिक्षु चन्द्रसूर्यास् तारारूपानि च, तान्य् अपि सर्वाण्य् एकरोमकूप आदर्शयेत्। यावत्यश् च दशसु दिक्षु वातमण्डल्यः प्रवान्ति, ता अपि सर्वा मुखद्वारे प्रवेशयेत्। न चास्य कायो विकीर्येत। न च तत्र बुद्धक्षेत्रे तृणवनस्पतयो नमेयुः।

今译：“处于不可思议解脱，菩萨能在一个佛土中展现一切佛土的功德庄严。他也能将一切众生置于右掌中，运用神通，行走快似思想，出现在一切佛土中。即使不出一个佛土，他能于一个毛孔中展现一切供品，供奉十方佛世尊。他也能于一个毛孔中，展现十方一切日月和星相。他也能将十方吹动的旋风吸入口中，而自己的身体不受损害，佛土中的草木也不折伏。

什译：“又，舍利弗！住不可思議解脫菩薩，以一切佛土嚴飾之事集在一國，示於眾生。又菩薩以一佛土眾生置之右掌，飛到十方，遍示一切，而不動本處。又，舍利弗！十方眾生供養諸佛之具，菩薩於一毛孔皆令得見。又十方國土所有日月、星宿於一毛孔普使見之。又，舍利弗！十方世界所有諸風，菩薩悉能吸著口中，而身無損，外諸樹木亦不摧折。

奘译：“又，舍利子！若住如是不可思議解脫菩薩，能以神力集一切佛功德莊嚴清淨世界，置一佛土，示諸有情。又以神力取一佛土一切有情，置之右掌，乘意勢通，遍到十方，普示一切諸佛國土。雖到十方一切佛土，住一佛國而不移轉。又以神力從一毛孔現出一切上妙供具，遍歷十方一切世界，供養諸佛、菩薩、聲聞。又以神力於一毛孔普現十方一切世界所有日月、星辰色像。又以神力，乃至十方一切世界大風輪[1]等，吸置口中，而身無損。一切世界草木叢林雖遇此風，竟無搖動。

५।१५ यानि च दशसु दिक्षु बुद्धक्षेत्राण्य् उदह्यन्ते कल्पोद्दाहेन, तद् अपि सर्वम् अग्निस्कन्धं स्वमुखे प्रक्षिपेत्। यच् च तेन कर्म कर्तव्यं भवेत् ,तच् च कुर्यात्। यच् चावस्ताद् गङ्गानदीवालिकाकोटीसमेषु बुद्धक्षेत्रेष्व् अतिक्रम्य बुद्धक्षेत्रं, तद् अभ्युत्क्षिप्योर्ध्वं दिग्भागं गङ्गानदीवालिकाकोटीसमेषु बुद्धक्षेत्रेषु प्रतिष्ठापयेत्। तद्यथापि नाम बलवान् पुरुषः सूच्यग्रेण बदरीपत्रम् उत्क्षिपेत्।

今译：“十方佛土遭遇劫火焚烧时，他能将一切烈火吞入自己嘴中。他能做这种应做之事。[2]他也能向下越过恒河沙数亿佛土，举起一个佛土，抛向上方，置于恒河沙数亿佛土中，而犹如力士用针尖挑起一枚枣树叶。

什译：“又十方世界劫盡燒時，以一切火內於腹中，火事如故，而不為害。又於下方過恒河沙等諸佛世界，取一佛土，舉著上方，過恒河沙無數世界，如持鍼鋒，舉一棗葉，而無所嬈。

奘译：“又以神力，十方世界所有佛土劫盡燒時，總一切火內置腹中。雖此火勢熾焰不息，而於其身都無損害。又以神力過於下方無

① “风轮”的原词是 vātamaṇḍalī，指旋风。
② 这句什译“不为害”，奘译“于其身都无损害”。但原文这句表达的意思在这里也很合适。

量俱胝殑伽沙等諸佛世界，舉一佛土，擲置上方過於俱胝殑伽沙等諸佛世界一佛土中，如以針鋒舉小棗葉，擲置餘方，都無所損。雖現如是神通作用，而無緣者不見不知，於諸有情竟無惱害。唯令一切覩神通力調伏之者便見是事。如是安住不可思議解脫菩薩，方便善巧智力所入不可思議解脫境界，非諸聲聞、獨覺所測。

५।१६ एवम् अचिन्त्यविमोक्षप्रतिष्ठितो बोधिसत्वः सर्वसत्वानि चक्रवर्त्यादिरूपाण्य् अधितिष्ठेत्।

今译：“同样，处于不可思议解脱，菩萨能施展神通，让一切众生呈现转轮王等等形相。

什译：“又，舍利弗！住不可思議解脫菩薩能以神通現作佛身，或現辟支佛身，或現聲聞身，或現帝釋身，或現梵王身，或現世主身，或現轉輪王身。

奘译：“又，舍利子！若住如是不可思議解脫菩薩，能以神力現作佛身種種色像；或現獨覺及諸聲聞種種色像；或現菩薩種種色像，諸相隨好具足莊嚴；或復現作梵王、帝釋、四大天王、轉輪王等一切有情種種色像；或以神力變諸有情，令作佛身及諸菩薩、聲聞、獨覺、釋、梵、護世、轉輪王等種種色像。[①]

५।१७ यावन्तश् च दशसु दिक्षु शब्दावभासाः शब्दप्रज्ञाप्तयः, ताः सर्वा हीनमध्यविशिष्टानां सत्वानां सर्वबुद्धघोषरुतरचितान्य् अधितिष्ठन् , ततश् च रुतघोषाद् अनित्यदुःखशून्यानात्मशब्दरुतानि निश्चारयेत्। यावद्भिश् चाकारनिर्देशैर् दशसु दिक्षु बुद्धा भगवन्तो धर्मं देशयन्ति, तांस् ततो रुतनिर्घोषान् निश्चारयेत्।

① 这一段什译和奘译中的描述远比原文充分，看来并非单纯的文字增饰，而是所据原文不同。

今译：“他能施展神通，将十方一切低等、中等和优等众生的发音和发声转化成一切佛的音声。他让这种音声发出‘无常、苦、空和无我’的音声，让十方佛世尊用这些音声以种种方式说法。

什译：“又十方世界所有眾聲，上、中、下音，皆能變之，令作佛聲，演出無常、苦、空、無我之音，及十方諸佛所說種種之法皆於其中普令得聞。

奘译：“或以神力轉變十方一切有情上、中、下品音聲差別，皆作佛聲第一微妙。從此佛聲演出無常、苦、空、無我、究竟涅槃寂靜義等言詞差別。乃至一切諸佛、菩薩、聲聞、獨覺說法音聲皆於中出。乃至十方諸佛說法，所有一切名、句、文身[①]音聲差別，皆從如是佛聲中出，普令一切有情得聞，隨乘差別，悉皆調伏。或以神力普於十方隨諸有情言音差別，如其所應，出種種聲演說妙法，令諸有情各得利益。[②]

५।१८ अयं भदन्तशारिपुत्र अचिन्त्यविमोक्षप्रतिष्ठितानां बोधिसत्वानां यत्किंचिन्मात्रो विषयावतारनिर्देशः। अपि तु कल्पम् अहं भदन्तशारिपुत्र कल्पावशेसं वाचिन्त्यविमोक्षप्रतिष्ठितानां बोधिसत्वानां विषयानां विषयावतारनिर्देशं निर्दिशेयम्, अतो वोत्तरि।

今译：“尊者舍利弗啊，我只是略说那些处于不可思议解脱的菩萨进入的境界。尊者舍利弗啊，若要详说那些处于不可思议解脱的菩萨进入的境界，则要说上一劫或一劫多，甚至更多劫。”

什译：“舍利弗！我今略說菩薩不可思議解脫之力。若廣說者，

---

① “名、句、文身”指名身、句身和文身。其中，“名”（nāma）指名称或概念。“句”（pada）指词。“文”（vyañjana）指音节或字母。

② 这一段奘译中的描述比原文和什译充分，表明所据原文有所不同。

窮劫不盡。”

奘译：“唯舍利子！我今略說安住如是不可思議解脫菩薩，方便善巧智力所入不可思議解脫境界。若我廣說，或經一劫，或一劫餘，或復過此，智慧辯才終不可盡。如我智慧辯才無盡，安住如是不可思議解脫菩薩，方便善巧智力所入不可思議解脫境界亦不可盡，以無量故。”

५।१९ अथ खलु स्थविरो महाकाश्यप इमं बोधिसत्वानाम् अचिन्त्यविमोक्षं श्रुत्वाश्चर्यप्राप्तः स्थविरं शारिपुत्रम् एतद् अवोचत् -- तद्यथापि नाम आयुष्मञ् शारिपुत्र जात्यन्धस्य पुरुषस्य पुरस्तात् कश्चिद् एव सर्वरूपगतान्य् उपदर्शयेत्। न च तत्र स जात्यन्ध एकरूपम् अपि पश्येत्। एवम् एव आयुष्मञ् शारिपुत्र इहाचिन्त्यविमोक्षे निर्दिश्यमाने सर्वश्रावकप्रत्येकबुद्धा इह जात्यन्धा इव चक्षुर्विहीना एकस्मिन्न् अप्य् अचिन्त्यकारणे न प्रत्यक्षाः। को नाम विद्वान् इमम् अचिन्त्यं विमोक्षं श्रुत्वानुत्तरायां सम्यक्संबोधौ चित्तं नोत्पादयेत्। तत् किं नु भूयः करिष्यामोऽत्यन्तोपहतेन्द्रिया दग्धविनष्टानीव बीजान्य् अभाजनीभूता इह महायाने। सर्वश्रावकप्रत्येकबुद्धैर् इमं धर्मनिर्देशं श्रुत्वा रुदद्भिस् त्रिसाहस्रमहासाहस्रो लोकधातुर् विज्ञापयितव्यः। सर्वबोधिसत्वैश् च प्रमुदितैर् इमम् अचिन्त्यविमोक्षं श्रुत्वा मूर्ध्ना संप्रत्येतव्यः, अधिमुक्तिबलं च संजनयितव्यम्। यस्यैषाचिन्त्यविमोक्षाधिमुक्तिः सर्वमारास् तस्य किं करिष्यन्ति। इमं निर्देशं निर्दिशतः स्थविरस्य महाकाश्यपस्य द्वात्रिंशता देवपुत्रसहस्रैर् अनुत्तरायां सम्यक्संबोधौ चित्तान्य् उत्पन्नानि।

今译：此时，尊者大迦叶闻听这种菩萨的不可思议解脱，深感奇妙，对尊者舍利弗说道：“尊者舍利弗啊，譬如，有人在天生的盲人面前展现一切色像，天生的盲人一无所见。尊者舍利弗啊，在宣示不可思议解脱时，一切声闻和缘觉如同天生的盲人无眼力，甚至不能现证一种不可思议事。确实，哪位智者闻听这种不可思议解脱后，不会发起无上正等菩提心？而我们还能做什么？我们的根器已灭绝，犹如烧焦的种子，不堪承受大乘。一切声闻和缘觉闻听这种说法后，应该悲泣呼号，告知三千大千世界。而一切佛和菩萨闻听这种不可思议解脱后，欢欣鼓舞，应该顶礼受持，产生信念力。具有这种不可思议解脱的信念，一切摩罗还能对他做什么？”尊者大迦叶这样宣说，三万二千天子发起无上正等菩提心。

什译：是時大迦葉聞說菩薩不可思議解脫法門，歎未曾有，謂舍利弗：“譬如有人於盲者前現眾色像，非彼所見。一切聲聞聞是不可思議解脫法門，不能解了為若此也。智者聞是，其誰不發阿耨多羅三藐三菩提心？我等何為？永絕其根，於此大乘已如敗種。一切聲聞聞是不可思議解脫法門，皆應號泣，聲震三千大千世界。一切菩薩應大欣慶，頂受此法。若有菩薩信解不可思議解脫法門者，一切魔眾無如之何。”大迦葉說是語時，三万二千天子皆發阿耨多羅三藐三菩提心。

奘译：爾時尊者大迦葉波聞說安住不可思議解脫菩薩不可思議解脫神力，歎未曾有，便語尊者舍利子言：“譬如有人對生盲者雖現種種差別色像，而彼盲者都不能見。如是一切聲聞、獨覺皆若生盲無殊勝眼，聞說安住不可思議解脫菩薩所現難思解脫神力，乃至一事亦不能了。誰有智者男子女人聞說如是不可思議解脫神力，不發無上正等覺心？我等今者於此大乘如燋敗種，永絕其根，復何所作？我等一切聲聞、獨覺聞說如是不思議解脫神力，皆應號泣，聲震三千大千世界。一切菩薩聞說如是不可思議解脫神力，皆應欣慶，頂戴受持，如王太子受灌頂位，生長堅固信解勢力。若有菩薩聞說如是不可思議解脫神力，堅固信解，一切魔王及諸魔眾於此菩薩無所能為。”當於尊者大迦葉波說是語時，眾中三万二千天子皆發無上正等覺心。

५।२० अथ विमलकीर्तिर् लिच्छविः स्थविरं महाकाश्यपम् एवम् आह -- यावन्तो भदन्तमहाकाश्यप दशसु दिक्षु अप्रमेयेषु लोकधातुषु मारा मारत्वं कारयन्ति, सर्वे ते यद्भूयसाचिन्त्यविमोक्षप्रतिष्ठिता बोधिसत्वा उपायकौशल्येन सत्वपरिपाचनाय मारत्वं कारयन्ति। यावद्भिर् भदन्तमहाकाश्यप दशसु दिक्षु अप्रमेयेषु लोकधातुषु बोधिसत्वा याचनकैर् याच्यन्ते हस्तपादान् वा कर्णनासं वा शोणितं स्नायुं वास्थिमज्जानं वा नेत्राणि वोत्तमाङ्गानि शिरांसि वाङ्गप्रत्यङ्गानि वा राज्यराष्ट्रजनपदान् वा भार्यापुत्रदुहितॄर् वा दासदासीर् वा हयगजरथवाहनानि वा सुवर्णमणिमुक्तावैडूर्यशङ्खशिलाप्रवाडमणिरत्नजातं वान्नपानानि रसान् वा, वस्त्राणि चोत्पीड्य याच्यन्ते, सर्वे ते याचनका यद्भूयसाचिन्त्यविमोक्षप्रतिष्ठिता बोधिसत्वा उपायकौशल्येनेमां दृढाध्याशयतां दर्शयन्ति। तत् कस्माद् धेतोः। उग्रतपसो हि भदन्तमहाकाश्यप बोधिसत्वास् त एवं दर्शयन्ति। नास्ति हि प्राकृतजनस्या-स्थानानवकाशकृतस्य बोधिसत्वम् उत्पीडयितुम्।तद्यथापि नाम भदन्तमहा-काश्यप न शक्तिर् अस्ति खद्योतकस्य सूर्यमण्डलप्रभाम् अभिभवितुम्। एवम् एव भदन्तमहाकाश्यप न शक्तिर् अस्ति प्राकृतस्य जनस्य बोधिसत्वेनानवकाश-कृतस्योपसंक्रमितुं याचितुं वा। तद्यथा भदन्तमहाकाश्यप यो हस्तिनागस्य प्रहारो न स शक्यो गर्दभेन सोढुम्। एवम् एव भदन्तमहाकाश्यप न शक्यम् अबोधिसत्वेन बोधिसत्वस्योत्पीडनं सोढुम्। बोधिसत्व एव बोधिसत्वोत्पीडां सहते। अयं भदन्तमहाकाश्यप अचिन्त्यविमोक्षप्रतिष्ठितानां बोधिसत्वानाम् उपायज्ञानबल-प्रवेशः॥

今译：于是， 离车族维摩诘对尊者大迦叶说道：“尊者大迦叶啊，十方无量世界中的摩罗展现魔性。他们大多是处于不可思议解脱的菩萨，运用方便善巧，展现魔性，教化众生。尊者大迦叶啊，十方无量世界中，那些求乞者向菩萨们乞求手和足，或耳和鼻，或血和筋，或骨和骨髓，或眼和头，或各种肢体，或王国和国土，或妻子和儿女，或男女奴仆，或马、象和车乘，或金子、摩尼珠、珍珠、吠琉璃、贝壳、玉石、珊瑚和珠宝，或饮食美味，或各种衣服。这些逼迫菩萨的乞求者大多是处于不可思议解脱的菩萨，运用方便善巧，示现这种坚定信念。为什么？尊者大迦叶啊，这些菩萨具有苦行威力，这样示现。而凡夫们没有机会这样逼迫菩萨。尊者大迦叶啊，譬如，萤火虫没有能力盖过日轮的光芒。同样，尊者大迦叶啊，凡夫们不可能获得机会走近菩萨求乞。譬如，尊者大迦叶啊，驴子承受不了象蛇之战。同样，尊者大迦叶啊，不是菩萨的凡夫没有能力逼迫菩萨。只有菩萨能逼迫菩萨。尊者大迦叶啊，这便是处于不可思议解脱的菩萨达到的方便智力。”

什译：爾時維摩詰語大迦葉：“仁者！十方無量阿僧祇世界中作魔王者，多是住不可思議解脱菩薩，以方便力教化眾生，現作魔王。又，迦葉！十方無量菩薩，或有人從乞手足耳鼻、頭目髓腦、血肉皮骨、聚落城邑、妻子奴婢、象馬車乘、金銀琉璃、車𤦲馬瑙[①]、珊瑚琥珀、真珠珂貝[②]、衣服飲食。如此乞者，多是住不可思議解脱菩薩以方便力而往試之，令其堅固。所以者何？住不可思議解脱菩薩有威德力，故現行逼迫，示諸眾生如是難事。凡夫下劣無有力勢，不能如是逼迫菩薩。譬如龍象蹴踏，非驢所堪。是名住不可思議解脱菩薩智慧方便之門。”

奘译：時無垢稱即語尊者迦葉波言：“十方無量無數世界作魔王者，多是安住不可思議解脱菩薩方便善巧現作魔王，為欲成熟諸有情故。大迦葉波！十方無量無數世界一切菩薩，諸有來求手足耳鼻、頭目髓腦、血肉筋骨、一切支體，妻妾、男女、奴婢、親屬，村城、聚落、國邑、王都、四大洲等，種種王位，財穀、珍寶，金銀、真珠、

① 此处“车𤦲马瑙”的原词是 śilā，泛指玉石或宝石。
② 此处“珂贝”的原词是 śaṅkha，指贝螺或贝壳。

珊瑚、螺貝、吠琉璃等諸莊嚴具，房舍、床座、衣服、飲食、湯藥、資產，象馬、輦輿、大小諸船、器仗、軍眾。如是一切，逼迫菩薩而求乞者，多是安住不可思議解脫菩薩以巧方便現為斯事，試驗菩薩，令其了知意樂堅固。所以者何？增上勇猛諸大菩薩為欲饒益諸有情故，示現如是難為大事。凡夫下劣無復勢力，不能如是逼迫菩薩為此乞求。大迦葉波！譬如螢火終無威力映蔽日輪，如是凡夫及下劣位無復勢力逼迫菩薩為此乞求。大迦葉波！譬如，龍象現威鬪戰，非驢所堪。唯有龍象能與龍象為斯戰諍。如是，凡夫及下劣位無有勢力逼迫菩薩。唯有菩薩能與菩薩共相逼迫。是名安住不可思議解脫菩薩，方便善巧智力所入不可思議解脫境界。”說此法時，八千菩薩得入菩薩方便善巧智力所入不可思議解脫境界。

अचिन्त्यविमोक्षसंदर्शनपरिवर्तः पञ्चमः ॥

今译：以上是第五《示现不可思议解脱品》。

奘译：《說無垢稱經》卷第三。

६ देवतापरिवर्तः षष्ठः

今译：第六 天女品

什译：觀衆生品第七

奘译：觀有情品第七

६।१ अथ खलु मञ्जुश्रीः कुमारभूतो विमलकीर्तिं लिच्छविम् एतद् अवोचत् -- कथं सत्पुरुष बोधिसत्वेन सर्वसत्वा अवेक्षितव्याः।आह -- तद्यथापि नाम मञ्जुश्रीः विज्ञपुरुष उदकचन्द्रम् अवेक्षेत, एवं बोधिसत्वेन सर्वसत्वा अवेक्षितव्याः। तद्यथापि नाम मञ्जुश्रीः आदर्शमण्डले मुखमण्डलम् आलोकयेत्, एवं बोधिसत्वेन सर्वसत्वा अवेक्षितव्याः। तद्यथा मञ्जुश्रीः मरीचिकायाम् उदकम्, एवं बोधिसत्वेन सर्वसत्वा अवेक्षितव्याः। तद्यथा मञ्जुश्रीः मायाकारो मायाकारनिर्मितं पुरुषम् अवेक्षेत, एवं बोधिसत्वेन सर्वसत्वा अवेक्षितव्याः। तद्यथा मञ्जुश्रीः प्रतिश्रुत्काया रुतघोषः एवं बोधिसत्वेन सर्वसत्वा अवेक्षितव्याः। तद्यथा मञ्जुश्रीः गगने ऽभ्रकूटम्, एवं बोधिसत्वेन सर्वसत्वाः प्रत्यवेक्षितव्याः। तद्यथा मञ्जुश्रीः फेनपिण्डस्य पूर्वान्तः, एवं बोधिसत्वेन सर्वसत्वाः प्रत्यवेक्षितव्याः। तद्यथा मञ्जुश्रीः उदकबुद्बुदानाम् उत्पादव्ययः, एवं बोधिसत्वेन सर्वसत्वाः प्रत्यवेक्षितव्याः। तद्यथा मञ्जुश्रीः कदल्याः सारदर्शनम्, एवं बोधिसत्वेन सर्वसत्वाः प्रत्यवेक्षितव्याः। तद्यथा मञ्जुश्रीः विद्युतः संक्रान्तिः, एवं बोधिसत्वेन सर्वसत्वाः प्रत्यवेक्षितव्याः। तद्यथा मञ्जुश्रीः पञ्चमो धातुः, एवं बोधिसत्वेन सर्वसत्वाः प्रत्यवेक्षितव्याः। तद्यथा मञ्जुश्रीः सप्तमम् आयतनम्, एवं बोधिसत्वेन सर्वसत्वाः प्रत्यवेक्षितव्याः। तद्यथा

मञ्जुश्रीः आरूप्येषु रूपावभासः, एवं बोधिसत्वेन सर्वसत्वाः प्रत्यवेक्षितव्याः। तद्यथा मञ्जुश्रीः परितप्तानां बीजानाम् अङ्कुरपरिनिष्पत्तिः, एवं बोधिसत्वेन सर्वसत्वाः प्रत्यवेक्षितव्याः। तद्यथा मञ्जुश्रीः मण्डूकरोमप्रवारः, एवं बोधिसत्वेन सर्वसत्वाः प्रत्यवेक्षितव्याः। तद्यथा मञ्जुश्रीः मृतस्य कामक्रीडारतिः, एवं बोधिसत्वेन सर्वसत्वाः प्रत्यवेक्षितव्याः। तद्यथा मञ्जुश्रीः स्रोतआपन्नस्य सत्कायदृष्टिः, एवं बोधिसत्वेन सर्वसत्वाः प्रत्यवेक्षितव्याः। तद्यथा मञ्जुश्रीः सकृदागामिनस् तृतीयो भवः, एवं बोधिसत्वेन सर्वसत्वाः प्रत्यवेक्षितव्याः। तद्यथा मञ्जुश्रीः अनागामिनो गर्भावक्रान्तिः, एवं बोधिसत्वेन सर्वसत्वाः प्रत्यवेक्षितव्याः। तद्यथा मञ्जुश्रीः अर्हतः रागदोषमोहाः, एवं बोधिसत्वेन सर्वसत्वाः प्रत्यवेक्षितव्याः। तद्यथा मञ्जुश्रीः क्षान्तिप्रतिलब्धस्य बोधिसत्वस्य मात्सर्यदौःशील्यव्यापादविहिंसाचित्तानि, एवं बोधिसत्वेन सर्वसत्वाः प्रत्यवेक्षितव्याः। तद्यथा मञ्जुश्रीः तथागतस्य क्लेशवासना, एवं बोधिसत्वेन सर्वसत्वाः प्रत्यवेक्षितव्याः। तद्यथा मञ्जुश्रीः जात्यन्धस्य पुरुषस्य रूपदर्शनम् , एवं बोधिसत्वेन सर्वसत्वाः प्रत्यवेक्षितव्याः। तद्यथा मञ्जुश्रीः निरोधसमापन्नस्याश्वासाः, एवं बोधिसत्वेन सर्वसत्वाः प्रत्यवेक्षितव्याः। तद्यथा मञ्जुश्रीः आकाशे शकुनिपदम् , एवं बोधिसत्वेन सर्वसत्वाः प्रत्यवेक्षितव्याः। तद्यथा मञ्जुश्रीः पण्डकस्येन्द्रियस्य प्रादुर्भावः, एवं बोधिसत्वेन सर्वसत्वाः प्रत्यवेक्षितव्याः। तद्यथा मञ्जुश्रीः बन्ध्यायाः पुत्रप्रतिलम्भः, एवं बोधिसत्वेन सर्वसत्वाः प्रत्यवेक्षितव्याः। तद्यथा मञ्जुश्रीः तथागतनिर्मितस्यानुत्पन्नाः क्लेशाः, एवं बोधिसत्वेन सर्वसत्वाः प्रत्यवेक्षितव्याः। तद्यथा मञ्जुश्रीः स्वप्नदर्शनप्रतिबुद्धस्य दर्शनम् , एवं बोधिसत्वेन सर्वसत्वाः प्रत्यवेक्षितव्याः। तद्यथा मञ्जुश्रीः अपरिकल्पयतः क्लेशाः, एवं बोधिसत्वेन सर्वसत्वाः प्रत्यवेक्षितव्याः। तद्यथा मञ्जुश्रीः अनुपादानस्याग्नेः संभवः, एवं बोधिसत्वेन सर्वसत्वाः प्रत्यवेक्षितव्याः। तद्यथा मञ्जुश्रीः परिनिर्वृतस्य प्रतिसंधिः , एवं बोधिसत्वेन सर्वसत्वाः प्रत्यवेक्षितव्याः। एवं हि मञ्जुश्रीः बोधिसत्वेन सर्वसत्वाः प्रत्यवेक्षितव्याः।

今译：然后，文殊师利真童子对离车族维摩诘说道：“贤士啊，菩萨应该怎样观察一切众生？”维摩诘说道：“譬如，文殊师利啊，智者观察水中月，菩萨应该这样观察一切众生。譬如，文殊师利啊，观看圆镜中圆脸[①]，菩萨应该这样观察一切。譬如，文殊师利啊，阳焰水，菩萨应该这样观察一切众生。譬如，文殊师利啊，幻师观察幻化出的幻人，菩萨应该这样观察一切众生。譬如，文殊师利啊，回响的声音，菩萨应该这样观察一切众生。譬如，文殊师利啊，空中的云峰，菩萨应该这样观察一切众生。譬如，文殊师利啊，水沫的起源，菩萨应该这样观察一切众生。譬如，文殊师利啊，水泡的生灭，菩萨应该这样观察一切众生。譬如，文殊师利啊，观看芭蕉的实心[②]，菩萨应该这样观察一切众生。譬如，文殊师利啊，雷电的闪现，菩萨应该这样观察一切众生。譬如，文殊师利啊，第五界[③]，菩萨应该这样观察一切众生。譬如，文殊师利啊，第七处[④]，菩萨应该这样观察一切众生。譬如，文殊师利啊，无色界中有色像，菩萨应该这样观察一切众生。譬如，文殊师利啊，烧焦的种子发芽，菩萨应该这样观察一切众生。譬如，文殊师利啊，蛙毛织成衣裳，菩萨应该这样观察一切众生。譬如，文殊师利啊，死人享受欲乐，菩萨应该这样观察一切众生。譬如，文殊师利啊，预流执著有身见，菩萨应该这样观察一切众生。譬如，文殊师利啊，一来接受第三生，菩萨应该这样观察一切众生。譬如，文殊师利啊，不还入胎，菩萨应该这样观察一切众生。譬如，文殊师利啊，阿罗汉贪、瞋和痴[⑤]，菩萨应该这样观察一切众生。

---

① 这个譬喻也就是佛经通常说的“镜中像”。

② 这也是佛经常用譬喻，指芭蕉没有实心。

③ 佛经通常称说“四大”（或“四界”），即地、水、火和风，故而没有“第五大”（或“第五界”）。

④ 佛经中通常称说“六处”（或“六入”），指“六根”（内六处）或“六境”（外六处），故而没有“第七处”。

⑤ 以上“预流”、“一来”、“不还”和“阿罗汉”指修行达到的“四果”（即四种阶位）。“预流”（srotāpanna，或译“须陀洹”）指进入圣道，断除种种见惑，故而没有“有身见”。“有身见”（satkāyadṛṣṭi）指执著五蕴合成的身体。“一来”（sakṛdāgāmin，或译“斯陀含”）指还要再返回一次人间，故而不会“接受第三生”。“不还”（anāgāmin，或译“阿那含”）指不会再返回人间，故而不会再“入胎”。“阿罗汉”（arhat，或译“应供”）指达到涅槃，不再进入生死流转，故而不会有“贪、瞋和痴”。

譬如，文殊师利啊，达到忍辱的菩萨怀有妒忌、犯戒、憎恨和伤害心，菩萨应该这样观察一切众生。譬如，文殊师利啊，如来受到烦恼熏染，菩萨应该这样观察一切众生。譬如，文殊师利啊，天生的盲人见到色像，菩萨应该这样观察一切众生。譬如，文殊师利啊，住于灭定者有出入息[①]，菩萨应该这样观察一切众生。譬如，文殊师利啊，虚空中有鸟迹，菩萨应该这样观察一切众生。譬如，文殊师利啊，阉人勃起，菩萨应该这样观察一切众生。譬如，文殊师利啊，石女[②]生子，菩萨应该这样观察一切众生。譬如，文殊师利啊，如来的幻化之人不起烦恼[③]，菩萨应该这样观察一切众生。譬如，文殊师利啊，觉醒者见梦中所见，菩萨应该这样观察一切众生。譬如，文殊师利啊，无妄想分别者起烦恼，菩萨应该这样观察一切众生。譬如，文殊师利啊，无燃料而火燃起，菩萨应该这样观察一切众生。譬如，文殊师利啊，入涅槃者又受身，菩萨应该这样观察一切众生。确实，文殊师利啊，菩萨应该这样观察一切众生。”

什译：爾時文殊師利問維摩詰言：“菩薩云何觀於眾生？”維摩詰言：“譬如幻師見所幻人，菩薩觀眾生為若此。如智者見水中月，如鏡中見其面像，如熱時焰，如呼聲響，如空中雲，如水聚沫，如水上泡，如芭蕉堅，如電久住，如第五大，如第六陰，如第七情，如十三入，如十九界，[④]菩薩觀眾生為若此。如無色界色，如焦穀牙，如須陀洹身見，如阿那含入胎，如阿羅漢三毒[⑤]，如得忍菩薩貪、恚、

---

① “灭定”（nirodhasamāpanna，也译“灭尽定”）指灭寂一切意识作用的禅定，故而不再有气息出入之想。

② “石女”（bandhyā 或 vandhyā）指没有生育能力的女子。

③ “不起烦恼”的原文是 anutpannāḥ kleśāḥ，而什译“起烦恼”。奘译“起诸结缚”。什译和奘译似乎更合理，故而原文可能有误，原文中的 anutpannāḥ（“不起”）应为 utpannāḥ（“起”）。

④ 这里提及的“第六阴”、“第七情”和“第十九界”不见于原文。奘译与什译一致。佛经中通常称说“五阴”（即“五蕴”）、“六情”（即“六根”）和“十八界”，故而没有“第六阴”、“第七情”和“第十九界”。

⑤ “三毒”指贪、瞋和痴。

毀禁，如佛煩惱習，如盲者見色，如入滅定[①]出入息，如空中鳥跡，如石女兒，如化人[②]煩惱，如夢所見已寤，如滅度者受身，如無烟之火，菩薩觀眾生為若此。”[③]

奘译： 時妙吉祥問無垢稱："云何菩薩觀諸有情？"無垢稱言："譬如幻師觀所幻事，如是菩薩應正觀察一切有情。又，妙吉祥！如有智人觀水中月，觀鏡中像，觀陽焰水，觀呼聲響，觀虛空中雲城臺閣，觀水聚沫所有前際[④]，觀水浮泡或起或滅，觀芭蕉心所有堅實，觀第五大，觀第六蘊，觀第七根，觀十三處，觀十九界，觀無色界眾色影像，觀燋敗種所出牙莖，觀龜毛[⑤]等所作衣服，觀天沒者受欲戲樂，觀預流果所起分別薩迦耶[⑥]見，觀一來果受第三有，觀不還果入母胎藏，觀阿羅漢貪、瞋、癡毒，觀得忍菩薩慳悋、犯戒、恚害等心，觀諸如來習氣相續，觀生盲者覩見眾色，觀住滅定有出入息，觀虛空中所有鳥跡，觀半擇迦[⑦]根有勢用，觀石女兒所有作業，觀佛所化起諸結縛，觀諸畢竟不生[⑧]煩惱，觀夢悟已夢中所見，觀不生火有所焚燒，觀阿羅漢[⑨]後有相續。如是菩薩應正觀察一切有情。所以者何？諸法本空，真實無我，無有情故。[⑩]"

---

① 此处"定"字，据《中华大藏经》校勘记，"《资》、《碛》、《普》、《南》、《径》、《清》、《丽》作'尽定'"，即"灭尽定"。"灭定"或"灭尽定"皆可。此处奘译"灭定"。

② 此处"人"字，据《中华大藏经》校勘记，"《丽》作'人起'"，即"化人起烦恼"。原文中有"起"这个字。

③ 这一段什译比照原文和奘译，文字简约。什译和奘译都省略了原文中每个比喻后使用的"菩萨应该这样观察一切众生"的套语。

④ "前际"的原词是 pūrvānta，词义为"前端"，可理解为"起源"。

⑤ "龟毛"的原词是 maṇḍūkaroman，指"蛙毛"。

⑥ "萨迦耶"是 satkāya（"有身"）一词的音译。

⑦ "半择迦"是 paṇḍaka（"阉人"）一词的音译。

⑧ "毕竟不生"的原词是 aparikalpayat，词义为"无妄想分别者"。

⑨ "阿罗汉"的原词是 parinirvṛta，词义为"入涅槃者"，两者意义一致。

⑩ 这里最后一句不见于原文和什译。这一段与什译一样，省略了许多套语。

६।२ आह -- यदि कुलपुत्रैवं बोधिसत्वेन सर्वसत्वाः प्रत्यवेक्षितव्याः, कथं पुनर् अस्य महामैत्री भवति सर्वसत्वेषु।आह -- यदा मञ्जुश्रीः बोधिसत्व एवं प्रत्यवेक्षते मया, ह्य् एषां सत्वानाम् एवं धर्मपरिज्ञायै धर्मो देशयितव्य इति, अतो ऽस्य भूता सत्वत्राणमैत्री सर्वसत्वेषूत्पद्यते ऽनारम्बणतया, उपशममैत्र्य् अनुत्पादनतया, निष्परिदाहमैत्री निःक्लेशतया, यथावद्मैत्री त्र्यध्वसमतया, अविरोधमैत्र्य् अपर्युपस्थानतया, अद्वयमैत्र्य् अध्यात्मबहिर्धासंसृष्टतया अकोप्यमैत्र्य् , अत्यन्तनिष्ठतया, दृढमैत्री वज्रदृढाभेद्याशयतया, शुद्धमैत्री प्रकृतिशुद्धतया, सममैत्र्य् आकाशसमतया, अर्हन्मैत्र्य् अरिनिर्घातनतया, बोधिसत्वमैत्री सत्वपरिपाकास्रंसनतया, तथागतमैत्री तथतानुबोधनतया, बुद्धमैत्री सुप्तसत्वप्रबोधनतया, स्वयंभुमैत्री स्वयमभिसंबोधनतया बोधिमैत्री समरसतया, असमारोपमैत्र्य् अनुनयप्रतिघप्रहाणतया, महाकरुणामैत्री महायानपरिदीपनतया, अपरिखेदमैत्री शून्यनैरात्म्यप्रत्यवेक्षणतया, धर्मदानमैत्र्य् अनाचार्यमुष्टितया शीलमैत्री दुःशीलसत्वावेक्षणतया, क्षान्तिमैत्र्य् आत्मपराक्षण्यनतया, वीर्यमैत्री सर्वसत्वभारवहनतया, ध्यानमैत्र्य् अनास्वादनतया, प्रज्ञामैत्री कालसंप्रापणतया, उपायमैत्री सर्वत्रमुखोद्दर्शनतया अकुहनमैत्र्य् आशयपरिशुद्धितया, अशाठ्यमैत्र्य् आशयतया, अध्याशयमैत्री निरङ्गणतया, अमायामैत्र्य् अकृत्रिमतया, सौख्यमैत्री बुद्धसौख्यप्रतिष्ठापनतया। इयं मञ्जुश्रीः बोधिसत्वस्य महामैत्री।

今译：文殊师利说道：“善男子啊，如果菩萨这样观察一切众生，他怎样对一切众生施行大慈心？”维摩诘说道：“文殊师利啊，一旦菩萨这样观察，他就会想：‘我应该说法，让这些众生明了正法。’于是，他会对一切众生产生真实的救护众生慈心，因为无所攀缘；产生寂灭慈心，因为无所生起；产生离灼热慈心，因为离烦恼；产生如实慈心，因为三世平等；产生不相违慈心，因为无所发起[1]；产生不二

① “无所发起”的原词是 aparyupasthānatā，其中的 paryupasthāna（或 upasthāna）的词义通常为“侍奉”或“供奉”。但在本经中，也用作“发起”，相当于 paryutthāna（或 utthāna），故而此词什译“无所起”，奘译“无等起”。

慈心，因为不接触内外；产生不动慈心[①]，因为住于终极；产生坚固慈心，因为信念坚固不坏似金刚；产生清净慈心，因为本性清净；产生平等慈心，因为等同虚空；产生阿罗汉慈心，因为灭除敌人[②]；产生菩萨慈心，因为坚持不懈教化众生；产生如来慈心，因为觉知真如；产生佛慈心，因为唤醒沉睡众生；产生自在慈心，因为自己觉悟；产生菩提慈心，因为诸味平等；产生不增损慈心，因为远离爱憎；产生大悲慈心，因为点燃大乘明灯；产生不厌倦慈心，因为观察空和无我；产生法施慈心，因为不作师拳[③]；产生持戒慈心，因为关心犯戒众生；产生忍辱慈心，因为保护自己和他人[④]；产生精进慈心，因为承载众生重担；产生禅定慈心，因为不尝诸味；产生智慧慈心，因为把握时间；产生方便慈心，因为随处展现法门；产生无欺慈心，因为心愿清净；产生无诈慈心，因为这样的心愿；产生深信慈心，因为摆脱杂染；产生无幻慈心，因为不虚假；产生安乐慈心，因为确立佛安乐。文殊师利啊，这是菩萨的大慈心。”

什译：文殊師利言：“若菩薩作是觀者，云何行慈？”維摩詰言：“菩薩作是觀已，自念：‘我當為衆生說如斯法。’是即真實慈也。行寂滅慈，無所生故。行不熱慈，無煩惱故。行等[⑤]之慈，等三世故。行無諍慈，無所起故。行不二慈，内外不合故。行不壞慈，畢竟盡故。行堅固慈，心無毀故。行清淨慈，諸法性淨故。行無邊[⑥]慈，如虛空

① “不动”（akopya）指“坚定”或“不动摇”。什译“不坏”，奘译“无坏”。

② 此处“敌人”（ari）喻指烦恼。什译和奘译均为“结贼”，即“烦恼贼”。

③ “师拳”（ācāryamuṣṭi）喻指老师有所保留，不为弟子说法。什译“遗惜”。奘译“师卷”。“卷”与“拳”通。

④ “保护自己和他人”的原文是 ātmaparākṣaṇyanatā，疑有误，似应为 ātmapararakṣaṇatā。此处什译“护彼我”。奘译“随护自他令无损”。按奘译，原词也可能是 ātmaparākṣatatā（“自己和他人无伤害”）。

⑤ “等”的原词是 yathāvat，词义为“如实”。

⑥ “无边”的原词是 sama，词义为“平等”。奘译“平等”。

故。行阿羅漢慈，破結賊故。行菩薩慈，安衆生故。行如來慈，得如相故。行佛之慈，覺衆生故。行自然慈，無因得[①]故。行菩提慈，等一味故。行無等[②]慈，斷諸愛故。行大悲慈，導以大乘故。行無厭慈，觀空無我故。行法施慈，無遺惜故。行持戒慈，化毀禁故。行忍辱慈，護彼我故。行精進慈，荷負衆生故。行禪定慈，不受味故。行智慧慈，無不知時故。行方便慈，一切示現故。行無隱[③]慈，直心清淨故。行深心慈，無雜行故。行無誑慈，不虛假故。行安樂慈，令得佛樂故[④]。菩薩之慈，為若此也。”

奘译：妙吉祥言：“若諸菩薩如是觀察一切有情，云何於彼修於大慈？”無垢稱言：“菩薩如是觀有情已，自念：‘我當為諸有情說如斯法，令其解了。’是名真實修於大慈，與諸有情究竟安樂[⑤]。如是菩薩修寂滅慈，無諸取故。修無熱慈，離煩惱故。修如實慈，三世等故。修不違慈，無等起故。修無二慈，離內外故。修無壞慈，畢竟住故。修堅固慈，增上意樂如金剛故。修清淨慈，本性淨故。修平等慈，等虛空故。修阿羅漢慈，永害結賊故。修獨覺慈，不待師資故[⑥]。修菩薩慈，成熟有情無休息故。修如來慈，隨覺諸法真如性故。修佛之慈，覺悟睡夢諸有情故。修自然慈，任運等覺諸法性故。修菩提慈，等一味故。修無偏慈，愛憎斷故。修大悲慈，顯大乘故。修無諍慈，觀無

① “无因得”的原文是 svayamabhisaṃbodhanatā，词义为“自己觉悟”或“自动觉悟”。僧肇《注维摩诘经》解释说：“无因即自然。自然即无师义也。”奘译中有一句：“修独觉慈，不待师资故。”可能源自这个解释。而奘译中与原文对应的实际是这一句：“修自然慈，任运等觉诸法故。”其中“任运”，也就是“自然”或“自动”。

② “无等”的原词是 asamāropa，词义为“无增益”，也可理解为“无增损”。奘译“无偏”。

③ 此处“无隐”的原词是 akahana，词义为“不虚伪”。奘译“无诈”。

④ 此处僧肇《注维摩诘经》解释说：“什曰梵本云住涅槃乐”。可能是误记。因为原文中并无“涅槃”一词。此处译文“令得佛乐故”与原文 buddhasaukhyapratiṣṭhāpanatayā（“因为确立佛安乐”）一致。奘译“建立诸佛安乐事故”，其中也未涉及“涅槃”一词。

⑤ 这句与原文有差异，而与什译一致。

⑥ 这句不见于原文。

我故。修無厭慈，觀性空故[①]。觀[②]法施慈，離師捲故。修淨戒慈，成熟犯戒諸有情故。修堪忍慈，隨護自他令無損故。修精進慈，荷負有情離[③]樂事故。修靜慮慈，無愛味故。修般若慈，於一切時現知法故。修方便慈，於一切門普示現故。修妙願慈，無量大願所引發故。修大力慈，能辦一切廣大事故。修若那[④]慈，了知一切法性相故。修神通慈，不壞一切法性相故。修攝事慈，方便攝益諸有情故[⑤]。修無著慈，無礙染故[⑥]。修無詐慈，意樂淨故。修無諂慈，加行淨故。修無誑慈，不虛假故。修深心慈，離瑕穢故。修安樂慈，建立諸佛安樂事故。唯妙吉祥！是名菩薩修於大慈。”

६।३ आह -- कतरा पुनर् अस्य महाकरुणा। आह -- यत् कृतं कृतं कुशल-मूलं सर्वसत्वेभ्य उत्सृजति। आह -- कतरा पुनर् अस्य महामुदिता। आह -- यद् दत्वात्तमना भवति, न विप्रतिसारी। आह -- कतरा पुनर् अस्य महोपेक्षा। आह -- योभयतो ऽर्थता।

今译：文殊师利说道：“他的大悲心怎样？”维摩诘说道：“凡是所作善根，全都施与一切众生。”文殊师利说道：“他的大喜心怎样？”维摩诘说道：“乐于施舍而不后悔。”文殊师利说道：“他的大舍心怎样？”维摩诘说道：“两边得益。”

什译：文殊師利又問：“何謂為悲？”答曰：“菩薩所作功德皆與一切眾生共之。”“何謂為喜？”答曰：“有所饒益，歡喜無悔。”“何

① 这两句在原文和什译中为一句。

② 此处“观”字应为“修”。据《中华大藏经》校勘记，“诸本作‘修’”。

③ 此处“离”字，据《中华大藏经》校勘记，“《资》、《碛》、《普》、《南》、《径》、《清》、《丽》作‘利’”。“利”字可取。

④ “若那”是 jñāna（“智”）一词的音译。

⑤ 以上从“修妙愿词”至此，不见于原文和什译。这是将六波罗蜜补足为十波罗蜜。

⑥ 这句也不见于原文和什译。

謂為捨？”答曰：“所作福祐，無所悕望。”[1]

奘译：妙吉祥言：“云何菩薩修於大悲？”無垢稱言：“所有造作增長善根悉皆棄捨，施諸有情一切無恪，是名菩薩修於大悲。”妙吉祥言：“云何菩薩修於大喜？”無垢稱言：“於諸有情作饒益事，歡喜無悔，是名菩薩修於大喜。”妙吉祥言：“云何菩薩修於大捨？”無垢稱言：“平等饒益，不望果報，是名菩薩修於大捨。”

६।४ आह -- संसारभयभीतेन किं प्रतिपत्तव्यम्। आह -- संसारभयभीतेन मञ्जुश्रीः बोधिसत्वेन बुद्धमाहात्म्यं प्रतिपत्तव्यम्। आह -- बुद्धमाहात्म्ये स्थातुकामेन कुत्र स्थातव्यम्। आह -- बुद्धमाहात्म्ये स्थातुकामेन सर्वसत्वसमतायां स्थातव्यम्। आह -- सर्वसत्वसमतायां स्थातुकामेन कुत्र स्थातव्यम्। आह -- सर्वसत्वसमतायां स्थातुकामेन सर्वसत्वप्रमोक्षाय स्थातव्यम्।

今译：文殊师利说道：“畏惧生死的菩萨应该依靠什么？”维摩诘说道：“文殊师利啊，畏惧生死的菩萨应该依靠佛的大威力[2]。”文殊师利说道：“想要依靠佛的大威力，应该住于何处？”维摩诘说道：“想要依靠佛的大威力，应该住于一切众生平等。”文殊师利说道：“想要住于一切众生平等，应该住于何处？”维摩诘说道：“想要住于一切众生平等，应该住于让一切众生解脱。”

什译：文殊師利又問：“生死有畏，菩薩當何所依？”維摩詰言：“菩薩於生死畏中，當依如來功德之力。”文殊師利又問：“菩薩欲依如來功德之力，當於何住？”答曰：“菩薩欲依如來功德力者，當住

① 这句的原文是 ubhayato 'rthatā（“两边得益”）。什译强调为他人提供福佑，自己不求回报。奘译与什译一致，但另有“平等饶益”一句，与原文意义接近。

② “大威力”的原词是 māhātmya，词义为“伟大”或“威严”。什译“功德之力”。奘译依照此词的词源译为“大我”。

度脱一切眾生。”[①]

奘译：妙吉祥言：“若諸菩薩怖畏生死，當何所依？”無垢稱言：“若諸菩薩怖畏生死，常正依住諸佛大我。”又問：“菩薩欲住大我，當云何住？”曰：“欲住大我，當於一切有情平等解脱中住。”

६।५ आह -- सर्वसत्वप्रमोक्षं कर्तुकामेन किं कर्तव्यम्। आह -- सर्वसत्वप्रमोक्षं कर्तुकामेन क्लेशप्रमोक्षः कर्तव्यः। आह -- क्लेशान् उत्स्रष्टुकामेन कथं प्रयुक्तेन भवितव्यम्। आह -- क्लेशान् उत्स्रष्टुकामेन योनिशः प्रयुक्तेन भवितव्यम्। आह -- कथं प्रयुक्तः पुनर् योनिशः प्रयुक्तो भवति। आह -- अनुत्पादानिरोधप्रयुक्तो योनिशः प्रयुक्तो भवति। आह -- किं नोत्पादयति, किं न निरोधयति। आह -- अकुशलं नोत्पादयति कुशलं न निरोधयति। आह -- कुशलस्याकुशलस्य च किं मूलम्। आह -- सत्कायो मूलम्। आह -- सत्कायस्य च पुनः किं मूलम्। आह -- सत्कायस्येच्छालोभौ मूलम्। आह -- इच्छालोभयोः किं मूलम्। आह -- इच्छालोभयोर् अभूतपरिकल्पो मूलम्।

今译：文殊师利说道：“想要让一切众生解脱，应该做什么？”维摩诘说道：“想要让一切众生解脱，应该解除烦恼。”文殊师利说道：“想要解除烦恼，应该做什么？”维摩诘说道：“想要解除烦恼，应该如理修习。”文殊师利说道：“怎样修习是如理修习？”维摩诘说道：“修习不生不灭，便是如理修习。” 文殊师利说道：“什么不生？什么不灭？”维摩诘说道：“不善不生，善不灭。”文殊师利说道：“什么是善不善之根？”维摩诘说道：“有身是根。”文殊师利说道：“什么是有身之根？”维摩诘说道：“欲望和贪求是有身之根。”文殊师利说道：“什么是欲望和贪求之根？”维摩诘说道：“不实妄想是欲望和

---

① 这一段中，什译略去“住于一切众生平等”。奘译将一切众生平等和一切众生解脱合并在一起。

贪求之根。”

什译：又問：“欲度眾生，當何所除？”答曰：“欲度眾生，除其煩惱。”又問：“欲除煩惱，當何所行？”答曰：“當行正念[①]。”又問：“云何行於正念？”答曰：“當行不生不滅。” 又問：“何法不生？何法不滅？”答曰：“不善不生，善法不滅。”又問：“善不善孰為本？”答曰：“身為本。”又問：“身孰為本？”答曰：“欲貪為本。”又問：“欲貪孰為本？”答曰：“虛妄分別為本。”

奘译：又問：“欲令一切有情解脫，當何所除？”曰：“欲令一切有情解脫，除其煩惱。”又問：“欲除一切有情煩惱，當何所修？”曰：“欲除一切有情煩惱，當修如理觀察作意。”又問：“欲修如理觀察作意，當云何修？”曰：“欲修如理觀察作意，當修諸法不生不滅。” 又問：“何法不生？何法不滅？”曰：“不善不生，善法不滅。”又問：“善不善法孰為本？”曰：“以身為本。”又問：“身孰為本？”曰：“欲貪為本。”又問：“欲貪孰為本？”曰：“虛妄分別為本。”

६।६ आह -- अभूतपरिकल्पस्य किं मूलम्। आह -- अभूतपरिकल्पस्य विपर्यस्ता संज्ञा मूलम्। आह -- विपर्यस्तायाः संज्ञायाः किं मूलम्। आह -- विपर्यस्तायाः संज्ञाया अप्रतिष्ठा मूलम्। आह -- अप्रतिष्ठायाः किं मूलम्। आह -- यन् मञ्जुश्रीः अप्रतिष्ठानं तस्य किं मूलं भविष्यति। इति ह्य् अप्रतिष्ठानमूलप्रतिष्ठिताः सर्वधर्माः।

今译：文殊师利说道：“什么是不实妄想之根？”维摩诘说道：“颠倒想是不实妄想之根？”文殊师利说道：“什么是颠倒想之根？”维

① “行正念”的原文是 yoniśaḥ prayuktaḥ（“如理修习”）。奘译“修如理观察作意”。此处，僧肇《注维摩诘经》解释说：“夫有烦恼出于惑情耳，便应观察法理以遣之也。”“观察法理”恰好对应 yoniśaḥ prayuktaḥ，说明什译“行正念”是采取意译的方法。

摩诘说道："无住是颠倒想之根。"文殊师利说道："什么是无住之根？"维摩诘说道："文殊师利啊，既然无住，怎么还会有根？一切法住于无住之根[1]。"

什译：又問："虛妄分別孰為本？"答曰："顛倒想為本。"又問："顛倒想孰為本？"答曰："無住為本。"又問："無住孰為本？"答曰："無住則無本。文殊師利！從無住本立一切法。"

奘译：又問："虛妄分別孰為本？"曰："倒想為本。"又問："倒想孰為本？"曰："無住為本。"妙吉祥言："如是無住孰為其本？"無垢稱言："斯問非理。所以者何？夫無住者，即無其本，亦無所住。由無其本、無所住故，即能建立一切諸法。"

६।७ अथ या तत्र गृहे देवता प्रतिवसति, सा तेषां बोधिसत्वानां महासत्वानाम् इमं धर्मनिर्देशं श्रुत्वा तुष्टोदग्रात्तमना, औदारिकम् आत्मभावं संदर्श्य दिव्यैः पुष्पैस् तान् महासत्वांस् तांश् च महाश्रावकान् अभ्यवकिरति स्म। अभ्यवकीर्णानां च तत्र यानि बोधिसत्वानां काये पुष्पाणि पतितानि, तानि धरणितले प्रतिष्ठितानि। यानि पुनर् महाश्रावकाणां काये पुष्पाणि पतितानि तानि तत्रैव स्थितानि न भूमौ पतितानि। ततस् ते महाश्रावका ऋद्धिप्रातिहार्यैः तानि पुष्पाण्य् उत्सृजन्ति, न च पतन्ति।

今译：这时，住在屋中的一位天女听到这些菩萨大士这样说法，欢喜踊跃，展现自己的美妙身体，向这些大士和大声闻撒下天花。撒在那些菩萨身上的花随即落地，而撒在那些大声闻身上的花停留在那里，没有落地。即使那些大声闻施展神通，也不能拂去那些花。

什译：時維摩詰室有一天女見諸大人，聞所說法，便現其身，即

① 这句话旨在说明一切法无自性，无根基，虚妄不实。这句什译"从无住本立一切法"。

以天華散諸菩薩、大弟子上。華至諸菩薩，即皆墮落；至大弟子，便著不墮。一切弟子神力去華，不能令去。

奘译：時無垢稱室中有一本住天女見諸大人，聞所說法，得未曾有，踴躍歡喜，便現其身，即以天花散諸菩薩、大聲聞眾。時彼天花至菩薩身，即便墮落；至大聲聞，便著不墮。時聲聞眾各欲去華，盡其神力皆不能去。

६।८ अथ सा देवतायुष्मन्तं शारिपुत्रम् एवम् आह -- किं भदन्तशारिपुत्र एतानि पुष्पाण्य् उत्सृजसि। आह -- अकल्पिकानि देवते एतानि पुष्पाणि। तस्माद् अहम् एतानि पुष्पाण्य् अपनयामि। देवताह -- मा भदन्तशारिपुत्र एवं वोचः। तत् कस्माद् धेतोः। एतानि हि पुष्पाणि कल्पिकानि। किं कारणम्। तथा ह्य् एतानि पुष्पाणि न कल्पयन्ति न विकल्पयन्ति। स्थविरः पुनः शारिपुत्रः कल्पयति विकल्पयति च। ये भदन्तशारिपुत्र स्वाख्याते धर्मविनये प्रव्रज्यां कल्पयन्ति विकल्पयन्ति च, ते ऽकल्पिकाः। स्थविरस् तु कल्पयति विकल्पयति च। ये पुनर् न कल्पयन्ति न विकल्पयन्ति, ते कल्पिकाः। पश्य भदन्तशारिपुत्र एषां महासत्वानां काये पुष्पाणि न श्लिष्यन्ति। यथापि नाम सर्वकल्पविकल्पप्रहीणत्वात्। तद्यथापि नाम भीरुकजातीयस्य पुरुषस्यामनुष्या अवतारं लभन्ते। एवम् एव संसारभयभीतानां रूपशब्दगन्धरसस्प्रष्टव्यान्य् अवतारं लभन्ते। ये पुनः सर्वसंसारक्लेशभयविगताः, किं तेषां रूपशब्दगन्धरसस्प्रष्टव्यानि करिष्यन्ति। येषां वासनाप्रहीणा, तेषां काये पुष्पाणि श्लिष्यन्ति। तस्मात् सर्ववासनाप्रहीणानां काये पुष्पाणि न श्लिष्यन्ति।

今译：于是，这位天女对尊者舍利弗说道："尊者舍利弗啊，你为何要拂去这些花？"舍利弗说道："天女啊，这些花不合仪轨，因此，我要拂去这些花。"天女说道："尊者舍利弗啊，不要这样说。为什么？因为这些花符合仪轨。为什么？因为这些花既不妄想，也不分别。而尊者舍利弗既妄想，又分别。尊者舍利弗啊，对于正确阐明的正法戒律中的出家法有妄想，有分别，则不合仪轨。而尊者你有妄想，有分别。不妄想，不分别，则符合仪轨。请看，尊者舍利弗啊，那些花不沾在大士们身上，正因为他们远离一切妄想和分别。正如那些非人[①]得以进入胆怯的人，同样，色、声、香、味和触得以进入那些畏惧生死的人。而那些摆脱生死烦恼的人，色、声、香、味和触对他们能做什么？因此，那些花沾在没有摆脱熏染的人身上，而不沾在摆脱一切熏染的人身上。”

什译：爾時天[②]問舍利弗：“何故去華？”答曰：“此華不如法[③]，是以去之。”天曰：“勿謂此華為不如法。所以者何？是華無所分別，仁者自生分別想耳！若於佛法出家有所分別，為不如法。若無所分別，是則如法。觀諸菩薩華不著者，已斷一切分別想故。譬如人畏時，非人得其便。如是弟子畏生死故，色、聲、香、味、觸得其便。已離畏者，一切五欲無能為也。結習未盡，華著身耳。結習盡者，華不著也。”

奘译：爾時天女即問尊者舍利子言：“何故去華？”舍利子言：“華不如法，我故去之。”天女言：“止！勿謂此華為不如法。所以者何？是華如法，惟尊者等自不如法。所以者何？華無分別，無異分別。惟尊者等自有分別，有異分別。於善說法毗奈耶中，諸出家者若有分別，有異分別，則不如法。若無分別，無異分別，是則如法。惟舍利子！觀諸菩薩華不著者，皆由永斷一切分別及異分別。觀諸聲聞華著身者，皆由未斷一切分別及異分別。惟舍利子！如人有畏時，非人得其便。若無所畏，一切非人不得其便。若畏生死業煩惱者，即為色、聲、香、

① “非人”（amanuṣya）指鬼怪之类。

② 此处“天”字，据《中华大藏经》校勘记，“《丽》作‘天女’”。但从什译下面的行文看，也是用“天”指称“天女”。

③ “不如法”的原词是 akalpika，词义为“不合仪轨”。

味、觸等而得其便。不畏生死業煩惱者，世間色、聲、香、味、觸等不得其便。又，舍利子！若煩惱習未永斷者，華著其身。若煩惱習已永斷者，華不著也。”

६।९ अथ खल्व् आयुष्माञ् शारिपुत्रस् तां देवताम् एतद् अवोचत् -- कियच्चिरनिविष्टा पुनस् त्वं देवते इह गृहे।आह -- यावच्चिरनिविष्टा स्थविरस्यार्या विमुक्तिः।आह -- न चिरस्थिता त्वं देवते इह गृहे।आह -- कियच्चिरनिविष्टा पुनः स्थविरस्यार्या विमुक्तिः।ततः स्थविरस् तूष्णीम् अभूत्।आह -- किम् इदानीं महाप्रज्ञानाम् अग्र्यः स्थविरस् तूष्णीम् अभूत्। प्राप्तकालं प्रश्नं न विसर्जयति। आह -- अप्रव्याहारा हि देवते विमुक्तिः। तन् न जाने किं व्याहरामीति।आह -- यद् यद् एव स्थविरो ऽक्षरम् उदाहरति, सर्वाण्य् एतान्य् अक्षराणि विमुक्तिलक्षणानि। तत् कस्माद् धेतोः। या हि सा विमुक्तिः, सा नाध्यात्मं न बहिर् नोभयम् अन्तरेणोपलभ्यते। एवम् अक्षराण्य् अपि। तस्मात् तर्हि भदन्तशारिपुत्र मा अक्षरापनयेन विमुक्तिं निर्दिश। तत् कस्माद् धेतोः। सर्वधर्मसमता हि विमुक्तिः।आह -- ननु देवते रागदोषमोहविगमाद् विमुक्तिः।देवताह -- अभिमानिकानाम् एष निर्देषो रागदोषमोहविगमाद् विमुक्तिर् इति। ये निरभिमानिकाः, तेषां रागदोषमोहप्रकृतिर् एव विमुक्तिः।

今译：然后，尊者舍利弗对这位天女说道：“天女啊，你在这屋里住了多久？”天女说道：“自从尊者解脱，贤士啊，我就一直住在这里。”舍利弗说道：“天女啊，那你住在这屋里不久。”天女说道：“贤士啊，尊者解脱有多久？”于是，尊者沉默不语。天女说道：“你是首屈一指的大智慧尊者，现在怎么沉默不语？该你回答，却不回答。”舍利弗说道：“天女啊，因为解脱不可言说，我不知道如何回答。”天女说道：“凡是尊者所说文字，这一切文字都是解脱相。为什么？这解脱于内、外和中间皆不可得，文字也是这样。因此，尊者舍利弗啊，不必舍弃文字说解脱。为什么？一切法平等即解脱。”舍利弗说道：“天女啊，解脱难道不是摒弃贪、瞋和痴吗？”天女说道：“解脱是摒弃贪、瞋和痴，这是对骄慢者的说法[①]。而对于摆脱骄慢者，贪、瞋和痴的本性即解脱。”

什译：舍利弗言：“天止此室，其已久如[②]？”答曰：“我止此室如耆年[③]解脱。”舍利弗言：“止此久耶？”天曰：“耆年解脱亦何如久？”舍利弗默然不答。天曰：“如何耆舊大智而默？”答曰：“解脱者無所言說，故吾於是不知所云。”天曰：“言說文字皆解脱相。所以者何？解脱者不內，不外，不在兩間，文字亦不內，不外，不在兩間。是故，舍利弗！無離文字說解脱也。所以者何？一切諸法是解脱相。”舍利弗言：“不復以離婬、怒、癡為解脱乎？”天曰：“佛為增上慢人[④]說離婬、怒、癡為解脱耳。若無增上慢者，佛說婬、怒、癡性即是解脱。”

奘译：舍利子言：“天止此室經今幾何？”天女答言：“我止此室如舍利子所住解脱。”舍利子言：“天止此室如是久耶？”天女復言：“所住解脱亦何如久？”時舍利子默然不答。天曰：“尊者是大聲聞，具大慧辯，得此小問，默不見答。”舍利子言：“夫解脱者離諸名言，吾今於此竟知何說？”天曰：“所說文字皆解脱相。所以者何？如此解脱非內、非外、非離二種中間[⑤]可得。文字亦爾，非內、非外、非離二種中間可得。是故，無離文字說於解脱。所以者何？以其解脱與一切法其性平等。”舍利子言：“豈不以離貪、瞋、癡等為解脱耶？”

---

① 此处“说法”的原词是 nirdeṣa，应为 nirdeśa。

② 僧肇《注维摩诘经》解释“久如”一词说：“什曰梵本云几久也。”表示这是疑问词，因为原文中有 kiyat（“多少”）这个疑问词。

③ “耆年”（sthavira）也译“耆旧”、“耆宿”、“长老”或“尊者”。

④ “增上慢人”的原词是 abhimānika，词义为“骄慢者”或“傲慢者”。

⑤ “离二种中间”的原词是 ubhayam antareṇa，词义是“在两者中间”。因此，“离二种中间”意谓“离开（内外）两者的中间”，也就是“在两者中间”。

天曰：“佛為諸增上慢者說離一切貪、瞋、癡等以為解脫。若為遠離增上慢者，即說一切貪、瞋、癡等本性解脫。”

६।१० अथ खल्व् आयुष्माञ् शारिपुत्रस् तां देवताम् एतद् अवोचत् -- साधु साधु देवते किं त्वया प्राप्तं किं वा साक्षात्कृतम् यस्यास् त ईदृशं प्रतिभानम्। आह -- न मया भदन्तशारिपुत्र किंचित् प्राप्तं साक्षात्कृतं वा। तेन म ईदृशं प्रतिभानम्। येषाम् एवं भवत्य् अस्माभिः प्राप्तं वा साक्षात्कृतं चेति, ते स्वाख्याते धर्मविनय आभिमानिका इत्य् उच्यन्ते।

今译：于是，尊者舍利弗对这位天女说道：“很好，很好，天女啊，你是如何获得，或者如何现证这样的辩才？”天女说道：“尊者舍利弗啊，我没有获得或现证什么，因此，我有这样的辩才。如果有些人认为‘我们这样获得或现证’，那么，按照正确阐明的正法戒律，他们被称为骄慢者。”

什译：舍利弗言：“善哉，善哉，天女！汝何所得？以何為證？辯乃如是。”天曰：“我無得無證，故辯如是。所以者何？若有得有證者，即於佛法為增上慢。”

奘译：舍利子言：“善哉，天女！汝何得證慧辯若斯？”天曰：“我今無得無證，慧辯如是。若言我今有得有證，即於善說法毗奈耶①為增上慢。”

६।११ आह -- किं त्वं देवते श्रावकयानिका प्रत्येकबुद्धयानिका महायानिका वा। आह -- श्रावकायानिकास्मि श्रावकयानसूचनतया, प्रत्येकबुद्धयानिकास्मि प्रतीत्यधर्मावतारेण, महायानिकास्मि महाकरुणानुत्सृजनतया।

① “毗奈耶”是 vinaya（“戒律”）一词的音译。

今译：舍利弗说道："天女啊，你属于声闻乘，缘觉乘，或者大乘？"天女说道："我属于声闻乘，因为我宣说声闻乘。我属于缘觉乘，因为通晓缘起法。我属于大乘，因为我从不放弃大悲心。

什译：舍利弗問天："汝於三乘為何志求？"天曰："以聲聞法化衆生故，我為聲聞。以因缘法化衆生故，我為辟支佛。以大悲法化衆生故，我為大乘。

奘译：舍利子言："汝於三乘為何發趣？"天女答言："我於三乘並皆發趣。"舍利子言："汝何密意作如是說？"天曰："我常宣說大乘。令他聞故，我為聲聞。自然現覺真法性故，我為獨覺。常不捨離大慈悲故，我為大乘。又，舍利子！我為化度求聲聞乘諸有情故，我為聲聞。我為化度求獨覺乘諸有情故，我為獨覺。我為化度求無上乘諸有情故，我為大乘。[1]

६।१२ अपि तु खलु पुनर् भदन्तशारिपुत्र न चम्पकवनं प्रविष्टा एरण्डगन्धं जिघ्रन्ति। चम्पकवनं तु प्रविष्टाश् चम्पकगन्धम् एव जिघ्रन्ति। एवम् एव भदन्तशारिपुत्र नेह गृहे बुद्धधर्मगुणगन्धिके वसन्तः श्रावकप्रत्येकबुद्धगन्धं जिघ्रन्ति। ये ऽपि भदन्तशारिपुत्र शक्रब्रह्मलोकपाला देवनागयक्षगन्धर्वासुरगरुडकिन्नरमहोरगा इदं गृहं प्रविशन्ति, ते ऽप्य् अस्य सत्पुरुषस्य धर्मश्रवणेन बुद्धधर्मगुणगन्धेनोत्पादितबोधिचित्ता निष्क्रामन्ति। द्वादशवर्षाण्य् उपादाय भदन्तशारिपुत्र प्रतिवसन्त्या मे न जातु श्रावकप्रत्येकबुद्धसंप्रयुक्ता कथा श्रुतपूर्वा, नान्यत्र महामैत्रीमहाकरुणाप्रतिसंयुक्तैवाचिन्त्यधर्मप्रतिसंयुक्तैव।

今译："还有，尊者舍利弗啊，进入瞻匐迦[2]林，闻不到蓖麻香。

① 这一段奘译的文字多于原文和什译，对"独觉"（也译"缘觉"或"辟支佛"）的表述也有差异。

② "瞻匐迦"（campaka）是一种树木，开有芳香的黄花。什译"瞻匐"。奘译"瞻博迦"。

进入瞻匐迦林，只闻到瞻匐迦香。同样，尊者舍利弗啊，住在这个充满佛法功德香的屋里，闻不到声闻和缘觉香。尊者舍利弗啊，帝释天、梵天、护世天王、天神、蛇、药叉、乾达婆、阿修罗、金翅鸟、紧那罗和大蛇进入这屋里，聆听这位贤士说法，闻到佛法功德香，发起菩提心，而后离去。尊者舍利弗啊，我住在这里十二年，未曾听到谈论声闻和缘觉法，而只听到谈论大慈大悲的不可思议法。

什译：“舍利弗！如人入瞻蔔林，唯齅瞻蔔，不齅餘香。如是，若入此室，但聞佛功德之香，不樂聞聲聞、辟支佛功德香也。舍利弗！其有釋、梵、四天王、諸天、龍、鬼神等入此室者，聞斯上人①講說正法，皆樂佛功德之香，發心而出。舍利弗！吾止此室十有二年，初不聞說聲聞、辟支佛法，但聞菩薩大慈大悲、不可思議諸佛之法。

奘译：“又，舍利子！譬如有人入瞻博迦林，一切惟齅瞻博迦香，終無樂齅草麻香等。如是若有止此室者，惟樂大乘功德之香，終不樂於聲聞、獨覺功德香等，由此室中一切佛法功德妙香常所薰故。又，舍利子！諸有釋、梵、四大天王、那伽②、藥叉及阿素洛，廣說乃至人非人等，入此室者皆為瞻仰如是大士，及為親近礼敬供養，聽聞大法。一切皆發大菩提心，皆持一切佛法功德妙香而出。又，舍利子！吾止此室十有二年，曾不聞說聲聞、獨覺相應言論，惟聞大乘諸菩薩行大慈大悲、不可思議諸佛妙法相應言論。③

६।१३ इह भदन्तशारिपुत्र गृहे ऽष्टाव् आश्चर्याद्भुता धर्माः सततसमितं संदृश्यन्ते। कतमे ऽष्टौ।नेह रात्रिर् वा दिवसो वा प्रज्ञायते सदावभासितम् इदं गृहं

---

① “上人”的原词是 satpuruṣa，词义为“善人”或“贤士”。奘译“大士”。
② “那伽”是 nāga（“蛇”，或译“龙”）一词的音译。
③ 这一段比照原文和什译，文字有所增饰。

सुवर्णवर्णया प्रभया। नेह सूर्याचन्द्रमसौ प्रज्ञायेते, न भ्राजेते। अयं प्रथम आश्चर्याद्भुतो धर्मः।पुनर् अपरं भदन्तशारिपुत्र ये प्रविशन्तीदं गृहम् , तेषां समनन्तरप्रविष्टानां सर्वक्लेशा न बाधन्ते। अयं द्वितीय आश्चर्याद्भुतो धर्मः।पुनर् अपरं भदन्तशारिपुत्र इदं गृहम् अविरहितं शक्रब्रह्मलोकपालैर् अन्यबुद्धक्षेत्र-संनिपतितैश् च बोधिसत्वैः। अयं तृतीय आश्चर्याद्भुतो धर्मः।पुनर् अपरं भदन्त-शारिपुत्र इदं गृहं सततसमितम् अविरहितं धर्मश्रवणेन षट्पारमिताप्रतिसंयुक्तया कथयाविवर्त्यधर्मकथया च। अयं चतुर्थ आश्चर्याद्भुतो धर्मः।पुनर् अपरं भदन्त-शारिपुत्र इह गृहे यास् तूर्यसंगीतयो दिव्यमानुष्यकाणि वा वाद्यानि वाद्यन्ते, तेभ्यस् तूर्येभ्यो ऽप्रमाणो धर्मशब्दनिर्हारो निश्चरति सार्वकालिकः। अयं पञ्चम आश्चर्याद्भुतो धर्मः।पुनर् अपरं भदन्तशारिपुत्र इह गृहे चत्वारि महानिधानानि सर्वरत्नपरिपूर्णान्य् अक्षयाणि यतो निष्यन्दं सर्वदरिद्रकृपणा आदाय प्रक्रामन्ति, न च क्षीयन्ते। अयं षष्ठ आश्चर्याद्भुतो धर्मः।पुनर् अपरं भदन्तशारिपुत्र इह गृहे शाक्यमुनिस् तथागतो ऽमिताभो ऽक्षोभ्यो रत्नश्री रत्नार्ची रत्नचन्द्रो रत्नव्यूहो दुःप्रसहः सर्वार्थसिद्धः प्रभूतरत्नः सिंहनादनादी सिंहघोषस् तथागत एवं प्रमुखा दशसु दिक्ष्व् अप्रमाणास् तथागता ये ऽस्य सत्पुरुषस्य चिन्तितमात्रेणागच्छन्ति। आगत्य च तथागतगुह्यं नाम धर्ममुखप्रवेशं देशयित्वा प्रक्रामन्ति। अयं सप्तम आश्चर्याद्भुतो धर्मः।पुनर् अपरं भदन्तशारिपुत्र इह गृहे सर्वदेवभवनव्यूहाः सर्वबुद्धक्षेत्रगुणव्यूहाश् च संदृश्यन्ते। अयम् अष्टम आश्चर्याद्भुतो धर्मः।इमे भदन्तशारिपुत्र अष्टाव् आश्चर्याद्भुता धर्माः सततसमितम् इह गृहे संदृश्यन्ते। तत् कस्माद् धेतोः। क इमाम् अचिन्त्यधर्मतां पश्यञ् श्रावकधर्मतायै स्पृहयेत्।

今译：“尊者舍利弗啊，在这屋里还经常展现八种奇妙法。哪八种？屋内始终金光遍照，不分昼夜，而不知日月照耀。这是第一种奇妙法。还有，尊者舍利弗啊，凡进入此屋者，进入之后，便不会受任何烦恼侵害。这是第二种奇妙法。还有，尊者舍利弗啊，帝释天、梵天和护世天王以及其他佛土的菩萨络绎不绝来此屋聚会。这是第三种奇妙法。还有，尊者舍利弗啊，在这屋内，始终不断听到谈论六波罗蜜和不退转法。这是第四种奇妙法。还有，尊者舍利弗啊，在这屋内，经常响起器乐和歌声，或者天上和人间的音乐，而从这些乐声中发出无量永久的法音。这是第五种奇妙法，还有，尊者舍利弗啊，在这屋内，有四大宝藏，充满一切珍宝，无穷无尽，源源不断，一切贫穷和可怜的人们取之不竭。这是第六种奇妙法。还有，尊者舍利弗啊，释迦牟尼如来、阿弥陀如来、阿閦如来、宝吉祥如来、宝焰如来、宝月如来、宝严如来、难胜如来、一切义成如来、众宝如来、狮子吼如来和狮子声如来，以他们为首的十方无量如来，只要这位贤士一起念，就会来到这屋内。来到后，宣说如来秘密法门，然后离去。这是第七种奇妙法。还有，尊者舍利弗啊，在这屋内，展现一切天宫庄严和一切佛土功德庄严。这是第八种奇妙法。尊者舍利弗啊，在这屋内，经常展现这八种奇妙法。[①]有谁见了这些不可思议法，还会求取声闻法？”

什译：“舍利弗！此室常現八未曾有難得之法。何等為八？此室常以金色光照，晝夜無異，不以日月所照為明，是為一未曾有難得之法。此室入者不為諸垢之所惱也，是為二未曾有難得之法。此室常有釋、梵、四天王、他方菩薩來會不絕，是為三未曾有難得之法。此室常說六波羅蜜、不退轉法，是為四未曾有難得之法。此室常作天人第一之樂，絃出無量法化之聲，是為五未曾有難得之法。此室有四大藏，眾寶積滿，賙窮濟乏，求得無盡，是為六未曾有難得之法。此室釋迦牟尼佛、阿弥陀佛、阿閦佛、寶德、寶燄、寶月、寶嚴、難勝、師子響、一切利成，如是等十方無量諸佛，是上人念時，即皆為來，廣說

① 此处原文中还有 tat kasmād dhetoḥ（“为什么？”）这个问句，疑是衍文。什译和奘译此处均无这个问句。

諸佛秘要法藏，說已還去，是為七未曾有難得之法。此室一切諸天嚴飾宮殿、諸佛淨土皆於中現，是為八未曾有難得之法。舍利弗！此室常現八未曾有難得之法。誰有見斯不思議事，而復樂於聲聞法乎？”

奘译：“又，舍利子！此室常現八未曾有殊勝之法。何等為八？謂舍利子！此室常有金色光明，周遍照曜，晝夜無異，不假日月所照為明，是為一未曾有殊勝之法。又，舍利子！此室常有一切世間人、非人等，入此室已，不為一切煩惱所害，是為二未曾有殊勝之法。又，舍利子！此室常有一切釋、梵、四天王等及餘世界諸大菩薩集會不空，是為三未曾有殊勝之法。又，舍利子！此室常聞菩薩六種波羅蜜多、不退法輪相應言論，是為四未曾有殊勝之法。又，舍利子！此室常作天人伎樂，於諸樂中演出無量百千法音，是為五未曾有殊勝之法。又，舍利子！此室常有四大寶藏，眾珍盈溢，恒無有盡，給施一切貧窮鰥寡、孤獨無依乞求之者，皆令稱遂，終不窮盡，是為六未曾有殊勝之法。又，舍利子！此室常有釋迦牟尼如來、無量壽①如來、難勝如來、不動②如來、寶勝如來、寶焰如來、寶月如來、寶嚴如來、寶音聲如來、師子吼如來、一切義成如來，如是等十方無量如來，若此大士發心祈請，應時即來，廣為宣說一切如來祕要法門，說已還去，是為七未曾有殊勝之法。又，舍利子！此室常現一切佛土功德莊嚴、諸天宮殿眾妙綺飾，是為八未曾有殊勝之法。唯舍利子！此室常現八未曾有殊勝之法。誰有見斯不思議事，而復發心樂求聲聞、獨覺法乎？”

६।१४ आह -- किं त्वं देवते स्त्रीभावं न निवर्तयसि। आह -- परिपूर्णानि मे द्वादशवर्षान्य् उपादाय स्त्रीभावं पर्येषमाणाया न चैनं लभे। अपि च भदन्तशारिपुत्र

---

① “无量寿”（Amitāyus）又名“无量光”（Amitābha）。此处原词是“无量光”。此词也只取前半部分的 amita（“无量”），音译为“阿弥陀”。

② “不动”（Akṣobhya），音译为“阿閦”。

या मायाकारेण स्त्रीनिर्मिता यस् ताम् एवं वदेत् -- किं त्वं स्त्रीभावं न निवर्तयसीति, स किं वदेत्।आह -- न तस्याः काचित् भूता परिनिष्पत्तिः।आह -- एवम् एव भदन्तशारिपुत्र अपरिनिष्पन्नेषु सर्वधर्मेषु मायानिर्मितस्वभावेषु कुतस् तवैवं भवति, किं त्वं स्त्रीभावं न निवर्तयसीति।

今译：舍利弗说道："天女啊，你为何不转变女性？"天女说道："我整整用了十二年[①]寻求女性而不可得。尊者舍利弗啊，如果幻师幻化出一个妇女，而有人对她说：'你为何不转变女性？'他能这样说吗？"舍利弗说道："她毫无真实性。"天女说道："正是这样，尊者舍利弗啊，一切法原本幻化而不实，你为何还要说：'你为何不转变女性？'"

什译：舍利弗言："汝何以不轉女身？"天曰："我從十二年來，求女人相了不可得，當何所轉？譬如幻師化作幻女，若有人問：'何以不轉女身？'是人為正問不？"舍利弗言："不也。幻無定相，當何所轉？"天曰："一切諸法亦復如是，無有定相，云何乃問不轉女身？"

奘译：時舍利子問天女言："汝今何不轉此女身？"天女答言："我居此室十有二年，求女人性了不可得，當何所轉？惟舍利子！譬如幻師化作幻女，若有問言：'汝今何不轉此女身？'為正問不？"舍利子言："不也，天女！幻既非實，當何所轉？"天曰："如是諸法性相皆非真實，猶如幻化，云何乃問不轉女身？"

६।१५ अथ सा देवता तादृशम् अधिष्ठानम् अधितिष्ठति स्म। यथा स्थविरः शारिपुत्रो यादृशी सा देवता तादृशः संदृश्यते सा देवता यादृशः स्थविरस् तादृशी

---

① 此处"年"的原词是 varṣāni，应为 varṣāṇi。

संदृश्यते। अथ सा देवता शारिपुत्ररूपा शारिपुत्रं देवतारूपधारिणम् अपृच्छत् -- किं भदन्तशारिपुत्र स्त्रीभावं न निवर्तयसि। शारिपुत्रो देवतारूप्य् आह -- न जाने किं विनिवर्तयामीति। पुरुषरूपम् अन्तर्हितं स्त्रीरूपं मे निर्वृत्तम्। आह -- यदि स्थविरः शक्ष्यति स्त्रीभावं विनिवर्तयितुम् ,ततः सर्वाः स्त्रियो ऽपि स्त्रीभावं विनिवर्तयिष्यन्ति। यथा स्थविरो न स्त्री स्त्रीव संदृश्यते, एवं सर्वस्त्रीणाम् अपि स्त्रीरूपं न च स्त्रियः स्त्रीरूपाश् च संदृश्यन्ते। इदं संधाय भगवान् आह -- सर्वधर्मा न स्त्री न पुरुषः इति। अथ सा देवता तद् अधिष्ठानम् अवासृजत्। अथायुष्माञ् शारिपुत्रः पुनर् एव स्वरूपसमन्वागतो बभूव। अथ सा देवतायुष्मन्तं शारिपुत्रम् एवम् आह -- क्व नु ते भदन्तशारिपुत्र स्त्रीरूपं कृतं गतम्। आह -- न तत् कृतं न विकृतम्। आह -- एवम् एव सर्वधर्मा न कृता न विकृताः। यत्र च न कृतिर् न विकृतिस् तद् बुद्धवचनम्।

今译：这时，天女施展神通力，让尊者舍利弗呈现天女模样，而天女自己呈现舍利弗模样。然后，舍利弗模样的天女询问天女模样的舍利弗："尊者舍利弗啊，你为何不转变女性？"天女模样的舍利弗说道："我不知道怎样转变？我的男人色相已消失，变成了妇女色相。"天女说道："如果尊者能转变女性，那么，一切妇女也都能转变女性。正如尊者并非妇女，而呈现为像妇女，一切妇女的妇女色相也是这样。她们呈现妇女色相，而非妇女。世尊正是据此而说'一切法非男非女。'"然后，天女收回神通，尊者舍利弗又恢复原形。接着，天女对尊者舍利弗说道："尊者舍利弗啊，你的造作的妇女色相去了哪里？"舍利弗说道："既无造作，也无改变。"天女说道："正是这样，一切法既无造作，也无改变。无造作，无改变，这是佛语。"

什译：即時天女以神通力變舍利弗，令如天女。天自化身如舍利弗，而問言："何以不轉女身？"舍利弗以天女像而答言："我今不知何轉而變為女身？"天曰："舍利弗！若能轉此女身，則一切女人亦當能轉。如舍利弗非女而現女身，一切女人亦復如是。雖現女身，而非女也。是故，佛說一切諸法非男非女。”即時天女還攝神力，舍利弗身還復如故。天問舍利弗：“女身色相今何所在？”舍利弗言：“女身色相無在無不在[1]。”天曰：“一切諸法亦復如是，無在無不在。夫無在無不在者，佛所說也。”

奘译：即時天女以神通力變舍利子，令如天女，自變其身如舍利子，而問之言：“尊者云何不轉女身？”時舍利子以天女像而答之言：“我今不知轉滅男身，轉生女像。”天女復言：“尊者若能轉此女身，一切女身亦當能轉。如舍利子實非是女而現女身，一切女身亦復如是。雖現女身，而實非女。世尊依此密意[2]說言：‘一切諸法非男非女。’”爾時天女作是語已，還攝神力，各復本形，問舍利子：“尊者女身今何所在？”舍利子言：“今我女身無在無變。”天曰：“尊者！善哉，善哉，一切諸法亦復如是，無在無變。說一切法無在無變是真佛語。”

६।१६ आह -- इतस् त्वं देवते च्युता कुत्रोपपत्स्यसे। आह -- यत्रैव तथागतनिर्मित उपपत्स्यते तत्रैवाहम् उपपत्स्ये। आह -- तथागतनिर्मितस्य न च्युतिर् नोपपत्तिः। आह -- एवम् एव सर्वधर्माणां न च्युतिर् नोपपत्तिः। आह -- कियच्चिरेण पुनर् देवते बोधिम् अभिसंभोत्स्यसे। आह -- यदा स्थविरः पृथग्जनधर्मसमन्वागतो भविष्यति, तदाहं बोधिम् अभिसंभोत्स्ये। आह -- अस्थानम् एतद् देवते यद् अहं पृथग्जनधर्मसमन्वागतः स्याम्। आह -- एवम् एव भदन्तशारिपुत्र अस्थानम् एतद् यद् अहं बोधिम् अभिसंभोत्स्ये। तत् कस्माद् धेतोः। अस्थानस्थितैव हि बोधिः। तस्माद् अस्थानं न कश्चिद् अभिसंभोत्स्यते। स्थविर आह -- उक्तं देवते तथागतेन “गङ्गानदीवालिकासमास् तथागता अभिसंबुद्धा अभिसंबुध्यन्ते ऽभिसंभोत्स्यन्ते

---

① “无在无不在”的原文是 na tat kṛtam na vikṛtam（“无造作，无改变”）。奘译“无在无变”。

② “依此密意”的原文是 idam saṃdhāya，词义为“据此”。佛经中，常将 saṃdhāya（“依据”）一词引申为“依据密意”。

च"। देवताह अक्षरगणनासंकेताधिवचनम् एतद् भदन्तशारिपुत्र अतीतानागतप्रत्युत्पन्ना बुद्धा इति। न पुनर् बुद्धा अतीता वानागता वा वर्तमाना वा। त्र्यध्वसमतिक्रान्ता हि बोधिः। अपि च प्राप्तं स्थविरेणार्हत्त्वम्। आह -- प्राप्तम् असंप्राप्तिकारणेन। आह -- एवम् एवाभिसंबोधिर् अनभिसंबोधिकारणेन।

今译：舍利弗说道："天女啊，你去世后，生在哪里？"天女说道："我生在如来所化生处[①]。"舍利弗说道："如来所化无死无生。"天女说道："正是这样，一切法无死无生。"舍利弗说道："天女啊，你多久能证得菩提？"天女说道："一旦尊者再次具有凡夫法，我也就证得菩提。"舍利弗说道："我已无处可具有凡夫法。"天女说道："正是这样，尊者舍利弗啊，我无处可证得菩提。为什么？菩提住于无处。因此，无人能证得无处。"尊者说道："天女啊，如来曾说：'恒河沙数如来过去证得、现在证得和未来证得。'"天女说道："过去佛、现在佛和未来佛，这是文字计数，世俗言说，尊者舍利弗啊，实际并无过去佛、现在佛和未来佛，因为菩提超越三世。还有，尊者已经获得阿罗汉性吗？"舍利弗说道："不可获得而获得。"天女说道："正是这样，不可证得而证得。"

什译：舍利弗問天："汝於此沒，當生何所？"天曰："佛化所生，吾如彼生。"曰："佛化所生，非沒生[②]也。"天曰："眾生猶然，無沒生也。"舍利弗問天："汝久如當得阿耨多羅三藐三菩提？"天曰："如舍利弗還為凡夫，我乃當成阿耨多羅三藐三菩提。"舍利弗言："我作凡夫無有是處。[③]"天曰："我得阿耨多羅三藐三菩提亦無是處。所以者何？菩提無住處，是故，無有得者。"舍利弗言："今諸佛得阿耨多

① 如来有化身，故而有"如来所化生处"。

② "非没生"意谓"非死非生"，也就是"无死无生"。

③ 这句的意思是舍利弗已修得正果，不再具有凡夫法。僧肇《注维摩诘经》解释说："圣人还为凡夫，何有是处耶？"

羅三藐三菩提，已得，當得，今得[①]，如恒河沙，皆謂何乎？”天曰：“皆以世俗文字數故，說有三世，非謂菩提有去、來、今。”天曰：“舍利弗！汝得阿羅漢道耶？”曰：“無所得故而得。”天曰：“諸佛、菩薩亦復如是，無所得故而得。”

奘译：時舍利子問天女言：“汝於此沒，當生何所？”天女答言：“如來所化當所生處，我當生彼。”舍利子言：“如來所化無沒無生，云何而言當所生處？”天曰：“尊者！諸法有情應知亦爾，無沒無生，云何問我當生何所？”時舍利子問天女言：“汝當久如證得無上正等菩提？”天女答言：“如舍利子還成異生，具異生法，我證無上正等菩提久近亦爾。”舍利子言：“無處無位，我當如是還成異生，具異生法。”天曰：“尊者！我亦如是，無處無位當證無上正等菩提。所以者何？無上菩提無有住處，是故，亦無證菩提者。”舍利子言：“若爾，云何佛說諸佛如殑伽沙現證無上正等菩提，已證，當證？”天曰：“尊者！皆是文字俗數語言，說有三世諸佛證得，非謂菩提有去、來、今。所以者何？無上菩提超過三世。又，舍利子！汝已證得阿羅漢耶？”舍利子言：“不得而得，得無所得。”天曰：“尊者！菩提亦爾，不證而證，證無而[②]證。”

६।१७ अथ विमलकीर्तिर् लिच्छविर् आयुष्मन्तं शारिपुत्रम् एवम् आह -- द्वानवतिबुद्धकोटीपर्युपासिता भदन्तशारिपुत्र एषा देवताभिज्ञाज्ञानविक्रीडिता प्रणिधानसमुच्छ्रिता क्षान्तिप्रतिलब्धावैवर्तिकसमवसरणा प्रणिधानवशेन यथेच्छति तथा तिष्ठति सत्वपरिपाकाय॥

① 此处“今得”，据《中华大藏经》校勘记，“《资》、《碛》、《普》、《南》、《径》、《清》、《丽》无”。这句中前面已提到“今诸佛得”，故而这里的“今得”两字应删去。

② 此处“而”字，据《中华大藏经》校勘记，“诸本作‘所’”。这样，“无所证”与什译“无所得”一致。

今译： 然后，离车族维摩诘对尊者舍利弗说道："尊者舍利弗啊，这位天女曾经侍奉九十二亿佛，通晓神通智慧游戏，满怀誓愿，获得安忍，达到不退转，依靠誓愿，随其心意，这样教化众生。"

什译： 爾時維摩詰語舍利弗："是天女已曾供養九十二億佛，已能遊戲菩薩神通，所願具足，得無生忍，住不退轉，以本願故，隨意能現，教化衆生。"

奘译： 時無垢稱即語尊者舍利子言："如是天女已曾供養親近承事九十有二百千俱胝那庾多佛，已能遊戲神通智慧，所願滿足，得無生忍，已於無上正等菩提永不退轉，乘本願力，如其所欲，隨所宜處，成熟有情。"

देवतापरिवर्तः षष्ठः ॥

今译： 以上是第六《天女品》。

७ तथागतगोत्रपरिवर्तः सप्तमः

今译：第七 如来种性品

什译：佛道品第八

奘译：菩提分品第八

७।१ अथ खलु मञ्जुश्रीः कुमारभूतो विमलकीर्तिं लिच्छविम् एवम् आह -- कथं कुलपुत्र बोधिसत्वो गतिंगतो भवति बुद्धधर्मेषु। आह -- यदा मञ्जुश्रीः बोधिसत्वो ऽगतिगमनं गच्छति, तदा बोधिसत्वो गतिंगतो भवति बुद्धधर्मेषु। आह -- कतमच् च बोधिसत्वस्यागतिगमनम्। आह -- यदा पञ्चानन्तर्यगतिं च गच्छति, न च व्यापादविहिंसाप्रदुष्टो भवति। निरयगतिं च गच्छति, सर्वरजः-क्लेशविगतश् च भवति। तिर्यग्योनिगतिं च गच्छति, विगततमोऽन्धकारश् च भवति। असुरगतिं च गच्छति, मानमददर्पविगतश् च भवति। यमलोकगतिं च गच्छति, सर्वपुण्यज्ञानसंभारोपात्तश् च भवति। अनेञ्ज्यारूपगतिं च गच्छति, न च तद्गतिसमवसरणो भवति। रागगतिं च गच्छति, विगतरागश् च भवति सर्वकाम-भोगेषु। दोषगतिं च गच्छति, अप्रतिहतश् च भवति सर्वसत्वेषु। मोहगतिं च गच्छति, प्रज्ञानिध्यप्तिचित्तश् च भवति सर्वधर्मेषु। मात्सर्यगतिं च गच्छति, सर्वा-ध्यात्मबाह्यवस्तुपरित्यागी च भवति कायजीवितानपेक्षः। दुःशीलगतिं च गच्छति, सर्वशीलशिक्षाधुतगुणसंलेखप्रतिष्ठितश् च भवत्य् अणुमात्रेष्व् अवद्येषु भयदर्शी। व्यापादखिलक्रोधगतिं च गच्छति, मैत्रीविहारी च भवत्य् अत्यन्ताव्यापन्नचित्तः। कौसीद्यगतिं च गच्छति, सर्वकुशलमूलपर्येष्ट्यभियुक्तश् च भवत्य् अप्रतिप्रस्रब्ध-

वीर्यारम्भः। विभ्रान्तेन्द्रियगतिं च गच्छति अरिक्तध्यानश् च भवति प्रकृतिसमापन्नः। दौःप्रज्ञगतिं च गच्छति, सर्वलोकिकलोकोत्तरशास्त्रकुशलश् च भवति प्रज्ञापारमितागतिंगतः। कुहनलपनचर्यागतिं गच्छति, उपायकौशलचर्यानिर्यातश् च भवति संधाभाष्यकुशलः। मानगतिं च दर्शयति, सेतुसंक्रामभृतश् च भवति सर्वलोकस्य। क्लेशगतिं च गच्छति, प्रकृतिपरिशुद्धश् च भवत्य् अत्यन्तासंक्लिष्टः। मारगतिं च गच्छति, अपरप्रत्ययश् च भवति सर्वबुद्धधर्मेषु। श्रावकगतिं च गच्छति, अश्रुतधर्मश्रावयिता च भवति सत्वानाम्। प्रत्येकबुद्धगतिं च गच्छति, महाकरुणानिर्यातश् च भवति सत्वपरिपाकाय। दरिद्रगतिं च गच्छति, रत्नपाणिताप्रतिलब्धश् च भवत्य् अक्षयभोगः। विकलेन्द्रियगतिं च गच्छति, लक्षणसमलंकृतश् च भवत्य् अभिरूपः। हीनकुलोपपत्तिगतिं च गच्छति, तथागतकुलगोत्रसंभृतश् च भवति पुण्यज्ञानोपचितसंभारः। दुर्बलदुर्वर्णावहोटिमकगतिं च गच्छति, नारायणात्मभावप्रतिलब्धश् च भवति प्रियदर्शनः सर्वसत्वानाम्। जीर्णव्याधितोग्लानचर्यां च दर्शयति, अत्यन्तव्याधिसमुद्घातितश् च भवति मरणभयसमतिक्रान्तः। भोगगतिं च दर्शयति, अनित्यसंज्ञाप्रत्यवेक्षणाबहुलश् च भवति सर्वैषणाप्रतिप्रस्रब्धः। अन्तःपुरनाटकव्यूहाश् च बोधिसत्वो दर्शयति, उत्तीर्णकामपङ्कश् च भवत्य् अनिकेतचारी। धन्धायतनगतिं च गच्छति, विचित्रप्रतिभानालंकारश् च भवति धारणीप्रतिलब्धः। तीर्थिकगतिं च गच्छति, तीर्थभूतश् च भवति। सर्वलोकगतिं च गच्छति, सर्वगतिनिवृत्तश् च भवति। निर्वाणगतिं च गच्छति संसारप्रबन्धं च न जहाति। एवं मञ्जुश्रीः बोधिसत्वो ऽगतिगमनं गच्छति, गतिंगतश् च भवति सर्वबुद्धधर्मेषु।

今译：然后，文殊师利真童子对离车族维摩诘说道："善男子啊，菩萨怎样依据种种佛法入道？"维摩诘回答说："文殊师利啊，菩萨入非道[①]，也就是依据种种佛法入道。"文殊师利说道："何为菩萨入

① "入非道"的原文是 agatigamanam gacchati，也可读为"不入道"。从下面的具体阐述，可理解为"入非道而不行非道"。僧肇《注维摩诘经》解释说："处非而不失其本，故能因非道以弘道。"

非道？”维摩诘回答说：“如果进入五无间道，他不起狠毒、杀害和怨恨之心。进入地狱道，他远离一切烦恼尘垢。进入畜生道，他远离愚痴黑暗。进入阿修罗道，他远离骄慢、迷醉和狂妄。进入阎摩[①]世界道，他获取一切功德和智慧资粮。进入不动无色[②]道，他不以此道为目的。进入贪欲道，他对一切欲乐享受不起贪欲。进入憎恨道，他不危害一切众生。进入愚痴道，他凭借智慧用心思考一切法。进入悭吝道，他不惜身体和性命，舍弃内外一切物。进入犯戒道，他恪守一切戒律、戒学[③]、头陀[④]品德和简朴节俭，即使对于微小的过失，也心怀畏惧。进入狠毒、暴戾和愤怒道，他奉行慈悲，永远不起狠毒心。进入懈怠道，他不断精进努力修行，追求一切善根。进入诸根迷乱道，他专心修禅，自然入定。进入邪恶智慧道，他通晓一切世间和出世间经典，达到智慧波罗蜜。进入虚诳谄媚道，他施展方便善巧，擅长随宜说法。示现[⑤]骄慢道，他成为[⑥]一切世界的桥梁和通道。进入烦恼道，

① “阎摩”（Yama）是死亡世界或地狱的统治者。也译“阎罗”、“阎魔”或“琰魔”。其中，“阎罗”是 Yamarāja（“阎摩王”）一词音译“阎摩罗阇”的略称。

② “不动无色”的原文是 aneñjyārūpa。这个复合词中的前一个词 aneñjya 即 aniñjya，词义为“不动”，指“不动行”。行分为福行、非福行和不动行。就这三者的业果而言，福业和非福业属于欲界，而不动业属于色界和无色界。后一个词 arūpa 词义为“无色”。这个复合词在原抄本中是 aneñjyarūpa，校订本改为 aneñjyārūpa。若按原抄本，后一个词是 rūpa，词义为“色”。无论后一个词是“无色”或“色”，这个复合词的实际意思是色界和无色界。故而，什译“色、无色界”。而奘译“无色定”。因为 aniñjya 也是一种禅定的名称，即 aniñjyasamādhi（“不动三昧”）。

③ “戒学”的原词是 śikṣā，常用义是“学习”。而在佛经中，尤其指学习戒律。此词在原文中与 śīla（“戒律”）一词连用。什译将这两个词合译为“净戒”。而奘译将这两个词合译为“尸罗”（即“戒律”）。

④ “头陀”（dhuta 或 dhūta，也译“杜多”），指苦行者。

⑤ “示现”的原词是 darśayati，而在这段前后相同的句式中，此处的用词大多是 gacchati（“进入”）。两者在这里的含义是一致的，只是“示现”一词强调这些是菩萨主动的作为。因为菩萨原本可以入涅槃，但他们不入涅槃，自愿受生，进入生死轮回，目的是教化和救度众生。参阅下面第 13 首偈颂。故而，这一段在什译中，开始译为“行”或“至”，后面大都译为“示行”或“示入”。同样，在奘译中，开始译为“行”，后面大都译为“示行”或“现处”。

⑥ 此处“成为”的原词是 bhṛta（“支持”或“担负”）。什译“犹如”，奘译“成立”，故而原词似应为 bhūta（“成为”）。

他本性清净，永不烦恼。进入摩罗道，他遵奉一切佛法，不依随他人。进入声闻道，他为众生说未闻法。进入缘觉道，他奉行大慈悲，教化众生。进入贫困道，他获得宝手[①]，资财无穷。进入诸根残缺道，他具足妙相，容貌端庄。进入卑贱道，他积累功德和智慧资粮，具备如来族姓[②]。进入羸弱丑陋道，他获得那罗延[③]身，人见人爱。示现老病[④]道，他根除疾病，超越对死亡的畏惧。示现资财道，他经常观察无常想[⑤]，断绝一切欲求。示现后宫歌舞伎乐[⑥]道，菩萨超越欲乐泥沼，毫不贪著。进入愚钝道，他获得陀罗尼，具有种种辩才。进入外道，他成为津梁。进入一切世间道，他舍弃一切道。进入涅槃道，他不舍弃生死轮回。就是这样，文殊师利啊，菩萨入非道，也就是依据一切佛法入道。”

什译：爾時文殊師利問維摩詰言：“菩薩云何通達佛道？”維摩詰言：“若菩薩行於非道，是為通達佛道。”又問：“云何菩薩行於非道？”答曰：“若菩薩行五無間，而無惱恚。至于地獄，無諸罪垢。至于畜生，無有無明、憍慢等過。至于餓鬼[⑦]，而具足功德。行色、無色界道，不以為勝。示行貪欲，離諸染著。示行瞋恚，於諸眾生無有恚礙。示行愚癡，而以智慧調伏其心。示行慳貪，而捨內外所有，不惜身命。示行毀禁，而安住淨戒，乃至小罪猶懷大懼。示行瞋恚，

---

① “宝手”（ratnapāṇitā）指手中掌握财宝。

② “具备如来族姓”是喻指成为佛门弟子。

③ “那罗延”（Nārāyaṇa）本是婆罗门教大神毗湿奴（Viṣṇu）的称号。这位大神在佛经中是一位力士。

④ “老病”的原文是 jīrṇavyādhitoglāna，疑有误，似应为 jīrṇavyadhiglāna 或 jīrṇavyādhitaglāna。

⑤ “无常想”（anitya-saṃjñā）指关于无常的想法或观念。

⑥ 此处“歌舞伎乐”的原词 nāṭakavyūhāḥ（阴性复数业格）是混合梵语形式。规范形式应为 nāṭakavyūhān（阳性复数业格）。

⑦ “饿鬼”（preta）是生死轮回的六道之一。此处原文是“阎摩世界”（Yamaloka）。“饿鬼”也属于阎摩统治的死亡世界。

而常慈忍。示行懈怠，而勤修功德。示行乱意，而常念定。示行愚癡，而通達世間、出世間慧[①]。示行諂偽，而善方便，隨諸經義。示行憍慢，而於眾生猶如橋梁。示行諸煩惱，而心常清淨。示入於魔，而順佛智慧，不隨他教。示入聲聞，而為眾生說未聞法。示入辟支佛，而成就大悲，教化眾生。示入貧窮，而有寶手，功德無盡。示入形殘，而具諸相好，以自莊嚴。示入下賤，而生佛種性中，具諸功德。示入羸劣醜陋，而得那羅延身，一切眾生之所樂見。示入老病，而永斷病根，超越死畏。示有資生，而恒觀無常，實無所貪。示有妻妾婇女，而常遠離五欲淤泥。現於訥鈍，而成就辯才，總持無失。示入邪濟，而以正濟度諸眾生。[②]現遍入諸道，而斷其因緣。現於涅槃，而不斷生死。文殊師利！菩薩能如是行於非道，是為通達佛道。”[③]

奘译：時妙吉祥問無垢稱：“云何菩薩於諸佛法到究竟趣[④]？”無垢稱言：“若諸菩薩行於非趣，乃於佛法到究竟趣。”妙吉祥言：“云何菩薩行於非趣？”無垢稱言：“若諸菩薩雖復行於五無間趣，而無恚惱忿害毒心。雖復行於那落迦[⑤]趣，而離一切煩惱塵垢。雖復行於諸傍生[⑥]趣，而離一切黑暗無明。雖復行於阿素洛趣，而離一切傲慢憍逸。雖復行於琰魔王趣，而集廣大福慧資糧。雖復行於無色定趣，而能於彼不離[⑦]趣向。雖復示行貪欲行趣，而於一切所受欲中離諸染

① “慧”的原词是 śāstra，词义为“经论”或“经典”。奘译“信”。

② 这句中，“邪济”的原词是 tīrthika，词义为“外道”。“以正济”的原词是 tīrthabhūta，词义为“成为津梁”。其中的 tīrtha 有“渡口”、“通道”和“圣地”等意义。什译使用的“济”字，指“渡口”。奘译此处将 tīrthika 和 tīrtha 这两个词直接译为“邪道”和“正道”。

③ 这一段什译比照原文和奘译，文字有所简化。

④ “究竟趣”的原词是 gatiṃgata，词义为“入道”或“通晓”。什译“通达”。

⑤ “那洛伽”是 nāraka（“地狱”）一词的音译。此处原文使用的是 niraya（“地狱”）一词。

⑥ “傍生”（tiryagyoni）即畜生。

⑦ 此处“离”字，据《中华大藏经》校勘记，“诸本作‘乐’”。这句原文是“不以此道为目的”。什译“不以为胜”。故而，“乐”字可取。

著。雖復示行瞋恚行趣，而於一切有情境界離諸瞋恚，無損害心。雖復示行愚癡行趣，而於諸法遠離一切黑暗無明，以智慧明而自調伏。雖復示行慳貪行趣，而能棄捨諸內外事，不顧身命。雖復示行犯戒行趣，而能安立一切尸羅、杜多功德，少欲知足，於小罪中見大怖畏。雖復示行瞋忿行趣，而能究竟[①]安住慈悲，心無恚惱。雖復示行懈怠行趣，而能勤習一切善根，精進無替。雖復示行根乱行趣，而常恬默，安止靜慮。雖復示行惡慧行趣，而善通達一切世間、出世間信，至究竟[②]慧波羅蜜多。雖復示行諂詐行趣，而能成辦方便善巧。雖復示行密語方便[③]憍慢行趣，而為成立濟度橋梁。雖復示行一切世間煩惱行趣，而性清淨，究竟[④]無染。雖復示行眾魔行趣，而於一切佛法覺慧而自證知，不隨他缘。雖復示行聲聞行趣，而為有情說未聞法。雖復示行獨覺行趣，而為成辦大慈大悲，成熟有情。雖復現處諸貧窮趣，而得寶手，珍財無盡。雖復現處諸缺根趣，而具相好妙色嚴身。雖復現處卑賤生趣，而生佛家，種姓尊貴，積集殊勝福慧資糧。雖復現處羸劣醜陋眾所憎趣，而得勝妙那羅延身，一切有情常所樂見。雖復現處諸老病趣，而能畢竟除老病根，超諸死畏。雖復現處求財位趣，而多修習觀無常想，息諸悕求。雖復現處宮室妓女諸戲樂趣，而常超出諸欲淤泥，修習畢竟遠離之行。雖復現處諸頑嚚趣，而具種種才辯莊嚴，得陀羅尼，念慧無失。雖復現處諸邪道趣，而以正道度諸世間。雖復現處一切生趣，而實永斷一切趣生。雖復現處般涅槃趣，而常不捨生死相續。雖復示現得妙菩提，轉大法輪，入涅槃趣，而復勤修諸

① 此处“究竟”的原词是 atyanta，词义为“永远”。

② 此处“究竟”的原词是 gatiṃgata，词义为“通晓”。

③ “密语方便”的原词 saṃdhābhāṣyakuśala，词义为“擅长随宜说法”或“擅长依据密意说法”。这个短语按原文和什译，应该属于前面一句，即置于“方便善巧”之后。

④ 此处“究竟”的原词是 atyanta，词义为“永远”。

菩薩行，相續無斷。[①]唯妙吉祥！菩薩如是行於非趣，乃得名為於諸佛法到究竟趣。”

७।२ अथ विमलकीर्तिर् लिच्छविर् मञ्जुश्रियं कुमारभूतम् एवम् आह -- कतमन् मञ्जुश्रीः तथागतानां गोत्रम्। आह -- सत्कायः कुलपुत्र तथागतानां गोत्रम्, अविद्या भवतृष्णा च गोत्रम्, रागदोषमोहा गोत्रम्, चत्वारो विपर्यासा गोत्रम्, पञ्च निवरणानि गोत्रम्, षड् आयतनं गोत्रम्, सप्त विज्ञानस्थितयो गोत्रम्, अष्टौ मिथ्यात्वानि गोत्रम्, नवाघातवस्तूनि गोत्रम्, दशाकुशलाः कर्मपथा गोत्रम्। इदं कुलपुत्र तथागतानां गोत्रम्। संक्षेपेण कुलपुत्र द्वाषष्टिर् दृष्टिगतानि तथागतानां गोत्रम्।

今译：然后，离车族维摩诘对文殊师利真童子说道：“文殊师利啊，何为如来种性[②]？”文殊师利回答道：“善男子啊，有身是如来种性。无知而贪爱生存是如来种性。贪、瞋和痴是如来种性。四种颠倒[③]是如来种性。五种障碍[④]是如来种性。六种入处是如来种性。七种识住[⑤]是如来种性。八种邪性[⑥]是如来种性。九种恼害之事[⑦]是如来种性。十种不善业道[⑧]是如来种性。善男子啊，这是如来种性。简而言之，善男子啊，六十二见是如来种性。”

---

① 这句不见于原文和什译。

② “种性”的原词 gotra，词义为“家族”、“种族”、“族姓”和“种类”等。这里所说“如来种性”也就是“如来性”。

③ “四种颠倒”（caturviparyāsa）指将无常、苦、不净和无我颠倒为常、乐、净和我。或将涅槃之常、乐、我和净颠倒为涅槃之无常、无乐、无我和无净。

④ “五种障碍”（pañcanivaraṇa）或译“五盖”，指贪欲、嗔怒、昏睡、焦躁和疑惑。

⑤ “七种识住”（saptavijñānasthiti）或译“七识处”，指众生的心识在三界中喜欢安住的七种处所。

⑥ “八种邪性”（aṣṭau mithyātvāni）指与“八正道”相对立的八种邪性。

⑦ “九种恼害之事”（navāghātavastu），僧肇《注维摩诘经》解释说：“爱我怨家，憎我知识，恼我己身。一世则三，三世为九。”其中，“知识”指“善友”。

⑧ “十种不善业道”（daśākuśalakarmapatha）指杀生、偷盗、邪淫、妄语、两舌、恶口、绮语、贪欲、瞋恚和邪见。

什译：於是，維摩詰問文殊師利："何等為如來種？"文殊師利言："有身為種。無明有愛為種。貪、恚、癡為種。四顛倒為種。五蓋為種。六入為種。七識處為種。八邪法為種。九惱處為種。十不善道為種。以要言之，六十二見及一切煩惱皆是佛種。"

奘译：時無垢稱問妙吉祥："何等名為如來種性？願為略說。"妙吉祥言："所謂一切偽身種性是如來種性。一切無明有愛種性是如來種性。貪欲、瞋恚、愚癡種性是如來種性。四種虛妄顛倒種性是如來種性。如是所有五蓋種性、六處種性、七識住種性、八邪性種性、九惱事種性、十種不善業道種性是如來種性。以要言之，六十二見、一切煩惱、惡不善法所有種性是如來種性。"

७।३ आह -- किं संधाय मञ्जुश्रीः एवं वदसि।आह -- न शक्यं कुलपुत्र असंस्कृतदर्शिना नियामावक्रान्तिस्थितेनानुत्तरायां सम्यक्संबोधौ चित्तम् उत्पादयितुम्। क्लेशागारसंस्कृतस्थितेनादृष्टिसत्येन शक्यम् अनुत्तरायां सम्यक्संबोधौ चित्तम् उत्पादयितुम्। तद्यथा कुलपुत्र नोज्जङ्गलेषु पृथिवीप्रवेशेषूत्पलपद्मकुमुदपुण्डरीकसौगन्धिकानि विरोहन्ति। कर्दमपुलिनप्रक्षिप्तान्य् उत्पलपद्मकुमुदपुण्डरीकसौगन्धिकानि विरोहन्ति। एवम् एव कुलपुत्र नासंस्कृतनियामप्राप्तेषु सत्वेषु बुद्धधर्मा विरोहन्ति। क्लेशपुलिनकर्दमप्राप्तेषु सत्वेषु बुद्धधर्मा विरोहन्ति। तद्यथापि नाम नाकाशे बीजानि विरोहन्ति। धरणितलप्रतिष्ठितानि विरोहन्ति। एवम् एव नासंस्कृतनियामप्राप्तेषु बुद्धधर्मा विरोहन्ति। सुमेरुसमां सत्कायदृष्टिम् उत्पाद्य बोधिचित्तम् उत्पद्यते। ततश् च बुद्धधर्मा विरोहन्ति। तद् अनेनापि ते कुलपुत्र पर्यायेणैवं वेदितव्यम्। यथा सर्वक्लेशास् तथा तथागतानां गोत्रम्। तद्यथापि नाम कुलपुत्र नानवतीर्य महासमुद्रं शक्यम् अनर्घं रत्नम् उत्क्षेप्तुम्। एवम् एव नानवतीर्णेन क्लेशसागरं शक्यं सर्वज्ञताचित्तरत्नम् उत्पादयितुम्।

今译：维摩诘说道："文殊师利啊，你这样说，依据[①]什么？"文殊师利回答说："善男子啊，已经洞悉无为而入正位者不能发起无上正等菩提心。而处在烦恼窝穴和有为中而不见真谛者能发起无上正等菩提心。善男子啊，譬如高原陆地[②]不会生长青莲、红莲、睡莲、白莲和香莲，而河边淤泥会生长青莲、红莲、睡莲、白莲和香莲。善男子啊，同样，佛法不在无为而入正位的众生中生长，而在陷入烦恼淤泥的众生中生长。又如，种子不在空中生长，而在地面中生长。同样，佛法不在无为而入正位者中生长。先产生如同须弥山的有身见，然后发起菩提心，由此，佛法生长。因此，善男子啊，依据这个思路，你应该知道是这样。有一切烦恼，才有如来种性。又如，善男子啊，不入大海，不能采集到无价珍宝。同样，不入烦恼大海，不能获得一切智心宝。"

什译：曰："何謂也？"答曰："若見無為入正位者，不能復發阿耨多羅三藐三菩提心。譬如高原陸地不生蓮華，卑濕淤泥乃生此華。如是，見無為法入正位者終不復能生於佛法，煩惱泥中乃有眾生起佛法耳。又如，植種於空，終不得生，糞壤之地乃能滋茂。如是，入無為正位者不生佛法。起於我見如須弥山，猶能發于阿耨多羅三藐三菩提心，生佛法矣。是故，當知一切煩惱為如來種。譬如不下巨海，不能得無價寶珠。如是，不入煩惱大海，則不能得一切智寶。"

奘译：無垢稱言："依何密意作如是說？"妙吉祥言："非見無為、已入正性、離生位者能發無上正等覺心。要住有為煩惱諸行、未見諦者能發無上正等覺心。譬如高原陸地不生殟鉢羅花、鉢特摩花、拘母

---

① "依据"的原词是saṃdhāya，在佛经中也含有"依据密意"的意思。此处什译"何谓也？"奘译"依何密意？"

② 此处"陆地"的原词是pṛthivī-praveśa。其中的praveśa（"入口"）疑有误，应为pradeśa（"地区"）。

陀花、奔荼利花[①]。要於卑濕穢淤泥中，乃得生此四種花。如是，聲聞、獨覺種性已見無為、已入正性、離生位者終不能發一切智心。要於煩惱諸行卑濕穢淤泥中，方能發起一切智心，於中生長諸佛法故。又，善男子！譬如植種置於空中，終不生長，要植卑濕糞壤之地乃得生長。如是，聲聞、獨覺種性已見無為、已入正性、離生位者不能生長一切佛法。雖起身見如妙高山，而能發起大菩提願，於中生長諸佛法故。又，善男子！譬如有人不入大海，終不能得吠琉璃等無價珍寶。不入生死煩惱大海，終不能發無價珍寶一切智心。是故，當知一切生死煩惱種性是如來種性。”

७।४ अथ स्थविरो महाकाश्यपो मञ्जुश्रिये कुमारभूताय साधुकारम् अदात् -- साधु साधु मञ्जुश्रीः सुभाषिता त इयं वाग् भूतम्। एतत् क्लेशा गोत्रं तथागतानाम्। कुतो ह्य् अस्मद्विधानां शक्तिर् अस्ति बोधिचित्तम् इदानीम् उत्पादयितुम्। पञ्चानन्तर्यप्राप्तः शक्तो बोधिचित्तम् उत्पादयितुम्, शक्तो बुद्धधर्मान् अभिसंबोद्धुम्, न पुनर् अहम्।

今译：然后，尊者大迦叶称赞文殊师利真童子：“很好，很好，文殊师利啊，你的这番话确实说得很妙。种种烦恼是如来种性。我们这些人如今哪能发起菩提心？只有处于五无间道，才能发起菩提心，证得佛法，而我已不再可能。

什译：爾時大迦葉歎言：“善哉，善哉，文殊師利！快說此語。誠如所言，塵勞之儔[②]為如來種。我等今者不復堪任發阿耨多羅三藐三菩提心。乃至五無間罪猶能發意生於佛法，而今我等永不能發。

---

① 这里是四种莲花花名的音译。原文中提到五种莲花。什译笼统地译为“莲花”。

② 此处“尘劳”的原词 kleśāḥ（“烦恼”）是复数，故而译为“尘劳之俦”，即“尘劳之类”。

奘译：爾時尊者大迦葉波歎妙吉祥："善哉，善哉，極為善說實語、如語，誠無異言①。一切生死煩惱種性是如來種性。所以者何？我等今者心相續中生死種子悉已燋敗，終不能發正等覺心。寧可成就五無間業，不作我等諸阿羅漢究竟解脫。②所以者何？成就五種無間業者猶能有力盡無間業，發於無上正等覺心，漸能成辦一切佛法，我等漏盡諸阿羅漢永無此能。

७।५ तद्यथा विकलेन्द्रियस्य पुरुषस्य पञ्चकामगुणा निर्गुणा निःसमर्थाः। एवम् एव सर्वसंयोजनप्रहीणस्य श्रावकस्य सर्वबुद्धधर्मा निर्गुणा निःसमर्थाः। न तस्य भूयः शक्तिर् अस्ति तान् अध्यालम्बितुम्। तस्मान् मञ्जुश्रीः पृथग्जनास् तथागतस्य कृतज्ञाः, न श्रावकाः। तत् कस्माद् धेतोः। पृथग्जना हि बुद्धगुणाञ् श्रुत्वा त्रिरत्नवंशानुपच्छेदायानुत्तरायां सम्यक्संबोधौ चित्तम् उत्पादयन्ति। श्रावकाः पुनर् यावज्जीवम् अपि बुद्धधर्मबलवैशारद्यानि श्रुत्वानुत्तरायां सम्यक्संबोधौ न शक्ताश् चित्तम् उत्पादयितुम्।

今译："譬如对于五种感官不全的人，五种感官对象③无性能，无能力。同样，对于断除一切束缚的声闻，一切佛法无性能，无能力。他不再能攀缘佛法。因此，文殊师利啊，俗众感恩如来，而声闻不会这样。为什么？俗众闻听佛功德，不断绝三宝，发起无上正等菩提心。而众声闻即使终身闻听佛法威力和无畏，也不能发起无上正等菩提心。"

什译："譬如根敗之士，其於五欲不能復利。如是，聲聞諸結斷

---

① 比照原文，此句奘译有所增饰和发挥。

② 这句不见于原文和什译。

③ "五种感官对象"的原词是 pañca-kāma-guṇāḥ。其中 kāma 一词的词义为"欲望"或"欲望对象"，guṇa 一词的词义为"性质"、"性能"或"绳索"。kāma-guṇa 这个复合词在佛经中通常指称五种感官享受的对象，即色、声、香、味和触。此处什译"五欲"，奘译"妙五欲"。

者於佛法中無所復益，永不志願。是故，文殊師利！凡夫於佛法有反復[1]，而聲聞無也。所以者何？凡夫聞佛法，能起無上道心，不斷三寶。正使[2]聲聞終身聞佛法力、無畏等，永不能發無上道意。”

奘译：“如缺根士，於妙五欲無所能為。如是，漏盡諸阿羅漢諸結永斷，即於佛法無所能為，不復志求諸佛妙法。是故，異生能報佛恩，聲聞、獨覺終不能報。所以者何？異生聞佛、法、僧功德，為三寶種終無斷絕，能發無上正等覺心，漸能成辦一切佛法。聲聞、獨覺假使終身聞說如來力、無畏等，乃至所有不共佛法一切功德，終不能發正等覺心。”

७।६ अथ सर्वरूपसंदर्शनो नाम बोधिसत्वस् तस्याम् एव पर्षदि संनिपतितोऽभूत् संनिषण्णः। स विमलकीर्तिं लिच्छविम् एवम् आह -- कस्मिन् पुनस् ते गृहपते मातापितरौ दासीदासकर्मकरपौरुषेयम् , कुत्र मित्रज्ञातिसालोहिताः, कुत्र परिवारो हयगजरथपतिवाहनं वा। एवम् उक्ते विमलकीर्तिर् लिच्छविः सर्वरूपसंदर्शनं बोधिसत्वं गाथाभिर् अध्यभाषत् --

今译：然后，有一位参加集会的菩萨，名叫普现一切色，坐在那里，对离车族维摩诘说道：“家主啊，你的父母、奴婢、仆从、工匠和差役在哪里？朋友、亲戚和眷属在哪里？随从、象、马、车、侍从[3]和坐骑在哪里？”离车族维摩诘听后，以偈颂回答普现一切色菩萨：

什译：爾時會中有菩薩，名普現色身，問維摩詰言：“居士！父

---

① 此处“于佛法有反复”的原文是 tathāgatasya kṛtajñāḥ（“感恩如来”）。奘译“能报佛恩”。僧肇《注维摩诘经》解释说：“凡夫闻法，能续佛种，则报恩有反复也。”故而“于佛法有反复”也就是“能报佛恩”。

② “正使”的原词是 api，词义为“即使”。奘译“假使”。

③ 此处“侍从”的原词是 pati。原抄本的用词是 patti（“步行者”），校订本改为 pati（“主人”）。其实不必改。patti 通常与象、马和车连用，词义是“步兵”，而在这里可理解为“扈从”或“侍从”。什译未涉及此词，奘译“御人”。

母妻子、親戚眷屬、吏民知識悉為是誰？奴婢僮僕、象馬車乘皆何所在？”於是，維摩詰以偈答曰：

奘译：爾時眾中有一菩薩，名曰普現一切色身，問無垢稱言：“居士！父母妻子、奴婢僕使、親友眷屬、一切侍衛、象馬車乘、御人等類悉為是誰？皆在何所[①]在？”時無垢稱以妙伽他而答之曰：

प्रज्ञापारमिता माता बोधिसत्वान मारिष।
पिता चोपायकौशल्यं यतो जायन्ति नायकाः॥ १

今译：智慧波罗蜜是菩萨的母亲，贤士啊，
方便善巧是父亲，由此产生众导师。[②]（1）

什译：智度菩薩母，方便以為父，
一切眾導師，無不由是生。

奘译：慧度菩薩母，善方便為父，
世間真導師，無不由此生。

भार्या धर्मरतिस् तेषां मैत्री करुणा च दुहितरौ।
सत्यधर्माव् उभौ पुत्रौ गृहं शून्यार्थचिन्तना॥ २

今译：热爱正法是妻子，仁慈和悲悯是两女儿，
真谛和正法是两儿子，思考空义是居舍。（2）

什译：法喜以為妻，慈悲心為女，

① 此处“在何所”，据《中华大藏经》校勘记，“诸本作‘何所在’”。准确地说，此句“皆在何所在”应为“皆何所在”。

② 这颂中，bodhisatvāna（“菩萨”）是混合梵语的复数属格形式。

善心誠實[①]男，畢竟空寂舍。

奘译：妙法樂為妻，大慈悲為女，
真實諦法男，思空勝義舍。

सर्वक्लेशास् तथा शिष्या यथेष्टवशवर्तिनः।
बोध्यङ्गाश् चैव मित्राणि बोधिं बुध्यन्ति यैर् वराम्॥ ३

今译：一切烦恼是弟子，随其心愿听命侍奉，
七觉支是众朋友，由此证得殊胜菩提。（3）

什译：弟子眾塵勞，隨意之所轉，
道品善知識，由是成正覺。

奘译：煩惱為賤隸[②]，僕使隨意轉，
覺分成親友，由此證菩提。

सहायाश् चानुबद्धा हि षड् इमाः पारमिताः सदा।
स्त्र्यागारः संग्रहस् तेषां धर्माः संगीतिवादितम्॥ ४

今译：六种波罗蜜是同伴，始终陪随在身旁，
闺阁女眷是四摄，歌曲和音乐是正法。（4）

什译：諸度法等侶，四攝為伎女[③]，
歌詠誦法言，以此為音樂。

奘译：六度為眷屬[④]，四攝為妓女，

① 此处“善心诚实”的原文是 satyadharmau（“真谛和正法”）。其中的 satya，通常的词义是“真实”、“诚实”或“正直”。

② 此处“贱隶”的原词是 śiṣya（“学生”或“弟子”）。什译“弟子”。

③ “伎女”的原词是 stryāgara，词义为“后宫”或“闺房”。

④ “眷属”的原词是 sahāya，词义为“同伴”或“助手”。在汉译佛经中，“眷属”的词义不局限于“亲属”。

結集[①]正法言，以為妙音樂。

उद्यानं धारणी तेषां बोध्यङ्गकुसुमैश् चितम्।
फलं विमुक्तिज्ञानं च वृक्षा धर्मधनं महत्॥ ५

今译：陀罗尼是花园，七觉支是盛开的花朵，
解脱的智慧是果实，正法财富是树木。（5）

什译：總持之園苑，無漏法[②]林樹，
覺意淨妙華，解脫智慧果。

奘译：總持作園苑，大法成林樹，
覺品華莊嚴，解脫智慧果。

विमोक्षाः पुष्किरिण्यश् च समाधिजालपूरिताः।
विशुद्धिपद्मसंछन्ना यत्र स्नायन्ति निर्मलाः॥ ६

今译：八种解脱[③]是莲花池，池中充满入定水，
遍布清净莲花，在这里沐浴，涤除污垢。（6）

什译：八解之浴池，定水湛然滿，
布以七淨[④]花，浴此無垢人。

---

① “结集”的原词是saṃgīti，词义为“合唱”、“歌唱”或“歌曲”。但此词在佛经中也指“合诵”，有“结集”或“撰集”的意义。故而，奘译沿袭什译“诵法言”，将这句译为“结集正法言”。

② “无漏法”的原词是dharmadhanam mahat（“大法财”）。奘译“大法”。

③ 此处“八种解脱”的原词vimokṣāḥ是vimokṣa的复数形式，故而指“八种解脱”。“八种解脱”指运用八种定力摆脱对色界和无色界的贪著，故而下面说“池中充满入定水”。

④ “七净”的原词是viśuddhi（“洁净”或“清净”）。原文中无“七”字。僧肇《注维摩诘经》解释说：“一戒净，二心净，三见净，四度疑净，五道非道知见净，六行知见净，七断知见净。此七既以净好为理，而从定水中出，义为水中华焉。”

奘译：八解之妙池，定水湛然滿，
七淨華弥布，洗除諸垢穢。

अभिज्ञा वाहनं तेषां महायानम् अनुत्तमम्।
सारथिर् बोधिचित्तं तु सन्मार्गो ऽष्टाङ्गिकः शिवः॥ ७

今译：神通是象马车，成为他们无上的大乘[1]，
菩提心是御者，行进在吉祥的八正道。（7）

什译：象馬五通馳，大乘以為車，
調御以一心[2]，遊於八正路。

奘译：神通為象馬，大乘以為車，
調御菩提心，遊八道支路。

भूषणा लक्षणान्य् एषाम् अशीतिश् चानुव्यञ्जनाः।
ह्रीरपत्राप्यवस्त्रास् ते कल्याणाध्याशयाः शुभाः॥ ८

今译：三十二种妙相和八十种随好是装饰，
知耻和羞愧[3]是衣服，一心向善是光彩。[4]（8）

什译：相具以嚴容，眾好飾其姿，
慚愧之上服，深心為華鬘[5]。

---

① “大乘”的原词是 mahāyāna，由 mahā（“大”）和 yāna（“车乘”）组成的复合词。故而，此处什译和奘译均为“大乘以为车”，译出此词的双重含义。

② 此处“一心”的原文是 bodhicitta（“菩提心”）。这句奘译“调御菩提心”。支译“调御以道意”，也与原文基本一致。而此处僧肇《注维摩诘经》解释说：“什曰一心梵本云和合。”这里有可能是误记。

③ 此处“知耻和羞愧”的原文是 hrīrpatrāpya，若改为 hrī-vyapatrāpya，则更合规范。这个复合词在巴利文中是 hirī-ottappa。

④ 这颂中，bhūṣaṇāḥ（“装饰”）和 anuvyañjanāḥ（“随好”）是混合梵语的中性复数形式。

⑤ 此处“华鬘”的原词是 śubhā，词义为“光彩”或“华丽”。什译“华鬘”是变通的译法。

奘译：妙相具莊嚴，眾好而綺間，[1]
懶愧為衣服，勝意樂為鬘。

सद्धर्मधनवन्तस् ते प्रयोगो धर्मदेशना।
प्रतिपत्तिर् महालाभः परिणामश् च बोधये॥ ९

今译：拥有正法财富，用于宣示正法，
修行大有收获，用于回向菩提。（9）

什译：富有七財寶[2]，教授以滋息[3]，
如所說修行，迴向為大利。

奘译：具正法珍財，曉示為方便，
無倒行勝利[4]，迴向大菩提。

शयनं चतुरो ध्यानाः शुद्धाजीवेन संस्तृताः।
प्रज्ञा विबोधनं तेषां नित्यं श्रुतसमाहिता॥ १०

今译：四禅定[5]是卧床，清净生活是床铺，
智慧是觉醒，他们永远专心闻听。[6]（10）

什译：四禪為床座，從於淨命[7]生，

① 这里的“庄严”和“绮间”均指“装饰”。

② “七财宝”的原词是 saddharmadhana（“正法财富”）。原文中无七字。僧肇《注维摩诘经》解释“七财”为：“信、戒、闻、舍、慧、惭、愧也。”

③ 此处“滋息”的原词是 prayoga，词义为“运用”、“应用”或“实施”。此词奘译“方便”。僧肇《注维摩诘经》解释说：“教授众生，是以与人长善也。”

④ 此处“无倒行”的原词是 pratipatti，词义为“修行”或“正行”。“无倒行”也就是“正行”。“胜利”的原词是 mahālābha，词义为“大收获”或“大得利”。什译“大利”。

⑤ “四禅定”指禅定的四个层次：初禅、第二禅、第三禅和第四禅。

⑥ 这颂中，samāhitā 是混合梵语的阳性复数体格形式。

⑦ “净命”（śudhājīva）指清净的生活方式。

多聞增智慧，以為自覺音。

奘译：四禪[①]慮為床，淨命為茵蓐，
念智常覺悟，無不在定心[②]。

अमृतं भोजनं तेषां विमुक्तिरसपानकम्।
विशुद्धाशयता स्नानं शीलं गन्धानुलेपनम्॥ ११

今译：甘露[③]是食物，品尝解脱味，
净心是沐浴，戒律是香膏。（11）

什译：甘露法之食，解脫味為漿，
淨心以澡浴，戒品為塗香。

奘译：既湌不死法，還飲解脫味，
沐浴妙淨心，塗香上品戒。

क्लेशशत्रुविनिर्घाताच् छूरास् ते ह्य् अपराजिताः।
धर्षेन्ति चतुरो मारान् बोधिमण्डध्वजाश्रिताः॥ १२

今译：他们是无敌勇士，歼灭烦恼匪贼，
制伏四摩罗，竖起菩提道场旌旗。[④]（12）

什译：摧滅煩惱賊，勇健無能踰，
降伏四種魔，勝幡建道場。

① 此处“禅”字应为“静”。据《中华大藏经》校勘记，“诸本作‘静’”。
② “定心”的原词是 samāhita，词义为“专注”或“专心”。
③ “甘露”（amṛta）的词义是“不死”，指天神享用的长生仙液。这里喻指“涅槃”。此词什译“甘露法”，奘译“不死法”。
④ 这颂中，dharṣenti（“制伏”）是混合梵语致使动词形式。致使动词词根后面的 aya 变更为 e，这是混合梵语中的常见形式，下面不再一一指出。

奘译：殄滅煩惱賊，勇健無能勝，
　　　摧伏四魔怨，建妙菩提幢。

संचिन्त्यजाति दर्शेन्ति अजाताश् च असंभवाः।
दृश्यन्ते सर्वक्षेत्रेषु रश्मिराजवद् उद्गताः॥ १३

今译：他们已经无生无有[1]，而自愿受生，
　　　在一切国土显现，如同太阳升起。[2]（13）

什译：雖知無起滅，示彼故有生，
　　　悉現諸國土，如日無不見。

奘译：雖實無起滅，而故思[3]受生，
　　　悉現諸佛土，如日光普照。

बुद्धकोट्यो हि पूजित्वा सर्वपूजाहि नायकान्।
न चैवात्मनि बुद्धे वा जातु कुर्वन्ति निश्रयम्॥ १४

今译：一切供养献给数亿佛陀导师，
　　　不再区分依靠自身或者佛陀。[4]（14）

什译：供養於十方，無量億如來，
　　　諸佛及己身，無有分別想。

---

① 此处“无生”（ajāta）和“无有”（asaṃbhava）两词意义相通。什译和奘译均为“无起灭”。

② 这颂中，saṃcintyajāti（“自愿受生”）一词按原抄本是 saṃcintyajātin，校订本改为 saṃcintyajāti。这样，此词可读为混合梵语的阴性单数业格。当然，也可以将此词按照规范形式改为 saṃcintyajātim。

③ “故思”的原词是 saṃcintya，词义为“思考”或“设想”。这里指“有意”或“故意”。

④ 这颂中，buddhakoṭyaḥ（“数亿佛陀”）是混合梵语的阴性复数业格形式。sarvapujāhi（“一切供养”）是混合梵语的阴性复数具格形式。

奘译：盡持上妙供，奉獻諸如來，

於佛及自身，一切無分別。

बुद्धक्षेत्राणि शोधेन्ति सत्वानां चरितं यथा।

आकाशक्षेत्रानुप्राप्ता न सत्वे सत्वसंज्ञिनः॥ १५

今译：证得佛土虚空，于众生无众生想，

他们净化一切佛土和众生行为。（15）

什译：雖知諸佛國，及與衆生空[①]，

而常修淨土，教化於群生。

奘译：雖知諸佛國，及與有情空，

而常修淨土，利物無休倦[②]。

सर्वसत्वान ये रूपा रुतघोषाश् च ईरिताः।

एकक्षणेन दर्शेन्ति बोधिसत्वा विशारदाः॥ १६

今译：一切众生的色相，发出的音声，

无畏的众菩萨一刹那间便呈现。[③]（16）

什译：諸有衆生類，形聲及威儀，

無畏力菩薩，一時能盡現。

奘译：一切有情類，色聲及威儀，

① “众生空”的原文是 na satve satvasaṃjñinaḥ（“于众生无众生想”）。什译是采取意译的方法。奘译“有情空”，与什译一致。

② 此处“利物无休倦”不见于原文和什译。按原文是 satvānām caritam，即“（净化）众生行为”。什译“（教化）众生”。

③ 这颂中，sarvasatvāna（“一切众生”）是混合梵语的复数属格形式。

無畏力菩薩，刹那能盡現。

मारकर्म च बुध्यन्ते माराणां चानुवर्तकाः।
उपायपारमिप्राप्ताः सर्वां दर्शेन्ति ते क्रियाम्॥ १७

今译：依随众摩罗，了解摩罗的魔业，
他们精通方便，示现所有行为。（17）

什译：覺知眾魔事，而示隨其行，
以善方便智，隨意皆能現。

奘译：雖覺諸魔業，而示隨所轉，
至究竟方便，有表[①]事皆成。

ते जीर्णव्याधिता भोन्ति मृतम् आत्मानु दर्शयी।
सत्वानां परिपाकाय मायाधर्मविहारिणः॥ १८

今译：为了教化众生，乐于施展幻法，
示现自己衰老、生病乃至死亡。[②]（18）

什译：或示老病死，成就諸群生，
了知如幻化，通達無有礙。

奘译：或示現自身，有諸老病死，
成熟諸有情，如遊戲幻法。

कल्पोद्दाहं च दर्शेन्ति उद्दह्य तां वसुन्धराम्।

---

① 此处“表”的原词是darśenti，词义为“示现”。

② 这颂中，bhonti（“是”或“成为”）是bhavanti的混合梵语形式。这也是常见形式，下面不再一一指出。ātmānu（“自己”）是混合梵语的阳性业格形式。

नित्यसंज्ञीन सत्वानाम् अनित्यम् इति दर्शयी॥ १९

今译：示现劫火[1]焚烧，焚毁这个大地，
向怀有常想的众生展示无常。[2]（19）

什译：或現劫盡燒，天地皆洞然，
眾人有常想，照令知無常。

奘译：或現劫火起，天地皆熾然，
有情執常相[3]，照令知速滅。

सत्वकोटीसहस्रेभिर् एकराष्ट्रे निमन्त्रिताः।
सर्वेषां गृहि भुञ्जन्ति सर्वान् नामेन्ति बोधये॥ २०

今译：在同一国土中，接受千亿众生邀请，
在每家受供养，让所有人归依菩提。[4]（20）

什译：無數億眾生，俱來請菩薩，
一時到其舍，化令向佛道。

奘译：千俱胝有情，率土咸來請，
同時受彼供，皆令趣菩提。

ये केचिन् मन्त्रविद्या वा शिल्पस्थाना बहुविधाः।
सर्वत्र पारमिप्राप्ताः सर्वसत्वसुखावहाः॥ २१

① “劫火”指世界毁灭时燃烧的大火。

② 这颂中，nityasaṃjñīna（“怀有常想的”）是混合梵语的复数属格形式。darśayī（“展示”）是混合梵语的不定过去时第三人称复数形式。

③ “常相”的原词是 nityasaṃjñā（“常想”）。其中的“想”（saṃjñā）指妄想分别事物的表相而形成的想法或观念。因此，“想”与“相”的意义相通。

④ 这颂中，gṛhi（“家”）是混合梵语的单数依格形式。

今译：种种经咒幻术，许多工巧技艺，
样样都精通，为一切众生谋福。[①]（21）

什译：經書禁呪術，工巧諸伎藝，
盡現行此事，饒益諸群生。

奘译：於諸禁呪術，書論眾伎藝，
皆知至究竟，利樂諸有情。

यावन्तो लोकि पाषण्डाः सर्वत्र प्रव्रजन्ति ते।
नानादृष्टिगतप्राप्तान् सत्वान् हि परिमोचयि॥ २२

今译：世间凡有外道处，便在那里出家，
让陷入各种邪见的众生获得解脱。[②]（22）

什译：世間眾道法，悉於中出家，
因以解人惑，而不墮邪見。

奘译：世間諸道法，遍於中出家，
隨方便利生，而不墮諸見。

चन्द्रा भवन्ति सूर्या वा शक्रब्रह्मप्रजेश्वराः।
भवन्ति आपस् तेजश् च पृथिवी मारुतस् तथा॥ २३

今译：他们成为日月、帝释、梵天和
众生之主，成为水、火、地和风。（23）

---

① 这颂中，śilpasthānāḥ（“工巧技艺”）和 bahūvidhāḥ（“多种”）是混合梵语的中性复数形式。其中的 bahū，规范形式应为 bahu。

② 这颂中，loki（“世间”）是混合梵语的单数依格形式。parimocayi（“解脱”）是混合梵语的不定过去时第三人称复数形式。

什译：或作日月天，梵王世界主，
　　　或時作地水，或復作風火。

奘译：或作日月天，梵王世界主，
　　　地水及火風，饒益有情類[①]。

रोग-अन्तरकल्पेषु भैषज्यं भोन्ति उत्तमम्।
येहि सत्वा विमुच्यन्ति सुखी भोन्ति अनामयाः॥ २४

今译：遇到瘟疫劫[②]，他们成为灵丹妙药，
　　　让众生摆脱病患，享有健康快乐。[③]（24）

什译：劫中有疾疫，現作諸藥草，
　　　若有服之者，除病消衆毒。

奘译：能於疾疫劫，現作諸良藥，
　　　蠲除諸疾苦，令趣大菩提。

दुर्भिक्षान्तरकल्पेषु भवन्ति पानभोजनम्।
क्षुधापिपासाम् अपनेत्वा धर्मं देशेन्ति प्राणिनाम्॥ २५

今译：遇到饥荒劫，他们成为饮料食物，
　　　先解除众生饥渴，然后宣示正法。（25）

什译：劫中有飢饉，現身作飲食，

---

① 此处“饶益有情类”不见于原文和什译。但奘译此句显然是补足原文的意思。

② 此处“劫”的原词是 antara-kalpa，指“中间劫”，简称“中劫”。此词在汉译佛经也常译为“小劫”。佛经中对大劫、中劫或小劫的描述不一。其中的一种说法是：一个大劫分成四劫，每劫又分成二十中劫（或小劫）。

③ 这颂中，yehi（代词 yat）是混合梵语的复数具格形式。vimucyanti（“解脱”）作为复数被动语态，规范形式应为 vimucyante。sukhī（“快乐”）是混合梵语的阳性复数体格形式。

先救彼飢渴，却以法語人。

奘译：能於飢饉劫，現作諸飯食，
先除彼飢渴，說法令安泰。

शस्त्र-अन्तरकल्पेषु मैत्र्याध्यायी भवन्ति ते।
अव्यापादे नियोजेन्ति सत्वकोटीशतान् बहून्॥ २६

今译：遇到刀兵劫，他们满怀慈悲，
让数百亿众生摆脱仇恨愤怒。[①]（26）

什译：劫中有刀兵，為之起慈悲，
化彼諸眾生，令住無諍地。

奘译：能於刀兵劫，修慈悲靜慮，
令無量有情，欣然無恚害。

महासंग्राममध्ये च समपक्षा भवन्ति ते।
संधिसामग्रि रोचेन्ति बोधिसत्वा महाबलाः॥ २७

今译：在大战中，众菩萨保持中立，
具有大威力，促使双方和好。[②]（27）

什译：若有大戰陣，立之以等力，
菩薩現威勢，降伏使和安。

奘译：能於大戰陣，示現力[③]朋黨[④]，

① 这颂中，maitryādhyāyī（“满怀慈悲”）是混合梵语的阳性复数体格形式。

② 这颂中，saṃdhisāmagri（“和好”）作为阴性单数业格，规范形式应为 saṃdhisāmagrīm。

③ 此处“力”字，据《中华大藏经》校勘记，“《资》、《碛》、《普》《径》、《清》作‘无’”。“无”字可取。

④ “朋党”的原词是 pakṣa，词义为“一翼”、“一侧”或“一方”。此词在原文与 sama（“平等”）构成复合词 samapakṣa，意谓“平等对待双方”。奘译“无朋党”，什译“等力”，均符合原意。

往復令和好，勸發菩提心[①]。

ये चापि निरयाः केचिद् बुद्धक्षेत्रेष्व् अचिन्तियाः।
संचिन्त्य तत्र गच्छन्ति सत्वानां हितकारणात्॥ २८

今译：一切佛土中，有种种不可思议的地狱，
为了众生的利益，他们自愿前往那里。[②]（28）

什译：一切國土中，諸有地獄處，
輒往到于彼，勉濟其苦惱。

奘译：諸佛土無量，地獄亦無邊，
悉往其方所，拔苦令安樂。

यावन्त्यो गतयः काश्चित् तिर्यग्योनौ प्रकाशिताः।
सर्वत्र धर्मं देशेन्ति तेन उच्यन्ति नायकाः॥ २९

今译：他们也在种种畜生道中显身，
到处宣示正法，因此称为导师。[③]（29）

什译：一切國土中，畜生相食噉，
皆現生於彼，為之作利益。

奘译：諸有傍生趣，殘害相食噉，
皆現生於彼，利樂名本生[④]。

---

① 此处“劝发菩提心”不见于原文和什译，可能是为了保持一颂四句而添加。
② 这颂中，“不可思议”的原词是 acintiyāḥ，规范形式应为 acintyāḥ。
③ 这颂中，ucyanti（“称为”）作为复数被动语态，规范形式应为 ucyante。
④ 此处“本生”按原文是 nāyaka（“导师”）。可能奘译所据原文是 jātaka（“本生”）。“本生”指佛陀前生种种化身事迹。

कामभोगां पि दर्शेन्ति ध्यानं दर्शेन्ति ध्यायिनाम्।
विहस्तं मारं कुर्वन्ति अवतारं न देन्ति ते॥ ३०

今译：示现享受欲望，也示现禅者的禅定，
他们降伏摩罗，不留给他任何机会。①（30）

什译：示受於五欲，亦復現行禪，
令魔心憒乱，不能得其便。

奘译：示受於諸欲，而常修靜慮，
惑乱諸惡魔，令不得其便。

अग्निमध्ये यथा पद्मम् अद्भुतं पि विदर्शयेत्।
एवं कामांश् च ध्यानं च अद्भुतं ते विदर्शयि॥ ३१

今译：如同展现火中生莲花的希有奇迹，
他们示现欲望和禅定的希有奇迹。②（31）

什译：火中生蓮華，是可謂希有，
在欲而行禪，希有亦如是。

奘译：如火中生華，說為其③希有，
修定而行欲，希有復過此。

संचिन्त्य गणिका भोन्ति पुंसाम् आकर्षणाय ते।

---

① 这颂中，kāmabhogām 是混合梵语的阳性复数业格形式，规范形式应为 kāmabhogān。pi（“也”）等于 api。

② 这颂以“火”和“莲花”比喻“欲望”和“禅定”。其中 vidarśayi（“示现”）是混合梵语的不定过去时第三人称复数形式。

③ 此处“其”字，据《中华大藏经》校勘记，“《资》、《碛》、《普》、《南》、《径》、《清》、《丽》作‘甚’”。“甚”字可取。

रागाङ्कुशेन लोभेत्वा बुद्धज्ञाने स्थपेन्ति ते॥ ३२

今译：为了吸引人们，他们也故意成为妓女，
　　　先以欲钩牵引，然后让人们确立佛智。（32）

什译：或現作婬女，引諸好色者，
　　　先以欲鉤牽，後令入佛道[①]。

奘译：或現作婬女，引諸好色者，
　　　先以欲相招，後令修佛智。

ग्रामिकाश् च सदा भोन्ति सार्थवाहाः पुरोहिताः।
अग्रामात्यो ऽथ चामात्याः सत्वानां हितकारणात्॥ ३३

今译：为了众生的利益，他们经常成为
　　　村长、商主、祭司、宰相和大臣。（33）

什译：或為邑中主，或作商人導[②]，
　　　國師及大臣，以祐利眾生。

奘译：或為城邑宰，商主及國師，
　　　臣僚輔相尊，利樂諸含識。

दरिद्राणां च सत्वानां निधानं भोन्ति अक्षयम्।
येषां दानानि दत्वा हि बोधिचित्तं जनेन्ति ते॥ ३४

今译：他们成为那些贫穷众生的无尽宝藏，

① 此处“道”字，据《中华大藏经》校勘记，“《资》、《碛》、《普》、《南》、《径》、《清》作‘智’”。按原文用词是“佛智”。

② “商人导”的原词是 sārthavāha，词义为“商主”或“商队首领”。此词在汉译佛经中也常译为“导师”。

广为布施，让这些众生产生菩提心[①]。（34）

什译：諸有貧窮者，現作無盡藏，
因以勸導之，令發菩提心。

奘译：為諸匱乏者，現作無盡藏，
給施除貧苦，令趣大菩提。

मानस्तब्धेषु सत्वेषु महानग्ना भवन्ति ते।
सर्वमानसमुद्धातां बोधिं प्रार्थेन्ति उत्तमाम्॥ ३५

今译：在骄傲蛮横的众生中，他们成为大力士，
让这些众生根除傲慢，追求至高的菩提。（35）

什译：我心憍慢者，為現大力士，
消伏諸貢高[②]，令住無上道。

奘译：於諸憍慢者，現作大力士，
摧伏彼貢高，令住菩提願。

भयार्दितानां सत्वानां संतिष्ठन्ते ऽग्रतः सदा।
अभयं तेषु दत्वा च परिपाचेन्ति बोधये॥ ३६

今译：他们经常站在陷入恐怖的众生面前，
赐予无畏，促使这些众生趋向菩提。（36）

什译：其有恐懼衆，居前而慰安，
先施以無畏，後令發道心。

① 这颂中，datvā（“给予”）作为独立式，规范形式应为 dattvā。
② “贡高”的原词是 māna，词义为“骄慢”或“高傲”。

奘译：於諸恐怖者，方便善安慰，
　　　除彼驚悸已，令發菩提心。

पञ्चाभिज्ञा हि भूत्वा ते ऋषयो ब्रह्मचारिणः।
शीले सत्वान् नियोजेन्ति क्षान्तिसौरत्यसंयमे॥ ३७

今译：他们成为仙人，具有五神通，遵奉梵行，
　　　让众生恪守戒律，忍辱、和善和自制。（37）

什译：或現離婬欲，為五通仙人，
　　　開導諸群生，令住戒忍慈。

奘译：現作五通仙，清淨修梵行，
　　　皆令善安住，戒忍慈善中。

उपस्थानगुरून् सत्वान् संपश्येह विनायकाः।
चेटा भवन्ति दासा वा शिष्यत्वम् उपयान्ति च॥ ३८

今译：这些导师遇见那些应该供奉的众生，
　　　便成为侍从或奴仆，尽到弟子义务[①]。（38）

什译：見須供事者，現為作僮僕，
　　　既悅可其意，乃發以道心。

奘译：或見諸有情，現前須給侍，
　　　乃為作僮僕，弟子而事之。

येन येनैव चाङ्गेन सत्वा धर्मरता भवे।

① 这颂中，saṃpasya（“看见”）是混合梵语形式的独立式。

दर्शौन्ति हि क्रियाः सर्वा महोपायसुशिक्षिताः॥ ३९

今译：他们通晓大方便，展现一切行为，
依靠种种手段，让众生热爱正法。[①]（39）

什译：隨彼之所須，得入於佛道，
以善方便力，皆能給足之。

奘译：隨彼彼方便，令愛樂正法，
於諸方便中，皆能善修學。

तेषाम् अनन्तशिक्षा हि अनन्तश् चापि गोचरः।
अनन्तज्ञानसंपन्ना अनन्तप्राणिमोचकाः॥ ४०

今译：他们的戒学无边，领域无边，[②]
智慧无边，解脱众生也无边。（40）

什译：如是道無量，所行無有涯，
智慧無邊際，度脫無數眾。

奘译：如是無邊行，及無邊所行，
無邊智圓滿，度脫無邊眾。

न तेषां कल्पकोटीभिः कल्पकोटीशतैस् तथा।
भाषद्भिः सर्वबुद्धैस् तु गुणान्तः सुवचो भवेत्॥ ४१

今译：一切佛于数亿劫或数百亿劫中，

① 这颂中，“bhave”（“成为”）是混合梵语的现在时第三人称复数形式。

② 这里，“戒学”的原词是 śikṣā，也译“学”、“学处”或“戒”。什译“道”。奘译“行”。“领域”的原词是 gocara，指“活动领域”。什译和奘译均为“所行”。

称赞他们的功德，也诉说不尽。（41）

什译：假令一切佛，於無量億劫，
讚歎其功德，猶尚不能盡。

奘译：假令一切佛，住百千劫中，
讚述其功德，猶尚不能盡。

बोधिं न प्रार्थयेत् को ऽग्र्यां श्रुत्वा धर्मान् इमान् बुधः।
अन्यत्र हीनसत्वेभ्यो येषां प्रज्ञा न विद्यते॥ ४२

今译：除非是那些低劣众生，他们毫无智慧，
哪个智者闻听这些法，不追求妙菩提？（42）

什译：誰聞如是法，不發菩提心？
除彼不肖人，癡冥無智者。

奘译：誰聞如是法，不願大菩提，
除下劣有情，都無有慧者。

इति॥
तथागतगोत्रपरिवर्तः सप्तमः॥

今译：以上是第七《如来种性品》。

८ अद्वयधर्ममुखप्रवेशपरिवर्तो ऽष्टमः

今译：第八 入不二法门品

什译：入不二法門品第九

奘译：不二法門品第九

८।१ अथ विमलकीर्तिर् लिच्छविस् तान् बोधिसत्वान् आमन्त्रयते स्म -- प्रतिभातु सत्पुरुषाः कतमो बोधिसत्वानाम् अद्वयधर्ममुखप्रवेशः। तत्र धर्मविकुर्वणो नाम बोधिसत्वः संनिपतितः। स एवम् आह -- उत्पादभङ्गौ कुलपुत्र द्वयम्। यन् न जातं नोत्पन्नं न तस्य कश्चिद् भङ्गः। अनुत्पादधर्मक्षान्तिप्रतिलम्भो ऽद्वयप्रवेशः।

今译：然后，离车族维摩诘对那些菩萨说道："诸位贤士啊，请说明何为菩萨入不二[①]法门？"于是，其中一位与会的菩萨，名为法变[②]，说道："善男子啊，生和灭是二。无生者不生也不灭。获得无生法忍，也就是入不二法门。"

什译：爾時維摩詰謂眾菩薩言："諸仁者！云何菩薩入不二法門？各隨所樂[③]說之。" 會中有菩薩名法自在，說言："諸仁者！生滅為二。法本不生，今則無滅。得此無生法忍，是為入不二法門。"

---

① "不二"的原词是 advaya，词义为"非二"或"无二"。其中"二"（dvaya）在这里是指互相对立或互相依存的两者，或者是"相反相成"的两者。

② "法变"的原词是 dharmavikurvaṇa。其中的 vikurvaṇa，词义为"变化"，尤其指"神通变化"。此词什译和奘译均为"法自在"。

③ "所乐"一词不见于原文。奘译沿用此词。

奘译：時無垢稱普問眾中諸菩薩曰："云何菩薩善能悟入不二法門？仁者皆應任己辯才[①]，各隨樂說。"時眾會中有諸菩薩，各隨所樂，次第而說。時有菩薩名法自在，作如是言："生滅為二。若諸菩薩了知諸法本來無生，亦無有滅，證得如是無生法忍，是為悟入不二法門。"

८।२ श्रीगुप्तो बोधिसत्व आह -- अहं ममेति द्वयम् एतत्। आत्मासमारोपान् ममेति न भवति। यश् चासमारोपो ऽयम् अद्वयप्रवेशः।

今译：吉祥护菩萨说道："我和我所是二。不确立我，也就无所谓我所。因此，不确立，也就是入不二法门。"

什译：德守菩薩曰："我、我所為二。因有我故，便有我所。若無有我，則無我所，是為入不二法門。" 不眴菩薩[②]曰："受、不受[③]為二。若法不受，則不可得。以不可得故，無取無捨，無作無行，是為入不二法門。"

奘译：復有菩薩名曰勝密，作如是言："我及我所分別為二。因計我故，便計我所。若了無我，亦無我所，是為悟入不二法門。" 復有菩薩名曰無瞬，作如是言："有取、無取分別為二。若諸菩薩了知無取，則無所得。無所得故，則無增減，無作無息，於一切法無所執著，是為悟入不二法門。"

८।३ श्रीकूटो बोधिसत्व आह -- संक्लेशो व्यवदानम् इति द्वयम् एतत्।

---

① 此处"任己辩才"不见于原文和什译。但原文中有 pratibhātu（"请照亮"或"请说明"）一词，即动词 pratibhā 的命令式。而"辩才"（pratibhāna）一词源自动词 pratibhā，故而，奘译引申为"任己辩才"。

② 这里什译"不眴菩萨"和奘译"无瞬菩萨"的言说原文见下面第六段。

③ "受、不受"的原词是 upādam anupādanam，奘译"有取、无取"。此处僧肇《注维摩诘经》解释说："什曰受不受，取相不取相也。"这说明两者所据原文一致。

संक्लेशपरिज्ञानाद् व्यवदानमनना न भवति। सर्वमननासमुद्घाता सारूप्यगामिनी प्रतिपद् अयम् अद्वयप्रवेशः।

今译：吉祥峰菩萨说道："污染和清净是二。而彻底理解污染，也就没有清净的考量。根绝一切考量而达到同一[①]，也就是入不二门。"

什译：德頂菩薩曰："垢、淨為二。見垢實性，則無淨相。順於滅相，是為入不二法門。"

奘译：復有菩薩名曰勝峯，作如是言："雜染、清淨分別為二。若諸菩薩了知雜染、清淨無二，則無分別。永斷分別，趣寂滅跡，是為悟入不二法門。"

८।४ सुनक्षत्रो बोधिसत्व आह -- इञ्जना मननेति द्वयम् एतत्। यत् पुनर् नेञ्जते न मनसिकरोत्य् अनधिकारः, अधिकारविरहितो ऽयम् अद्वयप्रवेशः।

今译：妙星菩萨说道："心动和思考是二。不作为，远离作为，也就不心动，不思考。这就是入不二法门。"

什译：善宿菩薩曰："是動、是念為二。不動則無念，無念則無分別。通達此者，是為入不二法門。"善眼菩薩[②]曰："一相、無相為二。若知一相即是無相，亦不取無相，入於平等，是為入不二法門。"

奘译：復有菩薩名曰妙星，作如是言："散動、思惟分別為二。若諸菩薩了知一切無有散動，無所思惟，則無作意。住無散動，無所思惟，無有作意，是為悟入不二法門。"復有菩薩名曰妙眼，作如是言："一相、無相分別為二。若諸菩薩了知諸法無有一相，無有異相，

---

① "同一"的原词是 sārūpya，词义为"同样"、"相似"或"一致"。此处"达到同一"，什译"顺于灭相"，奘译"趣寂灭迹"，与原文有差异。

② 这里什译"善眼菩萨"和奘译"妙眼菩萨"的言说原文见下面第七段。

亦無無相，則知如是一相、異相、無相平等，是為悟入不二法門。”

८।५ सुबाहुर् बोधिसत्व आह -- बोधिचित्तं श्रावकचित्तम् इति द्वयम् एतत्। या पुनर् मायाचित्तसमदर्शनता तत्र न बोधिचित्तं न श्रावकचित्तम्। या चित्त-समलक्षणतायम् अद्वयप्रवेशः।

今译：妙臂菩萨说道：“菩提心和声闻心是二。而发现同为幻心，也就无菩提心，无声闻心。这种心平等相，也就是入不二法门。”

什译：妙臂菩薩曰：“菩薩心[①]、聲聞心為二。觀心相空如幻化者，無菩薩心，無聲聞心，是為入不二法門。”

奘译：復有菩薩名曰妙臂，作如是言：“菩薩、聲聞二心為二。若諸菩薩了知二心性空如幻，無菩薩心，無聲聞心，如是二心其相平等，皆同幻化，是為悟入不二法門。”

८।६ अनिमिषो बोधिसत्व आह -- उपादानम् अनुपादानम् इति द्वयम् एतत्। यन् नोपाददाति तन् नोपलभते, तत्रोहापोहं न करोति। अकरणम् अव्यापत्तिः सर्वधर्माणाम् अयम् अद्वयप्रवेशः।

今译：无瞬菩萨说道：“执取和不执取是二。不执取则无所得，也就不予肯定和否定[②]。于一切法，既不作为，也不灭除。这就是入不二法门。”

८।७ सुनेत्रो बोधिसत्व आह -- एकलक्षणम् अलक्षणम् इति द्वयम् एतत्। यत् पुनर् न लक्षयति न विकल्पयति, नैकलक्षणं करोति नालक्षणम्। यल् लक्षण-

① 此处“菩萨心”，按原文是 bodhicitta（“菩提心”）。
② “肯定和否定”的原文是 ūhāpoha。什译“无取无舍”。奘译“无增减”。

विलक्षणसमलक्षणप्रवेशो ऽयम् अद्वयप्रवेशः।

今译：妙眼菩萨说道："一相和无相是二。不确定相，不确定异相，不确定一相，不确定无相。理解相和异相为平等相，也就是入不二法门。"

८।८ पुष्यो बोधिसत्व आह -- कुशलम् अकुशलम् इति द्वयम् एतत्। या कुशलाकुशलस्यानुपस्थानता तद् अनिमित्तम्। अनिमित्तकोट्याश् चाद्वयता। यत्र निस्तीरणतायम् अद्वयप्रवेशः।

今译：弗沙菩萨说道："善和不善是二。不发起善和不善，便是无相。这是无相实际[①]的不二。这种超脱，也就是入不二法门。"

什译：弗沙菩薩曰："善、不善為二。若不起善、不善，入無相際而通達者，是為入不二法門。"

奘译：復有菩薩名曰育養，作如是言："善及不善分別為二。若諸菩薩了知善性及不善性無所發起，相與無相二句[②]平等，無取無捨，是為悟入不二法門。"

८।९ सिंहो बोधिसत्व आह -- अवद्यतानवद्यतेति द्वयम् एतत्। यत् पुनर् वज्रनिबद्धज्ञानतया न बध्यते न मुच्यते ऽयम् अद्वयप्रवेशः।

今译：狮子菩萨说道："罪和无罪是二。而凭借坚如金刚智慧，既无束缚，也无解脱。这就是入不二法门。"

---

① "无相实际"（animittakoṭī）指无相的终究或终极。什译"无相际"。而奘译采取阐释性的译法。

② "二句"指两个"词"、"概念"或"范畴"。汉译佛经中通常将 pada（"词"）译为"句"。此处原文中没有使用此词。

什译：師子菩薩曰："罪、福為二。若達罪性，則與福無異。[①]以金剛慧決了此相，無縛無解者，是為入不二法門。"

奘译：復有菩薩名曰師子，作如是言："有罪無罪分別為二。若諸菩薩了知有罪及與無罪二皆平等，以金剛慧通達諸法，無縛無解，是為悟入不二法門。"

८।१० सिंहमतिर् बोधिसत्व आह -- इदं सास्रवम् इदम् अनास्रवम् इति द्वयम् एतत्। यत् पुनः समताधर्मप्राप्तः सास्रवानास्रवसंज्ञं न करोति, न वासंज्ञाप्राप्तः, न चासंज्ञासमतायां समताप्राप्तः, न संज्ञाग्रथितः। य एवं प्रवेशो ऽयम् अद्वयप्रवेशः।

今译：狮子慧菩萨说道："有烦恼和无烦恼是二。而达到法平等，也就不起有烦恼和无烦恼想。既不达到无想，也不在无想平等中达到平等[②]，也不达到有想。这就是入不二法门。"

什译：師子意菩薩曰："有漏、無漏為二。若得諸法等，則不起漏、不漏想。不著於相，亦不住無相，[③]是為入不二法門。"

奘译：復有菩薩名師子慧，作如是言："有漏、無漏分別為二。若諸菩薩知一切法性皆平等，於漏、無漏不起二想，不著有想，不著無想，是為悟入不二法門。"

८।११ सुखाधिमुक्तो बोधिसत्व आह -- इदं सुखम् इदम् असुखम् इति द्वयम्

---

① 这句不见于原文。其中的"达"指"通达"或"通晓"。

② 这个短语不见于什译和奘译。

③ 此处"相"和"无相"的原词是 saṃjñā（"想"）和 asaṃjñā（"无想"），而非 lakṣaṇa（"相"）和 alakṣaṇa（"无相"）。但"相"与"想"在意义上有相通之处。因此，在汉译佛经中，常见将"想"译为"相"。

एतत्। यत् पुनः सर्वसौख्यापगतो गगनसमबुद्धिः सुविशुद्धज्ञानतया न सज्जत्य् अयम् अद्वयप्रवेशः।

今译：乐信菩萨说道：“快乐和不快乐是二。而远离一切快乐，知觉如同虚空，智慧清净，也就无所染著。这就是入不二法门。”

什译：淨解菩薩曰：“有為、無為①為二。若離一切數②，則心如虛空，以清淨慧無所礙者，是為入不二法門。”

奘译：復有菩薩名淨勝解，作如是言：“有為、無為分別為二。若諸菩薩了知二法性皆平等，遠離諸行，覺慧如空，智善清淨，無執無遣，是為悟入不二法門。”

८।१२ नारायणो बोधिसत्व आह -- इदं लौकिकम् इदं लोकोत्तरम् इति द्वयम् एतत्। या लौकिकस्य प्रकृतिशून्यता, न तत्र किंचिद् उत्तीर्यते नावतीर्यते न सार्यते न विसार्यते। यत्र नोत्तरणं नावतरणं न सरणं न विसरणम् अयम् अद्वयप्रवेशः।

今译：那罗延菩萨说道：“世间和出世间是二。而世间本性即空，无所出，无所入，无所流，无所散。无出无入，无流无散。这就是入不二法门。”

什译：那羅延菩薩曰：“世間、出世間為二。世間性空，即是出世間。於其中不入不出，不溢不散，是為入不二法門。”

奘译：復有菩薩名那羅延，作如是言：“世、出世間分別為二。

---

① 此处“有为”和“无为”的原文是 sukha（“快乐”）和 asukha（“不快乐”）。奘译与什译同。

② 此处“数”的原词是 saukhya（“快乐”）。若是“数”，原文应为 saṃkhyā（“数”）。奘译“行”，也与原文和什译有差异。而什译“若离一切数”这句与支译相同。但支译这一段中所说的“为二”，既不是“快乐和不快乐”，也不是“有为和无为”，而是“有数和无数”。可见，这一段的原始抄本存在 sukha 和 asukha、saṃskṛta 和 asaṃskṛta 以及 saṃkhya 和 asaṃkhya 这三组读法，由于音或形相近，而造成混淆。

若諸菩薩了知世間本性空寂，無入無出，無流無散，亦不執著，是為悟入不二法門。”

८।१३ दान्तमतिर् बोधिसत्व आह -- संसारो निर्वाणम् इति द्वयम् एतत्। संसारस्वभावदर्शनान् न संसरति न परिनिर्वाति। यैवं बुध्यनायम् अद्वयप्रवेशः।

今译：调顺慧菩萨说道：“生死和涅槃是二。而洞察生死本性，既无生死，也无涅槃。这样觉悟，也就是入不二法门。”

什译：善意菩薩曰：“生死、涅槃為二。若見生死性，則無生死，無縛無解，不生不滅。如是解者，是為入不二法門。”

奘译：復有菩薩名調順慧，作如是言：“生死、涅槃分別為二。若諸菩薩了知生死其性不[①]空，無有流轉，亦無寂滅，是為悟入不二法門。”

८।१४ प्रत्यक्षदर्शी बोधिसत्व आह -- क्षयो ऽक्षय इति द्वयम् एतत्। क्षयो ऽत्यन्तक्षीणः। यश् चात्यन्तक्षीणः स न क्षपयितव्यः। तेनोच्यते ऽक्षय इति। यश् चाक्षयः स क्षणिकः। क्षनिकस्य नास्ति क्षयः। एवं प्रविष्टो ऽद्वयधर्ममुखप्रविष्टो वक्तव्यः।

今译：现见菩萨说道：“尽和不尽是二。尽是终极尽。而终极尽不成为尽，因此，称为不尽。不尽是刹那。刹那不尽。这样理解，也就是入不二法门。”

什译：現見菩薩曰：“盡、不盡為二。法若究竟，盡若不盡，皆

① 此处“不”字，据《中华大藏经》校勘记，“《资》、《碛》、《普》、《南》、《径》、《清》、《丽》作‘本’”。“本”字可取，因为“其性本空”符合此处原文表达的意义。

是無盡相。無盡相即是空。空則無有盡、不盡相。[①]如是入者，是為入不二法門。”

奘译：復有菩薩名曰現見，作如是言：“有盡、無盡分別為二。若諸菩薩了知都無有盡、無盡，要究竟盡，乃名為盡。若究竟盡不復當盡，則名無盡。又有盡者，謂一刹那一刹那中定無有盡，則是無盡。有盡無故，無盡亦無。了知有盡、無盡性空，是為悟入不二法門。”[②]

८।१५ समन्तगुप्तो बोधिसत्व आह -- आत्मा निरात्मेति द्वयम् एतत्। यस् ताम् आत्मतां नोपलभते, स किं निरात्मीकरिष्यति। आत्मस्वभावदर्शी द्वयं न करोत्य् अयम् अद्वयप्रवेशः।

今译：普守菩萨说道：“有我和无我是二。而我尚且不可得，更何况无我？洞察我的本性，不起二见。这就是入不二法门。”

什译：普守菩薩曰：“我、無我為二。我尚不可得，非我何可得？見我實性者，不復起二，是為入不二法門。”

奘译：復有菩薩名曰普密，作如是言：“有我、無我分別為二。若諸菩薩了知有我尚不可得，何況無我？見我、無我其性無二，是為悟入不二法門。”

८।१६ विद्युद्देवो बोधिसत्व आह -- विद्याविद्येति द्वयम् एतत्। अविद्या-प्रकृतिकैव विद्या। या चाविद्या साप्रकृतिकागणना गणनापथसमतिक्रान्ता। यो ऽत्राभिसमयो ऽद्वयाभिसमयो ऽयम् अद्वयप्रवेशः।

---

① 这两句与原文有差异。原文在此处是关于刹那的论述。僧肇《注维摩诘经》此处的解释中提及“若乃至一念不住，则无有生”。“一念不住”即“刹那不住”。可见，什译在这里是采取意译的方法。

② 这段奘译带有阐释性，文字多于原文。

今译：电天菩萨说道：“知和无知是二。而知的本性是无知。无知无本性，不可计量，超越计量。对此进行观察，现证不二。这就是入不二法门。”

什译：電天菩薩曰：“明、無明為二。無明實性即是明[①]。明亦不可取[②]，離一切數。於其中平等無二者，是為入不二法門。”

奘译：復有菩薩名曰電天，作如是言：“明與無明分別為二。若諸菩薩了知無明本性是明，明與無明俱不可得，不可算計，超算計路。於中現觀，平等無二，是為悟入不二法門。”

८।१७ प्रियदर्शनो बोधिसत्व आह -- रूपं शून्यम् इति द्वयम् एतत्। रुपम् एव हि शून्यता। न रूपविनाशाच् छून्यता, रूपप्रकृतिर् एव शून्यता। एवं वेदना संज्ञा संस्कारा विज्ञानं शून्यम् इति द्वयम् एतत्। विज्ञानम् एव हि शून्यता। न विज्ञानविनाशाच् छून्यता, विज्ञानप्रकृतिर् एव शून्यता। यो ऽत्र पञ्चसूपादान-स्कन्धेष्व् एवं ज्ञानानुबोधो ऽयम् अद्वयप्रवेशः।

今译：喜见菩萨说道：“色和空是二。而色即是空。并非色灭而空，色的本性即空。受、想、行和识也是这样。它们和空是二。而识即是空。并非识灭而空，识的本性即是空。凭借智慧，理解五取蕴[③]也是这样。这就是入不二法门。”

什译：喜見菩薩曰：“色、色空為二。色即是空。非色滅空，色性自空。如是，受、想、行、識。識、空為二。識即是空。非識滅空，識性自空。於其中而通達者，是為入不二法門。”

---

① 这句原文是 avidyāprakṛtikaiva vidyā（“知的本性是无知”或“知以无知为本性”）。

② 此处“明亦不可取”的原文是 avidyā sāprakṛtikā（“无知无本性”）。

③ “五取蕴”（upādānaskandha）指执取五蕴：色、受、想、行和识。

奘译：復有菩薩名曰憙見，作如是言："色、受、想、行及識與空分別為二。若知取蘊性本是空，即是色空，非色滅空，乃至識蘊亦復如是，是為悟入不二法門。"[①]

८।१८ प्रभाकेतुर् बोधिसत्व आह -- अन्ये चत्वारो धातवो ऽन्य आकाशधातुर् इति द्वयम् एतत्। आकाशस्वभावा एव चत्वारो धातवः। पूर्वान्तत आकाशस्वभावा अपरान्तत आकाशस्वभावास् तथा प्रत्युत्पन्नतो ऽप्य् आकाशस्वभावाः। यच् चैवं धातुप्रवेशज्ञानम् अयम् अद्वयप्रवेशः।

今译：光幢菩萨说道："另外的四界[②]和另外的空界是二。而四界以空为本性。前际以空为本性，后际以空为本性，同样，现在也以空为本性。[③]这样理解诸界，也就是入不二法门。"

什译：明相菩薩曰："四種異、空種異[④]為二。四種性即是空種性。如前際、後際空，故中際[⑤]亦空。若能如是知諸種性者，是為入不二法門。"

奘译：復有菩薩名曰光幢，作如是言："四界與空分別為二。若諸菩薩了知四界即虛空性，前、中、後際四界與空性皆無倒[⑥]，悟入諸界，是為悟入不二法門。"

८।१९ सुमतिर् बोधिसत्व आह -- चक्षू रूपं च द्वयम् एतत्। यत् पुनश्

---

① 这一段什译文字表述与原文一致，而奘译文字简约。
② "四界"（dhātu）指"四大"：地、水、火和风。"四大"也称"四大种"，故而什译"四种"。
③ 这里的"前际"（pūrvānta）指过去，"后际"（aparānta）指"未来"。这句的意思是无论过去、未来和现在，"四大"都以空为本性。
④ 此处两个"异"的原词是 anye 和 anyaḥ，词义为"另外的"。奘译略去这两个词，文字更简洁明了。
⑤ 此处"中际"的原词是 pratyutpanna，指"现在"。
⑥ 此处"无倒"的意思是无颠倒或无差异。此词不见于原文和什译。

चक्षुःपरिज्ञातावी रूपेषु न रज्यति न दुष्यति न मुह्यति, स उच्यते शान्त इति। श्रोत्रं शब्दाश् च घ्राणं गन्धाश् च जिह्वा रसाश् च कायः स्प्रष्टव्यानि च मनो धर्मांश् च द्वयम् एतत्। यत् पुनर् मनःपरिज्ञातावी धर्मेषु न रज्यते न दुष्यति न मुह्यति, स उच्यते शान्त इति। एवं शान्तस्थितस्याद्वयप्रवेशः।

今译：妙慧菩萨说道：“眼和色是二。而了解眼者，于色不贪，不瞋，不痴，被称为寂静者。同样，耳和声，鼻和香，舌和味，身和触，意和法，也都是二。而了解意者，于法不贪，不瞋，不痴，被称为寂静者。这样住于寂静，也就是入不二法门。”

什译：妙意菩薩曰：“眼、色為二。若知眼性，於色不貪，不恚，不癡，是名寂滅。如是，耳聲、鼻香、舌味、身觸、意法為二。若知意性，於法不貪，不恚，不癡，是名寂滅。安住其中，是為入不二法門。”

奘译：復有菩薩名曰妙慧，作如是言：“眼色、耳聲、鼻香、舌味、身觸、意法分別為二。若諸菩薩了知一切其性皆空，見眼自性，於色無貪，無瞋，無癡，如是，乃至見意自性，於法無貪，無瞋，無癡，此則為空。如是見已，寂靜安住，是為悟入不二法門。”

८।२० अक्षयमतिर् बोधिसत्व आह -- दानं सर्वज्ञतायां परिणामयतीति द्वयम् एतत्। दानस्वभावैव सर्वज्ञता, सर्वज्ञतास्वभाव एव परिणामः। एवं शीलं क्षान्तिं वीर्यं ध्यानं प्रज्ञां सर्वज्ञतायां परिणामयतीति द्वयम् एतत्। प्रज्ञास्वभावैव सर्वज्ञता, सर्वज्ञतास्वभाव एव परिणामः। यो ऽत्रैकनयप्रवेशो ऽयम् अद्वयप्रवेशः।

今译：无尽慧菩萨说道：“将布施回向一切智性是二。而一切智性以布施为本性。回向以一切智性为本性。同样，将持戒、忍辱、精进、禅定和智慧回向一切智性是二。而一切智性以智慧为本性。回向以一切智性为本性。理解其中的同一性，也就是入不二法门。”

什译：無盡意菩薩曰：“布施、迴向一切智為二。布施性即是迴向一切智性。如是，持戒、忍辱、精進、禪定、智慧、迴向一切智為二。智慧性即是迴向一切智性。於其中入一相者，是為入不二法門。”

奘译：復有菩薩名無盡慧，作如是言：“布施、迴向一切智性各別為二。如是，分別戒、忍、精進、靜慮、般若及與迴向一切智性各別為二。若了布施即所迴向一切智性，此所迴向一切智性即是布施，如是，乃至般若自性即所迴向一切智性，此所迴向一切智性即是般若。了此一理，是為悟入不二法門。”

८।२१ गम्भीरबुद्धिर् बोधिसत्व आह -- अन्या शून्यतान्यद् अनिमित्तम् अन्यद् अप्रणिहितम् इति द्वयम् एतत्। यद् धि शून्यं तत्र न किंचिन् निमित्तम्। अनिमित्ते ऽप्रणिहितम्। अप्रणिहिते न चित्तं न मनो न मनोविज्ञानं प्रचरति। यत्रैकं विमोक्षमुखं तत्र सर्वाणि विमोक्षमुखानि द्रष्टव्यान्य् अयम् अद्वयप्रवेशः।

今译：甚深觉菩萨说道：“另一种空性和另一种无相、另一种无愿是二。而空中无任何相。无相中无愿①。无愿中无心、无意和无意识可运转。于一解脱门中见到一切解脱门。这就是入不二法门。”

什译：深慧菩薩曰：“是空、是無相、是無作為二。空即無相。無相即無作。若空、無相、無作，則無心、意、識。於一解脱門即是三解脱門②者，是為入不二法門。”

奘译：復有菩薩名甚深覺，作如是言：“空、無相、願③分別為二。

---

① “无愿”（apraṇihita）指没有目的或愿望。此词什译“无作”。奘译“无愿”。

② “三解脱门”指空、无相和无愿这三种解脱门。这里原文是“一切解脱门”。奘译“一切三解脱门”。这说明此处的“一切”实指“三”。

③ 此处“愿”字，据《中华大藏经》校勘记，“《丽》做‘无愿’”。但“无相愿”也是“无相和无愿”，只是容易引起误读。

若諸菩薩了知空中都無有相。此無相中亦無有願。此無願中無心、無意、無識可轉。如是，即於一解脫門具攝一切三解脫門。若此通達，是為悟入不二法門。”

८।२२ शान्तेन्द्रियो बोधिसत्व आह -- बुद्धो धर्मः संघ इति द्वयम् एतत्। बुद्धस्य हि धर्मः, धर्मप्रकृतिकश् च संघः। सर्वाण्य् एतानि रत्नान्य् असंस्कृतानि, असंस्कृतं चाकाशम् , आकाशसमश् च सर्वधर्मनयः। य एवम् अनुगमो ऽयम् अद्वयप्रवेशः।

今译：寂根菩萨说道：“佛、法和僧是二。而法以佛为本性①。僧以法为本性。这所有三宝皆无为。无为即是空。一切法门等同虚空。这样理解，也就是入不二法门。”

什译：寂根菩薩曰：“佛、法、眾為二。佛即是法。法即是眾。是三寶皆無為相，與虛空等。一切法亦爾。能隨此行者，是為入不二法門。”

奘译：復有菩薩名寂靜根，作如是言：“佛、法、僧寶分別為二。若諸菩薩了知佛性即是法性，法即僧性，如是，三寶皆無為相，與虛空等。諸法亦爾。若此通達，是為悟入不二法門。”

८।२३ अप्रतिहतचक्षुर् बोधिसत्व आह -- सत्कायः सत्कायनिरोध इति द्वयम् एतत्। सत्काय एव हि निरोधः। तत् कस्माद् धेतोः। तथा हि स सत्काय इति दृष्टिं नोपस्थापयति, यया दृष्ट्या सत्काय इति वा सत्कायनिरोध इति वा कल्पयति। सो ऽकल्पो ऽविकल्पो ऽत्यन्ताविकल्पो निरोधस्वभावप्राप्तः, न संभवति न विभवत्य् अयम् अद्वयप्रवेशः।

---

① 此处“以佛为本性”的原文是 buddhasya。校订本据藏译本推测，原文应为 buddha-prakṛtiko。

今译： 无碍眼菩萨说道："有身和有身灭是二。而有身即是灭。为什么？因为凭借这种见解，既不起有身见，也不妄想有身或有身灭。不妄想，不分别，终究不分别，达到灭的本性，不生，不灭。这就是入不二法门。"

什译： 心無礙菩薩曰："身、身滅為二。身即是身滅。所以者何？見身實相者不起見身及見滅身。身與滅身無二，無分別。於其中不驚不懼者，是為入不二法門。"

奘译： 復有菩薩名無礙眼，作如是言："是薩迦耶及薩迦耶滅分別為二。若諸菩薩知薩迦耶即薩迦耶滅，如是了知，畢竟不起薩迦耶見，於薩迦耶、薩迦耶滅即無分別，無異分別。證得此二究竟滅性，無所猜疑，無驚無懼，是為悟入不二法門。"

८।२४ सुविनीतो बोधिसत्व आह -- कायवाङ्मनःसंवर इति द्वयम् एतत्। तत् कस्माद् धेतोः। अनभिसंस्कारलक्षणा ह्य् एते धर्माः। या कायस्यानभिसंस्कारता तल्लक्षणैव वागनभिसंस्कारता तल्लक्षणैव मनोऽनभिसंस्कारता। या च सर्वधर्माणाम् अनभिसंस्कारता, सा ज्ञातव्यानुगन्तव्या। यद् अत्रानभिसंस्कारज्ञानम् अयम् अद्वयप्रवेशः।

今译： 善调顺菩萨说道："身、语和意律仪是二。为什么？因为这三种法皆无作为相。身无作为相即是语无作为。语无作为相即是意无作为。应该理解和顺应一切法无作为。这种无作为智，也就是入不二法门。"

什译： 上善菩薩曰："身、口、意善[①]為二。是三業皆無作相。身無作相即口無作相。口無作相即意無作相。是三業無作相即一切法無

---

① 此处"善"的原词 saṃvara，词义为"律仪"或"禁戒"。

作相。能如是隨無作慧者，是為入不二法門。”

奘译：復有菩薩名善調順，作如是言：“是身、語、意三種律儀分別為二。若諸菩薩了知如是三種律儀皆無作相，其相無二。所以者何？此三業道皆無作相。身無作相即語無作相。語無作相即意無作相。意無作相即一切法俱無作相。若能隨入無造作相，是為悟入不二法門。”

८।२५ पुण्यक्षेत्रो बोधिसत्व आह -- पुण्यापुण्यानिञ्ज्यान् संस्कारन् अभिसंस्करोतीति द्वयम् एतत्। यत् पुनः पुण्यापुण्यानिञ्ज्यानभिसंस्कारता साद्वया। या च पुण्यापुण्यानिञ्ज्यानां संस्काराणां स्वलक्षणशून्यता न तत्र पुण्यापुण्यानिञ्ज्याः संस्काराः। यैवम् अनुमार्जनायम् अद्वयप्रवेशः।

今译：福田菩萨说道：“福行、罪行和不动行[①]是二。而福行、罪行和不动行的性质不二。福行、罪行和不动行的本相皆空。无福行、罪行和不动行。这样理解，也就是入不二法门。”

什译：福田菩薩曰：“福行、罪行、不動行為二。三行實性即是空。空則無福行、無罪行、無不動行。於此三行而不起者，是為入不二法門。”

奘译：復有菩薩名曰福田，作如是言：“罪行、福行及不動行分別為二。若諸菩薩了知罪行、福及不動皆無作相，其相無二。所以者何？罪、福、不動，如是三行性相皆空。空中無有罪、福、不動三行差別。如是通達，是為悟入不二法門。”

---

① “福行”（puṇya）指行善，获得欲界的善业果报。罪行（apuṇya，或译“非福行”）指作恶，获得欲界的恶业果报。“不动行”（aniñjya）指修习禅定，获得色界和无色界的业果。

८।२६ पद्मव्यूहो बोधिसत्व आह -- आत्मसमुत्थानसमुत्थितं द्वयम्। आत्मपरिज्ञातावी द्वयं नोत्थापयति। अद्वयस्थितस्य विज्ञाप्तिर् नास्ति। अविज्ञप्तिकश् चाद्वयप्रवेशः।

今译：华严菩萨说道："随我起而起是二。而彻底理解我者不起二。不起二，则无识别[①]。无识别，也就是入不二法门。"

什译：華嚴菩薩曰："從我起二為二。見我實相者不起二法。若不住二法，則無有識。無所識者，是為入不二法門。"

奘译：復有菩薩名曰花嚴，作如是言："一切二法皆從我起。若諸菩薩知我實性，即不起二。不起二故，即無了別。無了別故，無所了別，是為悟入不二法門。"

८।२७ श्रीगर्भो बोधिसत्व आह -- उपलम्भप्रभावितं द्वयम्। यन् न लभते तन् नोपलभते, तन् नायूहति न निर्यूहति। तत्र नायूहो न निर्यूहो ऽयम् अद्वयप्रवेशः।

今译：吉祥藏菩萨说道："随有所得而起是二。而无所得则无所取。无所取则无所舍。无取无舍，也就是入不二法门。"

什译：德藏菩薩曰："有所得相為二。若無所得，則無取捨。無取捨者，是為入不二法門。"

奘译：復有菩薩名曰勝藏，作如是言："一切二法有所得起。若諸菩薩了知諸法都無所得，則無取捨。既無取捨，是為悟入不二法門。"

---

① "识别"的原词 vijñāpti（即 vijñapti），词义为"告知"或"显示"。汉译佛经中常译为"了别"、"识"或"假名"。

८।२८ चन्द्रोत्तरो बोधिसत्व आह -- तमः प्रकाश इति द्वयम् एतत्। अतमो ऽप्रकाश इत्य् अद्वयम्। तत् कस्माद् धेतोः। तथा हि निरोधसमापन्नस्य न तमो न प्रकाशः। एवंलक्षणाश् च सर्वधर्माः। यो ऽत्र समताप्रवेशो ऽयम् अद्वयप्रवेशः।

今译：月上菩萨说道："暗和明是二。而无暗无明是不二。为什么？灭尽定中无暗无明。一切法相都是这样。达到这种平等，也就是入不二法门。"

什译：月上菩薩曰："闇與明為二。無闇無明，則無有二。所以者何？如入滅受想定，無闇無明，一切法相亦復如是。於其中平等入者，是為入不二法門。"

奘译：復有菩薩名曰月上，作如是言："明之與暗分別為二。若諸菩薩了知實相無暗無明，其性無二。所以者何？譬如苾芻入滅盡定，無暗無明。一切諸法，其性[1]相亦爾。如是妙契諸法平等，是為悟入不二法門。"

८।२९ रत्नमुद्राहस्तो बोधिसत्व आह -- निर्वाणे ऽभिरतिः संसारे ऽनभिरतिर् इति द्वयम् एतत्। यस्य न निर्वाणे ऽभिरतिर् न संसारे ऽनभिरतिर् इदम् अद्वयम्। तत् कस्माद् धेतोः। बद्धस्य हि सतो मोक्षः प्रभाव्यते। यो ऽत्यन्तम् एवाबद्धः स किं मोक्षं पर्येषिष्यते। अबद्धो ऽमुक्तो भिक्षुर् न रतिम् उत्पादयति नारतिम् अयम् अद्वयप्रवेशः।

今译：宝印手菩萨说道："乐于涅槃和厌倦生死是二。而不乐于涅槃和不厌倦生死是不二。为什么？受束缚，则展现解脱。终究不受束缚，怎么会追求解脱？比丘不受束缚，不解脱，既不乐于，也不厌

① 此处"性"字，据《中华大藏经》校勘记，"《资》、《碛》、《普》、《南》、《径》、《清》、《丽》无"。此处原词 lakṣaṇa，通常译为"相"，而不译为"性相"。删除这个"性"字，也符合四言句式。

倦。这就是入不二法门。”

什译：寶印手菩薩曰：“樂涅槃、不樂世間為二。若不樂涅槃，不厭世間，則無有二。所以者何？若有縛，則有解。若本無縛，其誰求解？無縛無解，則無樂厭，是為入不二法門。”

奘译：復有菩薩名寶印手，作如是言：“欣厭涅槃、生死為二。若諸菩薩了知涅槃及與生死，不生欣厭，則無有二。所以者何？若為生死之所繫縛，則求解脫。若知畢竟無生死縛，何為更求涅槃解脫？如是通達無縛無解，不欣涅槃，不厭生死，是為悟入不二法門。”

८।३० मणिकूटराजो बोधिसत्व आह -- मार्गः कुमार्ग इति द्वयम् एतत्। मार्गप्रतिपन्नस्य न कुमार्गः समुदाचरति। असमुदाचारस्थितस्य न मार्गसंज्ञा भवति न कुमार्गसंज्ञा। संज्ञापरिज्ञाताविनो हि द्वये बुद्धिर् नाक्रामत्य् अयम् अस्याद्वय-प्रवेशः।

今译：珠顶王菩萨说道：“正道和邪道是二。而入正道者，邪道不起。邪道不起，则既无正道的想法，也无邪道的想法。彻底理解这种想法者，知觉不会陷入二。这也就是入不二法门。”

什译：珠頂王菩薩曰：“正道、邪道為二。住正道者，則不分別是邪是正。離此二者，是為入不二法門。”

奘译：復有菩薩名珠髻王，作如是言：“正道、邪道分別為二。若諸菩薩善能安住正道，邪道究竟不行。以不行故，則無正道、邪道二相。除二相[1]故，則無二覺。若無二覺，是為悟入不二法門。”

---

① 此处“相”字，据《中华大藏经》校勘记，“《资》、《碛》、《普》、《南》、《径》、《清》、《丽》作‘想’”。这个“相”字连同前一句中的那个“相”字，原词均为 saṃjñā（“想”）。

८।३१ सत्यनन्दी बोधिसत्व आह -- सत्यं मृषेति द्वयम् एतत्। सत्यदर्शी सत्यम् एव न समनुपश्यति, कुतो मृषा द्रक्ष्यति। तत् कस्माद् धेतोः। न हि स मांसचक्षुषा पश्यति, प्रज्ञाचक्षुषा पश्यति। तथा च पश्यति, न विपश्यति। यत्र च न पश्यना न विपश्यनायम् अद्वयप्रवेशः।

今译：乐实菩萨说道："真实和虚假是二。而观察真实尚且不见真实，更何况见虚假？为什么？因为凭肉眼不可见，凭智慧可见。这样见，便无见无观。无见无观，[①]也就是入不二法门。"

什译：樂實菩薩曰："實、不實為二。實見者尚不見實，何況非實？所以者何？非肉眼所見，慧眼乃能見。而此慧眼無見無不見，是為入不二法門。"

奘译：復有菩薩名曰諦實，作如是言："虛之與實分別為二。若諸菩薩觀諦實性尚不見實，何況見虛？所以者何？此性非是肉眼所見，慧眼乃見。如是見時，於一切法無見無不見，是為悟入不二法門。"

८।३२ इत्य् एवं ते बोधिसत्वाः स्वकस्वकान् निर्देशान् निर्दिश्य मञ्जुश्रियम् कुमारभूतम् एतद् अवोचत् -- कतमो मञ्जुश्रीः बोधिसत्वस्याद्वयप्रवेशः।मञ्जुश्रीर् आह -- सुभाषितं युष्माकं सत्पुरुषाः सर्वेषाम्। अपि तु यावद् युष्माभिर् निर्दिष्टं सर्वम् एतद् द्वयम्। एकनिर्देशं स्थापयित्वा यः सर्वधर्माणाम् अनुदाहारो ऽप्रव्याहारो ऽनुदीरणाकीर्तनानभिलपनम् अप्रज्ञपनम् अयम् अद्वयप्रवेशः।

今译：这样，这些菩萨一一宣说后，对文殊师利真童子说道："文

---

① 这里的原文 tathā ca paśyati na vipaśyati / yatra ca na paśyanā na vipaśyanā，似有问题，难以读通。此处什译和奘译"无见无不见"。若按原文，在 paśyati 前增加一个 na（"不"），同时将 vipasyati（"观"）读为"无见"，才能译为"这样，不见，也非不见。不见非不见，（也就是入不二法门）"。而其中的 tathā ca paśyati na vipaśyati，校订本据藏译本推测为 tathā ca paśyati yathā na paśyati na vipaśyati。据此，这里可译为"这样见，便无见无观。无见无观，（也就是入不二法门）"。

殊师利啊，哪一种是菩萨的入不二法门？”文殊师利说道：“诸位贤士啊，你们说得都很妙。但你们所说的一切都是二。一言以蔽之，一切法无言，无说，无表达，无称赞，无陈述，无识别①。这就是入不二法门。”

什译：如是，諸菩薩各各說已，問文殊師利：“何等是菩薩入不二法門？”文殊師利曰：“如我意者，於一切法無言，無說，無示，無識，離諸問答，是為入不二法門。”

奘译：如是，會中有諸菩薩，隨所了知各別說已，同時發問妙吉祥雲②：“云何菩薩名為悟入不二法門？”時妙吉祥告諸菩薩：“汝等所言雖皆是善，如我意者，汝等此說猶名為二。若諸菩薩於一切法無言，無說，無表，無示，離諸戲論，絕於分別，是為悟入不二法門。”

८।३३ अथ खलु मञ्जुश्रीः कुमारभूतो विमलकीर्तिं लिच्छविम् एतद् अवोचत् -- निर्दिष्टो ऽस्माभिः कुलपुत्र स्वकस्वको निर्देशः। प्रतिभातु तवाप्य् अद्वयधर्मप्रवेशनिर्देशः।अथ विमलकीर्तिर् लिच्छविस् तूष्णीम् अभूत्।अथ मञ्जुश्रीः कुमारभूतो विमलकीर्तेर् लिच्छवेः साधुकारम् अदात् -- साधु साधु कुलपुत्र अयं बोधिसत्वानाम् अद्वयधर्ममुखप्रवेशो यत्र नाक्षररुतरवितविज्ञप्तिप्रचारः।इह निर्देशे निर्दिश्यमाने पञ्चानां बोधिसत्वसहस्राणाम् अद्वयधर्ममुखप्रवेशाद् अनुत्पत्तिकधर्मक्षान्तिप्रतिलम्भो ऽभूत्॥

今译：然后，文殊师利真童子对离车族维摩诘说道：“善男子啊，我们各自都已经宣说，现在请你说明入不二法门吧！”而离车族维摩诘保持沉默。于是，文殊师利真童子称赞离车族维摩诘：“很好，很好，善男子啊，这就是菩萨的入不二法门。这里不运用文字、声音和

① “无识别”的原词是aprajñapana，似应为aprajñāpana。此处奘译“绝于分别”。
② 此处“云”字，据《中华大藏经》校勘记，“诸本作‘言’”。“言”字可取。

假名。”他这样说法时，五千菩萨全都入不二法门，获得无生法忍。

什译：於是文殊師利問維摩詰：“我等各自說已，仁者當說何等是菩薩入不二法門？”時維摩詰默然無言。文殊師利歎曰：“善哉，善哉，乃至無有文字、語言，是真入不二法門。”說是入不二法門品時，於此眾中，五千菩薩皆入不二法門，得無生法忍。

奘译：時妙吉祥復問菩薩無垢稱言：“我等隨意各別說已，仁者當說云何菩薩名為悟入不二法門？”時無垢稱默然無說。妙吉祥言：“善哉，善哉，如是菩薩是真悟入不二法門，於中都無一切文字言說分別。”此諸菩薩說是法時，於眾會中，五千菩薩皆得悟入不二法門，俱時證會無生法忍。

अद्वयधर्ममुखप्रवेशपरिवर्तो ऽष्टमः॥

今译：以上是第八《入不二法门品》。

什译：《維摩詰經》卷中。

奘译：《說無垢稱經》卷第四。

९　निर्मितभोजनानयनपरिवर्तो नाम नवमः

今译：第九　化身取食品

什译：香積佛品第十

奘译：香臺佛品第十

९।१ अथायुष्मतः शारिपुत्रस्यैतद् अभूत् -- कालः पर्यन्तीभूतः। इमे च महासत्वा नोत्तिष्ठन्ति। कुत्रैते परिभोक्ष्यन्ते।अथ विमलकीर्तिर् लिच्छविर् आयुष्मतः शारिपुत्रस्य चेतसा चेतःपरिवितर्कम् आज्ञायायुष्मन्तं शारिपुत्रम् एवम् आह -- ये ते भदन्तशारिपुत्र तथागतेनाष्टौ विमोक्षा आख्यातास् तैर् विमोक्षैर् विहर। त्वं मा आमिषम्रक्षितया संतत्या धर्मं श्रौषीः। अपि तु खलु पुनर् भदन्त-शारिपुत्र मुहूर्तम् आगमयस्व, यावद् अनास्वादितपूर्वभोजनं भोक्ष्यसे।

今译：然后，尊者舍利弗思忖道："已到时间，这些大士还不起身。他们将在哪里进食？"此时，离车族维摩诘凭心念知道尊者舍利弗心中的思虑，对尊者舍利弗说道："尊者舍利弗啊，如来已经阐明八解脱，你要安住八解脱。不要怀着世俗享受的念头而听法。尊者舍利弗啊，只要稍等片刻，你就会获得从未品尝过的饮食。"

什译：於是，舍利弗心念："日時欲至，此諸菩薩當於何食？"時維摩詰知其意而語言："佛說八解脫，仁者受行，豈雜欲食而聞法乎？若欲食者，且待須臾，當令汝得未曾有食。"

奘译：時舍利子作是思惟："食時將至，此摩訶薩說法未起，我等聲聞及諸菩薩當於何食？"時無垢稱知彼尋思，便告之曰："大德！如來為諸聲聞說八解脫，仁者已住，勿以財食染污其心而聞正法。若欲食者，且待須臾，當令皆得未曾有食。"

९।२ अथ विमलकीर्तिर् लिच्छविस् तस्यां वेलायां तथारूपं समाधिसमापन्नः तादृशं चर्द्ध्यभिसंस्कारम् अभिसंस्कृतवान्। यद् ऊर्ध्वे दिग्भाग इतो बुद्धक्षेत्राद् द्वाचत्वारिंशद् गङ्गानदीवालिकासमानि बुद्धक्षेत्राण्य् अतिक्रम्य सर्वगन्धसुगन्धं नाम लोकधातुं तेषां बोधिसत्वानां तेषां च महाश्रावकाणाम् उपदर्शयति। तत्र गन्धोत्तमकूटो नाम तथागत एतर्हि तिष्ठति ध्रियते यापयति। तत्र च लोकधातौ यादृशा दशसु दिक्षु सर्वबुद्धक्षेत्रेषु दिव्या मानुष्यकाश् च गन्धा वान्ति। ते तत्र लोकधातौ वृक्षेभ्यो विशिष्टतमा गन्धा वान्ति। तत्र लोकधातौ नास्ति श्रावकप्रत्येकबुद्धानां नामधेयम् अपि, शुद्धानाम् एव बोधिसत्वानां संनिपातः। स तेभ्यो गन्धोत्तमकूटस् तथागतो धर्मं देशयति। तत्र च लोकधातौ सर्वगन्धमयाः कूटागाराः, सर्वगन्धमयाश् चङ्क्रमा उद्यानविमानानि। यं च ते बोधिसत्वा आहारम् आहरन्ति तस्य भोजनस्य यो गन्धः सो ऽप्रमाणाल् लोकधातून् स्फरति। तस्मिंश् च समये भगवान् गन्धोत्तमकूटस् तथागतो भक्ताय निषण्णो ऽभूत् सार्धं तैर् बोधिसत्वैः। तत्र गन्धव्युहाहारा नाम देवपुत्रा महायानसंप्रस्थितास् तस्य भगवतस् तेषां बोधिसत्वानाम् उपस्थानपरिचर्याया उद्युक्ताः। तत्र सा सर्वा पर्षत् तं लोकधातुं पश्यति तं च भगवन्तं तांश् च बोधिसत्वान् भक्ताग्रनिषण्णान्।

今译：这时，离车族维摩诘这样入定，施展这样的神通。他向那些菩萨和大声闻展现上方越过离此佛土四十二恒河沙数佛土的世界，名为一切妙香。名为香积[①]的如来现在居住和生活在那里。在这个世

① "香积"的原词是 gandhottamakūṭa。其中的 kūṭa，词义为"山峰"、"堆积"、"楼阁"或"亭台"。故而，什译"香积"，奘译"最上香台"。"最上"对应这个复合词中的 uttama。什译"香积"则是略去了"最上"这个形容词。

界，正像十方一切佛土，散发天上和人间的香气。而在这个世界，那些树中散发的香气最为美妙。在这个世界，没有声闻和缘觉这种称号，唯有清净的菩萨聚集在那里，香积如来为他们说法。在这个世界，楼阁由一切妙香构成，场地、花园和宫殿也由一切妙香构成。那些菩萨享用的饮食香气飘逸，遍及无量世界。这时，世尊香积如来和那些菩萨一起坐着进食。那里有名为香严的众天子。他们深信大乘，努力侍奉如来和那些菩萨。这样，所有的会众看到这个世界，看到如来和那些菩萨坐着进食。

什译：時維摩詰即入三昧，以神通力示諸大眾上方界分[①]，過四十二恒河沙佛土，有國名眾香，佛號香積，今現在[②]。其國香氣比於十方諸佛世界人、天之香，最為第一。彼土無有聲聞、辟支佛名，唯有清淨大菩薩眾，佛為說法。其界一切皆以香作樓閣，經行香地[③]，苑園皆香。其食香氣周流十方無量世界。時彼佛與諸菩薩方共坐食。有諸天子皆號香嚴，悉發阿耨多羅三藐三菩提心，供養彼佛及諸菩薩。此諸大眾莫不目見。

奘译：時無垢稱便入如是微妙寂定，發起如是殊勝神通，示諸菩薩、大聲聞眾上方界分，去此佛土過四十二殑伽沙等諸佛世界，有佛世界，名一切妙香。其中有佛，號最上香臺，今現在彼安隱住持。彼世界中有妙香氣，比餘十方一切佛土人、天之香，最為第一。彼有諸樹，皆出妙香，普薰方域，一切周滿。彼中無有二乘之名，唯有清淨大菩薩眾，而彼如來為其說法。彼世界中一切臺觀、宮殿、經行、園

---

① “界分”的原词是 bhāga，词义为“部分”或“区域”。

② “今现在”意谓“如今（或现今）在那里”。奘译“今现在彼安稳住持”，与原文一致。

③ “经行香地”的原词是 caṅkrama，词义为“散步”或“散步场所”。汉译佛经常译为“经行”或“经行地”。什译为凑成四字一句，添加了一个“香”字，表示这个佛土到处充满香气。奘译“经行”。

林、衣服皆是種種妙香所成。彼佛世尊及菩薩眾所食香氣微妙第一，普薰十方無量佛土。時彼如來與諸菩薩方共坐食。彼有天子名曰香嚴，已於大乘深心發趣，供養承事彼土如來及諸菩薩。時此大眾一切皆覩彼界如來與諸菩薩方共坐食如是等事。

९।३ अथ विमलकीर्तिर् लिच्छविस् तान् सर्वान् बोधिसत्वान् आमन्त्रयते स्म -- को युष्माकं सत्पुरुषाः उत्सहते ऽतो बुद्धक्षेत्राद् भोजनम् आनेतुम्। तत्र मञ्जुश्रियो ऽधिष्ठानेन न कश्चिद् उत्सहते।अथ विमलकीर्तिर् लिच्छविर् मञ्जुश्रियं कुमारभूतम् एवम् आह -- न त्वं मञ्जुश्रीः पर्यपत्रपस ईदृश्या पर्षदा।आह -- ननूक्तं कुलपुत्र तथागतेनाशिक्षितो न परिभवितव्य इति।

今译：然后，离车族维摩诘面对所有这些菩萨说道："诸位贤士啊，你们中有谁能从那个佛土取回食物？"由于文殊师利的威力，谁都不能前往。[①]于是，离车族维摩诘对文殊师利真童子说道："文殊师利啊，你不为这样的会众感到羞愧吗？"文殊师利说道："善男子啊，如来不是说过不要羞辱未学[②]者吗？"

什译：時維摩詰問眾菩薩言："諸仁者！誰能致[③]彼佛飯？"以文殊師利威神力故，咸皆默然。維摩詰言："仁！此大眾無乃可恥？"文殊師利曰："如佛所言，勿輕未學。"

奘译：時無垢稱遍告一切菩薩眾言："汝等大士！誰能往彼取妙香食？"以妙吉祥威神力故，諸菩薩眾咸皆默然。時無垢稱告妙吉祥：

---

① 这句的意思是此时文殊师利施展神力，让谁都不能前往。僧肇《注维摩诘经》解释说："文殊将显净名（即维摩诘）之德，故以神力令众会默然矣。"

② "未学"的原词是 aśikṣita，指"尚未学成者"。佛经中有"有学"（saikṣa）和"无学"（aśaikṣa）的说法。"有学"指修行尚未达到阿罗汉者。"无学"指已经达到阿罗汉者。虽然 aśikṣita 和 aśaikṣa 文字相近，但这里的"未学"应该不是指"无学"。奘译中添加的"不应该轻毁诸菩萨众"一句可能是引申的说法。

③ 此处"致"的原词是 ānetum，词义为"带来"或"取回"。

“汝今云何於此大眾而不加護[1]，令其乃爾？”妙吉祥言：“居士！汝今不應輕毀諸菩薩眾，如佛所言：‘勿輕未學。’”

९।४ अथ विमलकीर्तिर् लिच्छविर् अनुत्तिष्ठन्न् एततः शयनात् पुरतस् तेषां बोधिसत्वानां निर्मितं बोधिसत्वं निर्मिमीते स्म। सुवर्णवर्णेन कायेन लक्षणानुव्यञ्जनसमलंकृतेन तस्य तादृशो रूपावभासो ऽभूद् येन सा सर्वा पर्षद् ध्यामीकृता भवेत्। अथ विमलकीर्तिर् लिच्छविस् तं निर्मितं बोधिसत्वम् एवम् आह -- गच्छ कुलपुत्र ऊर्ध्वंदिग्भागे द्वाचत्वारिंशद् गङ्गानदीवालिकासमानि बुद्धक्षेत्राण्य् अतिक्रम्य सर्वगन्धसुगन्धो नाम लोकधातुः। तत्र गन्धोत्तमकूटो नाम तथागतः, स एतर्हि भक्ताय निषण्णः। तत्र गत्वा मद्वचनात् तस्य तथागतस्य पादौ शिरसा वन्दित्वैवं वद -- विमलकीर्तिर् लिच्छविर् भगवतः पादौ शिरसा वन्दित्वा भगवतो ऽल्पाबाधतां च परिपृच्छत्य् अल्पातङ्कतां च लघूत्थानतां च यात्रां च बलं च सुखं चानवद्यतां च स्पर्शविहारतां च। एवं च वदति -- देहि मे भगवन् भुक्तावशेषं यत् सहे लोकधातौ बुद्धकृत्यं करिष्यति। एषां च हीनाधिमुक्तिकानां सत्वानाम् उदारां मतिं रोचयिष्यति। तथागतस्य नामधेयं वैस्तारिकं कृतं भविष्यति।

今译：然后，离车族维摩诘不从床上起身，就在那些菩萨前幻化出菩萨，全身金色，装饰有妙相和随好。他以这样的色泽光芒覆盖所有会众。随即，离车族维摩诘对这位幻化的菩萨说道：“善男子啊，你去上方，越过四十二恒河沙数佛土，到达名为一切妙香的世界。那里的如来名为香积。他现在坐着进食。你到了那里，以我的名义，向这位世尊俯首行触足礼，说道：‘离车族维摩诘向世尊行触足礼，问候世尊是否少病，少麻烦，起居轻松，出行有力，生活舒适，无可非议？’然后，说道：‘世尊啊，请给我剩下的食物，在娑诃世界[2]用作

① 此处“加护”的原词是 paryapatrapase（“羞愧”）。奘译“加护”可能是改换表达方式。

② “娑诃世界”（saha-lokadhātu）或译“娑婆世界”，指人间世界。“娑诃”词义为“堪忍”。故而，“娑诃世界”也就是需要忍受种种苦难和烦恼的世界。

佛事。这样让那些热衷小道的众生喜爱大智慧，也让如来的名声广为弘扬。’”

什译：於是，維摩詰不起于座，居眾會前，化作菩薩，相好光明，威德殊勝蔽於眾會，而告之曰：“汝往上方界分，度如四十二恒河沙佛土，有國名眾香，佛號香積，與諸菩薩方共坐食。汝往到彼，如我辭曰：‘維摩詰稽首世尊足下，致敬無量，問訊起居，少病少惱，氣力安不？願得世尊所食之餘，當於娑婆世界施作佛事，令此樂小法者得弘大道，亦使如來名聲普聞。’”

奘译：時無垢稱不起于床，居眾會前，化作菩薩，身真金色，相好莊嚴，威德光明蔽於眾會，而告之曰：“汝善男子！宜往上方，去此佛土過四十二殑伽沙等諸佛世界，有佛世界，名一切妙香。其中有佛，號最上香臺，與諸菩薩方共坐食。汝往到彼，頂禮佛足，應作是言：‘於此下方有無垢稱，稽首雙足，敬問世尊少病少惱、起居輕利、氣力康和、安樂住不？’遙心右繞多百千匝，頂禮雙足，作如是言：‘願得世尊所食之餘，當於下方堪忍世界施作佛事，令此下劣欲樂有情當欣大慧，亦使如來無量功德名稱普聞。’”

९।५ अथ स निर्मितो बोधिसत्वो विमलकीर्तेर् लिच्छवेः साध्व् इति प्रतिश्रुत्य तेषां बोधिसत्वानां पुरत ऊर्ध्वमुखः संदृश्यते। न चैनं ते बोधिसत्वाः पश्यन्ति गच्छन्तम्।अथ स निर्मितो बोधिसत्वस् तं सर्वगन्धसुगन्धं लोकधातुम् अनुप्राप्तः। स तत्र भगवतो गन्धोत्तमकूटस्य तथागतस्य पादौ शिरसा वन्दित्वैवम् आह -- विमलकीर्तिर् भगवन् बोधिसत्वो भगवतः पादौ शिरसा वन्दते। अल्पाबाधतां च परिपृच्छत्य् अल्पातङ्कतां च लघूत्थानतां च यात्रां च बलं च सुखं चानवद्यतां च स्पर्शविहारतां च।स च भगवतः पादौ शिरसा वन्दित्वैवम् आह -- देहि मे भगवन् भुक्तावशेषं भोजनं यद् इदं सहे लोकधातौ बुद्धकृत्यं करिष्यति। तेषां

हीनाधिमुक्तानां सत्वानाम् उदारेषु बुद्धधर्मेषु मतिं रोचयिष्यति। भगवतश् च नामधेयं वैस्तारिकं कृतं भविष्यति।

今译：然后，这位幻化的菩萨回答离车族维摩诘："好吧！"他在那些菩萨前展现向上升去。而那些菩萨没有看到他行走[①]。随即，这位幻化的菩萨到达一切妙香世界。在那里，他俯首向世尊香积如来行触足礼，说道："世尊啊，维摩诘菩萨俯首向世尊行触足礼，问候世尊是否少病，少麻烦，起居轻松，出行有力，生活舒适，无可非议？"他俯首向世尊行触足礼后，说道："世尊啊，请给我剩下的食物，用作娑诃世界的佛事。这样让那些热衷小道的众生喜爱佛法大智慧，也让如来的名声广为弘扬。"

什译：時化菩薩即於會前昇于上方，舉眾皆見其去。到眾香界，礼彼佛足，又聞其言："維摩詰稽首世尊足下，致敬無量，問訊起居，少病少惱，氣力安不？願得世尊所食之餘，欲於娑婆世界施作佛事，使此樂小法者得弘大道，亦使如來名聲普聞。"[②]

奘译：時化菩薩於眾會前上昇虛空，舉眾皆見。神通迅疾，經須臾頃，便到一切妙香世界，頂礼最上香臺佛足，又聞其言："下方菩薩名無垢稱，稽首雙足，敬問世尊少病少惱、起居輕利、氣力康和、安樂住不？"遙心右繞多百千匝，頂礼雙足，作如是言："願得世尊所食之餘，當於下方堪忍世界施作佛事，令此下劣欲樂有情當欣大慧，亦使如來無量功德名稱普聞。"

---

① 这一句，什译"举众皆见其去"，与原文意思相反。而奘译中没有此句，而有"神通迅疾，经须臾顷"这样的描述。很可能是奘译将"那些菩萨没有看到他行走"，理解为那位幻化的菩萨行动神速，刹那间便到达一切妙香世界，因此那些菩萨没有看见他行走。

② 这一段什译比照原文和奘译，文字有所简化。

९।६ अथ खलु ये तस्य भगवतो गन्धोत्तमकूटस्य तथागतस्य बुद्धक्षेत्रे बोधिसत्वास् ते विस्मितास् तं भगवन्तं गन्धोत्तमकूटं तथागतम् एवम् आहुः कुतो ऽयं भगवन् ईदृशो महासत्व आगच्छति, क्व वा स सहो लोकधातुः, कैषा हीनाधिमुक्तिकता नाम। एवं ते बोधिसत्वास् तं तथागतं परिपृच्छन्ति।अथ स भगवांस् तान् बोधिसत्वान् एवम् आह -- अस्ति कुलपुत्राः अधोदिग्भाग इतो बुद्ध-क्षेत्राद् द्वाचत्वारिंशद् गङ्गानदीवालिकासमानि बुद्धक्षेत्राण्य् अतिक्रम्य सहो लोकधातुः। तत्र शाक्यमुनिर् नाम तथागतो धर्मं देशयति हीनाधिमुक्तिकानां सत्वानां पञ्चकषाये बुद्धक्षेत्रे। तत्र विमलकीर्तिर् नाम बोधिसत्वो ऽचिन्त्यविमोक्ष-प्रतिष्ठितो बोधिसत्वेभ्यो धर्मं देशयति। तेनैष निर्मितो बोधिसत्वो ऽनुप्रेषितो मम नामधेयपरिकीर्तनायास्य च लोकधातोर् वर्णसंप्रकाशनाय तेषां च बोधिसत्वानां कुशलमूलोत्तानतायै।

今译：这时，世尊香积如来佛土中的那些菩萨惊诧不已，对世尊香积如来说道："世尊啊，这位大士来自哪里？娑诃世界又在何方？所谓热衷小道又是什么？"那些菩萨这样询问如来。于是，世尊对这些菩萨说道："诸位善男子啊，在这个佛土的下方，越过四十二恒河沙数佛土，是娑诃世界。名为释迦牟尼的如来在那个处于五浊世的佛土中，为那些热衷小道的众生说法。那里有位名为维摩诘的菩萨，住于不可思议解脱，为众菩萨说法。他派遣这位幻化的菩萨前来称扬我的名号，赞美这个世界，以增进那些菩萨的善根。"

什译：彼諸大士見化菩薩，歎未曾有："今此上人從何所來？娑婆世界為在何許？云何名為樂小法者？"即以問佛。佛告之曰："下方度如四十二恒河沙佛土，有世界名娑婆，佛號釋迦牟尼，今現在於五濁惡世，為樂小法衆生敷演道教。彼有菩薩名維摩詰，住不可思議解脱，為諸菩薩說法，故遣化來，稱揚我名，并讚此土，令彼菩薩增益功德。"

奘译：時彼上方菩薩眾會見化菩薩相好莊嚴，威德光明，微妙殊勝，歎未曾有："今此大士從何處來？堪忍世界為在何所？云何名為下劣欲樂？"尋問最上香臺如來，唯願世尊為說斯事。佛告之曰："諸善男子！於彼下方，去此佛土過四十二殑伽沙等諸佛世界，有佛世界，名曰堪忍。其中佛號釋迦牟尼如來、應、正等覺，今現在彼安隱住持，居五濁世，為諸下劣欲樂有情宣揚正法。彼有菩薩名無垢稱，已得安住不可思議解脫法門，為諸菩薩開示妙法，遣化菩薩來至此間，稱揚我身功德名號，并讚此土眾德莊嚴，令彼菩薩善根增進。"[①]

९।७ अथ ते बोधिसत्वा एवम् आहुः -- कियन् महात्मा स भगवन् बोधिसत्वो यस्यायं निर्मित एवम् ऋद्धिबलवैशारद्यप्राप्तः।स भगवान् आह -- तथा महात्मा स बोधिसत्वो यत् सर्वबुद्धक्षेत्रेषु निर्मितान् प्रेषयति। ते च निर्मिता बुद्धकृत्येन सत्वानां प्रत्युपस्थिता भवन्ति।

今译：然后，这些菩萨说道："世尊啊，这位菩萨有多伟大？他的这个化身有这样的神通力和无畏。"世尊说道："这位菩萨就是这样伟大。他派遣化身前往一切佛土。这些化身做佛事，侍奉众生。"

什译：彼菩薩言："其人何如，乃作是化，德力無畏，神足若斯？"佛言："甚大！一切十方皆遣化往，施作佛事，饒益眾生。"

奘译：彼菩薩眾咸作是言："其德何如，乃作是化，大神通力，無畏若斯？"彼佛告言："諸善男子！是大菩薩成就殊勝大功德法，一刹那頃化作無量無邊菩薩，遍於十方一切國土，皆遣其往施作佛事，利益安樂無量有情。"

① 这一段比照原文，什译文字简约，奘译文字略有增饰。

९।८ अथ स भगवान् गन्धोत्तमकूटस् तथागतः सर्वगन्धसमीहिते भाजने तं सर्वगन्धपरिवासितं भोजनं तस्मै बोधिसत्वाय प्रादात्। तत्र नवतिर् बोधिसत्व-सहस्राणि संप्रस्थितानि -- गमिष्यामो वयं भगवन् तं सहं लोकधातुं तं भगवन्तं शाक्यमुनिं वन्दनायैतं च विमलकीर्तिं तांश् च बोधिसत्वान् दर्शनाय।स भगवान् आह -- गच्छत कुलपुत्राः यस्येदानीं कालं मन्यध्वे। अपि तु गन्धान् कुलपुत्राः प्रतिसंहृत्य तं लोकधातुं प्रविशत मा ते सत्वा मदप्रमादम् आपत्स्यन्ते। स्वरूपं च प्रतिसंहरत, मा ते सहे लोकधातौ सत्वा मद्गुभूता भवेयुः। मा च तस्मिन् लोकधातौ हीनसंज्ञाम् उत्पाद्य प्रतिघसंज्ञाम् उत्पादयत। तत् कस्माद् धेतोः। आकाशक्षेत्राणि हि बुद्धक्षेत्राणि सत्वपरिपाकाय तु बुद्धा भगवन्तो न सर्वं बुद्धविषयं संदर्शयन्ति।

今译：于是，世尊香积如来将充满一切香气的食物盛在散发一切香气的容器里，交给这位菩萨。这时，九万菩萨一起请求道："世尊啊，我们要去娑诃世界，敬拜世尊释迦牟尼，会见维摩诘和那些菩萨。"世尊说道："诸位善男子啊，你们觉得这是机会，那你们就去吧！但是，诸位善男子啊，你们要收起香气，进入这个世界，不要让那些众生迷醉放逸。你们要藏起自己的美貌，不要让娑诃世界众生自惭形秽。你们不要对这个世界产生低劣的想法，由此产生抵触的想法。为什么？一切佛土都是虚空，诸佛世尊为了教化众生，而不展现一切佛境界。"

什译：於是，香積如來以衆香鉢盛滿香飯，與化菩薩。時彼九百万菩薩俱發聲言："我欲詣娑婆世界供養釋迦牟尼佛，并欲見維摩詰等諸菩薩衆。"佛言："可往。攝汝身香，無令彼諸衆生起惑著心。又當捨汝本形，勿使彼國求菩薩者而自鄙恥。又汝於彼莫懷輕賤而作礙想。所以者何？十方國土皆如虛空。又諸佛為欲化諸樂小法者，不盡現其清淨土耳。"

奘译： 於是，最上香臺如來以能流出眾妙香器，盛諸妙香所薰之食，授無垢稱化菩薩手。時彼佛土有九百万大菩薩僧，同時舉聲請於彼佛："我等欲與此化菩薩俱往下方堪忍世界，瞻仰釋迦牟尼如來，礼敬供事，聽聞正法，并欲瞻仰礼敬供事彼無垢稱及諸菩薩。唯願世尊加護聽許。"彼佛告曰："諸善男子！汝便可往，今正是時。汝等皆應自攝身香入堪忍界，勿令彼諸有情醉悶放逸。汝等皆應自隱色相入堪忍界，勿令彼諸菩薩心生愧恥。汝等於彼堪忍世界勿生劣想而作障礙。所以者何？諸善男子！一切國土皆如虛空。諸佛世尊為欲成熟諸有情故，隨諸有情所樂，示現種種佛土，或染或淨，無決定相。而諸佛土實皆清淨無有差別。"①

९।९ अथ निर्मितो बोधिसत्वस् तद् भोजनम् आदाय सार्धं तैर् नवत्या बोधिसत्वसहस्रैर् बुद्धानुभावेन विमलकीर्त्यधिष्ठानेन च तेनैव क्षणलवमुहूर्तेन सर्वगन्धसुगन्धे लोकधाताव् अन्तर्हितो विमलकीर्तेर् लिच्छवेर् गृहे प्रत्यष्ठात्।

今译： 然后，这位幻化的菩萨接受食物，与九万菩萨一起，依靠佛的威力和维摩诘的护持，刹那瞬间②，从一切妙香世界消失，出现在离车族维摩诘的屋内。

什译： 時化菩薩既受鉢飯，與彼九百万菩薩俱，承佛威神及維摩詰力，於彼世界忽然不現，須臾之間，至維摩詰舍。

奘译： 時化菩薩受滿食器，與九百万諸菩薩僧承彼佛威神及無垢稱力，於彼界沒，經須臾頃，至於此土無垢稱室，欻然而現。

---

① 这一段比照原文，什译文字简约，奘译文字有所增饰。

② "刹那瞬间"的原文是 kṣaṇa（"刹那"）-lava（"罗婆"）-muhūrta（"牟呼栗多"）。这三个词都表示极短的时间，汉译佛经通常译为"刹那"、"一念顷"、"须臾"、"顷刻"或"瞬息"等。

९।१० तत्र विमलकीर्तिर् नवतिसिंहासनसहस्राण्य् अधितिष्ठति यादृशान्य् एव तानि प्रथमकानि सिंहासनानि। तत्र ते बोधिसत्वा निषण्णाः। स च निर्मितस् तद् भोजनपरिपूर्णं भाजनं विमलकीर्तेर् लिच्छवेर् उपनामयति स्म। तस्य भोजनस्य गन्धेन सर्वा वैशाली महानगरी निर्धूपिताभूद् यावत् साहस्रो लोकधातुः सुगन्धगन्धीकृतो ऽभूत्। तत्र वैशालका ब्राह्मणगृहपतयः सोमच्छत्रश् च नाम लिच्छवीनाम् अधिपतिस् तं गन्धम् आघ्रायाश्चर्यप्राप्तो ऽद्भुतप्राप्तः प्रह्लादित-कायचेताः सार्धं परिपूर्णैश् चतुरशीत्या लिच्छविसहस्रैः। तेनैव च भोजनगन्धेन भूमावचरा देवपुत्राः कामावचरा रूपावचराश् च देवाः संचोदिता विमलकीर्तेर् लिच्छवेर् गृहम् उपसंक्रान्ता अभूवन्।

今译：于是，维摩诘为九万菩萨幻化出原先那样的狮子座。这些菩萨便坐在上面。那位幻化的菩萨将盛满食物的容器交给离车族维摩诘。于是，食物的香气弥漫整个维舍离大城，乃至一千世界充满奇妙的香气。维舍离城的婆罗门和家主们，以及名为月盖的离车族王，闻到这种香气，惊诧不已，身心欢愉，与八万四千离车族人一起来到这里。地界诸神、众天子以及欲界和色界诸神闻到这种食物香气，受到鼓舞，也来到离车族维摩诘的屋内。

什译：時維摩詰即化作九百万師子之座，嚴好如前，諸菩薩皆坐其上。化菩薩以滿鉢香飯與維摩詰，飯香普熏毗耶離城及三千大千世界。時毗耶離婆羅門、居士等聞是香氣，身意快然，歎未曾有。於是，長者主月蓋從八万四千人，來入維摩詰舍。見其室中菩薩甚多，諸師子座高廣嚴好，皆大歡喜，礼眾菩薩及大弟子，却住一面[①]。諸地神、虛空神及欲、色界諸天聞此香氣，亦皆來入維摩詰舍。

奘译：時無垢稱化九百万師子之座，微妙莊嚴與前所坐諸師子座

① 这句不见于原文。奘译与什译一致。

都無有異，令諸菩薩皆坐其上。時化菩薩以滿食器授無垢稱。如是，食器妙香普薰廣嚴大城及此三千大千世界。無量無邊妙香薰故，一切世界香氣芬馥。廣嚴大城諸婆羅門、長者、居士、人非人等聞是香氣，得未曾有，驚歎無量，身心踊悅。時此城中離呫毗王名為月蓋，與八万四千離呫毗，種種[①]莊嚴，悉來入于無垢稱室。見此室中諸菩薩眾其數甚多，諸師子座高廣嚴飾，生大歡喜，歎未曾有，礼諸菩薩及大聲聞，却住一面。時諸地神及虛空神并欲、色界諸天子眾聞是妙香，各與眷屬無量百千，悉來入于無垢稱室。

९।११ अथ विमलकीर्तिर् लिच्छविः स्थविरं शारिपुत्रं तांश् च महाश्रावकान् एतद् अवोचत् -- परिभुङ्ध्वं भदन्ताः इदं तथागतामृतभोजनं महाकरुणाभावितम्। मा च प्रदेशाचर्यायां चित्तम् उपनिबन्धत, मा न शक्यत दक्षिणां शोधयितुम्।

今译：然后，离车族维摩诘对尊者舍利弗和那些大声闻说道："诸位尊者啊，请你们享用这熏有大悲的如来甘露食吧！你们的心不要滞留在狭小处[②]。否则，你们不能净化这份布施。"

什译：時維摩詰語舍利弗等諸大聲聞："仁者可食如來甘露味飯，大悲所熏。無以限意食之，使不消[③]也。"

奘译：時無垢稱便語尊者舍利子等諸大聲聞："尊者可食如來所施甘露味食。如是食者大悲所薰，勿以少分下劣心行而食此食。若如是食，定不能消。"

---

① 此处"种种"，据《中华大藏经》校勘记，"诸本作'种种种'"。也就是前面的"离毗呫"应为"离毗呫种"。

② "狭小处"的原文是 pradeśacaryā。其中，pradeśa 的词义为"地区"、"部分"或"有限"；caryā 的词义为"所行"或"所行处"。

③ 此处"消"的原词是 śoddhayitum（"净化"）。什译将此词引申为"消化"。僧肇《注维摩诘经》解释说："食此饭，应发大心，建大业，是名报恩。报恩名为消也。"奘译与什译一致。

९।१२ तत्र केषांचिच् छ्रावकाणाम् एतद् अभवत् -- इत एवं परीत्ताद् भोजनात् कथम् इयम् ईदृशी पर्षत् परिभोक्ष्यत इति। तान् स निर्मितो बोधिसत्वः श्रावकान् एतद् अवोचत् -- मा यूयम् आयुष्मन्तः स्वप्रज्ञापुण्यैस् तथागतप्रज्ञा-पुण्यानि समीकार्ष्ट। स्याच् चतुर्णां महासमुद्राणां क्षयः, न त्व् एवास्य भोजनस्य कश्चित् परिक्षयः। सचेत् सर्वसत्वा अपि सुमेरुमात्रैर् आलोपैः कल्पं परिभुञ्जीरन्, तथाप्य् अस्य क्षयो न स्यात्। तत् कस्माद् धेतोः। अक्षयशीलसमाधिप्रज्ञा-निर्जातस्येदं तथागतस्य पात्रावशेषं भोजनं नैतच् छक्यं क्षपयितुम्।

今译：这时，有些声闻思忖道："这么少的食物怎么够这么多的会众享用？"而那位幻化的菩萨对这些声闻说道："诸位尊者啊，你们不要将自己的智慧和功德等同如来的智慧和功德。即使四大海会枯竭，这些食物也不会穷尽。即使一切众生饭量大似须弥山，吃上一劫，也不会穷尽。为什么？如来生自无穷尽的持戒、入定和智慧，他的钵中的剩食不会穷尽。"

什译：有異[①]聲聞念："是飯少，而此大眾人人當食。"化菩薩曰："勿以聲聞小德小智稱量如來無量福慧。四海有竭，此飯無盡。使一切人食，揣[②]若須弥，乃至一劫，猶不能盡。所以者何？無盡戒、定、智慧、解脫、解脫知見功德具足者[③]所食之餘終不可盡。"

奘译：時眾會中有劣聲聞，作如是念："此食甚少，云何充足如是大眾？"時化菩薩便告之言："勿以汝等自少福慧測量如來無量福慧。所以者何？四大海水乍可有竭，是妙香食終無有盡。假使無量大

① 此处"异"的原词是 keṣāṃcit，词义为"某些"或"有些"。奘译"劣"，与原词有差异。

② "揣"的原词是 ālopa，词义为"一口或一团饭食"。汉译佛经中常译为"揣食"或"抟食"，意思是捏成团状的饭食。

③ 此处按原文是说如来生自"戒、定和慧"。这里再加上"解脱"和"解脱知见"，构成如来的"五种功德"。僧肇《注维摩诘经》解释说："如来具五分法身无尽功德报应之饭。"奘译与什译一致。

千世界一切有情一一摶食，其食摶量等妙高山，如是摶食，或經一劫，或一百劫[①]，猶不能盡。所以者何？如是食者，是無盡戒、定、慧、解脫、解脫知見所生如來所食之餘。無量三千大千世界一切有情經百千劫，食此香食，終不能盡。”

९।१३ अथ ततो भोजनात् सर्वा सा पर्षत् तृप्ता कृता। न च तावद् भोजनं क्षीयते। यैश् च बोधिसत्वैः श्रावकैः शक्रब्रह्मलोकपालैस् तदन्यैश् च सत्वैस् तद् भोजनं भुक्तम्, तेषां तादृशं सुखं काये ऽवक्रान्तं यादृशं सर्वसुखप्रतिमण्डिते लोकधातौ बोधिसत्वानां सुखम्। सर्वरोमकूपेभ्यश् च तेषां तादृशो गन्धः प्रवाति। तद्यथापि नाम तस्मिन्न् एव सर्वगन्धसुगन्धे लोकधातौ वृक्षाणां गन्धः।

今译：然后，所有的会众都已吃饱，而食物并不减少。菩萨、声闻、帝释天、梵天、护世天王和其他众生都已进食。他们的身体感到安乐，如同一切安乐庄严世界中菩萨的安乐。他们的所有毛孔溢出香气，如同一切妙香世界中那些树的香气。

什译：於是，鉢飯悉飽眾會，猶故不儩[②]。其諸菩薩、聲聞、天、人食此飯者，身安快樂，譬如一切樂莊嚴國諸菩薩也。又諸毛孔皆出妙香，亦如眾香國土諸樹之香。

奘译：於是，大眾皆食此食，悉得充滿而尚有餘。時諸聲聞及諸菩薩并人、天等一切眾會食此食已，其身安樂，譬如一切安樂莊嚴世界菩薩一切安樂之所任[③]持。身諸毛孔皆出妙香，譬如一切妙香世界

① 此处“百劫”，据《中华大藏经》校勘记，“《资》、《碛》、《普》、《南》、《径》、《清》作‘劫余’”。按原文和什译，此处无“或一劫余”这个短语。但就这个短语而言，“或一劫余”比“或一百劫”更适当。

② “不儩”指“不尽”。

③ 此处“任”字，据《中华大藏经》校勘记，“《碛》、《普》、《南》、《径》、《清》作‘住’”。“住字可取”。但原文中无“住持”一词。

眾妙香樹常出無量種種妙香。

९।१४ अथ विमलकीर्तिर् लिच्छविर् जानन्न् एव तान् भगवतो गन्धोत्तमकूटस्य तथागतस्य बुद्धक्षेत्राद् आगतान् बोधिसत्वान् एतद् अवोचत् -- कीदृशी कुलपुत्राः गन्धोत्तमकूटस्य तथागतस्य धर्मदेशना।त एवम् आहुः -- न स तथागतो ऽक्षरनिरुक्त्या धर्मं देशयति। तेनैव गन्धेन ते बोधिसत्वा विनयं गच्छन्ति। यत्र यत्रैव गन्धवृक्षे ते बोधिसत्वा निषीदन्ति, ततस् ततस् तादृशो गन्धः प्रवाति यत् समनन्तराघ्राते गन्धे सर्वबोधिसत्वगुणाकरं नाम समाधिं प्रतिलभन्ते यस्य समाधेः समनन्तरप्रतिलम्भात् सर्वेषां बोधिसत्वगुणा जायन्ते।

今译：于是，离车族维摩诘尽管知道，仍然对那些来自世尊香积如来佛土的菩萨说道："诸位善男子啊，香积如来怎样说法？"他们说道："这位如来不用文字语言说法。菩萨们依靠那种香气得到调伏。那些菩萨各自坐在香树下，那些香树溢出香气。随着闻到香气，达到名为一切菩萨功德藏的入定。随着达到这种入定，一切菩萨功德产生。"

什译：爾時維摩詰問眾香菩薩："香積如來以何說法？"彼菩薩曰："我土如來無文字說，但以眾香令諸天、人得入律行。菩薩各各坐香樹下，聞斯妙香，即獲一切德藏三昧。得是三昧者，菩薩所有功德皆悉具足。"

奘译：時無垢稱問彼上方諸來菩薩："汝等知不？彼土如來於其世界為諸菩薩云何說法？"彼諸菩薩咸共答言："我土如來不為菩薩文詞說法，但以妙香令諸菩薩皆悉調伏。彼諸菩薩各各安坐妙香樹下，諸妙香樹各各流出種種香氣。彼諸菩薩聞斯妙香，便獲一切德莊嚴定。獲此定已，即具一切菩薩功德。"

९।१५ अथ ते बोधिसत्वा विमलकीर्तिं लिच्छविम् एतद् अवोचन् -- इह पुनर् भगवाञ् शाक्यमुनिः कीदृशीं धर्मदेशनां प्रकाशयति। आह -- दुर्दमाः सत्पुरुषाः इमे सत्वाः। तेषां दुर्दमानां सत्वानां खटुङ्कदुर्दमदमथकथाम् एव प्रकाशयति। कतमः पुनः खटुङ्कदुर्दमानां दमथः, कतमा च खटुङ्कदुर्दमदमथकथा। तद्यथेमे निरयाः, इयं तिर्यग्योनिः, अयं यमलोकः, इमे ऽक्षणाः, इयं हीनेन्द्रियोपपत्ति, इदं कायदुश्चरितम् , अयं कायदुश्चरितस्य विपाकः, इदं वाग्दुश्चरितम् , अयं वाग्दुश्चरितस्य विपाकः, इदं मनोदुश्चरितम् , अयं मनोदुश्चरितस्य विपाकः, अयं प्राणातिपातः, इदम् अदत्तादानम् , अयं काममिथ्याचारः, अयं मृषावादः, इयं पिशुना वाक् , इयं परुषा वाचा, अयं संभिन्नप्रलापः, इयम् अभिध्या, अयं व्यापादः, इयं मिथ्यादृष्टिः, अयम् एषाम् एष विपाकः, इदं मात्सर्यम् , इदं दौःशील्यम् , अयं क्रोधः, इदं कौशीद्यम् , अयं विक्षेपः, इदं दौःप्रज्ञ्यम् , इदं दौःप्रज्ञ्यस्य फलम् , अयं प्रातिमोक्षशिक्षाव्यतिक्रमः, अयं प्रातिमोक्षः, इदं करणीयम् , इदम् अकरणीयम् , अयं योगः, इदं प्रधानम् , इदम् आवरणम् , इदम् अनावरणम् , इयम् आपत्तिः, इयम् अनापत्तिः, इदम् आपत्तिव्युत्थानम् , अयं मार्गः, अयं कुमार्गः, इदं कुशलम् , इदम् अकुशलम् , इदं सावद्यम् , इदम् अनवद्यम् , इदं सास्रवम् , इदम् अनास्रवम् , इदं लौकिकम् , इदं लोकोत्तरम् , इदं संस्कृतम् , इदम् असंस्कृतम् , अयं संक्लेशः, इदं व्यवदानम् , अयं संसारः, इदं निर्वाणम्। इत्य् एवम् अनेकधर्मपरिभाषणतया खटुङ्काश्वसदृशचित्ताः सत्वा अवस्थाप्यन्ते। तद्यथा खटुङ्को हयो गजो वा यावन् मर्मवेधेन दमथं गच्छति, एवम् एवेह दुर्दमाः खटुङ्काः सत्वास् ते सर्वदुःखपरिभाषणकथाभिर् दमथं गच्छन्ति।

今译：然后，那些菩萨对离车族维摩诘说道："那么，这里的世尊释迦牟尼怎样说法？"维摩诘说道："诸位贤士啊，这里的众生难以调伏。对这些难以调伏的众生，他采用调伏冥顽而难以调伏者的谈话方式宣说。何为调伏冥顽而难以调伏者？何为调伏冥顽而难以调伏者的谈话？譬如，这是地狱。这是畜生道。这是阎摩世界。这些是八难[1]。这是诸根残缺。这是身恶行。这是身恶行果报。这是语恶行。这是语恶行果报。这是意恶行。这是意恶行果报。这是杀生。这是不予而取。这是淫欲邪行。这是虚诳语。这是离间语。这是粗恶语。这是闲杂语。这是贪欲。这是憎恨。这是邪见。这是邪见果报。这是吝啬。这是犯戒。这是愤怒。这是懈怠。这是散乱。这是愚痴。这是愚痴果报。这是犯戒本[2]教诫。这是戒本。这是应做。这是不应做。这是瑜伽。这是殊胜。这是障碍。这是无障碍。这是罪。这是无罪。这是出罪。这是正道。这是恶道。这是善。这是不善。这是过失。这是无过失。这是有烦恼。这是无烦恼。这是世间。这是出世间。这是有为。这是无为。这是污染。这是清净。这是生死。这是涅槃。这样宣说种种法，心似野马的众生得以调伏。譬如，打击要害处，暴烈的马和象得以调伏。同样，宣说一切苦，冥顽而难以调伏的众生得以调伏。”

什译：彼諸菩薩問維摩詰：“今世尊釋迦牟尼以何說法？”維摩詰言：“此土眾生剛強難化，故佛為說剛強之語以調伏。何等是剛強之言？是地獄，是畜生，是餓鬼；是諸難處，是愚人生處；是身邪行，是身邪行報；是口邪行，是口邪行報；是意邪行，是意邪行報；是煞生，是煞生報；是不與取，是不與取報；是邪婬，是邪婬報；是妄語，是妄語報；是兩舌，是兩舌報；是惡口，是惡口報；是無義語[3]，是無義語報；是貪嫉，是貪嫉報；是瞋惱，是瞋惱報；是邪見，是邪見報；是慳恪，是慳恪報；是毀戒，是毀戒報；是瞋恚，是瞋恚報；是懈怠，是懈怠報；是乱意，是乱意報；是愚癡，是愚癡報；是結戒，

① “八难”（akṣaṇāḥ）指不能获得闻听佛法机会的八种情况：地狱、畜生、饿鬼、长寿天、边地、诸根不全、怀有邪见和生在佛陀前后。此词什译“诸难”，奘译“无暇”。

② “戒本”（prātimokṣa）指结集种种戒条的戒本。音译为“波罗提木叉”。什译“结戒”。奘译“别解脱”。

③ “无义语”的原文是 saṃbhinnapralāpa，词义为“闲杂语”。奘译“杂秽语”。此处僧肇《注维摩诘经》解释说：“什曰梵本云杂说也。凡不为善及涅槃而起心口业，悉名杂说也。”

是持戒，是犯戒；是應作，是不應作；是障礙，是不障礙；是得罪，是離罪；是淨，是垢；是有漏，是無漏；是邪道，是正道；是有為，是無為；是世間，是涅槃。以難化之人，心如猨猴，故以若干種法制御其心，乃可調伏。譬如象馬，𢤱悷不調，加諸楚毒，乃至徹骨，然後調伏。如是剛強難化眾生，故以一切苦切之言，乃可入律。”

奘译：時彼上方諸來菩薩問無垢稱："此土如來釋迦牟尼為諸有情云何說法？”無垢稱曰：“此土有情一切剛強，極難調化。如來還以種種能伏剛強語言而調化之。云何名為種種能伏剛強語言？謂為宣說此是地獄趣，此是傍生趣，此是餓鬼趣；此是無暇生，此是諸根缺；此是身惡行，是身惡行果；此是語惡行，是語惡行果；此是意惡行，是意惡行果；此是斷生命，是斷生命果；此是不與取，是不與取果；此是欲邪行，是欲邪行果；此是虛誑語，是虛誑語果；此是離間語，是離間語果；此是麁惡語，是麁惡語果；此是雜穢語，是雜穢語果；此是貪欲，是貪欲果；此是瞋恚，是瞋恚果；此是邪見，是邪見果；此是慳悋，是慳悋果；此是毀戒，是毀戒果；此是瞋恨，是瞋恨果；此是懈怠，是懈怠果；此是心乱，是心乱果；此是愚癡，是愚癡果；此受所學，此越所學；此持別解脫，此犯別解脫；此是應作，此非應作；此是瑜伽，此非瑜伽；此是永斷，此非永斷[1]；此是障礙，此非障礙；此是犯罪，此是出罪；此是雜染，此是清淨；此是正道，此是邪道；此是善，此是惡；此是世間，此出世間；此是有罪，此是無罪；此是有漏，此是無漏；此是有為，此是無為；此是功德，此是過失；此是有苦，此是無苦；此是有樂，此是無樂；此可厭離，此可欣樂；此可棄捨，此可修習；此是生死，此是涅槃。如是等法有無量門。此

---

① 这句不见于原文和什译。此处原文是 pradhānam（“殊胜”）。奘译“永断”和“非永断”的原词应是 prahāṇa 和 aprāhāṇa。

土有情，其心剛強，如來說此種種法門，安住其心，令其調伏。譬如象、馬憹悷不調，加諸楚毒，乃至徹骨，然後調伏。如是，此土剛強有情極難調化。如來方便，以如是等苦切言詞慇勤誨喻，然後調伏，趣入正法。”①

९।१६ ते बोधिसत्वा आहुः -- आश्चर्यं भगवतः शाक्यमुनेर् यत्र हि नाम प्रतिसंहृत्य बुद्धमाहात्म्यं दरिद्रलूहतया खटुङ्कान् सत्वान् विनयति। ये ऽपि बोधिसत्वा इहैवं प्रतिकष्टे बुद्धक्षेत्रे प्रतिवसन्ति तेषाम् अप्य् अचिन्त्या महाकरुणा। विमलकीर्तिर् आह -- एवम् एव सत्पुरुषाः तथैतद् यथा वदथ। ये ऽपीह बोधिसत्वाः प्रत्याजाताः, दृढा तेषां महाकरुणा। ते बहुतरम् इह लोकधाताव् एकजन्मना करिष्यन्ति सत्वार्थम्। न त्व् एव तत्र सर्वगन्धसुगन्धे लोकधातौ कल्पसहस्रेण सत्वार्थः।

今译：那些菩萨说道：“世尊释迦牟尼真是奇妙！他隐藏佛的大威力，而采取穷困低劣的方式调伏冥顽的众生。而这里的菩萨们住在这个苦难的佛土，也具有不可思议的大悲心。”维摩诘说道：“诸位贤士啊，正如你们所说，这些菩萨出生在这里，也具有坚定的大悲心。他们在这个世界一生为众生谋福，比在一切妙香世界一千劫为众生谋福还要多。

什译：彼諸菩薩聞說是已，皆曰：“未曾有也！如世尊釋迦牟尼佛隱其無量自在之力，乃以貧所樂法，度脫眾生。斯諸菩薩亦能勞謙，以無量大悲生是佛土。”維摩詰言：“此土菩薩於諸眾生大悲堅固，誠如所言。然其一世饒益眾生多於彼國百千劫行。

奘译：時彼上方諸來菩薩聞是說已，得未曾有，皆作是言：“甚

① 这一段奘译的内容略多于原文和什译。

奇！世尊釋迦牟尼能為難事，隱覆無量尊貴功德，示現如是調伏方便，成熟下劣貧匱有情，以種種門調伏攝益。是諸菩薩居此佛土，亦能堪忍種種勞倦，成就最勝希有堅牢不可思議大悲精進，助揚如來無上正法，利樂如是難化有情。”無垢稱言：“如是，大士！誠如所說，釋迦如來能為難事，隱覆無量尊貴功德，不憚劬勞，方便調伏如是剛強難化有情。諸菩薩眾生此佛土，亦能堪忍種種勞倦，成就最勝希有堅牢不可思議大悲精進，助揚如來無上正法，利樂如是無量有情。大士當知堪忍世界行菩薩行，饒益有情，經於一生所得功德多於一切妙香世界百千大劫行菩薩行、饒益有情所得功德。①

९।१७ तत् कस्माद् धेतोः। इह हि सत्पुरुषाः सहे लोकधातौ दश कुशलोच्चया धर्माः, ये ऽन्येषु बुद्धक्षेत्रेषु न संविद्यन्ते, यांश् च ते परिगृह्णन्ति। कतमे दश। यद् इदं दानसंग्रहो दरिद्रेषु , शीलसंग्रहो दुःशीलेषु , क्षान्तिसंग्रहः प्रतिहतेषु , वीर्यसंग्रहः कुशीदेषु , ध्यानसंग्रहो विक्षिप्तचित्तेषु , प्रज्ञासंग्रहो दुःप्रज्ञेषु , अष्टाक्षणसमतिक्रमदेशनाक्षणप्राप्तेषु , महायानदेशना प्रादेशिकचर्यासु , कुशलमूलसंग्रहो ऽनवरोपितकुशलमूलेषु , सततसमितं सत्वपरिपाकश् चतुर्भिः संग्रहवस्तुभिः। इमान् दश कुशलोच्चयान् धर्मान् प्रतिगृह्णन्ति ये तदन्येषु बुद्धक्षेत्रेषु न संविद्यन्ते।

今译：“为什么？诸位贤士啊，在娑诃世界，他们执行其他佛土没有的十种积善法。哪十种？以布施吸引贫困者。以持戒吸引犯戒者。以忍辱吸引憎恨者。以精进吸引懈怠者。以禅定吸引心乱者。以智慧吸引愚痴者。以宣说超越八难吸引陷入八难者。以宣说大乘吸引热衷小道者。以善根吸引未植善根者。始终以四摄事教化众生。这些是他们执行的其他佛土没有的十种积善法。”

---

① 这一段比照原文和什译，奘译文字表述有所增饰。

什译：“所以者何？此娑婆世界有十事善法，諸餘淨土之所無有。何等為十？以布施攝貧窮。以淨戒攝毀禁。以忍辱攝瞋恚。以精進攝懈怠。以禪定攝乱意。以智慧攝愚癡。說除難法度八難者。以大乘法度樂小乘者。以諸善根濟無德者。常以四攝成就眾生。是為十。”

奘译：“所以者何？堪忍世界略有十種修集善法，餘十方界清淨佛土之所無有。何等為十？一以惠施攝諸貧窮。二以淨戒攝諸毀禁。三以忍辱攝諸瞋恚。四以精進攝諸懈怠。五以靜慮攝諸乱意。六以勝慧攝諸愚癡。七以說除八無暇法普攝一切無暇有情。八以宣說大乘正法普攝一切樂小法者。九以種種殊勝善根普攝未種諸善根者。十以無上四種攝法恒常成熟一切有情。是為十種修集善法。此堪忍界悉皆具足，餘十方界清淨佛土之所無有。”

९।१८ ते बोधिसत्वा आहुः -- कतमैर् धर्मैः समन्वागतो बोधिसत्वो ऽक्षतो ऽनुपहतः सहाल् लोकधातोश् च्युत्वा परिशुद्धं बुद्धक्षेत्रं गच्छति।विमलकीर्तिर् आह -- अष्टाभिः कुलपुत्राः धर्मैः समन्वागतो बोधिसत्वः सहाल् लोकधातोश् च्युत्वाक्षतो ऽनुपहतः परिशुद्धं बुद्धक्षेत्रं गच्छति। कतमैर् अष्टाभिः। यद् उत सर्वसत्वानां मया हितं कर्तव्यम् , न चैषां सकाशात् किंचिद् धितं पर्येषितव्यम् , सर्वसत्वदुःखं चानेनोत्सोढव्यं सर्वं चानेन कुशलमूलं सर्वसत्वानाम् उत्स्रष्टव्यम् , सर्वसत्वेष्व् अप्रतिघातः, सर्वबोधिसत्वेषु शास्तृप्रेम, अश्रुतानां च धर्माणां श्रुतानां च श्रवणाद् अप्रतिक्षेपः, अनीर्षुकता परलाभेषु स्वलाभेनानभिमननाचित्तनिध्यप्तिः, आत्मस्खलितप्रत्यवेक्षा परस्यापत्त्यचोदनता अप्रमादरतस्य च सर्वगुणसमादानम्। एभिर् अष्टाभिर् धर्मैः समन्वागतो बोधिसत्वः सहाल् लोकधातोश् च्युत्वाक्षतो ऽनुपहतः परिशुद्धं बुद्धक्षेत्रं गच्छति।अथ विमलकीर्तिर् लिच्छविर् मञ्जुश्रीश् च कुमारभूतस् तस्यां पर्षदि संनिपतितायां तथा धर्मं देशयतो यथा परिपूर्णस्य प्राणिसहस्रस्यानुत्तरायां सम्यक्संबोधौ चित्तान्य् उत्पन्नानि दशानां च

बोधिसत्वसहस्राणाम् अनुत्पत्तिकधर्मक्षान्तिप्रतिलम्भो ऽभूत्॥

今译：那些菩萨说道："菩萨具备哪些法，无伤无损，在娑诃世界命终后，前往清净佛土？"维摩诘说道："诸位善男子啊，菩萨具备八种法，在娑诃世界命终后，无伤无损，前往清净佛土。哪八种？我应该为一切众生谋福，而不求任何回报。我应该担负一切众生的苦难，而将一切善根施与一切众生。我应该不恼恨一切众生。我应该对一切菩萨敬爱如师。无论听到未闻或已闻的法，我都不应该起疑毁谤。我不应该对他人的利养[①]起妒忌心，也不应该对自己的利养起骄慢心。我应该反省自己过失，而不指责他人过错。我不应该放逸，而应该求取一切功德。菩萨具备这八种法，在娑诃世界命终后，无伤无损，前往清净佛土。"离车族维摩诘和文殊师利真童子在这个集会中这样说法，整整一千众生发起无上正等菩提心，一万菩萨获得无生法忍。

什译：彼菩薩曰："菩薩成就幾法，於此世界行無瘡疣[②]，生于淨土？"維摩詰言："菩薩成就八法，於此世界行無瘡疣，生于淨土。何等為八？饒益眾生，而不望報。代一切眾生受諸苦惱，所作功德盡以施之。等心眾生，謙下無礙。於諸菩薩視之如佛[③]。所未聞經，聞之不疑，不與聲聞而相違背。[④]不嫉彼供，不高己利，而於其中調伏其心。常省己過，不訟彼短。恒以一心求諸功德。是為八[⑤]。"維摩詰、文殊師利於大眾中說是法時，百千天、人皆發阿耨多羅三藐三菩提心，十千菩薩得無生法忍。

---

① "利养"（lābha）指受到的供养。

② 此处"无疮疣"的原文是 akṣato ' nupahataḥ（"无伤无损"）。奘译"无毁无伤"。

③ 此处"佛"的原词是 śāstṛ，词义为"老师"或"导师"。在这里也可理解为"佛"。

④ 这句什译与原文和奘译有差异。可能什译依据的原文中，śravaṇāt（"听到"）一词写成 śrāvakāt（"声闻"），而造成这种译法。

⑤ 此处"八"字，据《中华大藏经》校勘记，"《资》、《碛》、《普》、《南》、《径》、《清》、《丽》作'八法'"。"八法"可取，符合四言句式。

奘译：時彼佛土諸來菩薩復作是言："堪忍世界諸菩薩衆成就幾法，無毀無傷，從此命終，生餘淨土？"無垢稱言："堪忍世界諸菩薩衆成就八法，無毀無傷，從此命終，生餘淨土。何等為八？一者菩薩如是思惟：我於有情應作善事，不應於彼希望善報。二者菩薩如是思惟：我應代彼一切有情受諸苦惱，我之所有一切善根悉迴施與。三者菩薩如是思惟：我應於彼一切有情其心平等，心無罣礙。四者菩薩如是思惟：我應於彼一切有情[1]摧伏憍慢，敬愛如佛。五者菩薩信解增上，於未聽受甚深經典暫得[2]聽聞，無疑無謗。六者菩薩於他利養無嫉妬心，於己利養不生憍慢。七者菩薩調伏自心，常省己過，不譏他犯。八者菩薩恒無放逸，於諸善法常樂尋求，精進修行菩提分法。堪忍世界諸菩薩衆若具成就如是八法，無毀無傷，從此命終，生餘淨土。"其無垢稱與妙吉祥諸菩薩等於大衆中宣說種種微妙法時，百千衆生同發無上正等覺心，十千菩薩悉皆證得無生法忍。

निर्मितभोजनानयनपरिवर्तो नाम नवमः ॥

今译：以上是第九《化身取食品》。

① 此处"有情"的原词是 bodhisatva（"菩萨"）。什译"菩萨"。
② "暂得"意谓"忽然获得"。这句按原文是无论听到未闻或已闻的经典，都无疑无谤。

१० क्षयो ऽक्षयो नाम धर्मप्राभृतपरिवर्तो दशमः

今译：第十 有尽无尽法施品

什译：菩薩行品第十一

奘译：菩薩行品第十一

१०।१ तेन खलु पुनः समयेन भगवत आम्रपालीवने धर्मं देशयतः स मण्डलमाडो विपुलश् च विस्तीर्णश् च संस्थितो ऽभूत्। सा च पर्षत् सुवर्णवर्णा संदृश्यते स्म। अथायुष्मान् आनन्दो भगवन्तम् एतद् अवोचत् -- कस्येदं भगवन् पूर्वनिमित्तं यद् इदम् आम्रपालीवनम् एवं विस्तीर्णं संस्थितं सर्वा च पर्षत् सुवर्णवर्णा संदृश्यते।भगवान् आह -- एष आनन्द विमलकीर्तिर् लिच्छविर् मञ्जुश्रीश् च कुमारभूतो महत्या पर्षदा परिवृतौ तथागतस्यान्तिकम् उपसंक्रमिष्यतः।

今译：这时，世尊在菴罗卫园林说法，场地变得宽阔广大，会众身上呈现金色。于是，尊者阿难对世尊说道："世尊啊，这是谁的前兆？菴罗卫园林变得这样宽阔，所有会众身上呈现金色。"世尊说道："阿难啊，这是离车族维摩诘和文殊师利真童子在大批会众围绕下，就要来到如来身边。"

什译：是時佛說法於菴羅樹園，其地忽然廣博嚴事，一切眾會皆作金色。阿難白佛言："世尊，以何因缘有此瑞應？是處忽然廣博嚴事，一切眾會皆作金色。"佛告阿難："是維摩詰、文殊師利與諸大眾恭敬圍繞，發意欲來，故先為此瑞應。”

奘译：佛時猶在菴羅衛林為眾說法。於眾會處，其地欻然廣博嚴淨，一切大眾皆現金色。時阿難陀即便白佛：“世尊，此是誰之前相？於眾會中欻然如是廣博嚴淨，一切大眾皆現金色。”佛告具壽阿難陀曰：“是無垢稱與妙吉祥將諸大眾恭敬圍繞，發意欲來赴斯眾會，現此前相。”

१०।२ अथ विमलकीर्तिर् लिच्छविर् मञ्जुश्रियं कुमारभूतम् एतद् अवोचत् -- गमिष्यामो वयं मञ्जुश्रीः भगवतो ऽन्तिकम्। इमे च महासत्वास् तथागतं द्रक्ष्यन्ति वन्दिष्यन्ते च।आह -- गच्छाम कुलपुत्र यस्येदानीं कालं मन्यसे।अथ विमलकीर्तिर् लिच्छविस् तादृशम् ऋद्ध्यभिसंस्कारम् अभिसंस्करोति स्म। यथा तां सर्वावतीं पर्षदं सार्धं तैः सिंहासनैर् दक्षिणे पाणौ प्रतिष्ठाप्य येन भगवांस् तेनोपसंक्रामत्। उपसंक्रम्य तां पर्षदं धरणितले प्रतिष्ठाप्य भगवतः पादौ शिरसा वन्दित्वा भगवन्तं सप्तकृत्वः प्रदक्षिणीकृत्यैकान्ते ऽस्थात्।अथ ये ते बोधिसत्वा गन्धोत्तमकूटस्य तथागतस्य बुद्धक्षेत्राद् आगताः, ते चान्ये च तेभ्यः सिंहासनेभ्यो ऽवतीर्य भगवतः पादौ शिरोभिर् वन्दित्वैकान्ते प्रत्यतिष्ठन्। एवं शक्रब्रह्मलोकपाला देवपुत्राश् च भगवतः पादौ शिरोभिर् वन्दित्वैकान्ते प्रत्यतिष्ठन्।अथ स भगवांस् तान् बोधिसत्वान् धर्म्यया कथया प्रतिसंमोद्यैवम् आह -- निषीदत कुलपुत्राः स्वेषु स्वेषु सिंहासनेषु। ते भगवतानुज्ञाता न्यषीदन्।

今译：这里，离车族维摩诘对文殊师利真童子说道：“文殊师利啊，我们和这些大士一起前往世尊身边，看望如来，向他致敬。”文殊师利说道：“善男子啊，你认为现在时间合适，我们就去吧。”于是，离车族维摩诘施展这样的神通，将所有会众连同狮子座置于右掌中，来到世尊那里。来到后，他将那些会众放在地上，俯首向世尊行触足礼，右绕世尊七匝，侍立一旁。然后，那些来自香积如来佛土的菩萨和其他菩萨从狮子座下来，俯首向世尊行触足礼，侍立一旁。帝释天、梵天、护世天王和天子们也俯首向世尊行触足礼，侍立一旁。然后，世尊如法表示慰问，说道：“诸位善男子啊，请坐上各自的狮子座吧！”他们获得世尊准许，便坐下。

什译：於是，維摩詰語文殊師利：“可共見佛，與諸菩薩礼事供養。”文殊師利言：“善哉，行矣！今正是時。”維摩詰即以神力持諸大眾并師子座，置於右掌，往詣佛所。到已著地，稽首佛足，右遶七匝，一心合掌，在一面立。其諸菩薩即皆避座，稽首佛足，亦繞七匝，於一面立。諸大弟子、釋、梵、四天王等亦皆避座，稽首佛足，在一面立。於是，世尊如法慰問諸菩薩已，各令復坐。即皆受教，眾坐已定。

奘译：時無垢稱語妙吉祥：“我等今應與諸大士詣如來所，頂礼供事瞻仰世尊，聽受妙法。”妙吉祥曰：“今正是時，可同行矣。”時無垢稱現神通力，令諸大眾不起本處，并師子座住右掌中，往詣佛所。到已置地，恭敬頂礼世尊雙足，右繞七匝，却住一面，向佛合掌，儼然而立。諸大菩薩下師子座，恭敬頂礼世尊雙足，右繞三匝，却住一面，向佛合掌，儼然而立。諸大聲聞、釋、梵、護世四天王等亦皆避座，恭敬頂礼世尊雙足，却住一面，向佛合掌，儼然而立。於是，世尊如法慰問諸菩薩等一切大眾，作是告言：“汝等大士隨其所應，各復本座。”時諸大眾蒙佛教勅，各還本座，恭敬而坐。

१०।३ तत्र भगवान् आयुष्मन्तं शारिपुत्रम् आमन्त्रयते स्म -- दृष्टं ते शारिपुत्र एषाम् अग्रसत्वानां बोधिसत्वानां विक्रीडितम्।आह -- दृष्टं भगवन्। भगवान् आह -- ततः का ते संज्ञोत्पन्ना।आह -- अचिन्त्या संज्ञा मे भगवन् तत्रोदपद्यत यथा चिन्तयितुं तुलयितुं गणयितुं न शक्नोमि तादृशीं तेषाम् अचिन्त्यां क्रियां

पश्यामि।

今译：这时，世尊对尊者舍利弗说道："舍利弗啊，你看到那些杰出的菩萨的神通游戏吗？"舍利弗说道："世尊啊，看到了。"世尊说道："那么，你有什么想法？"舍利弗说道："我产生不可思议的想法，世尊啊，我看到他们具有如此不可思议的作为，感到不可思议，不可称量，不可估量。"

什译：佛語舍利弗："汝見菩薩大士自在神力之所為乎？""唯然，已見。""於汝意云何？""世尊，我覩其為不可思議，非意所圖，非度所測。"

奘译：爾時世尊告舍利子："汝見最勝菩薩大士自在神力之所為乎？"舍利子言："唯然，已見。"世尊復問："汝起何想？"舍利子言："起難思想。我見大士不可思議，於其作用、神力、功德不能算數，不能思惟，不能稱量，不能述歎。"

१०।४ अथायुष्मान् आनन्दो भगवन्तम् एतद् अवोचत् -- अनाघ्रातपूर्वं भगवन् गन्धम् आजिघ्रामि। कस्यैष ईदृशो गन्धः।आह -- एषाम् एव आनन्द बोधिसत्वानां सर्वरोमकूपेभ्यो गन्धः कायात् प्रवाति।शारिपुत्रो ऽप्य् आह -- अस्माकम् अप्य् आयुष्मन्न् आनन्द सर्वरोमकूपेभ्य ईदृशो गन्धः प्रवाति।आह -- कुतो ऽस्य गन्धस्य प्रादुर्भावः।आह -- विमलकीर्तिना लिच्छविना गन्धोत्तमकूटस्य तथागतस्य बुद्धक्षेत्रात् सर्वगन्धसुगन्धाल् लोकधातोर् भोजनम् आनीतम्। तद् यावद्भिर् भुक्तं सर्वेषाम् ईदृशो गन्धः कायात् प्रवाति।

今译：然后，阿难对世尊说道："世尊啊，我闻到前所未闻的香气。谁有这样的香气？"世尊说道："阿难啊，这香气出自那些菩萨身上的一切毛孔。"舍利弗也说道："尊者阿难啊，这样的香气也出自我们的一切毛孔。”阿难说道：“这香气来自哪里？”舍利弗说道：“离车族维摩诘从香积如来佛土的一切妙香世界取来食物。我们全都吃了这种食物，这样的香气便从体内溢出。”

什译：爾時阿難白佛言：“世尊，今所聞香自昔未有，是為何香？”佛告阿難：“是彼菩薩毛孔之香。”於是，舍利弗語阿難言：“我等毛孔亦出是香。”阿難言：“此所從來？”曰：“是長者維摩詰從眾香國取佛餘飯，於舍食者一切毛孔皆香若此。”

奘译：時阿難陀即便白佛：“今所聞香昔來未有。如是香者，為是誰香？”佛告之言：“是諸菩薩毛孔所出。”時舍利子語阿難陀：“我等毛孔亦出是香。”阿難陀曰：“如是妙香，仁等身內何緣而有？”舍利子言：“是無垢稱自在神力，遣化菩薩往至上方最上香臺如來佛土，請得彼佛所食之餘，來至室中，供諸大眾。其間所有食此食者一切毛孔皆出是香。”

१०।५ अथायुष्मान् आनन्दो विमलकीर्तिं बोधिसत्वम् एवम् आह -- कियच्चिरं पुनर् एष कुलपुत्र गन्धो ऽनुवर्तिष्यते। आह -- यावद् एतद् भोजनं न परिणतं भविष्यति। आनन्द आह -- कियच्चिरेण पुनर् एतद् भोजनं परिणंस्यति। आह -- सप्तभिः सप्ताहैः परिणंस्यति। उपरि चास्य सप्ताहम् ओजः स्फरिष्यति। न चाजीर्णदोषो भविष्यति।

今译：于是，尊者阿难对维摩诘菩萨说道：“善男子啊，这种香气会发出多久？”维摩诘说道：“直到这食物消化。[①]”阿难说道：“这食物消化多久？”维摩诘说道：“消化七七四十九天。此后的七天，它还会发挥威力。但它不会产生消化不良的毛病。

① 这句按原文直译是“只要这食物尚未消化”。意思也就是“直到这食物消化”。故而，这句什译“至此饭消”，奘译“乃至此食未皆消尽，其香犹住”。两者表达的意义一致。

什译：阿難問維摩詰："是香氣住當久如？"維摩詰言："至此飯消。"曰："此飯久如當消？"曰："此飯勢力至于七日[①]，然後乃消。

奘译：時阿難陀問無垢稱："是妙香氣當住久如？"無垢稱言："乃至此食未[②]皆消盡，其香猶住。"阿難陀曰："如是所食，其經久如，當皆消盡？"無垢稱言："此食勢分七日七夜住在身中。過是已後，乃可漸消。雖久未消，而不為患。

१०।६ यैश् च भदन्तानन्द भिक्षुभिर् अनवक्रान्तनियामैर् एतद् भोजनं भुक्तं तेषाम् अवक्रान्तनियामानां परिणंस्यति। यैः पुनर् अवक्रान्तनियामैर् भुक्तं तेषां नापरिमुक्तचित्तानां परिणंस्यति। यैर् अनुत्पादितबोधिचित्तैः सत्वैः परिभुक्तं तेषाम् उत्पादितबोधिचित्तानाम् परिणंस्यति। यैर् उत्पादितबोधिचित्तैर् भुक्तं तेषां नाप्रतिलब्धक्षान्तिकानां परिणंस्यति। यैः पुनः प्रतिलब्धक्षान्तिकैर् भुक्तं तेषाम् एकजातिप्रतिबद्धानां परिणंस्यति।

今译："尊者阿难啊，那些未入正位的比丘吃了这食物，要到他们入正位时消化尽。而那些入正位的比丘吃了这食物，要到他们心获得解脱时消化尽。那些未发起菩提心的众生吃了这食物，要到他们发起菩提心时消化尽。那些发起菩提心者吃了这食物，要到他们达到安忍时消化尽。而达到安忍者吃了这食物，要到他们成为一生所系[③]菩萨时消化尽。

什译："又，阿難！若聲聞人未入正位，食此飯者得入正位，然

① 此处"七日"，按原文是指"四十九天"后的"七日"。"四十九天"的原词是 saptabhiḥ saptāhaiḥ（"七个七天"，即"四十九天"）。奘译"七日七夜"，实际也是"七日"，与什译一致。

② 此处"未"字，据《中华大藏经》校勘记，"《资》、《碛》、《普》、《南》、《径》、《清》作'味'"。而据此处原文表达的意义，"未"字可取。

③ "一生所系"（ekajātipratibaddha）指菩萨修行达到最高阶段，现在是处在生死流转中的最后一生，下一生就要成佛。此词或译"一生补处"，意谓下一生就要补上佛的位置。

後乃消。已入正位，食此飯者得心解脫，然後乃消。若未發大乘意，食此飯者至發意乃消。已發意，食此飯者得無生忍，然後乃消。已得無生忍，食此飯者至一生補處，然後乃消。

奘译：“具壽當知諸聲聞乘未入正性、離生位者若食此食，要入正性、離生位已，然後乃消。未離欲者若食此食，要得離欲，然後乃消。未解脫者若食此食，要心解脫，然後乃消。諸有大乘菩薩種性未發無上菩提心者若食此食，要發無上菩提心已，然後乃消。已發無上菩提心者若食此食，要當證得無生法忍，然後乃消。已[①]證得無生忍者若食此食，要當安住不退轉位，然後乃消。其已安住不退位者若食此食，要當安住一生繫位，然後乃消。[②]

१०।७ तद्यथापि नाम भदन्तानन्द स्वादुर् नाम भैषज्यम् , तत् तावत् कौष्ठ-गतं न परिणमति यावन् न सर्वगतं विषम् अपगतं भवति। ततः पश्चात् तद् भैषज्यं परिणमति। एवम् एव भदन्तानन्द तावद् एव तद् भोजनं न परिणतं भवति यावत् सर्वक्लेशविषं न निर्विषं भवति। ततः पश्चात् तद् भोजनं परिणमति। अथायुष्मान् आनन्दो भगवन्तम् एतद् अवोचत् -- बुद्धकृत्यं भगवन् एतद् भोजनं करोति। आह -- एवम् एतद् आनन्द एवम् एतद् यथा वदसि।

今译：“譬如，尊者阿难啊，名为美味的良药，只要遍及全身的毒素没有解除，它在腹中也就没有消化尽。而毒素解除，它也就消化尽。尊者阿难啊，正是这样，只要一切烦恼毒素不解除，这食物也就没有消化尽。而烦恼毒素解除，这食物也就消化尽。”然后，尊者阿难对世尊说道：“世尊啊，这食物能做佛事。”世尊说道：“阿难啊，是这样。正如你说的这样。

① 此处“已”字，据《中华大藏经》校勘记，“《资》、《碛》、《普》、《南》、《径》、《清》、《丽》作‘其已’”。“其已”可取。

② 这一段奘译中的内容略多于原文和什译。

什译：“譬如有藥，名曰上味。其有服者，身諸毒滅，然後乃消。此飯如是滅除一切諸煩惱毒，然後乃消。”阿難白佛言：“未曾有也，世尊，如此香飯能作佛事。”佛言：“如是，如是，阿難！[1]

奘译：“具壽當知，譬如世間有大藥王，名最上味。若有眾生遇遭諸毒遍滿身者，與令服之，乃至諸毒未曾[2]除滅，是大藥王猶未消盡。諸毒滅已，然後乃消。食此食者亦復如是。乃至一切煩惱諸毒未皆除滅，如是所食猶未消盡。煩惱滅已，然後乃消。”阿難陀言：“不可思議！如是大士所致香食能為眾生作諸佛事。”佛即告言：“如是，如是，如汝所說不可思議，此無垢稱所致香食能為眾生作諸佛事。”

१०।८ सन्त्य् आनन्द बुद्धक्षेत्राणि येषु बोधिसत्वा बुद्धकृत्यं कुर्वन्ति। सन्ति बुद्धक्षेत्राणि येषु बोधिवृक्षो बुद्धकृत्यं करोति। सन्ति बुद्धक्षेत्राणि येषु तथागतलक्षण-रूपदर्शनं बुद्धकृत्यं करोति। एवं गगनम् अन्तरीक्षं बुद्धकृत्यं करोति। तादृशस् तेषां सत्वानां विनयो भवति।

今译：“阿难啊，有些佛土，菩萨们做佛事。有些佛土，菩提树做佛事。有些佛土，如来的美妙形相做佛事。有些佛土，虚空做佛事。那些众生由此得以调伏。

什译：“或有佛土以佛光明而作佛事，有以諸菩薩而作佛事，有以佛所化人而作佛事，有以菩提樹而作佛事，有以佛衣服、臥具而作佛事，有以飯食而作佛事，有以園林、臺觀而作佛事，有以三十二相、八十隨形好而作佛事，有以佛身而作佛事，有以虛空而作佛事。眾生應以此缘得入律行。

---

① 这一段比照原文和奘译，什译文字简约。

② 此处“曾”字，据《中华大藏经》校勘记，“《碛》、《普》、《南》、《径》、《清》、《丽》作‘皆’”。“皆”字可取。

奘译：爾時佛復告阿難陀："如無垢稱所致香食能為眾生作諸佛事，如是於餘十方世界，或有佛土以諸光明而作佛事，或有佛土以菩提樹而作佛事，或有佛土以諸菩薩而作佛事，或有佛土以見如來色身相好而作佛事，或有佛土以諸化人而作佛事，或有佛土以諸衣服而作佛事，或有佛土以諸臥具而作佛事，或有佛土以諸飲食而作佛事，或有佛土以諸園林而作佛事，或有佛土以諸臺觀而作佛事，或有佛土以其虛空而作佛事。所以者何？由諸有情因此方便而得調伏。①

१०।९ एवं स्वप्नप्रतिभासदकचन्द्रप्रतिश्रुत्कामायामरीच्युपमोपन्यासाक्षरविभक्तिनिर्देशाः सत्वानां बुद्धकृत्यं कुर्वन्ति। सन्ति बुद्धक्षेत्राणि यत्राक्षरविज्ञप्तिर् बुद्धकृत्यं करोति। सन्त्य् आनन्द बुद्धक्षेत्राणि तादृशानि परिशुद्धानि यत्रानुदाहारताप्रव्याहारतानिर्देशतानभिलाप्यता तेषां सत्वानां बुद्धकृत्यं करोति।

今译："有些佛土，用文字宣说梦幻、影像、水中月、回音、幻影和阳焰等各种譬喻，为众生做佛事。有些佛土，用文字假名做佛事。阿难啊，有些佛土清净，不言说，不谈论，不宣示，不表述，为众生做佛事。

什译："有以夢、幻、影、響、鏡中像、水中月、熱時炎，如是等喻而作佛事。有以音聲、語言、文字而作佛事。或有清淨佛土寂寞，無言無說，無示無識，無作無為，而作佛事。

奘译："或有佛土為諸有情種種文詞宣說幻、夢、光影、水月、響聲、陽燄、鏡像、浮雲、健達縛城、帝網②等喻而作佛事。或有佛土以其音聲、語言、文字宣說種種諸法性相而作佛事。或有佛土清淨

① 这一段，什译和奘译中的内容多于原文。

② "帝网"（indrajāla）指天王因陀罗（即帝释天）的珠宝网。此词以及前面紧接的"浮云"和"健达缚城"不见于原文和什译。

寂寞，無言無說，無訶無讚，無所推求，無有戲論，無表無示，所化有情因斯寂寞自然證入諸法性相而作佛事。如是，當知十方世界諸佛國土其數無邊，所作佛事亦無數量。①

१०।१० न कश्चिद् आनन्द ईर्यापथो न कश्चिद् उपभोगो यो बुद्धानां भगवतां सत्वविनयाय बुद्धकृत्यं न करोति। ये चेम आनन्द चत्वारो माराश् चतुराशीतिश् च क्लेशमुखशतसहस्राणि यैः सत्वाः संक्लिश्यन्ते, सर्वैस् तैर् बुद्धा भगवन्तो बुद्ध-कृत्यं कुर्वन्ति।

今译：“阿难啊，诸佛世尊的任何威仪和受用无不为调伏众生做佛事。众生受四魔和八百四十万烦恼门侵扰，诸佛世尊也用以做佛事。②

什译：“如是，阿難！諸佛威儀進止，諸所施為，無非佛事。阿難！有此四魔，八万四千諸煩惱門，而諸衆生為之疲勞，諸佛即以此法而作佛事。

奘译：“以要言之，諸佛所有威儀進止、受用施為，皆令所化有情調伏。是故，一切皆名佛事。又諸世間所有四魔，八万四千諸煩惱門，有情之類為其所惱，一切如來即以此法為諸衆生而作佛事。

१०।११ इदम् आनन्द सर्वबुद्धधर्मप्रवेशं नाम धर्ममुखं यत्र यत्र धर्ममुखे प्रविष्टो बोधिसत्वः सर्वोदारव्यूहगुणसमन्वागतेषु बुद्धक्षेत्रेषु नावलीयते नावनमति। सर्वोदारव्यूहगुणसमन्वागतेषु च बुद्धक्षेत्रेषु न कृष्यति नोन्नमति। तथागतानां च सकाशे सो ऽधिमात्रं गौरवम् उत्पादयति। आश्चर्यम् इदं बुद्धानां भगवतां

---

① 这一段奘译的文字表述多于原文和什译。

② 这句是说“四魔和八百四十万烦恼门”，佛世尊也用来为众生做佛事。其中“八百四十万烦恼门”，什译和奘译均为“八万四千诸烦恼门”。

सर्वधर्मसमताधिमुक्तानां सत्वपरिपाचनतया बुद्धक्षेत्रनानात्वदर्शनम्।

今译："阿难啊，这是名为入一切佛法的法门。菩萨入此法门，遇到不具有一切广大庄严功德[①]的佛土，他不消沉，不卑屈；遇到具有一切大庄严功德的佛土，他不骄慢，不高傲。他对诸如来产生最高崇敬：'真奇妙！诸佛世尊深信一切法平等，而为教化众生，展现各种佛土。'

什译："是名入一切諸佛法門。菩薩入此門者若見一切淨好佛土，不以為喜，不貪不高；若見一切不淨佛土，不以為憂，不礙不沒。但於諸佛生清淨心，歡喜恭敬，未曾有也。諸佛如來功德平等，為化眾生故，而現佛土不同。

奘译："汝今當知，如是法門名為悟入一切佛法。若諸菩薩入此法門，雖見一切成就無量廣大功德嚴淨佛土，不生喜貪；雖見一切無諸功德雜穢佛土，不生憂恚。於諸佛所[②]發生上品信樂恭敬，歎未曾有。諸佛世尊一切功德平等圓滿，得一切法究竟真實平等性故[③]。為欲成熟差別有情，示現種種差別佛土。

१०।१२ तद्यथा आनन्द भवति बुद्धक्षेत्राणाम् अपरापरगुणनानात्वम् , न पुनः खगपथसंछादितस्य बुद्धक्षेत्रस्याकाशनानात्वम्। एवम् एव आनन्द भवति तथागतानां रूपकायनानात्वम् , न पुनस् तथागतानाम् असङ्गज्ञाननानात्वम्।

---

① 此处"不具有一切广大庄严功德"的原文是 sarvodāravyūhaguṇasamanvāgata（"具有一切广大庄严功德"），疑有误，应为 sarvodāravyūhaguṇāsamanuāgata（"不具有一切广大庄严功德"）。

② 此处"所"的原词是 sakāśa，词义为"面前"。故而，"于诸佛所"意谓"在诸佛面前"。

③ 这句按原文是"诸佛世尊深信一切法平等"，而什译"诸佛如来功德平等"。奘译可能沿用什译这一句，又考虑到什译未译出原文中的"一切法平等"，故而补上"得一切法究竟真实平等性故"这个短语。

今译："譬如，阿难啊，佛土品质高低[①]不同，而覆盖其上的虚空并无不同。同样，阿难啊，诸如来的色身不同，而诸如来的无碍智慧并无不同。

什译："阿難！汝見諸佛國土，地有若干[②]，而虛空無若干也。如是見諸佛色身有若干耳，其無礙慧無若干也。

奘译："汝今當知，如諸佛土雖所依地勝劣不同，而上虛空都無差別。如是，當知諸佛世尊為欲成熟諸有情故，雖現種種色身不同，而無障礙福德智慧究竟圓滿，都無差別。[③]

१०।१३ समा ह्य् आनन्द सर्वबुद्धा रूपेण वर्णेन तेजसा वपुषा लक्षणैः कुलमाहात्म्येन शीलेन समाधिना प्रज्ञया विमुक्त्या विमुक्तिज्ञानदर्शनेन बलैर् वैशारद्यैर् बुद्धधर्मैर् महामैत्र्या महाकरुणया हितैषितयेर्यया चर्यया प्रतिपदायुः-प्रमाणेन धर्मदेशनया सत्वपरिपाकेन सत्वविमुक्त्या क्षेत्रपरिशुध्या सर्वबुद्धधर्म-परिपूरया। तेनोच्यते सम्यक्संबुद्ध इति तथागत इति बुद्ध इति।एषाम् आनन्द त्रयाणां पदानां यो ऽर्थविस्तरपदविभङ्गः स त्वया कल्पस्थितिकेनापि न सुकरः पर्यवाप्तुम्। त्रिसाहस्रपर्यापन्ना अप्य् आनन्द सत्वास् त्वत्सदृशा भवेयुर् अग्रा बहुश्रुतानां स्मृतिधारिणीप्रतिलब्धानाम्, ते ऽपि सर्वे सत्वा आनन्दसदृशा एषां त्रयाणां पदानाम् अर्थविनिश्चयं श्रुतस्मृतिधारिणीलब्धानाम् अर्थविनिश्चयनिर्देशं कल्पेनापि न शक्नुयुः पर्यवाप्तुम्, यद् इदं सम्यक्संबुद्ध इति तथागत इति बुद्ध इति। एवम् अप्रमाणा ह्य् आनन्द बुद्धबोधिः, एवम् अचिन्त्यं तथागतानां प्रज्ञा-प्रतिभानम्।

---

① 此处"高低"的原词是 aparāpara，疑有误，应为 parāpara（"高低"，"优劣"）。

② 此处"若干"的原词 nānātva，词义为"不同性"、"差异性"或"多样性"。奘译"不同"和"差别"。

③ 这句比照原文和什译，奘译文字表述有所增饰。

今译：“阿难啊，形貌，色泽，光辉，形体，形相，高贵族姓，戒行，入定，智慧，解脱，解脱智见，威力，无畏，佛法，大慈，大悲，乐善，威仪，所行，行迹，寿量，说法，教化众生，解脱众生，净化国土，圆满一切佛法，一切佛在这些方面都相同，因此，都称为正等觉，称为如来，称为佛。阿难啊，如果分别广说这三个词义，即使你的寿量长达一劫，你也难以穷尽。阿难啊，即使布满三千大千世界的众生都像你这样成为多闻第一①，具有卓越的记诵能力②，阿难啊，所有这些如同阿难的众生历经一劫也不能完全确定和宣说这三个词义：③正等觉、如来和佛。阿难啊，因为佛菩提不可限量，如来的智慧辩才不可思议。”

什译：“阿難！諸佛色身、威相、種性、戒、定、智慧、解脱、解脱知見、力、無所畏、不共之法、大慈、大悲、威儀、所行及其壽命，說法教化，成就眾生，淨佛國土，具諸佛法，悉皆同等，是故，名為三藐三佛陀，名為多陀阿伽度④，名為佛陀。阿難！若我廣說此三句義，汝以劫壽不能盡受。正使三千大千世界滿中眾生皆如阿難多聞第一，得念總持，此諸人等以劫之壽亦不能受。如是，阿難！諸佛阿耨多羅三藐三菩提無有限量，智慧辯才不可思議。”

奘译：“汝今當知，一切如來悉皆平等。所謂最上周圓無極，形色威光、諸相隨好、族姓尊貴、清淨尸羅、定、慧、解脱、解脱知見、諸力、無畏、不共佛法、大慈、大悲、大喜、大捨、利益安樂、威儀、所行、正行、壽量、說法、度脱成熟有情、清淨佛土，悉皆平等。以

---

① “多闻第一”是阿难的称号，意谓他是佛弟子中闻听释迦牟尼说法最多的一位。

② 此处“卓越的记诵能力”原文是 smṛtidhāriṇī。其中的 dhāriṇī 通常写为 dhāraṇī。此处什译和奘译均为“念总持”，也就是指超强的记诵经文的能力。

③ 这句原文中的 arthaviniścayam śrutasmṛtidhāriṇīlabdhānām，可能是衍文，可以删去。这一点校订本注文中已指出。

④ “多陀阿伽度”是 tathāgata（“如来”）一词的音译。

諸如來一切佛法悉皆平等，最上周圓，究竟無盡，是故，皆同名正等覺，名為如來，名為佛陀。汝今當知，設令我欲分別廣說此三句義，汝經劫住，無間[1]聽受，窮其壽量亦不能盡。假使三千大千世界有情之類皆如阿難得念總持，多聞第一，咸經劫住，無間聽受，窮其壽量亦不能盡。此正等覺、如來、佛陀三句妙義，無能究竟宣揚決擇，唯除諸佛。如是，當知諸佛菩提功德無量，無滯妙辯不可思議。”

१०।१४ अथायुष्मान् आनन्दो भगवन्तम् एतद् अवोचत् -- अद्याग्रेणाहं भगवन् न भूयो ऽग्रो बहुश्रुतानाम् इत्य् आत्मानं प्रतिज्ञास्यामि।भगवान् आह -- मा त्वम् आनन्द अवलीनचित्तम् उत्पादय। तत् कस्माद् धेतोः। श्रावकान् संधाय त्वं मया आनन्द अग्रो बहुश्रुतानां निर्दिष्टः, न बोधिसत्वान्। तिष्ठन्त्व् आनन्द बोधिसत्वाः। न ते पण्डितेनावगाहयितव्याः। शक्यो ह्य् आनन्द सर्वसागराणां गाधः प्रमातुम् , न त्व् एव शक्यो बोधिसत्वानां प्रज्ञाज्ञानस्मृतिधारणीप्रतिभानस्य गाधः प्रमातुम्। उपेक्षका यूयम् आनन्द बोधिसत्वचर्यायां भवथ। तत् कस्माद् धेतोः। य इम आनन्द विमलकीर्तिना लिच्छविनैकपूर्वभक्ते व्यूहाः संदर्शिताः, ते सर्वश्रावकप्रत्येकबुद्धैर् ऋद्धिप्राप्तैः सर्वर्द्धिविकुर्वितप्रातिहार्यैः कल्पकोटीशतसहस्राणि न शक्याः संदर्शयितुम्।

今译：于是，尊者阿难对世尊说道：“世尊啊，从今往后，我不再自以为‘多闻第一’。”世尊说道：“阿难啊，你不要产生退缩心。为什么？阿难啊，我是针对众声闻，而不是针对众菩萨，称你为‘多闻第一’。阿难啊，众菩萨就是这样！智者不必测量那些菩萨。阿难啊，一切大海的深度可以测量，而菩萨的智慧、记忆力和辩才的深度不可测量。阿难啊，你们不必思量菩萨所行。为什么？阿难啊，离车族维摩诘在此前一顿饭中展现的神通变化，那些获得神通力的声闻和

① “无间”指“不间断”。

缘觉，即使展现一切神通变化百千亿劫，也办不到。”

什译：阿難白佛言：“我從今已往，不敢自謂以為多聞。”佛告阿難：“勿起退意！所以者何？我說汝於聲聞中為最多聞，非謂菩薩。且止，阿難！其有智者不應限度諸菩薩也。一切海淵尚可測量，菩薩禪定、智慧、總持、辯才一切功德不可量也。阿難！汝等捨置[①]菩薩所行。是維摩詰一時所現神通之力，一切聲聞、辟支佛於百千劫盡力變化所不能作。”

奘译：說是語已，時阿難陀白言：“世尊，我從今去不敢自稱得念總持多聞第一。”佛便告曰：“汝今不應心生退屈。所以者何？我自昔來但說汝於聲聞眾中得念總持，多聞第一，非於菩薩。汝今且止。其有智者不應測量諸菩薩事。汝今當知，一切大海源底深淺猶可測量，菩薩智慧、念、定、總持、辯才大海無能測者。汝等聲聞置諸菩薩所行境界不應思惟。於一食頃，是無垢稱示現變化所作神通，一切聲聞及諸獨覺百千大劫示現變化神力所作亦不能及。”

१०।१५ अथ ये ते बोधिसत्वा भगवतो गन्धोत्तमकूटस्य तथागतस्य बुद्धक्षेत्रात् सर्वगन्धसुगन्धाल् लोकधातोर् आगताः, ते सर्वे प्राञ्जलीभूत्वा तथागतस्य नमस्यन्तः, एवं च वाचम् अभाषन्त -- प्रतिनिःसृजामो वयं भगवन् तान् मनसिकारान् यैर् अस्माभिर् इह बुद्धक्षेत्रे हीनसंज्ञोत्पादिता। तत् कस्माद् धेतोः। अचिन्त्यो हि भगवन् बुद्धानां भगवतां बुद्धविषयः। उपायकौशल्येन सत्वपरिपाकाय यथा यथेच्छन्ति तथा तथा क्षेत्रव्यूहान् आदर्शयन्ति। देहि भगवन् अस्मभ्यं धर्मप्राभृतं यथा वयं तत्र सर्वगन्धसुगन्धे लोकधातौ गता भगवन्तम् अनुस्मरेम।

今译：这时，那些来自世尊香积如来佛土一切妙香世界的菩萨全

① 此处“舍置”的原词是 upekṣaka，词义为“不关注”、“不考虑”或“舍弃”。在这里，也就是“不必思量”或“不必测量”的意思。奘译“置……不应思惟”。

都向如来合掌敬礼，说道：“世尊啊，我们曾产生这里佛土低劣的想法，现在我们放弃这种想法。为什么？世尊啊，诸佛世尊的佛境界不可思议。为了教化众生，他们运用方便善巧，顺应众生种种意愿，展现种种佛土。世尊啊，请向我们施法吧！我们回到一切妙香世界，会记住如来。”

什译：爾時眾香世界菩薩來者合掌白佛言：“世尊，我等初見此土，生下劣想。今自悔責，捨離是心。所以者何？諸佛方便不可思議。為度眾生故，隨其所應，現佛國異。唯然世尊，願賜少法，還於彼土，當念如來。”

奘译：時彼上方諸來菩薩皆起礼拜釋迦牟尼，合掌恭敬白言：“世尊，我等初來見此佛土種種雜穢，生下劣想。今皆悔愧，捨離是心。所以者何？諸佛境界方便善巧不可思議。為欲成熟諸有情故，如如有情所樂差別，如是如是示現佛土[①]。唯然世尊，願賜少法，當還一切妙香世界，由此法故，常念如來。”

१०।१६ भगवान् आह -- अस्ति कुलपुत्राः क्षयाक्षयो नाम बोधिसत्वानां विमोक्षः। तत्र युष्माभिः शिक्षितव्यम्। स पुनः कतमः। क्षयम् उच्यते संस्कृतम्, अक्षयम् असंस्कृतम्। तद् बोधिसत्वेन संस्कृतं च न क्षपयितव्यम्, असंस्कृते च न प्रतिष्ठातव्यम्।

今译：于是，世尊说道：“诸位善男子啊，有名为有尽无尽的菩萨解脱，你们应该修习。何为有尽无尽？所谓有尽，指有为。所谓无尽，指无为。而菩萨既不应该除尽有为，也不应该住于无为。

① 这句中的“如如……如是如是”对应原文中的 yathā yathā……tathā tathā（“如此如此……这样这样”）。

什译：佛告諸菩薩："有盡無盡解脫法門，汝等當學。何謂為盡？謂有為法。何謂無盡？謂無為法。如菩薩者，不盡有為，不住無為。

奘译：說是語已，世尊告彼諸來菩薩言："善男子！有諸菩薩解脫法門，名有盡無盡。汝今敬愛[①]，當勤修學。云何名為有盡無盡？言有盡者，即是有為，有生滅法。言無盡者，即是無為，無生滅法。[②]菩薩不應盡其有為，亦復不應住於無為。

१०।१७ तत्र संस्कृतस्याक्षयता, यद् इदं महामैत्र्या अच्यवनता, महाकरुणाया अनुत्सर्गः, अध्याशयसंप्रस्थितसर्वज्ञताचित्तस्यासंप्रमोषः, सत्वपरिपाकेष्व् अपरिखेदः, संग्रहवस्तूनाम् अरिञ्चना, सद्धर्मपरिग्रहाय कायजीवितपरित्यागः, कुशलमूलेष्व् अतृप्तिः, परिणामनाकौशल्यप्रतिष्ठा, धर्मपर्येष्टाव् अकौशीद्यम् , धर्मदेशनास्व् अनाचार्यमुष्टिः, तथागतदर्शनपूजावस्तुन्य् औत्सुक्यम् , संचिन्त्योपपत्तिष्व् अनुत्त्रासः, संपत्तिविपत्तिष्व् अनुन्नामावनामता, अशिक्षितेष्व् अपरिभवः, शिक्षितेषु शास्तृप्रेमा, क्लेशाकीर्णानां योनिश उपसंहारः, विवेकरतिष्व् अतन्मयता, आत्मसौख्ये ऽनध्यवसानम् , परसौख्येन तन्मयता, ध्यानसमाधिसमापत्तिष्व् अवीचिसंज्ञा, संसार उद्यानविमानसंज्ञा, याचनकेषु कल्याणमित्रसंज्ञा, सर्वस्वपरित्यागे सर्वज्ञतापरिपूरिसंज्ञा, दुःशीलेषु परित्राणसंज्ञा, पारमितासु मातापितृसंज्ञा, बोधिपक्ष्येषु धर्मेषु स्वपरिवारसंज्ञा, अपर्याप्तीकृताः सर्वकुशलमूलसंभाराः, सर्वबुद्धक्षेत्रगुणानां स्वक्षेत्रनिष्पादनता, लक्षणानुव्यञ्जनपरिपूर्यै निरर्गडयज्ञयजनता, कायवाक्चित्तालंकारता सर्वपापाकरणतया, कायवाक्परिशुद्ध्या चित्तपरिशुद्ध्या चासंख्येयकल्पसंसरणता, चित्तशूरतयाप्रमाणबुद्धगुणश्रवणेनासंसीदनता, क्लेशशत्रुनिग्रहाय प्रज्ञाशस्त्रग्रहणता, सर्वसत्वभारो-

① 此处"爱"字，据《中华大藏经》校勘记，"诸本作'受'"。
② 这里两句中的"有生灭法"和"无生灭法"是对"有尽"和"无尽"的解释，不见于原文和什译。

द्वहनतायै स्कन्धधात्वायतनपरिज्ञा, उत्तप्तवीर्यता मारसैन्यधर्षणार्थम् , निर्मानता धर्मपर्येष्ट्यै, ज्ञानपर्येष्टिधर्मग्राह्यताया अल्पेच्छसंतुष्टिता, सर्वलोकप्रियतायै सर्वलोकधर्मासंसृष्टता, लोकानुवर्तनतायै सर्वेर्यापथाविकोपनता, सर्वक्रियासंदर्शनताया अभिज्ञोत्पादनता, सर्वश्रुतधारणतायै धारणीस्मृतिज्ञानता, सर्वसत्वसंशयच्छेदनताया इन्द्रियपरापरज्ञानता, असङ्गाधिष्ठानता धर्मदेशनतायै, असङ्गप्रतिभानता प्रतिभानप्राप्तप्रतिलम्भतया, देवमनुष्यसंपत्त्यनुभवता दशकुशलकर्मपरिशुद्धितया, ब्रह्मपथप्रतिष्ठानता चतुरप्रमाणोत्पादनतायै, बुद्धस्वरप्रतिलम्भता धर्मदेशनाध्येषणानुमोदनासाधुकारप्रदानेन, बुद्धेर्यापथप्रतिलम्भता कायवाङ्मनः-संयमविशेषगामितया सर्वधर्मातन्मयतया, बोधिसत्वसंघकर्षणतया महायानसमादापनता, सर्वगुणाविप्रणाशतया चाप्रमादः। एवं हि कुलपुत्राः एतद्धर्माधिमुक्तो बोधिसत्वः संस्कृतं न क्षपयति।

今译：“其中，不除尽有为。这是不脱离大慈，不舍弃大悲，不忘却曾经发愿的一切智心，不厌倦教化众生，不放弃四摄事，不惜身命护持正法，永不餍足积累善根，坚持回向和善巧，追求正法不懈怠，说法不作师拳，热忱瞻仰供奉如来，自愿受生不畏惧，兴盛衰败不亢不卑，对未学者不轻视，对已学者敬爱如师，对充满烦恼者以理引导，不耽迷寂静之乐，不执著自己的快乐，为他人快乐而高兴，对沉思、入定和等持产生无间地狱的想法①，对生死产生园林宫殿的想法②，对乞求者产生善友的想法③，对舍弃一切财富产生一切智圆满的想法，对犯戒者产生救护的想法，对波罗蜜产生父母的想法，对菩提分支法产生自己随从的想法，无穷尽积累一切善根，在自己的佛土实现一切

① 僧肇《注维摩诘经》解释这句说：“禅定虽乐，安之则大道不成。菩萨不乐，故想之如地狱也。”

② 僧肇《注维摩诘经》解释这句说：“生死虽苦，大道之所因，菩萨好游，故想如园观也。”

③ 这句意谓乞求者能引发自己施舍，故而如同善友。

佛土的功德，无限祭供施舍而妙相和随好圆满，不犯一切罪过而修饰身、言和心，身、言和心清净而经受无数劫生死流转，心勇猛而闻听无量佛功德不倦怠，把握智慧剑而降伏烦恼敌，通晓蕴、界和处而担负一切众生重担，勇猛精进而降伏魔军，摒弃骄慢而追求正法，寡欲知足而追求智慧和把握正法，不与一切世间法混杂而受一切世人敬爱，不破坏一切威仪而随顺世间，施展神通而展现一切作为，具有接受和记忆能力而记取一切所闻正法，了解诸根优劣而断除一切众生疑惑，神通无碍而说法，获得辩才而辩才无碍，净化十善业而体验天神和凡人福乐，安住梵道[①]而产生四无量，劝请、随喜和称赞说法而获得佛音，控制身、口和意而获得佛威仪[②]，不耽迷一切法而趋向殊胜道[③]，吸引菩萨僧而劝行大乘，不毁弃一切功德而不放逸。诸位善男子啊，菩萨深信这种法，不除尽有为。

什译：“何謂不盡有為？謂不離大慈；不捨大悲；深發一切智心而不忽忘；教化眾生，終不厭倦；於四攝法常念順行；護持正法，不惜軀命；種諸善根，無有疲厭；志常安住方便迴向；求法不懈；說法無悋[④]；勤供諸佛；故入生死[⑤]而無所畏；於諸榮辱心無憂喜；不輕未

① “梵道”（brahmapatha）指清净的道路，类似“梵行”（brahmacarya）指清净的行为。但此词也指“梵天世界”，故而什译“梵天道”。僧肇《注维摩诘经》解释说：“欲使作梵天，请转法轮”。意谓生为梵天，劝请佛转法轮。奘译“梵天道路”，与什译一致。

② 这句原文中，saṃyama（“控制”）一词应为 saṃyamena（具格），并与后面的 viśeṣagāmitayā 断开。这句什译“身口意善，得佛威仪”。奘译“为得诸佛上妙威仪，常修殊胜寂静三业。”虽然表述方式有所不同，但都表明 saṃyama（“控制”）一词应为具格。

③ 这句原文中，viśeṣagāmitayā（“趋向殊胜道”）应为 viśeṣagāmitā（体格）。这句什译“深修善法，所行转胜。”奘译“为令所修念念增胜，于一切法心无染滞。”虽然表述方式有所不同，但都表明 viśeṣagāmitā（“趋向殊胜道”）一词应为体格。

④ “说法无吝”的原文是 anācāryamuṣṭi，词义为“不作师拳”。此处僧肇《注维摩诘经》解释说：“什曰梵本云无师倦。外道师为弟子说之要者，则握而不与。菩萨则尽其所怀。故言无师倦也。”“倦”与“捲”、“卷”、“拳”通。此词已出现在《天女品》中，在那里什译“无遗惜”。

⑤ “故入生死”指故意（或自愿）入生死。

學，敬學如佛；墮煩惱者，令發正念；於遠離樂不以為貴；不著己樂，慶於彼樂；在諸禪定，如地獄想；於生死中，如園觀想；見來求者，為善師想；捨諸所有，具一切智想；見毀戒人，起救護想；諸波羅蜜，為父母想；道品之法，為眷屬想；發行善根，無有齊限；以諸淨國嚴飾之事成己佛土；行無限施，具足相好；除一切惡，淨身口意；生死無數劫，意而有勇；聞佛無量德，志而不倦；以智慧劍破煩惱賊；出陰、界、入[①]，荷負眾生，永使解脫；以大精進摧伏魔軍；常求無念實相智慧[②]；行少欲知足而不捨世間法；不壞威儀法而能隨俗；起神通慧，引導眾生；得念總持，所聞不忘；善別諸根，斷眾生疑；以樂說辯，演法無礙；淨十善道，受天、人福；修四無量，開梵天道；勸請說法，隨喜讚善，得佛音聲；身、口、意善，得佛威儀；深修善法，所行轉勝；以大乘教成菩薩僧；心無放逸，不失眾善。行如此法，是名菩薩不盡有為。

奘译：“云何菩薩不盡有為？謂諸菩薩不棄大慈；不捨大悲；曾所生起增上意樂一切智心，繫念寶重而不暫忘；成熟有情，常無厭倦；於四攝事恒不棄捨；護持正法，不惜身命；求習諸善，終無厭足；常樂安立迴向善巧；詢求正法，曾無懈倦；敷演法教，不作師倦[③]；常欣瞻仰供事諸佛；故受生死而無怖畏；雖遇興衰而無欣慼；於諸未學終不輕陵；於已學者敬愛如佛；於煩惱雜能如理思；於遠離樂能不耽染；於己樂事曾無味著；於他樂事深心隨喜；於所修習靜慮、解脫、等持、等至如地獄想而不味著；於所遊歷界趣生死如宮苑想而不厭離；於乞求者生善友想，捨諸所有，皆無顧恡；於一切智起迴向想；於諸

① “出阴、界、入”按原文应为“通晓阴、界、入”。奘译“于蕴、界、处求遍了知”。
② 此句“常求无念实相智慧”按原文是“追求智慧和把握正法”。其中“无念”一词，僧肇《注维摩诘经》解释说：“真智无缘，故无念为名。俗智有缘，故念想以生。”
③ 此处“倦”字，据《中华大藏经》校勘记，“《碛》、《普》、《南》、《径》、《清》作‘捲’”。

毀禁起救護想；於波羅蜜多如父母想，速令圓滿；於菩提分法如翼從想，不令究竟[①]；於諸善法常勤修習；於諸佛土恒樂莊嚴；於他佛土深心欣讚；於自佛土能速成就[②]；為諸相好圓滿莊嚴，修行清淨無礙大施；為身、語、心嚴飾清淨，遠離一切雜[③]犯戒惡法；為令身心堅固堪忍，遠離一切忿恨煩惱[④]；為令所修速得究竟，經劫無數生死流轉；為令自心勇猛堅住，聽佛無量功德不倦；為欲永害煩惱怨敵，方便修治般若刀杖；為欲荷諸有情重擔，於蘊、界、處求遍了知；為欲摧伏一切魔軍，熾然精進，曾無懈怠；為欲護持無上正法，離慢[⑤]勤求善巧化智；為諸世間愛重受化，常樂習行少欲知足；於諸世法恒無雜染，而能隨順一切世間；於諸威儀恒無毀壞，而能示現一切所作；發生種種神通妙慧，利益安樂一切有情；受持一切所聞正法，為起妙智正念總持；發生諸根勝劣妙智，為斷一切有情疑惑；證得種種無礙辯才，敷演正法常無擁滯；為受人、天殊勝喜樂，勤修清淨十善業道；為正開發梵天道路，勤[⑥]進修行四無量智；為得諸佛上妙音聲，勸請說法，隨喜讚善；為得諸佛上妙威儀，常修殊勝寂靜三業[⑦]；為令所修念念增勝，於一切法心無染滯；為善調御諸菩薩僧，常以大乘勸眾生學；為不失壞所有功德，於一切時常無放逸；為諸善根展轉增進，常樂修治種種大願；為欲莊嚴一切佛土，常勤修習廣大善根；為令所

① 此处“不令究竟”的原词是 aparyāptīkṛtāḥ。实际上，此词与后面的 sarvakuśalamūlasaṃbhārāḥ（“积累一切善根”）相连，即“无穷尽积累一切善根”。什译“发行善根，无有齐限”。

② 这里的三句按原文是一句：“在自己的佛土实现一切佛土的功德。”什译“以诸净国严饰之事成己佛土”。

③ 此处“杂”字，据《中华大藏经》校勘记，“诸本无”。删去“杂”字，符合四言句式。

④ 这句不见于原文和什译。

⑤ 此处“离慢”的原词是 nirmanatā，指“摒弃骄慢”。

⑥ 此处“勤”字，据《中华大藏经》校勘记，“《石》、《资》、《碛》、《普》、《南》、《径》、《清》作‘劝’”。“劝”字可取。

⑦ 此处“三业”指“身、口和意”（或称“身、言和心”）三业。

修究竟無盡，常修迴向善巧方便。[①]諸善男子修行此法，是名菩薩不盡有為。[②]

१०।१८ कथं पुनर् असंस्कृते न प्रतितिष्ठते। यदा शून्यतापरिजयं च करोति, न च शून्यतां साक्षात्करोति। आनिमित्तपरिजयं च करोति, न चानिमित्तं साक्षात्करोति। अप्रणिहितपरिजयं च करोति, न चाप्रणिहितं साक्षात्करोति। अनभिसंस्कारपरिजयं च करोति, न चानभिसंस्कारं साक्षात्करोति। अनित्यम् इति च प्रत्यवेक्षते, न च कुशलमूलैस् तृप्यते। दुःखम् इति च प्रत्यवेक्षते, संचिन्त्य चोपपद्यते। अनात्मेति च प्रत्यवेक्षते, न चात्मतां परित्यजति। शान्तम् इति च प्रत्यवेक्षते, न चात्यन्तशान्तिम् उत्पादयति। विविक्तम् इति च प्रत्यवेक्षते, कायचित्तेन चोद्युज्यते। अनालयम् इति च प्रत्यवेक्षते, शुक्लधर्मालयं च न विजहाति। अनुपादानम् इति च प्रत्यवेक्षते, उपात्तं च सत्वानां भारं वहति। अनास्रवम् इति च प्रत्यवेक्षते, संसारप्रवृत्तिं चोपयाति। अप्रचारम् इति च प्रत्यवेक्षते, प्रचरति सत्वपरिपाकाय। नैरात्म्यम् इति च प्रत्यवेक्षते, सत्वमहाकरुणां च नोत्सृजति। अजातिं च प्रत्यवेक्षते, श्रावकनियामे च न पतति। रिक्तम् इति च तुच्छम् इति चासारकम् इति चास्वामिकम् इति चानिकेतम् इति च प्रत्यवेक्षते, अरिक्तपुण्यश् चातुच्छज्ञानश् च परिपूर्णसंकल्पश् च स्वयंभूज्ञानाभिषिक्तश् च स्वयंभूज्ञाने चाभियुक्तो नीतार्थो बुद्धवंशे प्रतिष्ठितो भवति। एवं हि कुलपुत्राः एवं धर्माधिमुक्तो बोधिसत्वो ऽसंस्कृते न प्रतितिष्ठते संस्कृतं न क्षपयति।

今译：“还有，何为不住于无为？修习空性，而不现证空性。修习无相，而不现证无相。修习无愿，而不现证无愿。修习无作为，而不现证无作为。观察无常，而不餍足善根。观察苦，而自愿受生。观察无我，而不舍弃自身。观察寂静，而不追求寂灭。观察空寂，而不

---

① 这里最后三句不见于原文和什译。

② 这一段比照原文和什译，奘译的文字表述有所增饰。

摆脱身心。观察无所藏，而不离弃洁白法藏。[①]观察无生，而担负众生的重担。观察无烦恼，而处身生死流转。观察无行，而修行教化众生。观察无我，而不放弃对众生的大悲心。观察不生，而不陷入声闻正位。观察空无、空虚、无实、无主和无标志[②]，而不放空功德，不撤空智慧，充满思维，具备自觉智，运用自觉智理解义理，住于佛种族。诸位善男子啊，菩萨深信这种法，不住于无为，不除尽有为。

什译：“何謂菩薩不住無為？謂修學空，不以空為證。修學無相、無作[③]，不以無相、無作為證。修學無起[④]，不以無起為證。觀於無常，而不厭善本[⑤]。觀世間苦，而不惡生死。觀於無我，而誨人不倦[⑥]。觀於寂滅，而不永寂滅。觀於遠離，而身心修善。觀無所歸，而歸趣善法。觀於無生，而以生法荷負一切。觀於无漏，而不斷諸漏。觀無所行，而以行法教化衆生。觀於空无[⑦]，而不捨大悲。觀正法位，而不隨小乘[⑧]。觀諸法虛妄，無牢，無人[⑨]，無主，無相，本願未滿[⑩]，而不虛福德、禪定、智慧。修如此法，是名菩薩不住無為。[⑪]

① 这句中的“无所藏”（anālaya）指“无有居处”，“法藏”（dharmālaya）指“正法的居处”。什译“无所归”和“法”。奘译“无阿赖耶”和“法藏”。此处僧肇《注维摩诘经》解释说：“诸法始无所来，终无所归。虽知无归，而常归善法也。”也就是说，虽然无有归宿，而以清净的正法为归宿。

② 此处“无标志”的原词是 aniketa，词义为“无住处”或“无标志”。什译“无相”。奘译“无幖帜”。

③ 此处“无作”的原词是 apraṇihita，也译“无愿”。奘译“无愿”。

④ 此处“无起”的原词是 ananbhisaṃskṛta（“无作为”）。奘译“无作”。

⑤ 此处“善本”的原词是 kuśalamūla，即“善根”。奘译“善根”。

⑥ 此处“诲人不倦”，按原文是“不舍弃自身”。奘译“不毕竟厌舍自身”。

⑦ 此处“空无”，按原文和奘译应为“无我”。

⑧ 这句按原文是“观察不生，而不陷入声闻正位”。奘译与原文一致。但什译也基本符合原意。

⑨ 此处“无牢”的原词是 asāraka，词义是“无实”或“不坚牢”。而“无人”不见于原文和奘译。但“无人”的意义与“无我”或“无主”相通。

⑩ 此处“本愿未满”指原本的誓愿尚未实现。但不见于原文和奘译。

⑪ 这一段比照原文和奘译，什译有所简化。

奘译：“云何菩薩不住無為？謂諸菩薩雖行於空，而於其空不樂作證。雖行無相，而於無相不樂作證。雖行無願，而於無願不樂作證。雖行無作，而於無作不樂作證。雖觀諸行皆悉無常，而於善根心無厭足。雖觀世間一切皆苦，而於生死故意受生。雖樂觀察內無有我，而不畢竟厭捨自身。雖樂觀察外無有情，而常化導，心無厭倦[①]。雖觀涅槃畢竟寂靜，而不畢竟隨[②]於寂滅。雖觀遠離究竟安樂，而不究竟厭患身心。雖樂觀察無阿賴耶，而不棄捨清白法藏。雖觀諸法畢竟無生，而常荷負利眾生事。雖觀無漏，而於生死流轉不絕。雖觀無行，而行成熟諸有情事。雖觀無我，而於有情不捨大悲。雖觀無生，而於二乘不墮正位。雖觀諸法畢竟空寂，而不空寂所修福德。雖觀諸法畢竟遠離，而不遠離所修智慧。雖觀諸法畢竟無實，而常安住圓滿思惟。雖觀諸法畢竟無主，而常精勤求自然智[③]。雖觀諸法永無幖熾[④]，而於了義安立佛種[⑤]。諸善男子！修行此法，是名菩薩不住無為。

१०।१९ पुण्यसंभाराभियुक्तत्वाद् असंस्कृते न प्रतितिष्ठति, ज्ञानसंभाराभियुक्तत्वात् संस्कृतं न क्षपयति। महामैत्रीसमन्वागतत्वाद् असंस्कृते न प्रतितिष्ठति, महाकरुणासमन्वागतत्वात् संस्कृतं न क्षपयति। सत्वपरिपाचनत्वाद् असंस्कृते न प्रतितिष्ठति, बुद्धधर्माभिलाषित्वात् संस्कृतं न क्षपयति। बुद्धलक्षणपरिपूरणत्वाद् असंस्कृते न प्रतितिष्ठति, सर्वज्ञज्ञानपरिपूरणार्थं संस्कृतं न क्षपयति। उपायकुशलत्वाद् असंस्कृते न प्रतितिष्ठति, प्रज्ञासुनिरीक्षितत्वात् संस्कृतं न क्षपयति।

---

① 这句不见于原文和什译。

② 此处“随”字，据《中华大藏经》校勘记，“诸本作‘堕’”。

③ 此处“自然智”的原词是svayaṃbhūjñāna，也译“自在智”或“自觉智”。

④ 此处“炽”字，据《中华大藏经》校勘记，“《资》、《碛》、《普》、《南》、《径》、《清》、《丽》作‘帜’”。“帜”字可取，因为此处原词aniketa，词义为“无标志”，即“无标帜”。

⑤ 这句中，“了义”的原词是nītārtha，词义为“理解意义”。奘译这句的意思是依据明了的义理安住佛种族。又，以上五句，奘译巧妙地将原文中的综合表述分拆为五句，前后一一对应。

बुद्धक्षेत्रपरिशुद्ध्यर्थम् असंस्कृते न प्रतितिष्ठति, बुद्धाधिष्ठानत्वात् संस्कृतं न क्षपयति। सत्वार्थानुभवनाद् असंस्कृते न प्रतितिष्ठति, धर्मार्थसंदर्शनात् संस्कृतं न क्षपयति। कुशलमूलसंभारत्वाद् असंस्कृते न प्रतितिष्ठति, कुशलमूलवासनत्वात् संस्कृतं न क्षपयति। प्रणिधानपरिपूरणार्थम् असंस्कृते न प्रतितिष्ठति, अप्रणिहितत्वात् संस्कृतं न क्षपयति। आशयपरिशुद्धत्वाद् असंस्कृते न प्रतितिष्ठति, अध्याशयपरिशुद्धत्वात् संस्कृतं न क्षपयति। पञ्चाभिज्ञाविक्रीडितत्वाद् असंस्कृते न प्रतितिष्ठति, बुद्धज्ञान-षडभिज्ञत्वात् संस्कृतं न क्षपयति। पारमितासंभारपरिपूरणार्थम् असंस्कृते न प्रतितिष्ठति, अपरिपूर्णकालत्वात् संस्कृतं न क्षपयति। धर्मधनसमुदानयनत्वाद् असंस्कृते न प्रतितिष्ठति, प्रादेशिकधर्मानर्थिकत्वात् संस्कृतं न क्षपयति। सर्व-भैषज्यसमुदानयनत्वाद् असंस्कृते न प्रतितिष्ठति, यथार्हभैषज्यप्रयोजनात् संस्कृतं न क्षपयति। दृढप्रतिज्ञाया असंस्कृते न प्रतितिष्ठति, प्रतिज्ञोत्तारणत्वात् संस्कृतं न क्षपयति। धर्मभैषज्यसमुदानयनत्वाद् असंस्कृते न प्रतितिष्ठति, यथापीत्वरधर्म-भैषज्यप्रयोजनात् संस्कृतं न क्षपयति। सर्वसत्वक्लेशव्याधिपरिज्ञानाद् असंस्कृते न प्रतितिष्ठति, सर्वव्याधिशमनात् संस्कृतं न क्षपयति। एवं हि कुलपुत्राः बोधिसत्वः संस्कृतं न क्षपयति, असंस्कृते न प्रतितिष्ठति। अयम् उच्यते क्षयाक्षयो नाम बोधिसत्वानां विमोक्षः। तत्र युष्माभिः सत्पुरुषाः योगः करणीयः।

今译：“积累功德资粮，而不住于无为。积累智慧资粮，而不除尽有为。具有大慈，而不住于无为。具有大悲，而不除尽有为。教化众生，而不住于无为。追求佛法，而不除尽有为。圆满佛相，而不住于无为。圆满一切知智，而不除尽有为。方便善巧，而不住于无为。善用智慧观察，而不除尽有为。净化佛土，而不住于无为。佛威力护持，而不除尽有为。感受众生利益，而不住于无为。示现正法利益，而不除尽有为。积累善根，而不住于无为。善根熏习，而不除尽有为。为实现意愿，而不住于无为。无所意愿，而不除尽有为。净化心愿，而不住于无为。净化诚心，而不除尽有为。展现五神通游戏，而不住于无为。展现佛智六神通，而不除尽有为。圆满波罗蜜资粮，而不住于无为。未到圆满时，而不除尽有为。积聚正法财富，而不住于无为。不追求小法，而不除尽有为。积聚一切良药，而不住于无为。对症下药，而不除尽有为。[①]誓愿坚固，而不住于无为。实现誓愿，而不除尽有为。积累一切法药，而不住于无为。为低劣人配制法药，而不除尽有为。了解一切众生烦恼病痛，而不住于无为。消除一切病痛，而不除尽有为。诸位善男子啊，菩萨这样不除尽有为，不住于无为。这就是名为有尽无尽的菩萨解脱。诸位贤士啊，你们应该修习。”

什译：“又，具福德故，不住無為。具智慧故，不盡有為。大慈悲故，不住無為。滿本願故，不盡有為。集法藥故，不住無為。隨授藥故，不盡有為。知眾生病故，不住無為。滅眾生病故，不盡有為。諸正士菩薩以修此法，不盡有為，不住無為，是名有盡無盡解脱法門。汝等當學。”[②]

奘译：“又，善男子！以諸菩薩常勤修集福資糧故，不住無為。常勤修集智資糧故，不盡有為。成就大慈無缺減故，不住無為。成就大悲無缺減故，不盡有為。利益安樂諸有情故，不住無為。究竟圓滿諸佛法故，不盡有為。成滿一切相好莊嚴佛色身故，不住無為。證得一切力、無畏等佛智[③]身故，不盡有為。方便善巧化眾生故，不住無為。微妙智慧善觀察故，不盡有為。修治佛土究竟滿故，不住無為。佛身安住[④]常無盡故，不盡有為。常作饒益眾生事[⑤]故，不住無為。領

① 这里两句不见于奘译。可能是这两句与这一段后面的另外两句类似，意义重复。

② 这一段比照原文和奘译，什译中的内容大为简化。

③ 此处“佛智”的原文是 sarvajñajñāna（“一切知智”）。其中的“一切知”也是佛的称号，故而也可译为“佛智”。

④ 此处“佛身安住”的原文是 buddhādhiṣṭhāna，也可译为“佛威力护持”。其中，adhiṣṭhāna 的词义为“住处”或“威力”。在佛经中，常指佛的“威力”、“护持力”、“神力”或“神通力”。

⑤ 此处“饶益众生事”的原文是 satvārthānubhavana（“感受众生利益”）。其中的 artha（“利益”）一词也可译为“事”。

受法義[①]無休廢故，不盡有為。積集善根常無盡故，不住無為。善根力持不斷壞[②]故，不盡有為[③]。欲成滿本所願故，不住無為。於永寂滅不希求故，不盡有為。圓滿意樂善清淨故，不住無為。增上意樂善清淨故，不盡有為。恒常遊戲五神通故，不住無為。佛智六通善圓滿故，不盡有為。波羅蜜多資糧滿故，不住無為。本所思惟未圓滿故，不盡有為。集法財寶常無厭故，不住無為。不樂希求少分法故，不盡有為。堅牢誓願常無退故，不住無為。能令誓願究竟滿故，不盡有為。積集一切妙法藥故，不住無為。隨其所應授法藥故，不盡有為。遍知眾生煩惱病故，不住無為。息除眾生煩惱病故，不盡有為。諸善男子！菩薩如是不盡有為，不住無為，是名安住有盡無盡解脫法門。汝等皆當精勤修學。”[④]

१०।२० अथ खलु ते बोधिसत्वा इमं निर्देशं श्रुत्वा तुष्टा उदग्रा आत्तमनसः प्रमुदिताः प्रीतिसौमनस्यजाता भगवतः पूजाकर्मणे तेषां च बोधिसत्वानाम् अस्य धर्मपर्यायस्य पूजाकर्मणे सर्वम् इमं त्रिसाहस्रमहासाहस्रं लोकधातुं सर्वचूर्णगन्ध-धूपव्यूहैः पुष्पैश् च जानुमात्रं संछाद्य भगवतश् च पर्षन्मण्डलम् अभिकीर्तिं कृत्वा भगवतः पादौ शिरोभिर् वन्दित्वा भगवन्तं त्रिष्प्रदक्षिणीकृत्योदानम् उदानयन्त इह बुद्धक्षेत्रे ऽन्तर्हितास् तेन क्षणलवमुहूर्तेन तत्र सर्वगन्धसुगन्धे लोकधातौ प्रत्युपस्थिताः ॥

今译：那些菩萨听了这样的说法，高兴满意，欢喜踊跃，愉快舒服，敬拜世尊，敬拜众菩萨和这个法门，遍撒一切香粉、香料和鲜花，覆盖所有三千大千世界，深没至膝。他们赞扬世尊的集会，俯首向世

① 此处“领受法义”的原文是dharmārthasaṃdarśana（“示现正法利益”）。其中的artha（“利益”）一词也可译为“义”（即“意义”）。

② 此处“力持不断坏”的原词是vāsana，词义为“住”或“熏习”。

③ 此处“为”字，据《中华大藏经》校勘记，“《资》、《碛》、《普》、《南》、《径》、《清》、《丽》作‘为为’”。也就是说，紧接下面的“欲成满”应为“为欲成满”。

④ 这一段比照原文，奘译的文字表述有所增饰，增添的词语带有阐释性。

尊行触足礼，右绕三匝，赞叹称颂。然后，刹那瞬间从这佛土消失不见，回到一切妙香世界。

什译：爾時彼諸菩薩聞說是法，皆大歡喜，以衆妙華、若干種色、若干種香散遍三千大千世界，供養於佛及此經法并諸菩薩已，稽首佛足，歎未曾有，言："釋迦牟尼佛乃能於此善行方便。"言已，忽然不現，還到彼國。

奘译：爾時一切妙香世界最上香臺如來佛土諸來菩薩聞說如是有盡無盡解脫門已，法教開發勸勵其心，皆大歡喜，身心踴躍。以無量種上妙香花、諸莊嚴具供養世尊及諸菩薩并此所說有盡無盡解脫法門。復以種種上妙香花散遍三千大千世界。香花覆地，深沒於膝。時諸菩薩恭敬頂礼世尊雙足，右繞三匝，稱揚讚頌釋迦牟尼及諸菩薩并所說法，於此佛土欻然不現，經須臾間，便住彼國。

क्षयाक्षयो नाम धर्मप्राभृतपरिवर्तो दशमः॥

今译：以上是第十《有尽无尽法施品》。

奘译：《說無垢称經》卷第五。

११ अभिरतिलोकधात्वानयनाक्षोभ्यतथागत-दर्शनपरिवर्त एकादशः

今译：第十一 取妙喜世界见阿閦如来品

什译：見阿閦佛品第十二

奘译：觀如來品第十二

११।१ अथ खलु भगवान् विमलकीर्तिं लिच्छविम् एतद् अवोचत् -- यदा त्वं कुलपुत्र तथागतस्य दर्शनकामो भवसि, तदा कथं त्वं तथागतं पश्यसि। एवम् उक्ते विमलकीर्तिर् लिच्छविर् भगवन्तम् एतद् अवोचत् -- यदाहं भगवन् तथागतस्य दर्शनकामो भवामि, तदा तथागतम् अपश्यनया पश्यामि। पूर्वान्ततो ऽजातम् अपरान्ततो ऽसंक्रान्तं प्रत्युत्पन्ने ऽध्वन्य् असंस्थितं पश्यामि। तत् कस्य हेतोः। रूपतथतास्वभावम् अरूपम् , वेदनातथतास्वभावम् अवेदनाम् , संज्ञातथतास्वभावम् असंज्ञम् , संस्कारतथतास्वभावम् असंस्कारम् , विज्ञानतथतास्वभावम् अविज्ञानम् , चतुर्धात्वसंप्राप्तम् आकाशधातुसमम् , षडायतनानुत्पन्नं चक्षुःपथसमतिक्रान्तं श्रोत्रपथसमतिक्रान्तं घ्राणपथसमतिक्रान्तं जिह्वापथसमतिक्रान्तं कायपथसमतिक्रान्तं मनःपथसमतिक्रान्तम् , त्रैधातुकासंसृष्टम् , त्रिमलापगतम् , त्रिविमोक्षानुगतम् , त्रिविद्यानुप्राप्तम् , अप्राप्तं संप्राप्तम् , सर्वधर्मेष्व् असङ्गकोटीगतं भूतकोट्यकोटिकम् , तथताप्रतिष्ठितं तदन्योन्यविसंयुक्तम् , न हेतुजनितं न प्रत्ययाधीनम् , न विलक्षणं न सलक्षणम् , नैकलक्षणं न नानालक्षणम्। न लक्ष्यते न

संलक्ष्यते न विलक्ष्यते, नार्वाङ् न पारे न मध्ये, नेह न तत्र, नेतो नान्यतः, न ज्ञानविज्ञेयो न विज्ञानप्रतिष्ठितः, अतमो ऽप्रकाशः अनामानिमित्तम् , न दुर्बलो न बलवान् , न देशस्थो न प्रदेशस्थः, न शुभो नाशुभः, न संस्कृतो नासंस्कृतः। नापि केनचिद् अर्थेन वचनीयः, न दानतो न मात्सर्यतः, न शीलतो न दौःशील्यतः, न क्षान्तितो न व्यापादतः, न वीर्यतो न कौशीद्यतः, न ध्यानतो न विक्षेपतः, न प्रज्ञातो न दौःप्रज्ञ्यतः, न वचनीयो नावचनीयः, न सत्यतो न मृषातः, न नैर्याणिकतो नानैर्याणिकतः। न गमनीयो नागमनीयः, सर्वरुतव्याहारसमुच्छिन्नः, न क्षेत्रभूतो नाक्षेत्रभूतः, न दक्षिणार्हो न दक्षिणाशोधयिता, अग्राह्यः, अपरामृष्टः, अनिकेतः, असंस्कृतः, संख्यापगतः, समतया समः, धर्मतया तुल्यः, अतुल्यवीर्यः, तुलनासमतिक्रान्तः, न क्रान्तो न चाक्रान्तः, न समतिक्रान्तः, न दृष्टश्रुतपरिज्ञातः, सर्वग्रन्थिविगतः, सर्वज्ञज्ञानसमताप्राप्तः, सर्वसत्वसमः, सर्वधर्मनिर्विशेषप्राप्तः, सर्वतो ऽनवद्यः, निष्किंचनः, निष्कषायः, निष्कलः, निर्विकल्पः, अकृतः, अजातः, अनुत्पन्नः, अभूतः, असंभूतः, न भविष्यति, निर्भयः, निष्क्लेशः, निःशोकः, निष्प्रीतिकः, नीरूर्मिकः, सर्वव्यवहारनिर्देशैर् अवचनीयः। ईदृशो भगवन् तथागतस्य कायः, स तथैव द्रष्टव्यः। य एवं पश्यन्ति, ते सम्यक् पश्यन्ति। ये त्व् अन्यथा पश्यन्ति, ते मिथ्या पश्यन्ति।

今译：然后，世尊对离车族维摩诘说道："如果你想见如来，怎样见如来？"闻听此言，离车族维摩诘对世尊说道："世尊啊，如果我想见如来，我不见而见如来。我见如来先前不生，此后不去，现在不住。为什么？色真如本性非色，受真如本性非受，想真如本性非想，行真如本性非行，识真如本性非识。不入四界[①]，如同空界。不出自六处[②]，超越眼道，超越耳道，超越鼻道，超越舌道，超越身道，超

① 此处"四界"指地、水、火和风。
② 此处"六处"指内六处，即眼、耳、鼻、舌、身和意。

越意道。不与三界[①]相混杂，远离三垢[②]，随顺三解脱，获得三明[③]，不得而得。于一切法达到无障碍之际，而实际无际[④]。住于真如，而与真如互不联系。不生自因缘，不依靠缘起。非无相[⑤]，非有相，非一相，非种种相。不可见，不可观察，不可辨别。非此，非彼，非中间。非这里，非那里。非从这里，非从那里。非由智可知，也不住于识。非暗，非明。无名，无相[⑥]。非弱，非强。不住于某地，也不住于某方。非清净，非不清净。非有为，非无为。无任何意义可言。无施舍，无悭吝。无持戒，无犯戒。无忍辱，无瞋怒。无精进，无懈怠。无禅定，无迷乱。无智慧，无愚痴。无可言，无不可言。无真实，无虚妄。非出离，非不出离。无所去，无所来。断灭一切音声言语。非为福田，非不为福田[⑦]。不应受供，非不应受供[⑧]。不可执取，不可接触，无标志，无为，远离计数。随平等性而平等，随法性而等量。精进不可称量，超越称量。非出行，非不出行，非超越。不可见，不可听，不可知。摆脱一切束缚。达到一切知智平等，一切众生平等，一切法无差别。一切无可非议，一无所有，无污浊，无部分[⑨]，无分别，无作为，无生，无现有，无曾有，无已有，无将有，无恐惧，无烦恼，

---

① 此处“三界”指欲界、色界和无色界。

② 此处“三垢”指贪、瞋和痴。

③ “三明”（trividyā）指宿命通、天眼通和漏尽通。

④ 这句中，“际”（koṭī）指“边际”、“顶点”或“终极”；“实际”（bhūtakoṭī）指“事物的终极”或“真实的终极”，相当于“真如”或“实相”。因此，这句也可译为“于一切达到无障碍的终极，而实相无终极”。

⑤ 此处“无相”的原词是 vilakṣaṇa，也可译为“异相”。

⑥ 此处“相”的原词是 nimitta，指形相的特征或标志。

⑦ 此处“福田”的原词是 kṣetra，词义为“领域”、“国土”或“田地”。因与后面谈及的“受供”相联系，可以理解为“福田”（puṇya-kṣetra）。

⑧ 此处“不应受供”的原词是 dakṣiṇāśodhayitṛ，可以拆读为 dakṣinā-aśodhayitṛ，意谓“不净化布施（或供奉）者”，那么，也就是“不成为福田”，则“不应受供”。类似的表达方式可参阅第 3 品第 18 节。

⑨ 此处“无部分”的原词 niṣkala，指只有整体，没有部分。

无忧愁，无喜悦，无懊恼，一切言说无可言说。世尊啊，如来的身体这样。应该这样见。这样见是正见，别样见是邪见。”

什译： 爾時世尊問維摩詰：“汝欲見如來，為以何等觀如來乎？”維摩詰言：“如自觀身實相，觀佛亦然。[①]我觀如來前際不來，後際不去，今則不住。不觀色，不觀色如，不觀色性。[②]不觀受、想、行、識，不觀識如，不觀識性。非四大起，同於虛空。六入無積[③]，眼、耳、鼻、舌、身、心已過。不在三界，三垢已離，順三脫門，具足三明，與無明等。不一相，不異相；不自相，不他相；非無相，非取相。不此岸，不彼岸，不中流，而化眾生。觀於寂滅，亦不永滅。不此，不彼；不以此，不以彼。不可以智知，不可以識識。無晦，無明。無名，無相。無強，無弱。非淨，非穢。不在方，不離方。非有為，非無為。無示，無說。不施，不慳。不戒，不犯。不忍，不恚。不進，不怠。不定，不乱。不智，不愚。不誠，不欺。不來，不去。不出，不入。一切言語道斷。非福田，非不福田。非應供養，非不應供養。非取，非捨。非有相，非無相。同真際，等法性。不可稱，不可量，過諸稱量。非大，非小。非見，非聞。非覺，非知。離眾結縛。等諸智，同眾生，於諸法無分別。一切無失，無濁，無惱，無作，無起，無生，无滅，无怖，无畏，无憂，無喜，無厭，無著。無已有，無當有，無今有。不可以一切言說分別顯示。世尊，如來身為若此，作如是觀。以斯觀者，名為正觀。若他觀者，名為邪觀。”

奘译： 爾時世尊問無垢稱言：“善男子！汝先欲觀如來身故，而

① 这句的意思是按照观看自身实相的方式观看如来。可以理解为是对原文“不见而见如来”的阐释性翻译。

② 这句的原文是 rūpatathatāsvabhāvam arūpam（“色真如本性非色”）。接下去的“受、想、行和识”也是同样情况。

③ 此处“无积”的原词是 anutpannam（“不起”或“不产生”）。奘译“不起”。

來至此。汝當云何觀如來乎？”無垢稱言：“我觀如來，都無所見，如是而觀。何以故？我觀如來非前際來，非往後際，現在不住。所以者何？我觀如來色真如性，其性非色；受真如性，其性非受；想真如性，其性非想；行真如性，其性非行；識真如性，其性非識。不住四界，同虛空界。非六處起，超六根路。不雜三界，遠離三垢，順三解脫，隨至三明。非明而明，非至而至。至一切法無障礙際，實際非際。真如非如，於真如境常無所住，於真如智恒不明應，真如境智其性俱離。非因所生，非缘所起。非有相，非無相。非自相，非他相。非一相，非異相。非即所相，非離所相。非同所相，非異所相。非即能相，非離能相。非同能相，非異能相。非此岸，非彼岸，非中流。非在此，非在彼，非中間。非內，非外，非俱不俱。非已去，非當去，非今去。非已來，非當來，非今來。非智，非境。非能識，非所識。非隱，非顯。非闇，非明。無住，無去。無名，無相。無強，無弱。不住方分，不離方分。非雜染，非清淨。非有為，非無為。非永寂滅，非不寂滅。無少事可示。無少義可說。無施，無慳。無戒，無犯。無忍，無恚。無勤，無怠。無定，無乱。無慧，無愚。無諦，無妄。無出，無入。無去，無來。一切語言施為斷滅。非福田，非不福田。非應供，非不應供。非能執，非所執。非能取，非所取。非相，非不相。非為，非不為。無數，離諸數。無礙，離諸礙。無增，無減。平等平等，同真實際，等法界性。非能稱，非所稱，超諸稱性。非能量，非所量，超諸量性。無向，無背，超諸向背。無勇，無怯，超諸勇怯。非大，非小。非廣，非狹。無見，無聞。無覺，無知。離諸繫縛，蕭然解脫。證會一切智智平等，獲得一切有情無二，逮於諸法無差別性，周遍一切。無罪，無愆。無濁，無穢。無所礙著，離諸分別。無作，無生。無虛，無實。無起，無盡。無曾，無當。無怖，無染。無憂，無喜。無厭，無欣。一切分別所不能缘，一切名言所不能說。世尊，如來身相如是，應如是觀，不應異觀。如是觀者，名為正觀。若異觀者，名為邪觀。①

११।२ अथायुष्माञ् शारिपुत्रो भगवन्तम् एतद् अवोचत् -- कतमस्माद् भगवन् बुद्धक्षेत्राच् च्युतौ विमलकीर्तिः कुलपुत्र इदं बुद्धक्षेत्रं आगतः।भगवान् आह -- एतम् एव त्वं शारिपुत्र सत्पुरुषं परिपृच्छ -- कुतस् त्वं च्युत्वेहोपपन्न इति। अथायुष्माञ् शारिपुत्रो विमलकीर्तिं लिच्छविम् एतद् अवोचत् -- कुतस् त्वं कुलपुत्र च्युत्वेहोपपन्नः।विमलकीर्तिर् आह -- यः स्थविरेण धर्मः साक्षात्कृतः, कच्चित् तस्य धर्मस्य च्युतिर् उपपत्तिर् वा।आह -- न तस्य धर्मस्य काचिच् च्युतिर् उपपत्तिर् वा।आह -- एवम् अच्युतिकानाम् अनुत्पत्तिकानां भदन्तशारिपुत्र सर्व-धर्माणां कुतस् तवैवं भवति -- कुतस् त्वं च्युत्वेहोपपन्न इति। यं भदन्तशारिपुत्र निर्मितां स्त्रियं पुरुषं वा पृच्छेः -- कुतस् त्वं च्युत्वेहोपपन्न इति, स किं व्याकुर्यात्। आह -- न कुलपुत्र निर्मितस्य च्युतिर् नोपपत्तिः, स किं व्या- करिष्यति।आह -- ननु भदन्तशारिपुत्र निर्मितस्वभावाः सर्वधर्मास् तथागतेन निर्दिष्टाः।आह -- एवम् एतत् कुलपुत्र।आह -- निर्मितस्वभावेषु भदन्तशारिपुत्र सर्वधर्मेषु -- कुतस् त्वं च्यु-त्वेहोपपन्न इति। च्युतिर् इति भदन्तशारिपुत्र अभिसंस्कारक्षणलक्षणपदम् एतत्। उपपत्तिर् इत्य् अभिसंस्कारप्रबन्ध एषः। तत्र बोधिसत्वश् च्यवते, न कुशलमूला-भिसंस्कारं क्षपयति। उपपद्यते च, न चाकुशलं प्रबध्नाति।

今译：然后，尊者舍利弗对世尊说道：“世尊啊，善男子维摩诘从哪个佛土命终而来到这个佛土？”世尊说道：“舍利弗啊，你应该问这位贤士：‘你从哪里命终而来到这里？’”于是，尊者舍利弗对离车族维摩诘说道：“善男子啊，你从哪里命终而来到这里？” 维摩诘说道：“尊者是否证得某种法的灭和生？”舍利弗说道：“没有任何法

① 这一段奘译和什译均与原文有较多差异。其中的内容和文字，什译少于原文，奘译多于原文。

的灭和生。”维摩诘说道：“这样，尊者舍利弗啊，一切法无灭无生，你怎么会询问：‘你从哪里命终而来到这里？’尊者舍利弗啊，如果你询问幻化的男女：‘你从哪里命终而来这里？’他们会怎样回答？”舍利弗说道：“善男子啊，幻人无灭无生，怎么能回答？”维摩诘说道：“尊者舍利弗啊，如来不是说过一切法本性如幻吗？”舍利弗说道：“善男子啊，正是这样。”维摩诘说道：“尊者舍利弗啊，既然一切法本性如幻，你怎么会询问：‘你从哪里命终而来到这里？’尊者舍利弗啊，所谓灭，是诸行出现毁灭相①；所谓生，是诸行相续。然而，菩萨命终时，善根诸行不毁灭；出生时，不善不相续。”

什译：爾時舍利弗問維摩詰：“汝於何沒②而來生此？”維摩詰言：“汝所得法有沒生乎？”舍利弗言：“無沒生也。”“若諸法無沒生相，云何問言：‘汝於何沒而來生此？’於意云何？譬如幻師幻作男女，寧沒生耶？”舍利弗言：“無沒生也。”“汝豈不聞佛說諸法如幻相乎？”答曰：“如是。”“若一切法如幻相者，云何問言：‘汝於何沒而來生此？’舍利弗！沒者為虛誑法③敗壞之相。生者為虛誑法相續之相。菩薩雖沒，不盡善本；雖生，不長諸惡。”④

奘译：爾時舍利子白佛言：“世尊，此無垢稱從何命終，而來生此堪忍世界？”世尊告曰：“汝應問彼。”時舍利子問無垢稱：“汝從何沒，來生此土？”無垢稱言：“唯舍利子！汝於諸法遍知作證，頗有少法可沒生乎？”舍利子言：“唯無垢稱，無有少法可沒生也。”

---

① 此处“毁灭相”的原词是 kṣaṇalakṣaṇa（“刹那相”）。其中的 kṣaṇa（“刹那”）似应为 kṣaya、kṣapaṇa 或 kṣara（“毁灭”）。“刹那”虽然含有“刹那生灭”之意，但用在这里似不合适。此处什译“败坏之相”，奘译“断相”。

② 此处“没”的原词是 cyuti，词义为“落下”、“失去”、“毁灭”或“死亡”。

③ 此处“虚诳法”的原词是 abhisaṃskāra（“行”）。奘译“诸行”。什译“虚诳法”可能是强调“诸行”虚妄不实。

④ 这段什译比照原文和奘译，文字有所简化。

無垢稱言："若一切法遍知作證無沒生者，云何問言：'汝從何沒，來生此土？'又，舍利子！於意云何？諸有幻化所作男女從何處沒，而來生此？"舍利子言："幻化男女不可施設有沒生也。"無垢稱言："如來豈不說一切法如幻化耶？"舍利子言："如是，如是。"無垢稱言："若一切法自性自相如幻如化，云何仁者欻爾問言：'汝從何沒，來生此土？'又，舍利子！沒者即是諸行斷相，生者即是諸行續相。菩薩雖沒，不斷一切善法行相；菩薩雖生，不續一切惡法行相。[①]"

११।३ तत्र भगवान् आयुष्मन्तं शारिपुत्रम् आमन्त्रयते स्म -- अक्षोभ्यस्य शारिपुत्र तथागतस्य सकाशाद् आगत एष कुलपुत्रो ऽभिरत्या लोकधातोः।आह -- आश्चर्यं भगवन् यद् एष सत्पुरुषस् तावत्परिशुद्धाद् बुद्धक्षेत्राद् आगत्येहैवं बहुदोषदुष्टे बुद्धक्षेत्रे ऽभिरमते।विमलकीर्तिर् आह -- तत् किं मन्यसे भदन्तशारिपुत्र अपि नु सूर्यरश्मयो ऽन्धकारेण सार्धं रमन्ते।आह -- नो हीदं कुलपुत्र न तयोर् योगो ऽस्ति। सहोद्गते हि सूर्यमण्डले सर्वं तमो ऽपयान्ति।आह -- किं कारणं पुनः सूर्यो जम्बूद्वीप उदयते।आह -- यावद् एवावभासकरणाय तमोऽपघातय च। आह -- एवम् एव शारिपुत्र संचिन्त्य बोधिसत्वा अपरिशुद्धेषु बुद्धक्षेत्रेषूपपद्यन्ते सत्वानां परिशोधनाय। न च क्लेशैः सार्धं संवसन्ति, क्लेशान्धकारं च विधमन्ति सर्वसत्वानाम्।

今译：这时，世尊告诉尊者舍利弗："舍利弗啊，这位善男子来自阿閦如来的妙喜世界。"舍利弗说道："世尊啊，真奇妙！这位贤士从清净佛土来到这里，喜爱这个充满缺点而恶浊的佛土。"维摩诘说道："尊者舍利弗啊，你难道认为太阳光线喜爱与黑暗相处吗？"舍利弗说道："不是这样，善男子啊，这两者不结合。因为日轮升起时，

① 此处两句奘译中用了四个"相"字，而原文中只用了一个"相"字。奘译这种译法的好处在于突出所谓的"生和灭"只是表相，而实际上一切法无灭无生，即"无有少法可没生也"。

一切黑暗消失。[①]”维摩诘说道：“那么，太阳为何在赡部洲升起？”舍利弗说道：“为了创造光明，驱除黑暗。”维摩诘说道：“正是这样，舍利弗啊，为了净化众生，菩萨们自愿出生在不清净的佛土。他们不与烦恼共住，而驱除一切众生的烦恼黑暗。”

什译：是時佛告舍利弗：“有國名妙喜，佛號無動[②]。是維摩詰於彼國沒，而來生此。”舍利弗言：“未曾有也。世尊，是人乃能捨清淨土，而來樂此多怒害處。”維摩詰語舍利弗：“於意云何？日光出時，與冥合乎？”答曰：“不也。日光出時，即無衆冥。”維摩詰言：“夫日何故行閻浮提[③]？”答曰：“欲以明照，為之除冥。”維摩詰言：“菩薩如是，雖生不淨佛土，為化衆生，不與愚闇而共合也，但滅衆生煩惱闇耳。”

奘译：爾時世尊告舍利子：“有佛世界名曰妙喜，其中如來號為無動。是無垢稱為度衆生，從彼土沒，來生此界。”舍利子言：“甚奇，世尊，如此大士未曾有也，乃能捨彼清淨佛土，而來樂此多雜穢處。”無垢稱曰：“唯舍利子！於意云何？日光豈與世間闇冥樂相雜住？”舍利子言：“不也，居士！日輪纔舉，衆冥都息。”無垢稱曰：“日輪何故行贍部洲？”舍利子言：“為除闇冥，作照明故。”無垢稱曰：“菩薩如是，為度有情，生穢佛土，不與一切煩惱雜居，滅諸衆生煩惱闇耳。”

११।४ अथ सा सर्वा पर्षत् परितृषिताभूत् -- पश्येम वयं ताम् अभिरतिं लोकधातुं तं चाक्षोभ्यं तथागतं तांश् च बोधिसत्वांस् तांश् च महाश्रावकान्। अथ

---

① 此处“消失”的原词是 apayānti（复数）。而前面的 sarvam tamaḥ（“一切黑暗”）是单数，因此，apayānti 应为 apayāti（单数）。

② “无动”是 akṣobhya（“阿閦”）一词的意译。

③ “阎浮提”是 jambūdvīpa（“赡部洲”）的又一种音译。其中的“提”，对译 dvīpa（“洲”）。

भगवांस् तस्याः सर्वस्याः पर्षदश् चेतसा चेतःपरिवितर्कम् आज्ञाय विमलकीर्तिं लिच्छविम् एतद् अवोचत् -- दर्शय कुलपुत्र अस्याः पर्षदस् ताम् अभिरतिं लोकधातुं तं चाक्षोभ्यं तथागतम्। द्रष्टुकामेयम् पर्षत्। अथ विमलकीर्तेर् लिच्छवेर् एतद् अभवत् -- यन् न्व् अहम् इतश् चासनान् नोत्तिष्ठेयम्। तां चाभिरतिं लोकधातुम् अनेकबोधिसत्वशतसहस्रां देवनागयक्षगन्धर्वासुराध्युषितां सचक्रवाडपरिखां सनदीतडागोत्ससरःसमुद्रपरिखां ससुमेरुगिरिकूटपर्वतां सचन्द्रसूर्यज्योतिषां सदेवनागयक्षगन्धर्वभवनां सब्रह्मभवनपारिषद्यां सग्रामनगरनिगमजनपदराष्ट्रमनुष्यां सस्त्र्यागारां सबोधिसत्वसश्रावकपर्षदम् , अक्षोभ्यस्य तथागतस्य बोधिवृक्षम् , अक्षोभ्यं च तथागतं सागरोपमायां महापर्षदि निषण्णं धर्मं देशयमानम् , अपि तानि पद्मानि यानि दशसु दिक्षु बुद्धकृत्यं कुर्वन्ति सत्वानाम् , अपि तानि त्रीणि रत्नमयानि सोपानानि यानि जम्बूद्वीपम् उपादाय त्रयस्त्रिंशद्भवनम् अभ्युद्गतानि यैः सोपानैर् देवास् त्रयस्त्रिंशतो जम्बूद्वीपम् अवतरन्त्य् अक्षोभ्यं तथागतं दर्शनाय वन्दनायै पर्युपासनाय धर्मश्रवणाय जाम्बूद्वीपकाश् च मनुष्यास् त्रयस्त्रिंशद्भवनम् अभिरोहन्ति देवांस् त्रयस्त्रिंशतो दर्शनाय। एवम् अप्रमाणगुणसमुदितां ताम् अभिरतिं लोकधातुम् अप्स्कन्धम् उपादाय यावद् अकनिष्ठभवनं भार्गवचक्रम् इव परिच्छिद्य दक्षिणेन पाणिना पुष्पदामम् इवादायेमां लोकधातुं प्रवेशयेयम्। प्रवेश्य चास्याः सर्वस्याः पर्षदो दर्शयेयम्।

今译：于是，所有的会众心中渴望："但愿我们见到这个妙喜世界，这位阿閦如来，那些菩萨和大声闻。"世尊知道所有会众心中的念头，对离车族维摩诘说道："善男子啊，你向这些会众展现这个妙喜世界，这位阿閦如来！这些会众心中想见。"这样，离车族维摩诘起念："我不从座位起身，取来这个妙喜世界。那里有无数百千菩萨，住着天神、蛇、药叉、乾达婆和阿修罗，围绕有轮围山，还有河流、湖泊、井泉和大海，须弥山和其他山峰，日月星宿，天神、蛇、药叉和乾达婆的宫殿，梵天宫殿和随从，村庄、城镇、市场、国土、王国和民众，妇女后宫，菩萨、声闻和会众，阿閦如来的菩提树，阿閦如来坐在如同大海的广大会众中说法。还有那些莲花为十方众生做佛事。三座宝石台阶从赡部洲通向三十三天宫。众天神由此从三十三天来到赡部洲，瞻仰、敬拜和侍奉阿閦如来，聆听正法，而赡部洲人由此登临三十三天宫，观看三十三天神。这个充满无量功德的妙喜世界，下至地下水层[①]，上至阿迦腻吒天宫[②]，我要一并截取，如同陶工转轮，或如同花环，置于右掌中，带到这个世界，展现在所有会众面前。”

什译：是時大眾渴仰，欲見妙喜世界無動如來及其菩薩、聲聞之眾。佛知一切眾會所念，告維摩詰言：“善男子！為此眾會現妙喜國無動如來及諸菩薩、聲聞之眾，眾皆欲見。”於是，維摩詰心念：“吾當不起于座，接妙喜國，鐵圍山川，溪谷江河，大海泉源，須弥諸山及日月星宿，天、龍、鬼、神、梵天等宮，并諸菩薩、聲聞之眾，城邑聚落，男女大小，乃至無動如來及菩提樹，諸妙蓮華能於十方作佛事者。三道寶階從閻浮提至忉利天。以此寶階，諸天來下，悉為礼敬無動如來，聽受經法。閻浮提人亦登其階，上昇忉利，見彼諸天。妙喜世界成就如是無量功德，上至阿迦膩吒天，下至水際，以右手斷取，如陶家輪，入此世界，猶持華鬘，示一切眾。”

奘译：爾時大眾咸生渴仰，欲見妙喜功德莊嚴清淨佛土無動如來及諸菩薩、聲聞等眾。佛知眾會意所思惟，告無垢稱言：“善男子！今此會中諸神仙等一切大眾咸生渴仰，欲見妙喜功德莊嚴清淨佛土無動如來及諸菩薩、聲聞等眾。汝可為現，令所願滿。”時無垢稱作是思惟：“吾當於此不起于座，以神通力速疾移取妙喜世界，及輪圍山，

① “地下水层”的原词是apskandha（“水聚”）。按照佛教的宇宙结构观念，地下还有空轮、风轮、水轮和金轮四个层次。此词求译“水际”，奘译“水际轮”。

② “阿迦腻吒天宫”（akaniṣṭhabhavana）位于三界中色界的顶部，故而“阿迦腻吒”也意译为“色究竟天”。

園林池沼，泉源谿谷，大海江河，諸蘇迷盧[1]，圍繞峯壑，日月星宿，天、龍、鬼神，帝釋、梵王宮殿眾會，并諸菩薩、聲聞眾等，村城聚落，國邑王都，在所居家，男女大小。乃至廣說，無動如來、應、正等覺，大菩提樹，聽法安坐，海會大眾。諸寶蓮華往十方界為諸有情作佛事者。三道寶階自然涌出，從贍部洲至蘇迷頂。三十三天為欲瞻仰、礼敬、供養不動如來及聞法故，從此寶階每時來下。贍部洲人為欲觀見三十三天園林宮室，每亦從此寶階而上。如是清淨妙喜世界，無量功德所共合成，下從水際輪，上至色究竟，悉皆斷取，置右掌中，如陶家輪，若花鬘貫，入此世界，示諸大眾。”

११।५ अथ विमलकीर्तिर् लिच्छविस् तस्यां वेलायां तथारूपं समाधिम् समापन्नः, तादृशं चर्द्ध्यभिसंस्कारम् अभिसंस्कृतवान् यस् तम् अभिरतिं लोकधातुं परिच्छिद्य दक्षिणेन पाणिना गृहीत्वेमं सहं लोकधातुं प्रवेशयति स्म।

今译：就在这时，离车族维摩诘这样沉思入定，这样施展神通。他截取那个[2]妙喜世界，置于右掌中，带到这个娑诃世界。

什译：作是念已，入於三昧，現神通力，以其右手斷取妙喜世界，置於此土。

奘译：其無垢稱既作是思，不起于床，入三摩地，發起如是殊勝神通，速疾斷取妙喜世界，置于右掌，入此界中。

११।६ तत्र ये दिव्यचक्षुषो ऽभिज्ञाप्रतिलब्धाः श्रावका बोधिसत्वा

---

① “苏迷卢”是 sumeru（“须弥山”）的又一种音译，也略称“苏迷”。

② 此处“那个”的原词是 tam，指称“妙喜世界”（abhiratim lokadhātum）。其中的 abhirati 是阴性，lokadhātu 是阳性。上一节中使用这个代词四次，均为阴性的 tām，而此处使用阳性的 tam，不统一。

देवमनुष्याश् च, ते महान्तम् उत्क्रोशम् उत्क्रोशन्ति स्म -- क्रियामहे भगवन् क्रियामहे सुगत, त्राय च तथागत इति। तान् भगवान् विनयनार्थम् एवम् आह -- न ममात्र वृषभिता विमलकीर्तिना बोधिसत्वेन क्रियमाणानाम्। तत्र ये पुनर् अन्ये देवमनुष्याः, ते न जानन्ति न पश्यन्ति, कुतो वयं क्रियामह इति। न ह्य् अभिरत्या लोकधातोर् इमं सहं लोकधातुं प्रवेशिताया ऊनत्वं न पूर्णत्वम् अभूत्। न चास्य लोकधातोर् उत्पीडो न संबाधः। नाप्य् अभिरत्या लोकधातोर् ऊनभावः। यथा पूर्वं तथा पश्चात् संदृश्यते।

今译：那里有些声闻、菩萨、天神和凡人获得神通而具有天眼，这时大声呼叫："我们被带走，世尊啊，我们被带走，善逝啊，救救我们，如来啊！"为了调伏他们，世尊说道："诸位雄牛啊，这不是我的事。维摩诘菩萨正在带走你们。"而那里其他的天神和凡人并不知道和觉察："我们被带往哪里？"因为妙喜世界被带到这个娑诃世界，无减无增。这个世界不显得拥挤阻塞，妙喜世界也不显得缩小，一切照旧。

什译：彼得神通菩薩及聲聞眾，并餘天、人，俱發聲言："唯然世尊，誰取我去？願見救護。"無動佛言："非我所為，是維摩詰神力所作。"其餘未得神通者，不覺不知己之所往。妙喜世界雖入此土，而不增減，於是世界亦不迫隘，如本無異。

奘译：彼土聲聞及諸菩薩、人、天大眾得天眼者咸生恐怖，俱發聲言："誰將我去？誰將我去？唯願世尊救護我等！唯願善逝救護我等！"時無動佛為化眾生，方便告言："諸善男子！汝等勿怖，汝等勿怖。是無垢稱神力所引，非我所能。"彼土初學人、天等眾未得殊勝天眼通者，皆悉安然，不知不見。聞是語已，咸相驚問：[1]"我等

① 此处"闻是语已，咸相惊问"不见于原文和什译。但从语境上看，也合乎情理：既然那些得神通者发出呼救声，如来也向他们解释原因，这些未得神通者自然也会听到。

於今當何所往？”妙喜國土雖入此界，然其衆相無減無增，堪忍世間亦不迫迮。雖復彼此二界相雜，各見所居，與本無異。

११।७ अथ भगवाञ् शाक्यमुनिस् तां सर्वां पर्षदम् आमन्त्रयते स्म -- पश्यत मार्षाः अभिरतिं लोकधातुम् अक्षोभ्यं च तथागतम् एतांश् च क्षेत्रव्यूहाञ् श्रावकव्यूहान् बोधिसत्वव्यूहांश् च।त आहुः -- पश्यामो भगवन् इति।आह -- ईदृशं मार्षाः बुद्धक्षेत्रं परिग्रहीतुकामेन बोधिसत्वेनाक्षोभ्यस्य तथागतस्य बोधिसत्वचर्यायाम् अनुशिक्षितव्यम्।अस्मिन् पुनर् अभिरतिलोकधातुसंदर्शनर्द्धिप्रातिहार्ये ऽक्षोभ्यस्य च तथागतस्य संदर्शने ऽस्मिन् सहे लोकधातौ चतुर्दशानाम् अयुतानां देवमानुषिकायाः प्रजाया अनुत्तरायां सम्यक्संबोधौ चित्तान्य् उत्पन्नानि। सर्वैश् चाभिरत्यां लोकधातौ प्रणिधानम् उत्पादितम् उपपत्तये। ते सर्वे भगवता व्याकृता अभिरत्यां लोकधाताव् उपपत्तये। इति हि विमलकीर्तिर् लिच्छविर् यावान् इह सहे लोकधातौ सत्वपरिपाकः कर्तव्यस् तं सर्वं कृत्वा पुनर् एव ताम् अभिरतिं लोकधातुं यथास्थाने स्थापयामास।

今译：然后，世尊释迦牟尼告诉所有会众：“诸位贤士啊，请看妙喜世界，阿閦如来，庄严美妙的佛土以及那些声闻和菩萨。”他们说道：“世尊啊，我们看到了。”世尊说道：“诸位贤士啊，菩萨想要获得这样的佛土，应该修习阿閦如来的菩萨行。”维摩诘这样施展神通，展现妙喜世界，展现阿閦如来，娑诃世界中十四阿由多①天神和凡人等等众生发起无上正等菩提心，全部愿意往生妙喜世界。而世尊也授记他们将来全部生于妙喜世界。这样，离车族维摩诘完成教化娑诃世界众生的任务，又将妙喜世界放回原处。

什译：爾時釋迦牟尼佛告諸大衆：“汝等且觀妙喜世界無動如來，其國嚴飾，菩薩行淨，弟子清白。”皆曰：“唯然，已見。”佛言：“若

① “阿由多”（ayuta）是千万、亿或兆之类的大数字。什译“那由他”。奘译“那庾多”。

菩薩欲得如是清淨佛土，當學無動如來所行之道。”現此妙喜國時，娑婆世界十四那由他人發阿耨多羅三藐三菩提心，皆願生於妙喜佛土。釋迦牟尼佛即記之曰：“當生彼國。”時妙喜世界於此國土所應饒益，其事訖已，還復本處，舉眾皆見。

奘译：爾時世尊釋迦牟尼告諸大眾：“汝等神仙普皆觀見妙喜世界無動如來莊嚴佛土及諸菩薩、聲聞等耶？”一切咸言：“世尊，已見。”時無垢稱即以神力，化作種種上妙天花及餘末香，與諸大眾，令散供養釋迦牟尼、無動如來、諸菩薩等。[①]於是，世尊復告大眾：“汝等神仙欲得成辦如是功德莊嚴佛土，為菩薩者，皆當隨學無動如來本所修行諸菩薩行。”其無垢稱以神通力示現如是妙喜界時，堪忍土中有八十四[②]那庾多數諸人、天等，同發無上正等覺心，悉願當生妙喜世界。世尊咸記，皆當往生無動如來所居佛土。時無垢稱以神通力移取如是妙喜世界無動如來諸菩薩等，為欲饒益此界有情，其事畢已，還置本處。彼此分離，兩眾皆見。[③]

११।८ तत्र भगवान् आयुष्मन्तं शारिपुत्रम् आमन्त्रयते स्म -- दृष्टा ते शारिपुत्र अभिरतिर् लोकधातुः स चाक्षोभ्यस् तथागतः। आह -- दृष्टा मे भगवन्। सर्वसत्वानां तादृशा बुद्धक्षेत्रगुणव्यूहा भवन्तु। सर्वसत्वाश् चेदृश्यर्द्धा समन्वागता भवन्तां यादृश्या विमलकीर्तिर् लिच्छविः कुलपुत्रः। एभिर् अपि च सुलब्धा लाभाः, ये वयम् ईदृशान् सत्पुरुषान् लभामहे दर्शनाय। तेषम् अपि सत्वानां सुलब्धा लाभा भविष्यन्ति, य एतर्हि तथागतस्य तिष्ठतो वा परिनिर्वृतस्य वेमं धर्मपर्यायम् अन्तशः श्रोष्यन्ति। कः पुनर् वादः, ये श्रुत्वाधिमोक्ष्यन्ते प्रत्येष्यन्त्य् उद्ग्रहीष्यन्ति धारयिष्यन्ति वाचयिष्यन्ति पर्यवाप्स्यन्त्य् अधिमोक्ष्यन्ति प्रवर्तयिष्यन्ति परेभ्यश् च

① 这句不见于原文和什译。
② 此处“八十四”，按原文和什译是“十四”。
③ 这句不见于原文。

विस्तरेण संप्रकाशयिष्यन्ति भावनायोगम् अनुयुक्ताश् च भविष्यन्ति।

今译：这时，世尊对尊者舍利弗说道："舍利弗啊，你已见到妙喜世界和阿閦如来。"舍利弗说道："我已见到，世尊啊，愿一切众生获得这样的佛土功德庄严。愿一切众生具有离车族善男子维摩诘这样的神通。我们得以见到这样的贤士，顺利得到收获。同样，那些众生一旦听取这个法门，无论如来在世，或如来涅槃，也都会顺利得到收获。更不用说这样的人们，他们闻听之后，信奉，追求，掌握，记取，诵读，精通，深信，传播，广为他人解说，并与修行结合。

什译：佛告舍利弗："汝見此妙喜世界及無動佛不？""唯然，已見。世尊，願使一切衆生得清淨土，如無動佛；獲神通力，如維摩詰。世尊，我等快得善利，得見是人親近供養。其諸衆生若今現在，若佛滅後，聞此經者，亦得善利。況復聞已信解，受持，讀誦，解說，如法修行。

奘译：爾時世尊告舍利子："汝已觀見妙喜世界無動如來菩薩等不？"舍利子言："世尊，已見。願諸有情皆住如是莊嚴佛土。願諸有情成就如是福德智慧圓滿功德，一切皆似無動如來。願諸有情皆當獲得自在神通如無垢稱。世尊，我等善獲勝利，瞻仰親近如是大士。其諸有情若但聞此殊勝法門，當知猶名善獲勝利。何況聞已信解，受持，讀誦，通利，廣為他說。況復方便精進修行。

११।९ ते धर्मरत्ननिधानप्राप्ता भविष्यन्ति, येषाम् अयं धर्मपर्यायो हस्तगतो भविष्यति। तथागतसहायास् ते भविष्यन्ति, य इमं धर्मपर्यायं स्वाध्यास्यन्ते। धर्मसंरक्षकास् ते भविष्यन्ति, य एतद्धर्माधिमुक्तानाम् उपस्थानपरिचर्यां करिष्यन्ति। गृहगतस् तेषां तथागतो भविष्यति य इमं धर्मपर्यायं सुलिखितं कृत्वा

धारयिष्यन्ति सत्करिष्यन्ति। सर्वपुण्यपरिगृहीतास् ते भविष्यन्ति, य इमं धर्मपर्यायम् अनुमोदिष्यन्ते। महाधर्मयज्ञं ते यजिष्यन्ति, य इतो धर्मपर्यायाद् अन्तशश् चतुष्पदिकाम् अपि गाथां संवरम् अपि परेभ्यो विस्तरेण देशयिष्यन्ति। तद् एव तेषां भगवन् व्याकरणं येषाम् इह धर्मपर्याये क्षान्ती रुचिर् मतिः प्रेक्षा दृष्टिर् अधिमुक्तिर् मुक्तिश् च भविष्यति॥

今译：“掌握这个法门，他们就会获得正法宝藏。诵习这个法门，他们就会成为如来同伴。供养那些信奉这个法门者，他们就会成为护法者。书写、保持和敬重这个法门，如来就会来到他们的家。衷心喜欢这个法门，他们就会获得一切福德。即使依据这个法门中的一个四句偈颂或一个律仪，广为他人宣说，他们也就是举行大法祭。世尊啊，他们将忍辱、喜爱、思想、观察、见解、信心和解脱全部献给这个法门，也就获得授记。”

什译：“若有手得是經典者，便為已得法寶之藏。若有讀誦，解釋其義，如說修行，即為諸佛之所護念。其有供養如是人者，當知即為供養於佛。其有書持此經卷者，當知其室即有如來。若聞是經能隨喜者，斯人即為取一切智。若能信解此經，乃至一四句偈，為他說者，當知此人即是受阿耨多羅三藐三菩提記。”

奘译：“若諸有情手[1]得如是殊勝法門，便為獲得法珍寶藏。若諸有情信解如是殊勝法門，便為紹繼諸佛相續。若諸有情讀誦如是殊勝法門，便成菩薩，與佛為伴。若諸有情受持如是殊勝法門，便為攝受無上正法。若有供養學此法者，當知其室即有如來。若有書寫供養如是殊勝法門，便為攝受一切福德、一切智智。若有隨喜如是法門，

① 此处“手”字，据《中华大藏经》校勘记，“《资》、《碛》、《普》、《南》、《径》、《清》作‘守’”。按原文，此处用词是 hastagata（“掌握”），直译为“手得”或“到手”。什译“手得”，奘译沿用，符合原义。

便為施設大法祠祀。若以如是殊勝法門一四句頌為他演說，便為已逮不退轉位。若善男子或善女人能於如是殊勝法門信解，忍受，愛樂，觀察，即於無上正等菩提已得授記。”[①]

अभिरतिलोकधात्वानयनाक्षोभ्यतथागतदर्शनपरिवर्त एकादशः॥

今译：以上是第十一《取妙喜世界见阿閦如来品》。

① 这一段的内容，什译略少于原文，奘译略多于原文。文字表述也有些差异。

१२ निगमनपरीन्दनापरिवर्तो नाम द्वादशः

今译：第十二 托付品

什译：法供養品第十三

奘译：法供養品第十三

१२।१ अथ खलु शक्रो देवानाम् इन्द्रो भगवन्तम् एतद् अवोचत् -- बहूनि मे भगवन् तथागतस्यान्तिकान् मञ्जुश्रियश् च कुमारभूतस्यान्तिकाद् धर्मपर्यायशत-सहस्राणि श्रुतानि। न च मे जात्व् एवम् अचिन्त्यविमोक्षविकुर्वितधर्मनयप्रवेशश्रुत-पूर्वो यादृश इह धर्मपर्याये निर्दिष्टः।

今译：然后，帝释天王对世尊说道："世尊啊，我已从世尊和文殊师利真童子这里聆听数百千种法门。但我先前确实没有听过像这次宣示的这种入不可思议解脱神通变化法门。

什译：爾時釋提桓因[①]於大眾中白佛言："世尊，我雖從佛及文殊師利聞百千經，未曾聞此不可思議自在神通決定實相[②]經典。

奘译：爾時天帝釋白佛言："世尊，我雖從佛及妙吉祥聞多百千

---

① "提桓因"是 devānām indraḥ（"天神中的因陀罗"，即"天王"）一词的音译。"释提桓因"也就是帝释天王。奘译"天帝释"。

② 此处"决定实相"不见于原文和奘译。什译这个用词是强调这部经典阐明确定无疑的实相。

法門差別，而未曾聞如是所說不可思議自在神變解脫法門。

१२।२ निःसंशयं ते सत्वा एवं धर्मभाजना भविष्यन्ति, य इमं धर्मपर्यायम् उद्ग्रहीष्यन्ति धारयिष्यन्ति वाचयिष्यन्ति पर्यवाप्स्यन्ति। कः पुनर् वादः, ये भावनायोगम् अनुयुक्ता भविष्यन्ति, पिथितास् तेषां सर्वापायाः, अनावृतास् तेषां सर्वे सुगतिपथाः, दृष्टास् ते सर्वबुद्धैः, निहतास् तैः सर्वपरप्रवादिनः, पराजितास् तैः सर्वमाराः, विशोधितास् तैर् बोधिमार्गाः, प्रतिष्ठितास् ते बोधिमण्डे, तथागतगतिसमवसरणास् ते भविष्यन्ति।

今译：“凡有众生掌握、记取、诵读和精通这个法门，他们毫无疑问会成为受法者。更不用说，与修行结合，他们能堵住恶道，毫无障碍，进入一切善道。他们能见到一切如来，攻破一切外道邪说，降伏一切摩罗，净化菩提道，安立菩提道场，走上如来之路。

什译：“如我解佛所說義趣，[1]若有眾生聞是經法，信解、受持、讀誦之者，必得是法不疑，何況如說修行。斯人即為閉眾惡趣，開諸善門，常為諸佛之所護念，降伏外學，摧滅魔怨，修治菩提[2]，安處道場，履踐如來所行之跡。

奘译：“如我解佛所說義趣，若諸有情聽聞如是所說法門，信解，受持，讀誦，通利，廣為他說，尚為法器[3]，決定無疑，何況精勤如理修習。如是有情關閉一切惡趣險徑，開闢一切善趣夷塗[4]，常見一切諸佛菩薩，降伏一切外道他論，摧滅一切暴惡魔軍，淨菩提道，安

① 这句不见于原文。奘译与什译一致。
② 此处僧肇《注维摩诘经》解释说：“什曰梵本菩提下有道字”。即原文是 bodhimārgāḥ（“菩提道”）。奘译“菩提道”。
③ “法器”的原词是 dharma-bhājana，词义为“正法的容器”，也就是“受法者”。
④ “夷涂”指平坦的道路。

立妙覺，履踐如來所行之路。”

१२।३ य इमं धर्मपर्यायं धारयिष्यन्ति, अहम् अपि भगवन् तेषां कुलपुत्राणाम् उपस्थानपरिचर्यां करिष्यामि सार्धं सर्वपरिवारेण। यत्र च ग्रामनगरनिगमजनपदराष्ट्रराजधानीष्व् अयं धर्मपर्यायः प्रचरिष्यति देशयिष्यति संप्रकाशयिष्यति, तत्राहं सपरिवारो धर्मश्रवणायोपसंक्रामिष्यामि। अप्रसन्नानां च कुलपुत्राणां प्रसादम् उत्पादयिष्यामि, प्रसन्नानां च धार्मिकीं रक्षावरणगुप्तिं करिष्यामि।

今译：“世尊啊，我和所有随从会供养和侍奉受持这个法门的善男子们。凡是村庄、城镇、市场、国土和都城中，奉行、宣示和讲解[①]这个法门，我和随从会前往那里听法。我会让那些无信仰的善男子产生信仰，同时排除障碍，依法保护那些信仰者。”

什译：“世尊，若有受持讀誦，如說修行者，我當與諸眷屬供養給事。所在聚落城邑、山林曠野有是經處，我亦與諸眷屬聽受法故，共到其所。其未信者，當令生信。其已信者，當為作護。”

奘译：復言：“世尊，若諸有情聽聞如是所說法門，信解，受持，乃至精勤如理修習，我當與其一切眷屬恭敬供養是善男子、善女人等。世尊，若有村城、聚落、國邑、王都受持、讀誦、開解、流通此法門處，我亦與其一切眷屬為聞法故，共詣其所。諸未信者，當令其信。諸已信者，如法護持，令無障難。”

१२।४ एवम् उक्ते भगवाञ् शक्रं देवानाम् इन्द्रम् एतद् अवोचत् -- साधु साधु देवानाम् इन्द्र, सुभाषितं ते ऽनुमोदते तथागतः। या देवानाम् इन्द्र अतीता-

---

① 此处“奉行”、“宣示”和“讲解”的原文是 pracariṣyati、deśayiṣyati 和 saṃprakāśayiṣyati，属于混合梵语的将来时被动语态形式。这一点，校订本注文中已有提示。按照规范梵语，语尾应该使用中间语态。

नागतप्रत्युत्पन्नानां बुद्धानां भगवतां बोधिर् इह धर्मपर्याय उद्दिष्टा। तस्माद् इह देवेन्द्र अतीतानागतप्रत्युत्पन्नास् तेन कुलपुत्रेण वा कुलदुहित्रा वा बुद्धा भगवन्तः पूजिता भविष्यन्ति, य इमं धर्मपर्यायम् उद्ग्रहीष्यत्य् अन्तशः पुस्तकलिखितम् अपि करिष्यति वाचयिष्यति लिखिष्यति पर्यवाप्स्यति।

今译：闻听此言，世尊对帝释天王说道："很好，很好，天王啊，如来喜欢你说的妙言。天王啊，过去、未来和现在诸佛世尊的菩提都展示在这个法门中。因此，天王啊，善男子或善女人一旦掌握、刻书[①]、诵读、书写和精通这个法门，也就是供奉过去、未来和现在诸佛世尊。

什译：佛言："善哉，善哉，天帝！如汝所說，吾助爾喜。此經廣說過去、未來、現在諸佛不可思議阿耨多羅三藐三菩提[②]。是故，天帝！若善男子、善女人受持、讀誦、供養是經者，即為供養去、來、今佛。

奘译：爾時世尊告天帝釋："善哉，善哉，如汝所說，汝今乃能隨喜如來所說如是微妙法門。[③]天帝！當知過去、未來、現在諸佛，所有無上正等菩提，皆於如是所說法門略說開示。是故，若有諸善男子或善女人聽聞如是所說法門，信解，受持，讀誦，通利，廣為他說，書寫供養，即為供養過去、未來、現在諸佛。

१२।५ यश् च पुनर् देवेन्द्र कुलपुत्रो वा कुलदुहिता वेमं त्रिसाहस्रमहासाहस्रं लोकधातुं तथागतपूर्णं तद्यथापि नामेक्षुवनं वा नडवनं वा वेणुवनं वा तिलवनं वैवं

① "刻书"（pustakalikhita）指刻写经典。

② 此处僧肇《注维摩诘经》解释说："什曰梵本此菩提下有法字也"。即原文有 dharma-paryāyaḥ（"法门"）一词。奘译中有"法门"一词。

③ 这句与原文和什译有差异。按原文是"如来随喜你说的妙言"。什译"吾助尔喜"。"随喜"的原词是 anumodate，词义为"随同欢喜"、"喜欢"或"赞同"。

शालिवनं वा प्रतिपूर्णं कल्पं वा कल्पावशेषं वा सत्कुर्याद् गुरुकुर्यान् मानयेत् पूजयेत् तांस् तथागतान् सर्वपूजाभिः सर्वसुखोपधानैः, परिनिर्वृतानां च तेषां तथागतानाम् एकैकस्य तथागतस्य पूजाकर्मण एकघनस्याविकोपितस्य शरीरस्य सर्वरत्नमयं स्तूपं प्रतिष्ठापयेच् चतुर्महाद्वीपिकलोकधातुप्रमाणं यावद् ब्रह्मलोकम् उच्चैस्त्वेन यष्टिच्छत्रपताकाभिर् उद्विद्धोपशोभितम् एवं सर्वतथागतानां प्रत्येकं स्तूपं कारयेत् , स च तत्र कल्पं वा कल्पावशेषं वा पूजां कुर्यात् , सर्वपुष्पैः सर्वगन्धैः सर्वध्वजपताकाभिः सर्वतूर्यताडावचरसंप्रवादितेन पूजां कुर्यात् तत् किं मन्यसे देवानाम् इन्द्र अपि नु स कुलपुत्रो वा कुलदुहिता वा ततो निदानं बहु पुण्यं प्रसुनुयात्। आह -- बहु भगवन् बहु सुगत, नास्य पुण्यस्कन्धस्य शक्यः पर्यन्तो ऽधिगन्तुं कल्पकोटीशतसहस्रैर् अपि।

今译：“天王啊，如果这三千大千世界布满如来，如同甘蔗林、芦苇林、竹林、麻林和稻林，而善男子或善女人整整一劫或一劫多，善待、尊重、敬拜和供奉这些如来，供给他们一切舒适的用品。在这些如来涅槃后，供奉每一位如来完整无损的舍利[①]，建立由一切宝石构成的宝塔，宽广如同四大洲世界，高至梵界，装饰有柱子、华盖和旗幡。就这样，为一切如来逐一建造宝塔。整整一劫或一劫多，用一切花、一切香料、一切旗幡和一切乐器供奉。天王啊，你认为这样的善男子或善女子由此因缘会获得很多功德吗？”天王说道：“世尊啊，很多。善逝啊，很多。即使百千亿劫也不能数尽这些聚积的功德。”

什译：“天帝！正使三千大千世界如來滿中，譬如甘蔗、竹、葦、稻、麻、叢林，若有善男子、善女人，或一劫，或減一劫[②]，恭敬，尊重，讚歎，供養，奉諸所安。至諸佛滅後，以一一全身舍利起七寶

---

① “舍利”是 śarīra（“身体”或“遗骨”）一词的音译。

② 此处“减一劫”的原文是 kalpāvaśeṣa，可以读为“一劫（kalpa）的剩余（avaśeṣa）”或“剩下一劫”。但在佛经中常读为“一劫多”。奘译“一劫余”。

塔，縱廣一四天下，高至梵天，表刹[①]莊嚴，以一切華香、瓔珞、幢幡、伎樂微妙第一，若一劫，若減一劫，而供養之。於天帝意云何，其人植福寧為多不？”釋提桓因言：“多矣，世尊，彼之福德若以百千億劫，說不能盡。”

奘译：“又，天帝釋！假使三千大千世界滿中如來，譬如甘蔗及竹、葦、麻、稻、山林等，若善男子或善女人經於一劫或一劫餘，恭敬，尊重，讚歎，承事，以諸天人一切上妙安樂供具、一切上妙安樂所居奉施供養於諸如來。般涅槃後，供養一一全身舍利。以七珍寶起窣堵波[②]，縱廣量等四洲世界，其形高峻，上至梵天，表柱、輪盤，香花、幡蓋，眾珍、伎樂，嚴飾第一。如是建立一一如來七寶莊嚴窣堵波已，經於一劫或一劫餘，以諸天人一切上妙花鬘、燒香、塗香、末香、衣服、幡蓋、寶幢、燈輪、眾珍、伎樂種種供具，恭敬，尊重，讚歎，供養。於意云何？是善男子或善女人由此因缘獲福多不？”天帝釋言：“甚多，世尊！難思，善逝！百千俱胝那庾多劫亦不能說其福聚量。”

१२।६ भगवान् आह -- आरोचयामि ते देवानाम् इन्द्र, प्रतिवेदय। अतः स कुलपुत्रो वा कुलदुहिता वा बहुतरं पुण्यं प्रसुनुयात्, य इमम् अचिन्त्यविमोक्षनिर्देशं धर्मपर्यायम् उद्गृह्णीयाद् धारयेद् वाचयेत् पर्यवाप्नुयात्। तत् कस्माद् धेतोः। धर्मनिर्जाता हि देवेन्द्र बुद्धानां भगवतां बोधिः, सा धर्मेणैव शक्या पूजयितुम्, नामिषेण। तद् अनेनापि ते देवेन्द्र पर्यायेणैवं वेदितव्यम्।

今译：世尊说道：“我告诉你，天王啊，你要知道善男子或善女人掌握、受持、诵读和精通这个称为不可思议解脱的法门，获得的功

① 此处“表刹”的原词是yaṣṭi（“柱子”或“旗杆”）。奘译“表柱”。
② “窣堵波”是stūpa（“塔”）一词的音译。

德比这更多。为什么？天王啊，诸佛世尊的菩提生自这种法。只能以法供奉，而不能以财物供奉这种菩提。天王啊，你要这样理解这个法门。

什译：佛告天帝："當知是善男子、善女人聞是不可思議解脫經典，信解，受持，讀誦，修行，福多於彼。所以者何？諸佛菩提皆從是生。菩提之相不可限量，以是因缘，福不可量。[①]"

奘译：佛告天帝："如是，如是。吾今復以誠言語汝。若善男子或善女人聽聞如是不可思議自在神變解脫法門，信解，受持，讀誦，宣說，所獲福聚甚多於彼。所以者何？諸佛無上正等菩提從此生故。唯法供養乃能供養如是法門，非以財物。天帝！當知無上菩提功德多故，供養此法其福甚多。"

१२।७ भूतपूर्वं देवानाम् इन्द्र अतीते ऽध्वन्य् असंख्येये कल्पे ऽसंख्येयतरे विपुले ऽप्रमाणे ऽचिन्त्ये यद् आसीत् तेन कालेन तेन समयेन भैषज्यराजो नाम तथागतो ऽर्हन् सम्यक्संबुद्धो विद्याचरणसंपन्नः, सुगतो लोकविद् अनुत्तरः पुरुषदम्यसारथिः शास्ता देवमनुष्याणां बुद्धो भगवान् महाव्यूहे लोकधातौ विशोधने कल्पे। तस्य खलु पुनर् देवानाम् इन्द्र भैषज्यराजस्य तथागतस्यार्हतः सम्यक्संबुद्धस्य विंशतिर् अन्तरकल्प आयुःप्रमाणम् अभूत्। षट्त्रिंशच् चास्य कोटीनियुतानि श्रावकाणां संघो ऽभूत्। द्वादशकोट्यो बोधिसत्वानां संघो ऽभूत्। तेन च देवानाम् इन्द्र कालेन तेन समयेन रत्नच्छत्रो नाम राजाभूच् चक्रवर्ती सप्तरत्नसमन्वागतश् चतुर्द्वीपेश्वरः। परिपूर्णं चास्य पुत्रसहस्रम् अभूच् छूराणां वराङ्गरूपिणां परसैन्यप्रमर्दकानाम्।

今译："天王啊，在往昔过去无可限量、无可思量、比无数更无

① 这句与原文有差异。奘译与原文一致，同时也有什译的这一句。

数劫前，曾经有一位名叫药王的如来、阿罗汉、正等觉、明行足、善逝、世间解、无上士、调御师、天人师、佛和世尊①。天王啊，这位药王如来、阿罗汉和正等觉在大庄严世界清净劫中，寿命长达二十中劫。他有三十六亿那由多声闻僧团，十二亿菩萨僧团。天王啊，当时，有一位名叫宝盖的转轮王，拥有七宝②，统治四洲。他有整整一千个儿子，个个肢体端庄，是摧毁敌军的勇士。

什译：佛告天帝：“過去無量阿僧祇劫，時世有佛，號曰藥王如來、應供、正遍知③、明行足、善逝、世間解、無上士、調御丈夫、天人師、佛、世尊。世界名大莊嚴。劫曰莊嚴④。佛壽二十小劫，其聲聞僧三十六億那由他，菩薩僧有十二億。天帝！是時有轉輪聖王，名曰寶蓋，七寶具足，主四天下。王有千子，端正勇健，能伏怨敵。

奘译：爾時世尊告天帝釋：“乃往過去不可思議、不可稱量、無數大劫有佛出世，名曰藥王如來、應、正等覺、明行圓滿、善逝、世間解、無上丈夫、調御士、天人師、佛、世尊。彼佛世界名曰大嚴。劫名嚴淨。藥王如來壽量住世二十中劫，其聲聞僧有三十六俱胝那庾多數，其菩薩眾十二俱胝。時有輪王，名曰寶蓋，成就七寶，主四大洲，具足千子，端嚴勇健，能伏他軍。

१२।८ तेन खलु पुनः समयेन राज्ञा रत्नच्छत्रेण स भगवान् भैषज्यराजस् तथागतः पञ्चान्तरकल्पान् सत्कृतः सपरिवारः सर्वसुखोपधानेन। इति हि देवानाम्

---

① 这些是佛的称号。其中，“明行足”（vidyācaraṇasampanna）指知和行两者完善。奘译“明行圆满”。“世间解”（lokavid）指通晓世间事务。“调御师”（puruṣadamyasārathi）指调伏众生的导师。什译“调御丈夫”。奘译“调御士”。

② “七宝”（saptaratna）指轮宝、象宝、马宝、女宝、摩尼宝、家主宝和将帅宝。

③ “正遍知”是 samyaksaṃbuddha（“正等觉”）的又一种译名。

④ 此处“庄严”的原词是 viśodhana（“清净”）。奘译“严净”。一个大劫分成四劫：成劫、住劫、坏劫和空劫。“庄严劫”指过去世的“住劫”。

इन्द्र तेषां पञ्चानाम् अन्तरकल्पानाम् अत्ययेन स राजा रत्नच्छत्रस् तत् पुत्रसहस्रम् आमन्त्रयते स्म -- यत् खलु मार्षाः जानीत, कृता मया तथागतस्य पूजा, यूयम् इदानीं तथागतस्य पूजां कुरुत। इति हि देवानाम् इन्द्र ते राजकुमाराः पितू राज्ञो रत्नच्छत्रस्य -- साध्व् इति प्रतिश्रुत्य सर्वे सहिताः समग्रा अपरान् पञ्चान्तरकल्पांस् तं भगवन्तं भैषज्यराजं तथागतं सत्कुर्वन्ति सर्वसुखोपधानैः।

今译：“那时，宝盖王用一切舒适的用品供奉世尊药王如来及其随从，长达五中劫。天王啊，五中劫过后，宝盖王吩咐一千个儿子：‘贤儿们啊，你们要知道，我过去一直侍奉如来。如今，你们也要侍奉如来。’天王啊，王子们回答父王宝盖：‘好吧！’他们齐心协力，在又一个五中劫中，用一切舒适的用品供奉药王如来。

什译：“爾時寶蓋與其眷屬供養藥王如來①，施諸所安，至滿五劫。過五劫已，告其千子：‘汝等亦當如我以深心供養於佛。’於是，千子受父王命，供養藥王如來，復滿五劫，一切施安。

奘译：“時王寶蓋與其眷屬滿五中劫，恭敬、尊重、讚歎、承事藥王如來，以諸天人一切上妙安樂供具、一切上妙安樂所居奉施供養。過五劫已，時寶蓋王告其千子：‘汝等當知我已供養藥王如來。汝等今者亦當如我奉施供養。’於是，千子聞父王教，歡喜敬受，皆曰‘善哉。’一切協同，滿五中劫，與其眷屬恭敬、尊重、讚歎、承事藥王如來，以諸人、天一切上妙安樂供具、一切上妙安樂所居奉施供養。②

१२।९ ततश् चैको राजकुमारः सोमच्छत्रो नाम। तस्यैकाकिनो रहोगतस्यैतद् अभूत् -- अस्ति त्व् अस्याः पुजाया अन्योदारता विशिष्टतरा पूजेति। तस्यान्तरीक्षाद् देवता बुद्धाधिष्ठानेनैवम् आह -- धर्मपूजा सत्पुरुष सर्व-

① 这句中的“与其眷属”（saparivāra）按原文是指药王如来的“眷属”（“随从”）。
② 这一段比照原文，什译文字有所简化，奘译文字有所增饰。

पूजाभ्यो विशिष्यते। स एवम् आह -- कतमा पुनः सा धर्मपूजेति। देवताह -- एतम् एव त्वं सत्पुरुष तथागतं भैषज्यराजम् उपसंक्रम्य परिपृच्छ -- कतमा सा धर्मपूजेति। स ते भगवान् व्याकरिष्यति। अथ देवानाम् इन्द्र स सोमच्छत्रो राजकुमारो येन भगवान् भैषज्यराजस् तथागतो ऽर्हन् सम्यक्संबुद्धस् तेनोपसंक्रामत्। उपसंक्रम्य तस्य भगवतः पादौ शिरसा वन्दित्वैकान्ते ऽस्थात्। एकान्तस्थितश् च सोमच्छत्रो राजकुमारस् तं भगवन्तं भैषज्यराजं तथागतम् एतद् अवोचत् -- धर्मपूजा धर्मपूजेति भगवन् उच्यते। कतमा सा धर्मपूजेति।

今译：“然后，有一位名叫月盖的王子，独自在幽静处思忖道：‘是否有比这种供奉更崇高[①]、更优胜的供奉？’由于佛的威力，空中传来神灵的话音：‘贤士啊，法供奉优于一切供奉。’王子说道：‘何为法供奉？’神灵说道：‘贤士啊，你去药王如来那里，询问何为法供奉？这位世尊会向你说明。’于是，天王啊，月盖王子来到世尊药王如来、阿罗汉、正等觉那里。来到后，他俯首向世尊行触足礼，然后侍立一旁，对世尊药王如来说道：‘法供奉，法供奉，世尊啊，有这样的说法。何为法供奉？’

什译：“其王一子，名曰月蓋，獨坐思惟：‘寧有供養殊過此者？’以佛神力，空中有天曰：‘善男子！法之供養勝諸供養。’即問：‘何謂法之供養？’天曰：‘汝可往問藥王如來，當廣為汝說法之供養。’即時月蓋王子行詣藥王如來，稽首佛足，却住一面，白佛言：‘世尊，諸供養中，法供養勝。云何為法供養？’

奘译：“時一王子名為月蓋，獨處閑寂，作是思惟：‘我等於今如是慇重恭敬供養藥王如來，頗有其餘恭敬供養最上最勝過於此不？’以佛神力，於上空中，有天發聲告王子曰：‘月蓋！當知諸供

① 此处“更崇高”的原词是 udāratā（“崇高性”）。奘译“最上”。因此，此词应为 udāratarā。

養中，其法供養最為殊勝。’即問：‘云何名法供養？’天答：‘月蓋！汝可往問藥王如來世尊，云何名法供養？佛當為汝廣說開示。’王子月蓋聞天語已，即便往詣藥王如來，恭敬慇勤，頂礼雙足，右遶三匝，却住一面，白言：‘世尊，我聞一切諸供養中，其法供養最為殊勝。此法供養，其相云何？’

१२।१० स भगवान् आह -- धर्मपूजा कुलपुत्र या तथागतभाषितानां सूत्रान्तानां गम्भीराणां गम्भीरावभासानां सर्वलोकप्रत्यनीकानां दुरवगाहानां दुर्दृशानां दुरनुबोधानां सूक्ष्माणां निपुणानां निरुपलम्भानाम् बोधिसत्वपिटकान्तर्गतानां धारणीसूत्रान्तराजमुद्रामुद्रितानाम् अविवर्तचक्रसूचकानाम् षड्पारमितानिर्जातानां संगृहीतग्रहाणां बोधिपक्ष्यधर्मानुगतानां बोध्यङ्गाहाराणां सत्वमहाकरुणावताराणां महामैत्रीनिर्देशानां मारदृष्टिगतविगतानां प्रतीत्यसमुत्पादनिर्दिष्टानाम्

今译：“世尊说道：‘善男子啊，法供奉是这样。如来所说经典深邃，具有深邃相，与一切世间抵触，难以深入，难以洞悉，难以领悟，微妙，精深，不可把握。这些经典收入菩萨藏，印有总持经王之印[①]，指示不退转轮，产生六波罗蜜，摄受所摄受者，顺应菩提分支法，获取觉支，向众生展现大悲，宣示大慈，远离摩罗邪见，显示缘起。

什译：“佛言：‘善男子！法供養者，諸佛所說深經，一切世間難信難受，微妙難見，清淨無染，非但分別思惟之所能得[②]，菩薩法藏所攝，陀羅尼印印之，至不退轉，成就六度，善分別義[③]，順菩提

① 这句中，“总持经王”（dhāraṇīsūtrāntarāja）或译“陀罗尼经王”，可理解为总摄一切经的经王，即至高的经。此处奘译“总持经王，佛印所印”，意谓由佛印上“总持经王”之印。对于“印”（mudrā），僧肇《注维摩诘经》解释说：“印，梵本言相，实相也。”也就是印上实相之印。这是引申的说法。

② 这里两个短语不见于原文。奘译与什译一致。

③ 此处“善分别义”不见于原文和奘译。按原文是 saṃgṛhītagraha（“摄受所摄受者”）。奘译“善摄一切所应摄受”。

法，眾經之上[①]，入大慈悲，離眾魔事及諸邪見，順因缘法。

奘译：“藥王如來告王子曰：‘月蓋！當知法供養者，謂於諸佛所說經典，微妙甚深，似甚深相，一切世間極難信受，難度難見，幽玄細密，無染了義[②]，非分別知，菩薩藏攝，總持經王，佛印所印，分別開示不退法輪，六到彼岸由斯而起，善攝一切所應攝受，菩提分法正所隨行，七等覺支親能導發，辯說開示大慈大悲，拔濟引安諸有情類，遠離一切見趣魔怨，分別闡揚甚深缘起。

१२।११ निरात्मनिःसत्वनिर्जीवनिष्पुद्गलानां शून्यतानिमित्ताप्रणिहितानभिसंस्काराणां बोधिमण्डाहारकाणां धर्मचक्रप्रवर्तकानां देवनागयक्षगन्धर्वसंस्तुतप्रशस्तानां सद्धर्मवंशानुपच्छेत्तॄणां धर्मगञ्जसंधारकानां धर्माग्रपूजावतीर्णानां सर्वार्यजनपरिगृहीतानां सर्वबोधिसत्वचर्याप्रशासकानां भूतार्थधर्मप्रतिसंचितावताराणां धर्मोद्दानानित्यदुःखानात्मशान्तनिर्जातानां दुःशीलौजोघट्टकानां सर्वपरप्रवादिकुदृष्ट्युपलम्भाभिनिविष्टत्रासकराणां सर्वबुद्धप्रशस्तानां संसारविपक्षाणां निर्वाणसुखसंदर्शकानाम्। एवंरूपाणां सूत्रान्तानां या देशना संप्रकाशना धारणा प्रत्यवेक्षणा सद्धर्मसंग्रहः, इयम् उच्यते धर्मपूजेति।

今译：“‘无我、无众生、无生命和无补特伽罗[③]，空性、无相、无愿和无作为，获得菩提道场，转动法轮，天神、蛇、药叉和乾达婆赞美称颂，保护正法绵延不绝，维持正法宝库，提供至上法供奉，吸引一切圣贤，教导一切菩萨行，依从真实义法，产生无常、苦、无我和寂静四法印[④]，制止犯戒，威慑一切执著外道邪说恶见者，一切佛

---

① 此处“众经之上”不见于原文和奘译。

② 此处“无染了义”指清净无染的真实意义。

③ 这句中的四个短语，实际上说的都是“无我”，即没有“我”这个实体。其中，“补特伽罗”（pudgala）也译“人”或“我”。

④ 此处“法印”的原词是 dharmoddāna，词义为法的总结或概要。佛教原有三法印：诸行无常，诸法无我，涅槃寂静。这里加上“一切皆苦”，则成为四法印。此处奘译“法嗢拕南”是意译和音译的结合。

称赞，针对生死轮回，展示涅槃快乐。宣示、解说、记取和思考这样的经典，掌握正法。这就称为法供奉。

什译：“‘無我、無人、無眾生、無壽命，空、無相、無作、無起，能令眾生坐於道場，而轉法輪，諸天、龍、神、乾闥婆等所共歎譽，能令眾生入佛法藏，攝諸賢聖一切智慧，說眾菩薩所行之道，依於諸法實相之義，明宣無常、苦、空、無我、寂滅之法，能救一切毀禁眾生，諸魔外道及貪著者能使怖畏，諸佛賢聖所共稱歎，背生死苦，示涅槃樂，十方三世諸佛所說。若聞如是等經，信解，受持，讀誦，以方便力為諸眾生分別解說，顯示分明，守護法故，是名法之供養。

奘译：“‘辯內無我、外無有情，於二中間[①]無壽命者，無養育者[②]，畢竟無有補特伽羅性，空、無相、無願、無作、無起相應，能引妙覺，能轉法輪，天、龍、藥叉、健達縛等咸共尊重，稱歎，供養，引導眾生大法供養，圓滿眾生大法祠祀，一切聖賢悉皆攝受，開發一切菩薩妙行，真實法義之所歸依，最勝無礙由斯而起，詳說諸法無常、有苦、無我、寂靜，發生四種法嗢拕南，遣除一切慳貪、毀禁、瞋恨、懈怠、妄念、惡慧，驚怖一切外道邪論惡見執著，開發一切有情善法增上勢力，摧伏一切惡魔軍眾，諸佛聖賢共所稱歎，能除一切生死大苦，能示一切涅槃大樂，三世十方諸佛共說。於是經典，若樂聽聞，信解，受持，讀誦，通利，思惟觀察甚深義趣，令其顯著，施設安立，分別開示，明了現前，復廣為他宣揚辯說，方便善巧攝護正法。如是一切名法供養。[③]

① 此处“二中间”指内和外之间。此词不见于原文和什译。

② 此处“养育者”（poṣa）不见于原文和什译。此词常与“众生”（“有情”）、“生命”（“寿命”）和“补特伽罗”（“人”）这些词并列使用。

③ 这一段奘译的文字表述多于原文和什译。

१२।१२ पुनर् अपरं कुलपुत्र धर्मपूजा या धार्मेषु धर्मनिध्यप्तिः, धर्मप्रतिपत्तिः, प्रतीत्यसमुत्पादानुलोमता, सर्वान्तदृष्टिविगमः, अजातानुत्पादक्षान्तिः, नैरात्म्यनिःसत्वतावतारः, हेतुप्रत्ययाविरोधः, अविग्रहः, अविवादः, अममत्वम् , ममकारविगमः, अर्थप्रतिशरणता न व्यञ्जनप्रतिशरणता, ज्ञानप्रतिशरणता न विज्ञानप्रतिशरणता, नीतार्थसूत्रान्तप्रतिशरणता न नेयार्थसंवृत्यभिनिवेशः, धर्मताप्रतिशरणता न पुद्गलदृष्ट्युपलम्भो न ग्राह्याभिनिविष्टता, यथावद्धर्मानुगमः, अनालयप्रवेशः, आलयसमुद्घातः, अविद्याव्युपशमो यावज् जरामरणशोकपरिदेवदुःखदौर्मनस्योपायासव्युपशमः। एवं च द्वादशाङ्गं प्रतीत्यसमुत्पादम् अवेक्ष्यते, अक्षयाभिनिर्हारेण चाभिनिर्हरति, सत्वावेक्षया च दृष्टिनिरपेक्षः। इयम् अपि कुलपुत्र उच्यते ऽनुत्तरा धर्मपूजेति।

今译：“‘还有，善男子啊，法供奉是这样。依据诸法观察和修行，顺应缘起，远离一切偏见，忍受不生和无生，了解无我和无众生，不违背因缘，无争斗，无争论，无我所，远离我执，依于义而不依于音，依于智而不依于识，依于了义经而不执著不了义世俗说①，依于法性而不执取补特伽罗见，不执著所取，如实追随正法，不陷入贪欲，断除贪欲②，灭寂无知，乃至灭寂老、死、忧愁、哀伤、痛苦、不安和烦恼。这样观察③十二因缘，由无穷尽的引发而引发④。这样观察众生，也就不起一切见。善男子啊，这称为无上法供奉。’

什译：“‘又於諸法如說修行，隨順十二因缘，離諸邪見，得無生忍，決定無我、無有眾生，而於因缘果報無違無諍，離諸我所。依

① 这句中的“了义”（nītārtha）和“不了义”（neyārtha）相当于“真谛”和“俗谛”。

② 此处“贪欲”的原词是 ālaya，词义为“住处”、“执著”或“贪欲”。这里与“十二因缘”联系，似可译为“贪欲”。这句奘译“入无藏摄，灭阿赖耶”，其中的“藏摄”和“阿赖耶”原词均为 ālaya。什译“无所入，无所归”。

③ 此处“观察”的原词是 avekṣyate，属于混合梵语形式，规范形式应为 avekṣate。

④ 此处“引发”（abhinirhāra）指十二因缘连续不断的引发。因此，要断除贪欲，灭寂无知，而灭寂十二因缘。

於義，不依語。依於智，不依識。依了義經，不依不了義經。依於法，不依人。隨順法相，無所入，無所歸。無明畢竟滅故，諸行亦畢竟滅，乃至生畢竟滅故，老死亦畢竟滅。作如是觀，十二因缘無有盡相，不復起見。是名最上法之供養。’”

奘译：“‘復次，月蓋！法供養者，謂於諸法如法調伏，及於諸法如法修行。隨順缘起，離諸邪見。修習無生、不起[①]法忍，悉[②]入无我及無有情，於諸因缘無違無諍，不起異議。離我、我所，無所攝受。依趣於義，不依於文。依趣於智，不依於識。依趣了義所說契經，終不依於不了義說世俗經典而生執著。依趣法性，終不依於補特伽羅見有所得。如其性相，悟解諸法。入無藏攝，滅阿賴耶。息除無明，乃至老死。息除愁歎、憂苦、熱惱。觀察如是十二缘起無盡引發，常所引發。顧[③]諸有情捨諸見趣。如是名為上法供養。’”

१२।१३ इति हि देवानाम् इन्द्र स सोमच्छत्रो राजकुमारस् तस्य भगवतो भैषज्यराजस्य तथागतस्यान्तिकाद् इमां धर्मपूजां श्रुत्वानुलोमिकीं धर्मक्षान्तिं प्रतिलभते स्म। यथाप्रावृतैश् च वस्त्राभरणैस् तं भगवन्तं छादयति, एवं वाचम् अभाषत् -- अहं भगवन् उत्सहे तथागतस्य सद्धर्मपरिग्रहाय सद्धर्मपूजाकरणतायै सद्धर्मं परिरक्षितुम्। तस्य मे भगवांस् तथाधिष्ठानं करोतु, यथाहं निहतमार-प्रत्यर्थिको भगवतः सद्धर्मं परिगृह्णीयाम्। तस्य स तथागतो ऽध्याशयं विदित्वा व्याकृतवान् पश्चिमे काले सद्धर्मनगरपालरक्षायै।

今译：“天王啊，月盖王子从世尊药王如来闻听这种法供奉，获

① 此处“无生”的原词是 ajāta，也译“不生”；“不起”的原词是 anutpāda，也译“无生”。什译此处将这两个词合译为“无生”。

② 此处“悉”字，据《中华大藏经》校勘记，“诸本作‘悟’”。“悟”字可取，因为此处原词 avatāra，词义为“进入”、“深入”或“理解”。

③ 此处“顾”字，据《中华大藏经》校勘记，“《资》、《碛》、《普》、《南》、《径》、《清》、《丽》作‘愿’”。“愿”字可取，但原文中无此“愿”字。

得随顺法忍。他将身上的衣服和装饰品献给如来，说道：‘世尊啊，我愿意掌握如来的正法，供奉正法，保护正法。请世尊施与我这样的威力，让我能降伏摩罗怨敌，掌握世尊的正法。’如来了解他的诚心，授记他在末世[①]守护法城。

什译：佛告天帝：“王子月蓋從藥王佛聞如是法，得柔順忍[②]，即解寶衣嚴身之具，以供養佛，白佛言：‘世尊，如來滅後，我當行法供養，守護正法。願以威神加哀[③]建立，令我得降魔怨，修菩薩行。’佛知其深心所念，而記之曰：‘汝於末後，守護法城。’

奘译：佛告天帝：“王子月蓋從藥王佛聞說如是上法供養，得順法忍，即脫寶衣、諸莊嚴具，奉施供養藥王如來，白言：‘世尊，我願於佛般涅槃後攝受正法，作法供養，護持正法。唯願如來以神通力哀愍加威，令得無難降伏魔怨，護持正法，修菩薩行。’藥王如來既知月蓋增上意樂，便記之曰：‘汝於如來般涅槃後能護法城。’

१२।१४ स खलु पुनर् देवानाम् इन्द्र सोमच्छत्रो राजकुमारस् तस्य तथागतस्य तिष्ठत एव श्रद्धयागाराद् अनगारिकां प्रव्रजितः सन्न् आरब्धवीर्यो विहरति स्म कुशलेषु धर्मेषु। तेनारब्धवीर्येण कुशलधर्मप्रतिष्ठितेन न चिरात् पञ्चाभिज्ञा उत्पादिताः। गतिंगतश् च धारणीनाम् अभूद् अनाच्छेद्यप्रतिभानः। स तस्य भगवतः परिनिर्वृतस्याभिज्ञाधारणीबलेन परिपूर्णान् दशान्तरकल्पांस् तस्य भगवतो भैषज्यराजस्य तथागतस्य प्रवृत्तं धर्मचक्रम् अनुवर्तयति स्म। तेन खलु पुनर् देवानाम् इन्द्र सोमच्छत्रेण भिक्षुणा सद्धर्मपरिग्रहाभियुक्तेन दशकोटीशतानि

① “末世”（paścime kāle）指佛涅槃后，佛教将经历正法、像法和末法三个时代。末法时代是佛法衰败的时代，称为“末世”。此词什译“末后”。奘译“如来般涅槃后”。

② “柔顺忍”（ānulomikī dharmakṣānti，“随顺法忍”），奘译“顺法忍”。此处僧肇《注维摩诘经》解释说：“心柔智顺，堪受实相，未及无生，名柔顺忍。”意谓达到忍受实相，尚未达到忍受无生。

③ “加哀”指“怜悯”、“同情”或“爱护”。奘译“哀愍”。原文中无此词。

सत्वानाम् अवैवर्तिकानि कृतान्य् अभूवन्न् अनुत्तरायां सम्यक्संबोधौ चतुर्दश च प्राणिनियुतानि श्रावकप्रत्येकबुद्धयानिकानि, अप्रमाणाश् च सत्वाः स्वर्गोपगाः कृताः।

今译：“天王啊，月盖王子怀着对这位在世如来的信仰，离宫出家，勇猛精进，修行种种善法。由于勇猛精进，安住善法，他不久就获得五神通，通晓记诵，具备无碍辩才。在如来入涅槃后，凭借神通和记诵力，整整十中劫，他继续转动世尊药王如来转动的法轮。还有，天王啊，月盖比丘掌握和运用正法，让千亿众生住于无上正等菩提而不退转，十四那由多众生成为声闻和缘觉，无量众生升入天国。

什译：“天帝！時王子月蓋見法清淨，聞佛授記，以信出家，修集善法，精進不久，得五神通，逮菩薩道[①]，得陀羅尼、無斷辯才。於佛滅後，以其所得神通、總持、辯才之力，滿十小劫，藥王如來所轉法輪隨而分布。月蓋比丘以守護法，勤行精進，即於此身化百萬億人於阿耨多羅三藐三菩提立不退轉，十四那由他人深發聲聞、辟支佛心，無量眾生得生天上。

奘译：“時彼王子得聞授記，歡喜踊躍，即於藥王如來住世聖法教中，以清淨信，棄捨家法，趣於非家[②]。既出家已，勇猛精進，修諸善法。勤修善故，出家未久獲五神通，至極究竟，得陀羅尼、無斷[③]辯。藥王如來般涅槃後，以其所得神通智力，經十中劫，隨轉如來所轉法輪。月蓋苾芻滿十中劫隨轉法輪，護持正法，勇猛精進，安

① 此处“逮菩萨道”不见于原文。原文中有 gatiṃgataḥ，词义为“到达”或“通晓”。什译可能将此词引申为“逮菩萨道”。而实际此词与 dhāraṇīnām（“陀罗尼”）一词相连，指“通晓（陀罗尼）”，即“通晓记诵”。同样，奘译将此词译为“至极究竟”，没有与“陀罗尼”一词相连。

② 此处“非家”的原词是 anagārikā，词义为“无家”，指出家生活。

③ 此处“断”字，据《中华大藏经》校勘记，“《资》、《碛》、《普》、《南》、《径》、《清》、《丽》作‘断妙’”。这样，“无断妙辩”符合四言句式。

立百千俱胝有情，令於無上正等菩提得不退轉；教化十四那庾多生[①]，令於聲聞、獨一覺乘[②]心善調順；方便引導無量有情，令生天上。”

१२।१५ स्यात् खलु पुनस् ते देवानाम् इन्द्र अन्यः स तेन कालेन तेन समयेन रत्नच्छत्रो नाम राजाभूच् चक्रवर्ती, न खलु पुनस् ते देवानाम् इन्द्र एवं द्रष्टव्यम्। तत् कस्माद् धेतोः। रत्नार्चिः स तथागतस् तेन कालेन तेन समयेन रत्नच्छत्रो नाम राजाभूच् चक्रवर्ती। यत् पुनस् तद् राज्ञो रत्नच्छत्रस्य पुत्रसहस्रम् अभूत्। इमे ते भाद्रकल्पिका बोधिसत्वा अभूवन्। यद् इह भद्रकल्पे परिपूर्णं बुद्धसहस्रम् उत्पत्स्यते यतश् चत्वार उत्पन्नाः शेषा उत्पत्स्यन्ते, क्रकुच्छन्दप्रमुखा यावद् रोचपर्यवसानाः, रोचो नाम तथागतः पश्चिमको भविष्यति।स्यात् खलु पुनस् ते देवानाम् इन्द्र एवम् अन्यः स तेन कालेन तेन समयेन सोमच्छत्रो नाम राजकुमारो ऽभूद् येन तस्य भगवतो भैषज्यराजस्य तथागतस्य सद्धर्मः परिगृहीत इति। न खलु पुनस् त एवं द्रष्टव्यम्। तत् कस्माद् धेतोः। अहं स तेन कालेन तेन समयेन सोमच्छत्रो नाम राजकुमारो ऽभूवम्। तद् अनेनापि ते देवेन्द्र पर्यायेणैवं वेदितव्यम्। यावत्यस् तथागतानां पूजाः, धर्मपूजा तासाम् अग्र्याख्यायते, ज्येष्ठा श्रेष्ठा वरा प्रवरा प्रणीतोत्तरा निरुत्तराख्यायत इति। तस्माद् इह देवानाम् इन्द्र धर्मपूजया मां पूजयत, मा आमिषपूजया। धर्मसत्कारेण मां सत्कुरुत, मा आमिषसत्कारेण।

今译：“还有，天王啊，你或许以为那时名为宝盖的转轮王是别人。天王啊，你不要这样看。为什么？宝焰如来[③]就是那时名为宝盖的转轮王。宝盖王有一千个儿子。他们全都成为贤劫[④]中的菩萨。在

① 此处“生”字，据《中华大藏经》校勘记，“《碛》、《普》、《南》、《径》、《清》作‘众生’”。

② 此处“独一觉乘”（pratyekabuddhayānika）也译“缘觉乘”或“辟支佛乘”。

③ “宝焰如来”（Ratnārci）是十方无数的如来之一。

④ “贤劫”（bhadrakalpa）指现在世的住劫。

这个贤劫中，会出现整整一千位佛。已经出现四位[①]，其余的在将来出现。以迦罗鸠孙陀[②]为首，直至卢至[③]。名为卢至的如来最后一个出现。还有，天王啊，你或许以为那时掌握世尊药王如来的正法、名为月盖的王子是别人。你不要这样看。为什么？我就是那时名为月盖的王子。天王啊，你要知道这个法门。在对诸如来的种种供奉中，已表明法供奉最杰出，最崇高，最优胜，最优异，最优秀，最美妙，至高无上。因此，天王啊，你们要用法供奉，而不要用财物供奉我；你们要用法供养，而不要用财物供养我。”

什译：“天帝！時王寶蓋豈異人乎？今現得佛，號寶炎如來。其王千子，即賢劫中千佛是也。從迦羅鳩孫馱為始得佛，最後如來號曰樓至。月蓋比丘即我身是。如是，天帝！當知此要，以法供養於諸供養為上為最，第一無比。是故，天帝！當以法之供養供養於佛。”[④]

奘译：佛告天帝：“彼時寶蓋轉輪王者豈異人乎？勿生疑惑，莫作異觀。所以者何？應知即是寶焰如來。其王千子，即賢劫中有千菩薩次第成佛。最初成佛名迦洛迦孫馱如來，最後成佛名曰盧至。四已出世，餘在當來。彼時護法月蓋王子豈異人乎？即我身是。天帝！當知我說一切於諸佛所設供養中，其法供養最尊、最勝、最上、最妙、最為無上。是故，天帝欲於佛所設供養者，當法供養，無以財物。”

१२।१६ तत्र भगवान् मैत्रेयं बोधिसत्वम् आमन्त्रयते स्म -- इमां ते ऽहं मैत्रेय असंख्येयकल्पकोटीसमुदानीताम् अनुत्तरां सम्यक्संबोधिम् अनुपरीन्दामि, यथेम

① “四位”指在贤劫中已经先后出现的四位佛：迦罗鸠孙陀佛、拘那含牟尼佛、迦叶佛和释迦牟尼佛。

② “迦罗鸠孙陀”（Krakucchanda），什译“迦罗鸠孙驮”，奘译“迦洛迦孙驮”。

③ “卢至”（Roca），什译“楼至”。

④ 这一段比照原文和奘译，什译的文字有所简化。

एवंरूपा धर्मपर्याया युष्मदधिष्ठानेन परिग्रहेण तथागतस्य परिनिर्वृतस्य पश्चिमे काले पश्चिमे समये जम्बूद्वीपे वैस्तारिका भवेयुः, नान्तर्धीयेरन्। तत् कस्माद् धेतोः। भविष्यन्ति मैत्रेय अनागते ऽध्वनि कुलपुत्राः कुलदुहितरश् च देवनागयक्षगन्धर्वाश् चावरोपितकुशला अनुत्तरां सम्यक्संबोधिं संप्रस्थिताः। ते ऽश्रवणाद् अस्य धर्मपर्यायस्य मा परिहास्यन्त इति। इमान् एवंरूपान् सूत्रान्ताञ् श्रुत्वातीव प्रेम च प्रसादं च प्रतिलप्स्यन्ते, मूर्ध्ना च प्रतिग्रहीष्यन्ति। तेषां त्वं मैत्रेय तथारूपाणां कुलपुत्राणां कुलदुहितॄणां चानुरक्षाया इमान् एवंरूपान् सूत्रान्तांस् तस्मिन् काले वैस्तारिकान् कुर्याः।

今译：然后，世尊告知弥勒[①]菩萨："弥勒啊，我将这个无数亿劫积聚的无上正等菩提托付给你。这些法门依靠你们的威力护持，在如来涅槃后的末世，仍将在赡部洲广为流布，而不消失。为什么？弥勒啊，在未来世，仍会有善男子和善女人，天神、蛇、药叉和乾达婆，植有善根，安住无上正等菩提。别让他们听不到这个法门而流失。而如果听到这些经典，他们就会充满敬爱，增强信心，顶礼接受。弥勒啊，为了保护这些善男子和善女人，你要在那时广为弘扬这些经典。

什译：嘱累品第十四

什译：於是，佛告弥勒菩薩言："弥勒！我今以是無量億阿僧祇劫所集阿耨多羅三藐三菩提法付囑於汝。如是輩經，於佛滅後末世之中，汝等當以神力廣宣流布於閻浮提，無令斷絕。所以者何？未來世中，當有善男子、善女人及天、龍、鬼神、乾闥婆、羅刹等，發阿耨多羅三藐三菩提心，樂于大法。若使不聞如是等經，則失善利。如此輩人聞是等經，必多信樂，發希有心，當以頂受。隨諸眾生所應得利，而為廣說。

① "弥勒"（Maitreya）是释迦牟尼之后出现的第一位未来佛。奘译"慈氏"是意译。

奘译：囑累品第十四

奘译：爾時佛告慈氏菩薩："吾今以是無量無數百千俱胝那庾多劫所集無上正等菩提所流大法付囑於汝。如是經典，佛威神力之所住持，佛威神力之所加護。汝於如來般涅槃後五濁惡世，亦以神力住持、攝受，於贍部洲廣令流布，無使隱滅。所以者何？於未來世有善男子或善女人、天、龍、藥叉、健達縛等，已種無量殊勝善根，已於無上正等菩提心生趣向，勝解廣大。若不得聞如是經典，即當退失無量勝利。若彼得聞如是經典，必當信樂，發希有心，歡喜頂受。我今以彼諸善男子、善女人等付囑於汝。汝當護念，令無障難，於是經典聽聞修學，亦令如是所說法門廣宣流布。[①]

१२।१७ द्वे इमे मैत्रेय बोधिसत्वानां मुद्रे। कतमे द्वे। विचित्रपदव्यञ्जनप्रसाद-मुद्रा च गम्भीरधर्मनयानुत्त्रासयथाभूतावतारप्रवेशमुद्रा च। इमे मैत्रेय बोधिसत्वानां द्वे मुद्रे। तत्र मैत्रेय ये बोधिसत्वा विचित्रपदव्यञ्जनप्रसादगुरुकाः, त आदिकर्मिका बोधिसत्वा वेदितव्याः। ये पुनर् इमं मैत्रेय गम्भीरं सूत्रान्तम् अरूपलेपं यमकव्य-त्यस्तनिहारपदपुटप्रभेदं प्रवर्तयिष्यन्ति श्रोष्यन्त्य् अधिमोक्ष्यन्ते वेदयिष्यन्ति, इमे बोधिसत्वाश् चिरचरितब्रह्मचर्या वेदितव्याः।

今译："弥勒啊，有两种菩萨印[②]。哪两种？一种是喜爱种种美妙文词印，另一种是不畏惧深邃法门而能如实悟入印。弥勒啊，这是两种菩萨印。其中，弥勒啊，那些喜爱和看重种种美妙文词的菩萨，你要知道是初学菩萨。弥勒啊，另一些菩萨使用、聆听、深信和宣示

---

① 这一段比照原文，奘译文字略有增饰。

② 此处"印"（mudrā），什译"相"，奘译"相印"。

这种不加文饰而消除种种二重对立词句[①]的深邃经典。你要知道这些是修习梵行已久的菩萨。

什译：“弥勒！當知菩薩有二相。何謂為二？一者，好於雜句文飾之事；二者，不畏深義，如實能入。若好雜句文飾事者，當知是為新學菩薩。若於如是無染無著、甚深經典無有恐畏，能入其中，聞已心淨，受持讀誦，如說修行，當知是為久修道行。

奘译：“慈氏！當知略有二種菩薩相印。何等為二？一者，信樂種種綺飾文詞相印；二者，不懼甚深法門，如其性相悟入相印。若諸菩薩尊重信樂綺飾文詞，當知為初學菩薩。若諸菩薩於是甚深、無染無著、不可思議自在神變解脫法門微妙經典無有恐畏，聞已信解，受持，讀誦，令其通利，廣為他說，如實悟入，精進修行，得出世間清淨信樂，當知是為久學菩薩。

१२।१८ तत्र मैत्रेय द्वाभ्यां कारणाभ्याम् आदिकर्मिका बोधिसत्वा आत्मानं क्षिण्वन्ति। न च गम्भीरेषु धर्मेषु निध्यप्तिं गच्छन्ति। कतमाभ्यां द्वाभ्याम्। अश्रुतपूर्वांश् च गम्भीरान् सूत्रान्ताञ् श्रुत्वोत्त्रस्यन्ति। संशयप्राप्ताश् च भवन्ति, नानुमोदन्ते। उत्तरि च प्रतिक्षिपन्ते, य एते ऽस्माभिः पूर्वं न श्रुतपूर्वाः कुत इमे ऽधुनागताः। ये च ते कुलपुत्रा गम्भीरधर्मसूत्रान्तधारका गम्भीरधर्मभाजना गम्भीरधर्मदेशयितारः, तान् न सेवन्ते न भजन्ते न पर्युपासन्ते, अगौरवाश् च तेषु भवन्ति, अन्तरान्तरा च तेषाम् अवर्णम् अपि निश्चारयन्ति। आभ्यां मैत्रेय द्वाभ्यां कारणाभ्याम् आदिकर्मिका बोधिसत्वा आत्मानं क्षिण्वन्ति। न च गम्भीरेषु धर्मेषु

① 此处“消除种种二重对立词句”的原文是 yamakavyatyastanihārapadapuṭaprabheda。这是个复合词，词义不易把握。其中每个词的词义，yamaka 为“成双”或“二重”，vyatyasta 为“颠倒”、“相反”或“对立”，nihāra（可能是 nīhāra 或 nirhāra）为“取出”、“消除”或“根除”，pada 为“词”或“句”，puṭa 为“凹穴”或“容器”，prabheda 为“分别”或“类别”。这里姑且译为“消除种种二重对立词句”。其意义与本经中推崇的“不二法门”相通。此处什译未涉及此词，而奘译译为“不可思议自在神变解脱微妙经典”，显然不是对译此词。

निध्यप्तिं गच्छन्ति।

今译：“弥勒啊，有两种原因造成一些初学菩萨损害自己而不能悟入深邃法。哪两种？听到前所未闻的深邃经典，他们感到恐惧，产生怀疑，心中不悦，于是加以拒绝：‘我们以前没有听说过这些。今天它们来自哪里？’对于那些接受深邃经典而护持和宣说深邃法的善男子，他们不亲近，不恭敬，不侍奉，不尊重，还时不时出言毁谤。弥勒啊，由于这两种原因，一些初学菩萨损害自己而不能悟入深邃法。

什译：“弥勒！復有二法，名新學者，不能決定於甚深法。何等為二？一者，所未聞深經，聞之驚怖生疑，不能隨順，毀謗不信，而作是言：‘我初不聞，從何所來？’二者，若有護持解說如是深經者，不肯親近，供養，恭敬，或時於中說其過惡。有此二法，當知是為新學菩薩，為自毀傷，不能於深法中調伏其心。

奘译：“慈氏！當知略由四缘[1]，初學菩薩為自毀傷，不能獲得甚深法忍。何等為四？一者，初聞昔所未聞甚深經典，驚怖疑惑，不生隨喜。二者，聞已誹謗輕毀，言‘是經典我昔未聞，從何而至？’三者，見有受持演說此深法門善男子等，不樂親近，恭敬，礼拜。四者，後時[2]輕慢，憎嫉，毀辱，誹謗。由是四缘，初學菩薩為自毀傷，不能獲得甚深法忍。

१२।१९ द्वाभ्यां मैत्रेय कारणाभ्यां गम्भीराधिमुक्तिको बोधिसत्व आत्मानं क्षिणोति। न चानुत्पत्तिकेषु धर्मेषु क्षान्तिं प्रतिलभते। कतमाभ्यां द्वाभ्याम्। तांश्

① 此处“四缘”，按原文是“二缘”（“两种原因”），什译“二法”。但奘译具体内容一致，只是将“二缘”拆分为四缘。

② 此处“后时”的原词是 antarāntarā，词义为“中间”、“有时”或“时不时”。什译“或时于中”。

चादिकर्मिकान् अचिरचरितान् बोधिसत्वान् अवमन्यते परिभवति न ग्राहयति न विवेचयति नानुशास्ति। तयैव च गम्भीराधिमुक्त्या शिक्षायाम् अगौरवो भवति। लोकामिषदानेन च सत्वान् अनुगृह्णाति न धर्मदानेन। आभ्यां मैत्रेय द्वाभ्यां कारणाभ्यां गम्भीराधिमुक्तिको बोधिसत्व आत्मानं क्षिणोति। न च क्षिप्रम् अनुत्पत्तिकेषु धर्मेषु क्षान्तिं प्रतिलभते।

今译：“弥勒啊，有两种原因造成深信深邃法的菩萨损害自己而不能获得无生法忍。哪两种？对于修行不久的初学菩萨，他轻视，怠慢，不接纳，不解析，不教诲。他深信深邃法，而不尊重戒学。他以布施世间财物，而不以布施正法吸引众生。弥勒啊，由于这两种原因，深信深邃法的菩萨损害自己而不能获得无生法忍。”

什译：“弥勒！復有二法，菩薩雖信解深法，猶自毀傷，而不能得無生法忍。何等為二？一者，輕慢新學菩薩，而不教誨；二者，雖解深法，而取相分別[1]。是為二法。”

奘译：“慈氏！當知略由四缘，信解甚深法門菩薩為自毀傷，不能速證無生法忍。何等為四？一者，輕蔑發趣大乘未久修行初學菩薩。二者，不樂攝受、誨示、教授、教誡。三者，甚深廣大學處不深敬重。四者，樂以世間財施攝諸有情，不樂出世清淨法施。由是四缘，信解甚深法門菩薩，為自毀傷，不能速證無生法忍。”

१२।२० एवम् उक्ते मैत्रेयो बोधिसत्वो भगवन्तम् एतद् अवोचत् -- आश्चर्यं भगवन् यावत् सुभाषितं भगवतः। वयं भगवन् एतांश् च दोषान् विवर्जयिष्यामः। इमां च तथागतस्यासंख्येयकल्पकोटीनियुतशतसहस्रसमुदानीताम् अनुत्तरां सम्यक्संबोधिं परिरक्षिष्यामो धारयिष्यामः। तेषां चानागतानां कुलपुत्राणां कुलदुहितॄणां

① 这句什译与原文和奘译有差异。

भाजनीभूतानाम् इमान् एवंरूपान् सूत्रान्तान् हस्तगतान् करिष्यामः। स्मृतिं चैषाम् उपसंहरिष्यामो यया स्मृत्येमान् एवंरूपान् सूत्रान्तान् रोचयिष्यन्त्य् उद्ग्रहीष्यन्ति पर्यवाप्स्यन्ति धारयिष्यन्ति प्रवर्तयिष्यन्ति लिखिष्यन्ति परेषां च विस्तरेण देशयिष्यन्ति। तेषां च वयं भगवन् उपस्तम्भं करिष्यामः। ये च खलु पुनर् भगवन् तस्मिन् काल इमान् एवंरुपान् सूत्रान्तान् रोचयिष्यन्ति प्रवर्तयिष्यन्ति। वेदितव्यम् एतद् भगवन् मैत्रेयस्य बोधिसत्वस्याधिष्ठानम् इति।अथ भगवान् मैत्रेयस्य बोधिसत्वस्य साधुकारम् अदात् -- साधु साधु मैत्रेय, सुभाषिता त इयं वाक्। अनुमोदते तथागतो ऽनुजानाति च सुभाषितम्।

今译：闻听此言，弥勒菩萨对世尊说道："世尊啊，世尊的这番妙语真奇妙！世尊啊，我们会摒弃这些缺点。我们会保护和维持如来无数百千亿那由多劫积聚的无上正等菩提。我们会让未来适合受持的善男子和善女人掌握这些经典。我们会赋予他们念力。凭借念力，他们喜爱、掌握、精通、记取、流通、书写和广为他人宣说这些经典。世尊啊，我们会支持他们。世尊啊，那时，他们喜爱和流通这些经典，世尊啊，应该知道这是受到弥勒菩萨的护持。"于是，世尊称赞弥勒菩萨："很好，很好，弥勒啊，你的这些话说得很好。如来欢喜和赞同这些妙语。"

什译：弥勒菩薩聞說是已，白佛言："世尊，未曾有也。如佛所說，我當遠離如斯之惡，奉持如來無數阿僧祇劫所集阿耨多羅三藐三菩提法。若未來世善男子、善女人求大乘者，當令手得如是等經，與其念力，使受持讀誦、為他廣說。世尊，若後末世有能受持讀誦、為他說者，當知是弥勒神力之所建立。"佛言："善哉，善哉，弥勒！如汝所說，佛助爾喜。"

奘译：慈氏菩薩聞佛語已，歡喜踊躍，而白佛言："世尊所說甚為希有。如來所言甚為微妙。如佛所示菩薩過失，我當悉皆究竟遠離。如來所有無量無數百千俱胝那庾多劫所集無上正等菩提所流大法，我當護持，令不隱滅。若未來世，諸善男子或善女人求學大乘，是真法器[①]，我當令其手得如是甚深經典，與其念力，令於此經受持，讀誦，究竟通利，書寫，供養，無倒修行，廣為他說。世尊，後世於是經典若有聽聞，信解，受持，讀誦，通利，無倒修行，廣為他說，當知皆是我威神力住持加護。”世尊告曰：“善哉，善哉，汝為極善，乃能隨喜如來[②]善說，攝受護持如是正法。”

१२।२१ अथ ते बोधिसत्वा एकस्वरेण वाचम् अभाषन्त -- वयम् अपि भगवन् तथागतस्य परिनिर्वृतस्यान्योन्येभ्यो बुद्धक्षेत्रेभ्य आगत्येमां तथागतबुद्ध-बोधिं वैस्तारिकीं करिष्यामः। तेषां च कुलपुत्राणाम् आरोचयिष्यामः।

今译：然后，那些菩萨同声说道：“世尊啊，在如来涅槃后，我们也会从各个佛土来到这里，弘扬如来佛菩提，让那些善男子喜爱。”

什译：於是，一切菩薩合掌白佛：“我等亦於如來滅後，十方國土廣宣流布阿耨多羅三藐三菩提法[③]，復當開導諸說法者，令得是經。”

奘译：爾時會中所有此界及與他方諸來菩薩一切合掌，俱發聲言：“世尊，我等亦於如來般涅槃後，各從他方諸別世界皆來至此，護持如來所得無上正等菩提所流大法，令不隱滅，廣宣流布。若善男子或善女人能於是經聽聞，信解，受持，讀誦，究竟通利，無倒修行，廣

---

① 此处“真法器”的原词是 bhājanīkṛta，词义为“成器”，即“适合受持者”。

② 此处“随喜如来”按原文是“如来随喜和赞同”。什译“佛助尔喜”。

③ 这句与原文和奘译有差异。

為他說，我當護持，與其念力，令無障難。”[1]

१२।२२ अथ चत्वारो महाराजानो भगवन्तम् एतद् अवोचन् -- यत्र यत्र भगवन् ग्रामनगरनिगमराष्ट्रराजधानीष्व् इम एवंरूपा धर्मपर्यायाः प्रचरिष्यन्ति देशयिष्यन्ति प्रकाशयिष्यन्ति, तत्र तत्र वयं भगवन् चत्वारो महाराजाः सबलाः सवाहनाः सपरिवारा धर्मश्रवणायोपसंक्रमिष्यामः। तस्य च धर्मभाणकस्य समन्ततो योजनशतं रक्षां संविधाष्यामः, यथा तस्य धर्मभाणकस्य न कश्चिद् अवतारप्रेक्ष्य् अवतारगवेष्य् अवतारं लप्स्यते।

今译：然后，四大天王对世尊说道：“世尊啊，凡是村庄、城镇、市场、王国和都城中，奉行、宣说和讲解这些法门，世尊啊，我们四大天王会带着军队、车马和随从前往听法，在一百由旬周围，保护说法者，不让任何图谋不轨者有机会接近说法者。”

什译：爾時四天王白佛言：“世尊，在在處處，城邑聚落，山林曠野，有是經卷讀誦解說者，我當率諸官屬，為聽法故，往詣其所，擁護其人，面百由旬，令無伺求得其便者。”

奘译：時此眾中四大天王亦皆合掌，同聲白佛：“世尊，若有村城聚落、國邑王都，如是法門所流行處，我等皆當與其眷屬，并大力將率諸軍眾，為聞法故，往詣其所，護持如是所說法門及能宣說、受持、讀誦此法門者。於四方面百踰繕那皆令安隱，無諸障難，無有伺求得其便者。”

१२।२३ तत्र भगवान् आयुष्मन्तम् आनन्दम् आमन्त्रयते स्म -- उद्गृहाण त्वम् आनन्द इमं धर्मपर्यायं धारय वाचय परेषां च विस्तरेण संप्रकाशय। आह --

① 这一段比照原文和什译，奘译文字表述有所增饰，也就是重复前面弥勒菩萨所说的一些话语。

उद्गृहीतो मे भगवन् अयं धर्मपर्यायः। किं भगवन् अस्य धर्मपर्यायस्य नामधेयम्। कथं चैनं धारयामि। भगवान् आह -- तस्मात् तर्हि त्वम् आनन्द इमं धर्मपर्यायं विमलकीर्तिनिर्देशं यमकपुटव्यत्यस्तनिहारम् अचिन्त्यधर्मविमोक्षपरिवर्तम् इत्य् अपि धारयेमं धर्मपर्यायम्॥

इदम् अवोचद् भगवान्। आत्तमना विमलकीर्तिर् लिच्छविर् मञ्जुश्रीश् च कुमारभूत आयुष्मांश् चानन्दस् ते च महाश्रावकाः सा च सर्वावती पर्षत् सदेवमानुषासुरगन्धर्वश् च लोको भगवतो भाषितम् अभ्यनन्दन्न् इति॥

今译：这时，世尊吩咐尊者阿难："阿难啊，你要掌握、记取和广为他人宣说和讲解这个法门。"阿难说道："世尊啊，我已掌握这个法门。世尊啊，这个法门的名称是什么？我怎样记取它？"世尊说道："那么，阿难啊，这个法门名为《维摩诘所说》，又名《消除种种二重对立》[①]和《不可思议法解脱品》。你要记住这个法门。"世尊说完这些话后，离车族维摩诘、文殊师利真童子、尊者阿难、诸大声闻、所有会众以及天神、凡人、阿修罗和乾达婆，整个世界皆大欢喜，赞赏世尊所说的话。

什译：是時佛告阿難："受持是經，廣宣流布。"阿難言："唯我已受持要者。世尊，當何名斯經？"佛言："阿難！是經名為《維摩詰所說》，亦名《不可思議解脫法門》。如是受持。"佛說是經已，長者維摩詰、文殊師利、舍利弗、阿難等，及諸天、人、阿修羅一切大眾，聞佛所說，皆大歡喜。

奘译：爾時世尊復告具壽阿難陀曰："汝應受持如是法門，廣為他說，令其流布。"阿難陀曰："我已受持如是法門。世尊，如是所說法門，其名何等？我云何持？"世尊告曰："如是名為《說無垢稱

① 此处"消除种种二重对立"的原文是 yamakapuṭavyatyastanihāra，应该是前面提到的"消除种种二重对立词句"的略称。什译和奘译均未涉及此词。

不可思議自在神變解脫法門》。應如是持。”時薄伽梵說是經已，無垢稱菩薩、妙吉祥菩薩、具壽阿難陀及餘菩薩、大聲聞眾，并諸天、人、阿素洛等，聞佛所說，皆大歡喜，信受奉行。

निगमनपरीन्दनापरिवर्तो नाम द्वादशः॥

今译：以上是第十二《托付品》。

什译：《維摩詰經》卷下。

奘译：《說無垢稱經》卷第六。

* * * * *

ये धर्मा हेतुप्रभवा हेतुं तेषां तथागतो ह्य् अवदत्।
तेषां च यो निरोधो एवंवादी महाश्रमणः॥

今译：诸法产生有原因，如来讲述它们的原因，
也讲述它们的寂灭，这位大沙门如是说。